Guttentag'sche Sammlung
Nr. 35. Preußischer Gesetze. Nr. 35.
Text-Ausgaben mit Anmerkungen.

Der Gerichtsvollzieherdienst in Preußen.

Zusammenstellung der auf die Dienst- und Geschäftsverhältnisse der Preußischen Gerichtsvollzieher bezüglichen neuesten Vorschriften.

Textausgabe mit Anmerkungen und Sachregister

von

Emil Exner,
Amtsgerichts-Sekretär a. D. (früher zeitweilig Gerichtsvollzieher).

Berlin 1904.
J. Guttentag, Verlagsbuchhandlung.
G. m. b. H.

Vorwort.

Die Vorschriften für die Geschäfts- und Dienstverhältnisse sowie die Gebühren und sonstigen Einnahmen der Preußischen Gerichtsvollzieher sind, nachdem sie bereits vor mehreren Jahren eine grundlegende Änderung erfahren hatten, neuerdings wiederum Gegenstand teilweise von Abänderungen, teilweise von Erläuterungen seitens des Herrn Justizministers gewesen. Diese Abänderungen, welche im Laufe der letzten Jahre in Form von Ministerialverfügungen und -Anordnungen ergangen waren, hatten die bestehenden Dienst- und Geschäftsordnungen derart beeinflußt, daß eine Übersichtlichkeit über die noch geltenden Bestimmungen schlechterdings nicht mehr möglich war. Der Herr Minister sah sich daher im vergangenen Jahre veranlaßt, in einer „amtlichen Ausgabe" die jetzt maßgebenden Vorschriften der Gerichtsvollzieherordnung, der Geschäftsanweisung und der Gebührenordnungen für Gerichtsvollzieher zusammenzustellen und sie seinerseits durch Einfügung der bezüglichen Ministerialverfügungen zu ergänzen und zu erläutern. Natürlich konnten sich diese Erläuterungen nur in gemessenen Grenzen halten und es fehlt zur Zeit an einem kommentierten Hilfsmittel, welches auf dem Boden der neuesten Bestimmungen den Vollstreckungsgerichten, den Revisions- und Aufsichtsbehörden ebenso wie den Rechtsanwälten die Arbeit, den Gerichtsvollziehern ihren schwierigen Dienst zu erleichtern geeignet wäre. Diesem Mangel abzuhelfen, soll die vorliegende „Textausgabe mit Anmerkungen" dienen.

In den letzteren werden die genannten Interessenten alles das finden, was dem gedachten Zwecke entsprechen kann, wenn auch natürlich der beschränkte Raum es verhindert, auf die vielen Streit- und Zweifelsfragen, zu welchen die vielgestaltige Gerichtsvollzieherpraxis bisher schon Veranlassung geboten hat und noch fortgesetzt bietet, in detaillierter Weise näher einzugehen. Das ist aber auch, wie gesagt, nicht der Zweck dieser Ausgabe, welche lediglich den Behörden ein bequemes Hilfsmittel zur schnellen und leichten Orientierung, den Gerichtsvollziehern ein Ratgeber auf ihren Dienstwegen sein will, wozu sich das gewählte Format eines Taschenhandbuchs ganz besonders eignen dürfte.

Der Verfasser bittet daher um eine freundliche Aufnahme des Buches und eine nachsichtige Beurteilung seines Inhalts.

Berlin W., im Juni 1904.

Der Verfasser.

Erklärung der Abkürzungen.

A. a. O.	Am angeführten Orte.
A.G. z. B.G.B. .	Ausführungsgesetz zum Bürgerlichen Gesetzbuch.
A.G. z. C.P.O. .	Ausführungsgesetz z. Civilprozeßordnung.
A.G. z. D.G.K.G.	Ausführungsgesetz zum Deutschen Gerichtskostengesetz.
A.G. z. G.V.G. .	Ausführungsgesetz zum Gerichtsverfassungsgesetz.
Allg. Vfg. . .	Allgemeine Verfügung.
Amtl. Vorschr. .	Vorschriften für die Gerichtsvollzieher, amtliche Ausgabe, Berlin 1908.
B.G.B.	Bürgerliches Gesetzbuch.
B.G.Bl.	Bundesgesetzblatt.
Bur. Bl.	Bureaublatt für gerichtliche Beamte.
C.P.O.	Civilprozeßordnung.
D. G.V.Ztg. . .	Deutsche Gerichtsvollzieherzeitung (von Fr. Büttner).
E.G. z. B.G.B. .	Einführungsgesetz zum Bürgerlichen Gesetzbuch.
Exner, Dienst- 2c. Verh. d. Pr.G.V.	Exner, die gesamten Dienst- und Geschäftsverhältnisse des Preuß. Gerichtsvollziehers, I. Aufl. 1901.
Falkmann, Z.V.	Falkmann, Die Zw.-Vollstreckung, 2. Aufl.
Fr. G.G.	Preußisches (Deutsches) Gesetz über die freiwillige Gerichtsbarkeit.

G.A.	Geschäftsanweisung für die Gerichtsvollzieher.
Geb.O. . . .	Deutsche Gebührenordnung f. d. Gerichtsvollzieher.
G.K.G. . . .	Preuß. (Deutsches) Gerichtskostengesetz.
Gesch.O. f. d. G.-Schr. d. A.G.	Geschäftsordnung für die Gerichtsschreibereien der Amtsgerichte.
G.V.	Gerichtsvollzieher.
G.V.O. . . .	Gerichtsvollzieherordnung.
H.G.B. . . .	Handelsgesetzbuch.
H.O.	Hinterlegungsordnung.
J.M.Bl. . . .	Justizministerialblatt.
J.M.Vfg. . .	Justizministerialverfügung.
Kass.O. . . .	Kassenordnung (gerichtliche).
Konk.O. . . .	Konkursordnung.
Mügel	Mügel, die Pr. Kostengesetze, 8. Aufl.
Müller V . .	Müller, die Preuß. Justizverwaltg., 5. Auflage.
Rehbein . . .	Rehbein, Wechselordnung, 5. Aufl.
R.G.Bl. . . .	Reichsgesetzblatt.
R.G.	Reichsgericht, Entsch. in Civilsachen.
R.Str.G.B. .	Reichsstrafgesetzbuch.
R.Z.V.G. . .	Reichsgesetz über die Zwangsversteig. 2c.
Str.P.O. . . .	Strafprozeßordnung.
Struckmann-Koch	Struckmann-Koch, C.P.O., 7. Aufl.
V.Z.V. . . .	Verwaltungszwangsverfahren.
W.O.	Wechselordnung.
v. Wilm.-Lewy .	von Wilmowsky und Lewy, C.P.O., 7. Aufl.
Zschr.f.mittl.J.B.	Zeitschr. f. mittlere Justizbeamte in Köln.
Zschr. f. V.R. 2c. .	Zeitschrift über Vollstreckungsrecht und Zustellungswesen (von H. Walter).
Z.V.	Zwangsvollstreckung.

Inhaltsverzeichnis.

I. Geschäftsanweisung für die Gerichtsvollzieher.

Erster Abschnitt.

Zweiter Abschnitt.

II. Gerichtsvollzieherordnung v. 31. März 1900

in der vom 1. Juli 1903 geltenden Fassung.

Erster Teil.

Amt des Gerichtsvollziehers.

Zweiter Teil.

Geschäftsbetrieb.

III. Gebührenvorschriften.

1. Deutsche Gebührenordnung f. Gerichtsvollzieher

vom 24. Juni 1878 / 29. Juni 1881.

(In der Fassung der Bekanntmachung des Reichskanzlers vom 20. Mai 1898.)

---

2. Landesgesetzliche Gebührenvorschriften.

A. Gesetz enthaltend die landesgesetzlichen Vorschriften über die Gebühren [der Rechtsanwälte und] der Gerichtsvollzieher

vom 27. September 1899.

(In der Fassung der Bekanntmachung des Justizministers vom 6. Oktober 1899.)

B. Allgemeine Verfügung vom 8. Dezember 1899,

betr. die nicht durch Gesetz bestimmten Gebühren der Gerichtsvollzieher (J.M.Bl. S. 721).

C. Verordnung betr. das Verwaltungszwangsverfahren wegen Beitreibung von Geldbeträgen vom 15. November 1899.

3. Gebühren-, Stempel- und Zinstabellen; sonstige Tarifvorschriften. 489—519

I.

Geschäftsanweisung für die Gerichtsvollzieher.*)

Erster Abschnitt.

Allgemeine Vorschriften.

§. 1.

Geschäftskreis.

1. Die dem Gerichtsvollzieher obliegenden Dienstverrichtungen und das bei ihrer Vornahme zu beobachtende Verfahren sind durch die Reichs- und Landesgesetze sowie durch die Gerichtsvollzieherordnung bestimmt und werden durch diese Anweisung näher geregelt.[1])

---

*) Die Geschäftsanweisung vom 1. Dezember 1899 (J.M.Bl. v. 1899 S. 627ff.), welche vom 1. Januar 1900 ab an die Stelle der ursprünglichen Anweisung vom 24. Juli 1879 getreten war, ist seitdem ebenso wie die Gerichtsvollzieherordnung vom 31. März 1900 durch so vielfache Ministerial-Verfügungen abgeändert worden, daß eine neue Feststellung des Textes der gegenwärtig bestehenden Vorschriften erforderlich wurde, welche mit Geltung vom 1. Juli 1908 in einer amtlichen Ausgabe (R. v. Deckers Verlag) kürzlich erschienen sind. Der hier vorliegenden „Zusammenstellung" ist dieser neue amtliche Text zugrunde gelegt.

2. Die Anweisung soll dem Gerichtsvollzieher das Eindringen in das Verständnis der gesetzlichen Vorschriften erleichtern; sie entbindet ihn aber nicht von der Verpflichtung, sich eine genaue Kenntnis dieser Vorschriften aus den Gesetzen selbst anzueignen. Insbesondere muß der Gerichtsvollzieher mit den Vorschriften der Civilprozeßordnung über Zustellungen und Zwangsvollstreckungen sowie des Bürgerlichen Gesetzbuchs über den Besitz und über den Erwerb und Verlust von Rechten, insbesondere Pfandrechten an beweglichen Sachen und an Forderungen, genau vertraut sein. Jeder Verstoß gegen eine gesetzliche Vorschrift kann den Gerichtsvollzieher seinem Auftraggeber oder dem Schuldner gegenüber zum Schadenersatz verpflichten.[2])

3. Zur Vornahme von Amtshandlungen gegen Personen, welche von der inländischen Gerichtsbarkeit befreit sind (G.V.G. §§. 18, 19), ist der Gerichtsvollzieher nicht befugt. In den Wohnungen solcher Personen dürfen Amtshandlungen, welche eine Ausübung der Gerichtsbarkeit enthalten, nur nach Maßgabe der Allgemeinen Verfügung vom 20. Januar 1893 (Just.-Minist.-Bl. S. 37) vorgenommen werden.[3])

---

[1]) Die G.V. sind **zuständig** für: 1. Zustellungen (G.A. §§. 19—40); 2. die Zwangsvollstreckungen, soweit sie nicht den Gerichten vorbehalten sind (G.A. §§. 42—87, 91, 98); 3. die Aufnahme von Wechselprotesten (G.A. §§. 94—96); 4. für die Versteige-

rungen und den freihändigen Verkauf beweglicher Sachen außerhalb der Zwangsvollstreckung sowie die öffentliche Verpachtung von Grundstücken 2c. (G.A. §§. 97—101); 5. für die Siegelungen, Entsiegelungen und Inventuren (G.A. §§. 102—105); für Beurkundungen (G.A. §§. 106, 107).

Sie sind außerdem **verpflichtet** zur Vornahme der in G.V.O. §§. 20, 21, G.A. §§. 41, 88—90, 92, 108 bezeichneten Dienstverrichtungen.

²) Der G.V. ist öffentlicher Beamter; er ist aber auch Beauftragter der Partei nach B.G.B. §§. 611, 631, 662, 675. Dem Auftraggeber haftet er für Vorsatz und Fahrlässigkeit, B.G.B. §§. 276, 889. Dem Schuldner und Dritten gegenüber kommt er nur als Beamter in Betracht; ihnen haftet er nur nach B.G.B. §. 889. Hat er lediglich fahrlässig gehandelt, so kann er nur subsidiär in Anspruch genommen werden. Die Schadensersatzpflicht tritt überhaupt nicht ein, wenn der Beschädigte es vorsätzlich oder fahrlässig unterlassen hat, den Schaden durch Gebrauch eines Rechtsmittels abzuwenden (vergl. **R.G.** 11./10. 01, III 210/01, Jur. Wochenschr. 1901 S. 788).

³) „Die Wohnungen der Chefs und Mitglieder der bei dem Deutschen Reiche beglaubigten Missionen, welche von der inländischen Gerichtsbarkeit befreit sind, der Chefs und Mitglieder der bei dem Preußischen Staate beglaubigten Missionen, der Mitglieder des Bundesraths, welche nicht von dem Preußischen Staate abgeordnet sind, desgleichen die Wohnungen des von der inländischen Gerichtsbarkeit befreiten Geschäftspersonals der vorerwähnten Personen und solcher Bediensteter derselben, welche nicht Deutsche sind, dürfen zum Zwecke einer Zustellung irgend welcher Art nur dann betreten werden, wenn der Inhaber der Wohnung seine Zustimmung dazu erteilt hat.“

Die Einholung der Zustimmung ist Sache der zuständigen Behörde. Der G.V. darf nur in Funktion treten, wenn ihm die Zustimmung des Inhabers der Wohnung schriftlich vorgelegt wird.

§. 2.
Amtsbezirk.

Der Amtsbezirk des Gerichtsvollziehers und, wenn bei einem Amtsgerichte mehrere Gerichtsvollzieher angestellt sind, die Verteilung der Geschäfte unter diese wird durch die Gerichtsvollzieherordnung bestimmt.

Vgl. G.V.O. §§. 16, 17, 18.

§. 3.
Ausschließung von der dienstlichen Tätigkeit.

Die Fälle, in denen der Gerichtsvollzieher kraft Gesetzes von der Ausübung seines Amtes ausgeschlossen ist, ergeben sich aus dem §. 156 des Gerichtsverfassungsgesetzes und dem §. 76 des Ausführungsgesetzes zum Gerichtsverfassungsgesetze.[1]) Ob der Auftrag von einer Behörde, von einem Beamten oder von einer Privatperson erteilt ist, macht dabei keinen Unterschied.[2])

---

[1]) **G.V.G. §. 156:** Der Gerichtsvollzieher ist von der Ausübung seines Amts kraft Gesetzes ausgeschlossen:

I. in bürgerlichen Rechtsstreitigkeiten:

1. wenn er selbst Partei oder gesetzlicher Vertreter einer Partei ist, oder zu einer Partei in dem Verhältnisse eines Mitberechtigten, Mitverpflichteten oder Schadensersatzpflichtigen steht;

2. wenn seine Ehefrau Partei ist, auch wenn die Ehe nicht mehr besteht;
3. wenn eine Person Partei ist, mit welcher er in gerader Linie verwandt, verschwägert oder durch Adoption verbunden, in der Seitenlinie bis zum dritten Grade verwandt oder bis zum zweiten Grade verschwägert ist, auch wenn die Ehe, durch welche die Schwägerschaft begründet ist, nicht mehr besteht;

II. in Strafsachen:
1. wenn er selbst durch die strafbare Handlung verletzt ist:
2. wenn er der Ehemann der Beschuldigten oder Verletzten ist oder gewesen ist;
3. wenn er mit dem Beschuldigten oder Verletzten in dem vorstehend unter Nr. I 3 bezeichneten Verwandtschafts- oder Schwägerschaftsverhältnisse steht.

A.G. z. G.V.G. §. 76: Die Vorschriften des §. 156 G.V.G. finden in den durch die deutschen Prozeßordnungen nicht betroffenen Angelegenheiten entsprechende Anwendung.

[2]) Der §. 3 regelt die Fälle, in welchen der G.V. kraft Gesetzes überhaupt von jeder dienstlichen Tätigkeit ausgeschlossen ist. Dies sind gleichzeitig diejenigen Fälle, auf welche das Recht des G.V. zur Ablehnung von Aufträgen, für deren Erledigung er zuständig ist, beschränkt ist (zu berücksichtigen jedoch Geb.O. §. 18 und G.V.O. §. 30 Nr. 2).

§. 4.

Rechtliche oder tatsächliche Behinderung.

Das Verhalten des Gerichtsvollziehers bei Aufträgen, an deren Erledigung er aus rechtlichen oder

tatsächlichen Gründen behindert ist, regelt die Gerichtsvollzieherordnung.

Vgl. §. 3 vorst. — G.V.O. §§. 80 Nr. 3, 31.

§. 5.

Form des Auftrags.

1. Die mündliche Erteilung des Auftrags unter Aushändigung der zu dessen Ausführung erforderlichen Schriftstücke durch den Auftraggeber oder durch den Gerichtsschreiber, der den Auftrag vermittelt, genügt, um den Gerichtsvollzieher zur Vornahme der aufgetragenen Amtshandlung zu ermächtigen.[1])

2. Die Niederlegung der auf den Auftrag bezüglichen Schriftstücke in das für den Gerichtsvollzieher bestimmte Fach steht einem ausdrücklichen Auftrage gleich.

3. Bei den von dem Gericht oder der Staatsanwaltschaft angeordneten Geschäften ist auch der Gerichtsschreiber oder der Sekretär der Staatsanwaltschaft zur Beauftragung des Gerichtsvollziehers befugt.[2]) Der geschäftliche Verkehr zwischen diesen Beamten und dem Gerichtsvollzieher wird durch die Gerichtsvollzieherordnung geregelt.[3])

---

1) Gesch.O. f. d. G.Schr. d. A.G. §§. 21, 22; G.A. §§. 20, 45.

2) Zur Beauftragung mit den dem G.V. nach G.V.O. §. 20 lit. b–d obliegenden Verrichtungen ist der Gerichtsschreiber aus eigener Machtvollkommenheit nicht befugt. Er hat vielmehr in dieser Beziehung nur die Beauftragung

des G.V. auf Grund der behördlichen Anordnung zu vermitteln. Daß die Anordnung der Behörde erfolgt ist, muß aus dem Auftrage ersichtlich sein.

[3]) Vgl. G.V.O. §§. 49 ff.

§. 6.

Pflicht zur ungesäumten Dienstleistung.

1. Die Erledigung der erteilten Aufträge darf nicht verzögert werden.[1]) Ist für die Ausführung des Auftrags eine bestimmte Frist gestellt, so hat der Gerichtsvollzieher den Auftrag innerhalb dieser Frist zu erledigen und im Falle der Behinderung nach den Vorschriften der Gerichtsvollzieherordnung die Bestellung eines Vertreters bei dem Amtsgerichte rechtzeitig zu beantragen. Im Übrigen hat der Gerichtsvollzieher nach den Umständen pflichtgemäß zu ermessen, in welcher Reihenfolge, je nach der größeren oder geringeren Dringlichkeit der Aufträge, ihre Erledigung zu bewirken ist. In der Regel sollen die im §. 100 der Anw. bezeichneten Versteigerungen für Rechnung des Auftraggebers den übrigen Geschäften nachstehen.[2])

2. Alle Zustellungen, durch die eine Notfrist[3]) gewahrt werden soll, z. B. die Frist zur Einlegung der Berufung, der Revision oder des Einspruchs (C.P.O. §§. 223, 516, 552. 339) sind als Eilsachen zu behandeln, gleichviel ob der Zustellungsauftrag von der Partei unmittelbar erteilt oder durch den Gerichtsschreiber vermittelt worden ist.

3. Bei Zwangsvollstreckungsaufträgen ist zu be-

achten, daß, wenn derselbe Gegenstand mehrfach gepfändet wird, das durch die frühere Pfändung begründete Pfandrecht dem durch eine spätere Pfändung begründeten vorgeht und bei gleichzeitiger Pfändung die Pfandrechte den gleichen Rang haben, daß also Verzögerungen erhebliche Nachteile zur Folge haben können.

---

¹) Hat der G.V. dafür zu sorgen, daß die während seiner Abwesenheit in seinem Geschäftsbureau eingehenden Briefe sogleich zu seiner Kenntnis gelangen? Das Kammergericht hat diese Frage verneint (Erk. d. XI. Civ.-Sen. v. 18./11. 96).

²) Gesetzliche Fristen für Erledigung der Aufträge gibt es nicht. Wegen der Zustellungen siehe §. 28 d. Anw. — Im übrigen ist die größere oder geringere Dringlichkeit im einzelnen Falle maßgebend. — Pflichtwidrige Verzögerungen ziehen disziplinäre Ahndungen und die Regreßpflicht nach sich (R.G. 11./10. 01, III 210/01 i. d. Jur. Wochenschr. 1901 S. 788).

³) Die Notfristen sind in der C.P.O. als solche ausdrücklich bezeichnet (vgl. §§. 339, 516, 552, 577, 586, 958, 1044).

Diese Notfristen können, da sie im Interesse der öffentlichen Ordnung bestimmt sind, auch durch Vereinbarung der Parteien nicht verlängert oder verkürzt werden. Sie werden auch durch die Gerichtsferien nicht gehemmt.

§. 7.

Sonntage und allgemeine Feiertage.

1. Der Gerichtsvollzieher darf folgende Amtshandlungen auch an Sonntagen und allgemeinen Feiertagen¹) vornehmen:

Verhaftungen in Strafsachen, Vorführungen und vorläufige Festnahmen,
Durchsuchungen,
Zustellungen durch Aufgabe zur Post,
Übergaben an die Post zum Zwecke der Zustellung.

2. Andere Amtshandlungen dürfen an Sonntagen oder allgemeinen Feiertagen nur mit richterlicher Erlaubnis[2]) oder auf Anweisung der Staatsanwaltschaft, welche das Geschäft aufgetragen hat, vorgenommen werden. Für Zustellungen wird die richterliche Erlaubnis von dem Vorsitzenden des Prozeßgerichts erteilt; sie kann auch von dem Amtsgericht, in dessen Bezirke die Zustellung erfolgen soll, und in Angelegenheiten, die durch einen beauftragten oder ersuchten Richter zu erledigen sind, von diesem erteilt werden. Für Zwangsvollstreckungen wird die richterliche Erlaubnis von dem Amtsgericht erteilt, in dessen Bezirke die Vollstreckungshandlung vorgenommen werden soll.

3. Die Erlaubnis oder Anweisung ist bei der Vornahme der Amtshandlung vorzuzeigen, in der über sie aufzunehmenden Urkunde zu erwähnen und bei Zustellungen abschriftlich mitzuteilen.

4. Wechselproteste dürfen an Sonntagen und allgemeinen Feiertagen nicht erhoben werden.[3])

Vgl. C.P.O. §§. 188, 761; Str.P.O. §§. 102ff., 112ff.

---

[1]) Welcher Tag ein allgemeiner Feiertag sei, ist

reichsgesetzlich nicht geregelt und entscheiden die Landesgesetze des Orts der Zustellung. Allgemeiner Feiertag ist der Tag, an welchem nach Landesgesetzgebung Geschäftsruhe für die Gesamtheit der Bevölkerung eintritt. In Preußen sind allgemeine Feiertage: Weihnachten, Ostern, Pfingsten, je zwei Tage; Neujahr, Bußtag (Mittwoch vor dem letzten Trinitatis-Sonntag, Ges. v. 12./3. 93, G.S. S. 29), Charfreitag,*) Himmelfahrt, in der Provinz Schleswig-Holstein auch der Gründonnerstag. — Ob außer den für den gesamten einzelnen Staat bestimmten allgemeinen Feiertagen — auch politische sind dahin zu rechnen — für den Ort der Zustellung noch andere maßgebend sind, ist nach dem Inhalt desfallsiger staatlicher Anordnung zu entscheiden (v. Wilm.-Levy C.P.O.).

²) Die in C.P.O. §. 188 Abs. 4 für Zustellungen gegebene Ausnahme findet auf andere Amtshandlungen keine Anwendung.

³) W.O. Art. 41, 92.

§. 8.
Nachtzeit.

1. Zur Nachtzeit dürfen Zustellungen und Zwangsvollstreckungen nur mit richterlicher Erlaubnis (§. 7 Abs. 2) vorgenommen werden, andere Amtshandlungen, welche das Betreten einer Wohnung erforderlich machen, nur mit Genehmigung des Richters oder auf ausdrückliche Anweisung der Staatsanwaltschaft, von denen der Auftrag erteilt ist, es sei denn, daß es sich um die Wiederergreifung eines ent-

*) Pr. Ges. betr. den Charfreitag v. 2./9. 99 (G.S. S. 161).

wichenen Gefangenen handelt. Die Vorschrift des §. 7 Abs. 3 findet Anwendung.

2. Die Nachtzeit im gesetzlichen Sinne umfaßt in dem Zeitraume vom 1. April bis 30. September die Stunden von 9 Uhr abends bis 4 Uhr morgens und in dem Zeitraume vom 1. Oktober bis 31. März die Stunden von 9 Uhr abends bis 6 Uhr morgens.

Vgl. C.P.O. §§. 188, 761, Str.P.O. §. 104.

§. 9.

Gerichtsferien.

Die Gerichtsferien sind ohne Einfluß auf die Verpflichtung des Gerichtsvollziehers, die ihm erteilten Aufträge zu erledigen.

Vgl. G.V.G. §§. 201—204. — Auf die Angelegenheiten der nicht streitigen Gerichtsbarkeit sind die Gerichtsferien ohne Einfluß. Die Bearbeitung der Vormundschaftssachen, Nachlaßsachen, Lehns- und Familienfideikommiß- und Stiftungssachen kann während der Ferien unterbleiben, soweit das Bedürfnis einer Beschleunigung nicht vorhanden ist (A.G.z.G.V.G. § 91).

Der 15. Juli ist schon und der 15. September noch Ferientag.

§. 10.

Aufbewahrung fremder Gelder.

Der Gerichtsvollzieher ist verpflichtet, die vermöge des Dienstes in seinen Besitz kommenden fremden Gelder getrennt von seinen eigenen Geldern unter genügendem Verschluß aufzubewahren.

Die Getrennthaltung jeder Masse für sich und deren

besondere Bezeichnung ist durch §. 66 Nr. 8 G.V.O. geboten.

§. 11.

Empfangsbescheinigung.

Über den Empfang von Geldern, Schriftstücken und anderen Gegenständen, welche aus Veranlassung eines Dienstgeschäfts in den Besitz des Gerichtsvollziehers kommen, hat er der Behörde oder der Privatperson auf Verlangen eine Bescheinigung zu erteilen. In den Fällen des §. 50 Abs. 3 und des §. 95 Abs. 7 der Anw. ist die Bescheinigung auch ohne Verlangen zu erteilen.

Vgl. §. 21 Nr. 1 und §. 72 Nr. 7 d. Anw.

§. 12.

Beurkundung.

1. Bei der Aufnahme von Urkunden haben die Gerichtsvollzieher neben den besonderen für die einzelnen Arten der Urkunden getroffenen Vorschriften die nachstehenden allgemeinen Regeln zu beachten:

a) Jede Urkunde muß die Zeit und den Ort der Abfassung enthalten und von dem Gerichtsvollzieher unter Beifügung seiner Amtseigenschaft (Gerichtsvollzieher)[1]) und seines amtlichen Wohnsitzes unterschrieben werden.[2])

b) Die Urkunden sollen deutlich und bestimmt abgefaßt und leserlich geschrieben sein.[3]) Der Gebrauch der Bleischrift oder einer anderen

Trockenschrift ist unstatthaft, die Verwendung von Stempeln dagegen zulässig.

c) Die Urkunden (Urschriften wie Abschriften) sind ohne Lücken anzufertigen. Radierungen sind untersagt. Etwa nötige Durchstreichungen müssen in der Art geschehen, daß das Durchstrichene noch leserlich bleibt. Werden Formulare verwendet, so sind die zur Ausfüllung bestimmten Zwischenräume, insoweit sie durch die erforderlichen Eintragungen nicht ausgefüllt werden, zu weiteren Eintragungen durch Striche ungeeignet zu machen.

d) In dem Protokoll über ein Geschäft, welches nach der verwendeten Zeit vergütet wird, ist deren Dauer anzugeben. Zu diesem Zwecke ist insbesondere auch die Zeit des Anfanges und des Endes des Geschäfts sowie die Dauer einer etwaigen Unterbrechung zu vermerken.[4])

e) Die Abschriften sind stets als solche zu bezeichnen. Die dem Gerichtsvollzieher obliegende Beglaubigung erfolgt durch den Vermerk „Beglaubigt" unter Beifügung der Unterschrift (oben zu a).[5]) Die Beglaubigung darf erst erfolgen, nachdem der Gerichtsvollzieher sich von der wörtlichen Übereinstimmung der Abschrift mit der Urschrift (Ausfertigung) überzeugt hat.

f) Auf den Urschriften und Abschriften der Urkunden hat der Gerichtsvollzieher eine Berechnung seiner Gebühren und Auslagen aufzustellen.

2. Der Gerichtsvollzieher muß sich beständig gegenwärtig halten, daß die von ihm aufgenommenen Urkunden öffentlichen Glauben haben, er soll daher die höchste Gewissenhaftigkeit auf deren Abfassung verwenden. Die Urkunde muß in jedem einzelnen Punkte dem tatsächlichen Hergang entsprechen, in den etwa benutzten Formularen ist jedes nicht zutreffende Wort zu durchstreichen. Die Verletzung der Wahrheit selbst in nebensächlichen Umständen hat disziplinarische, unter Umständen strafrechtliche Ahndung[6]) zur Folge. Die nachträgliche Ausfüllung eines von den Beteiligten unterschriebenen Protokollformulars und jede eigenmächtige Änderung eines vollzogenen Protokolls, auch wenn sie nur die Dauer der Amtshandlung betrifft, ist schlechthin unstatthaft.

---

[1]) Gerichtsvollzieher „kraft Auftrags" (G.V.O. §. 85) und Hilfsgerichtsvollzieher (G.V.O. §. 45) fügen — erstere in Abkürzung (kr. A.) — diese ihre Amtseigenschaft der Unterschrift bei.

[2]) Die Unterschriften sollen leserlich sein (Allg. Vfg. v. 14./4. 81, J.M.Bl. S. 68).

[3]) Fremdwörter sind zu vermeiden (Allg. Vfg. v. 6./8. 41, J.M.Bl. S. 118).

[4]) Vgl. Geb.O. §. 28.

[5]) Vgl. §. 21 der Anw. u. Anm. 6 dazu.

[6]) Die Strafbestimmungen über Verfehlungen der Beamten in ihrer Eigenschaft als Urkundspersonen enthalten die §§. 348, 349 R.Str.G.B.

§. 13.
Dienstsiegel.

1. Das Dienstsiegel ist in einer jeden Mißbrauch ausschließenden Weise zu verwahren und bei dem Ausscheiden aus der Dienststelle dem Amtsgerichte zurückzugeben.[1])

2. Das Dienstsiegel darf nur zu dienstlichen Zwecken, nicht bei außerdienstlichen Geschäften und Schreiben verwendet werden.[2])

---

[1]) Wegen Beschaffung, Benutzung und Aussehen des Dienstsiegels vgl. G.V.O. §. 25.

[2]) Nur in Angelegenheit ihres Amtes sind die G.V. zur Benutzung des Dienstsiegels befugt. Deshalb sind sie zur Beglaubigung von Unterschriften und Attesten unter Quittungen betr. Pensionen, Witwen- und Waisengeldern, Unterstützungen 2c. nicht berechtigt.

§. 14.
Dienstliche Sendungen.

1. Die dienstlichen Sendungen des Gerichtsvollziehers sind, soweit deren Verschluß erforderlich ist,[1]) mit dem Dienstsiegel oder mit Siegelmarken zu verschließen.

2. Postsendungen in dienstlichen Angelegenheiten sind mit dem Vermerke „Portopflichtige Dienstsache" zu versehen.[2])

---

[1]) Dies wird durchweg der Fall sein.

[2]) Nach den postalischen Bestimmungen wird für gewöhnliche unfrankierte Briefe ein Zuschlagsporto erhoben. Portopflichtige Dienstbriefe dagegen werden mit

dem Zuschlagsporto nicht belegt, wenn ihre Eigenschaft als Dienstsache durch den Vermerk „Portopflichtige Dienstsache" auf dem Umschlage vor der Postaufgabe erkennbar gemacht worden ist. Damit dieser Vermerk in die Augen falle, ist er oben links in der Ecke auf der Adreßseite der portopflichtigen Dienstbriefe niederzuschreiben. Bei Briefen nach und aus fremden Ländern findet ein Erlaß des Zuschlagsportos nicht statt.

§. 15.
Stempelabgaben.

Der Gerichtsvollzieher hat die sich auf die Entrichtung der Stempelabgaben beziehenden Vorschriften und die zu ihrer Ausführung erlassenen Verfügungen und Anweisungen sorgfältig zu beachten und zu seinen Protokollen oder sonstigen Urkunden den erforderlichen Stempel rechtzeitig und ordnungsmäßig zu verwenden.

Pr. Stempelsteuergesetz v. 31./7. 95 (G.S. S. 413) §§. 15ff., Allg. J.M.Vfg. v. 25./8. 96 (J.M.Bl. S. 106).

§. 16.
Dienstkleidung.

Der Gerichtsvollzieher hat bei der Vornahme von Dienstverrichtungen außerhalb seiner Wohnung oder seiner Geschäftsräume die vorgeschriebene Dienstkleidung[1]) zu tragen.[2])

---

[1]) Wegen Beschaffenheit der Dienstkleidung vgl. G.=V.O. §. 26.

[2]) Die Nichtbeachtung dieser Vorschrift zieht die Ungültigkeit der Amtshandlung aber nicht nach sich.

Zweiter Abschnitt.

Einzelne Geschäftszweige.

I. Zustellungen.

1. Allgemeine Vorschriften.

§. 17.

1. Der Gerichtsvollzieher ist zuständig, Zustellungen auf Betreiben der Parteien in bürgerlichen Rechtsstreitigkeiten (§§. 19 ff. der Anw.) und in Strafsachen (§. 39 der Anw.) sowie Zustellungen in nichtgerichtlichen Angelegenheiten (§. 40 der Anw.) im Auftrag eines Beteiligten auszuführen. Zustellungen von Amtswegen sind dem Gerichtsvollzieher durch gesetzliche Vorschrift[1]) nur für den Fall übertragen, daß der Notar, dem die Vermittelung einer Auseinandersetzung vom Gericht überwiesen ist, eine Zustellung von Amts wegen veranlaßt (Artikel 26 des Preußischen Gesetzes über die freiwillige Gerichtsbarkeit [Pr.F.G.G.];[2]) vgl. §. 41 Abs. 2 der Anw.).

2. Die Zustellung besteht in der Übergabe[3]) einer Ausfertigung oder einer beglaubigten Abschrift des zuzustellenden Schriftstücks.[4])

3. Auf den Inhalt des Schriftstücks kommt es für das bei dessen Zustellung zu beobachtende Verfahren nicht an. Auch ein Schriftstück, welches nur die Ladung einer Person vor das Gericht enthält,

ist in derselben Weise wie andere Schriftstücke zuzustellen.

4. Eine Zustellung an mehrere Empfänger ist durch die Übergabe je einer besonderen Ausfertigung oder beglaubigten Abschrift an jeden Einzelnen zu bewirken. Dies gilt auch dann, wenn die mehreren Zustellungsempfänger, z. B. als Ehegatten oder als Eltern und Kinder, in häuslicher Gemeinschaft mit einander leben.

5. Bei der Zustellung an den Vertreter mehrerer Beteiligter oder an einen von mehreren Vertretern genügt die Übergabe nur einer Ausfertigung oder Abschrift. Ist der Empfänger der Zustellung für seine eigene Person und zugleich als Vertreter beteiligt, so muß die Zustellung an ihn in seiner Eigenschaft als Vertreter besonders erfolgen. Einem Zustellungsbevollmächtigten mehrerer Beteiligter sind so viele Ausfertigungen oder Abschriften zu übergeben, als Beteiligte vorhanden sind.[5]

---

[1]) Nach der Geschäftsanweisung hat der G.V. Zustellungen von Amtswegen und Behändigungen nur zu bewirken, wenn ihm zugleich Gerichtsdienergeschäfte übertragen sind (G.A. §. 41 Nr. 1).

[2]) Diese Zustellungen erfolgen nach den für die Zustellungen von Amtswegen geltenden Vorschriften der C.P.O., wobei an die Stelle des sonst diese Zustellungen bewirkenden Gerichtsdieners der G.V. tritt (Pr.F.G.G. Art. 21, 23, 26, D.F.G.G. §. 16 Abs. 2, §§. 86, 89).

[3]) Zur „Übergabe" genügt ein von der entsprechenden

Erklärung begleitetes „Hinlegen" des Schriftstückes in Gegenwart des Empfängers (R.G.).

[4]) „Ausfertigung" ist nur da zuzustellen, wo es besonders vorgeschrieben ist (d. i. bei Zeugenladungen, Zustellungen von Schiedssprüchen und allen von Amtswegen erfolgenden Zustellungen. — Zustellungen, die an Formmängeln leiden oder nicht an den richtigen Adressaten oder dessen gesetzlichen Ersatzempfänger erfolgen, sind nichtig.

[5]) Vgl. C.P.O. §. 189.

§. 18.

Arten der Zustellung.

1. Für die Tätigkeit des Gerichtsvollziehers kommen drei Arten von Zustellungen in Betracht:

a) Zustellungen, welche von den Gerichtsvollziehern selbst ohne Mitwirkung der Post ausgeführt werden (gewöhnliche Zustellung, §§. 24–34 der Anw.).

b) Zustellungen durch die Post (§. 35 der Anw.).

c) Zustellungen durch Aufgabe zur Post (§. 36 der Anw.).

2. Bei gewöhnlichen Zustellungen ist der Gerichtsvollzieher auf den ihm durch die Gerichtsvollzieherordnung zugewiesenen Amtsbezirk[1]) beschränkt. Zustellungen durch die Post kann er dagegen nach jedem Orte des Deutschen Reichs, Zustellungen durch Aufgabe zur Post auch nach Orten außerhalb des Deutschen Reichs bewirken.

3. Ob der Gerichtsvollzieher einen Zustellungsauftrag[2]) im Wege der gewöhnlichen Zustellung

oder im Wege der Zustellung durch die Post auszuführen hat, richtet sich nach der Anweisung des Auftraggebers. In Ermangelung einer Anweisung hat der Gerichtsvollzieher nach seinem pflichtmäßigen Ermessen die Zustellung in der einen oder in der anderen Weise (Abs. 1a, b) zu besorgen. Wählt er in einem solchen Falle die gewöhnliche Zustellung, obgleich die Zustellung mit geringeren Kosten durch die Post hätte erfolgen können, so dürfen nur die für den Fall der Zustellung durch die Post zulässigen Gebühren und Auslagen erhoben werden.[3])

4. Von der Zustellung durch die Post sind ausgeschlossen:

a) Einschreib-, Wert- und Nachnahmesendungen;
b) durch Eilboten zu bestellende Sendungen;
c) Sendungen mit dem Vermerke „postlagernd";
d) Sendungen an Gefangene;
e) gerichtliche Pfändungsbeschlüsse im Falle des §. 75 Abs. 2 der Anw.;
f) Zustellungen von Willenserklärungen, bei denen eine Urkunde vorzulegen ist (§. 40 Abs. 2).*)

Ferner sollen Sendungen an einen Gemeinschuldner nicht durch die Post zugestellt werden, wenn vom Konkursgerichte die Aushändigung der für den Gemeinschuldner eingehenden Briefe an den Konkursverwalter angeordnet ist (Konk.O. §. 121).

---

*) Allg. Vfg. v. 27./8. 02 (J.M.Bl. S. 226).

5. Bei Schriftstücken, deren Gewicht 250 g übersteigt, ist die Zustellung durch die Post ausgeschlossen, weil derartige Sendungen von der Post zur Beförderung als Brief nicht angenommen werden.

6. Zustellungen durch Aufgabe zur Post (Abs. 1, c) sind nur in den gesetzlich bestimmten Fällen zulässig.[3])

---

[1]) G.V.O. §§. 17, 18.

[2]) Vgl. Geb.O. §. 3 und Anm. dazu.

[3]) Vgl. §. 86 der Anw. und Anm. dazu.

2. Zustellungen auf Betreiben der Parteien in bürgerlichen Rechtsstreitigkeiten.

§. 19.

Der Gerichtsvollzieher hat die von den Parteien zu betreibenden Zustellungen in bürgerlichen Rechtsstreitigkeiten unter Beachtung der §§. 166—195 der Civilprozeßordnung zu besorgen.

§. 20.

Auftrag.

1. Der Auftrag einer Partei zur Vornahme einer Zustellung wird dem Gerichtsvollzieher von der Partei[1]) oder von ihrem Bevollmächtigten[2]) entweder unmittelbar oder durch Vermittelung des Gerichtsschreibers[3]) erteilt. In Anwaltsprozessen (C.P.O. §. 78) wird der Auftrag von dem Gerichtsschreiber nur in Ansehung solcher Zustellungen vermittelt, durch die eine Notfrist[4]) gewahrt werden soll.

2. Der unter Vermittelung des Gerichtsschreibers beauftragte Gerichtsvollzieher gilt in jeder Beziehung als unmittelbar von der Partei beauftragt.[5])

Vgl. C.P.O. §§. 166, 167, 168, 497; G.V.G. §. 162.

---

[1]) Im allgemeinen liegt es der Partei ob, für Zustellung der Schriftstücke im Prozeßverfahren Sorge zu tragen. — Von Amtswegen sind zuzustellen: Nicht verkündete Beschlüsse des Gerichts und nicht verkündete Verfügungen des Vorsitzenden und eines beauftragten oder ersuchten Richters; die Ladungen von Zeugen und Sachverständigen; Urteile, durch welche auf Trennung, Ungültigkeit oder Nichtigkeit der Ehe erkannt ist: die in Entmündigungssachen zu erlassenden, die Entmündigung aussprechenden oder ablehnenden oder die Entmündigung aufhebenden Beschlüsse; der Beschluß, durch welchen ein Arrest angeordnet oder eine einstweilige Verfügung erlassen wird (C.P.O. §§. 329, 877, 625, 659, 678, 683, 685, 922, 929, 936).

[2]) „Es liegt nicht allein im finanziellen Interesse der Gerichtsvollzieher und des Staates, sondern es entspricht auch dem Interesse der Rechtspflege, daß der G.V. nicht ohne Grund die in der Regel auch mit Zeitverlust verbundene Mitwirkung der Post in Anspruch nimmt, vielmehr, wo nur immer angängig, den Weg der gewöhnlichen (d. i. persönlichen, d. Verf.) Zustellung wählt (J.M.Rdvfg. v. 24./1. 02 I 469, s. Bür.Bl. 1902 S. 88).

[3]) In den Prozessen, in welchen die Parteien durch Anwälte vertreten sind (Anwaltsprozessen), wird in der Regel der Auftrag zur Zustellung von letzteren erteilt werden; die Gültigkeit einer Zustellung wird jedoch dadurch nicht beeinträchtigt, daß der G.V. den Zustellungsauftrag von der Partei (im eigenen Namen) erhalten hat (**R.G.**).

Vgl. §. 5 der Anw. — Wenn seitens der Gerichtsschreiber protokollarische Anträge mehrerer Personen aufgenommen werden oder wenn ihre Vermittelung zur Beauftragung eines G.V. mit der Zustellung eines von mehreren Personen ausgehenden Schriftstücks unmittelbar nachgesucht wird, soll durch Befragen festgestellt werden, wem das Schriftstück mit der Zustellungsurkunde demnächst ausgehändigt werden soll (Vfg. d. O.L.G.Präs. zu Cöln v. 27./3. 93).

4) Wegen Begriffsbestimmung rc. der „Notfristen" vgl. Anm. 3 zu §. 6.

5) Auch bezüglich der Gebühren-Einforderung. Vom Anwalt sind die Gebühren nur zu erfordern, wenn er zu ihrer Zahlung sich ausdrücklich bereit erklärt hat.

§. 21.

Empfangnahme und Beglaubigung der Schriftstücke.

1. Bei der Empfangnahme der zuzustellenden Schriftstücke hat der Gerichtsvollzieher auf den Urschriften und allen ihm mitübergebenen Abschriften die Zeit der Übergabe zu vermerken[1]) und bei unmittelbar erteilten Aufträgen der Partei auf Verlangen zu bescheinigen.

2. Sind die zur Ausführung des Zustellungsauftrags erforderlichen Abschriften nicht mitübergeben, so hat sie der Gerichtsvollzieher anzufertigen und dafür die gesetzlichen Schreibgebühren in Rechnung zu stellen.[2])

3. Die Abschriften der zuzustellenden Schriftstücke sind von dem Gerichtsvollzieher zu be-

glaubigen,[3]) soweit sie nicht bereits beglaubigt sind.[4])[5]) Sind die Schriftstücke erst nach ihrer Beglaubigung mit dem Terminsvermerke versehen, so daß dieser durch die Beglaubigung nicht mitgetroffen wird, so hat der Gerichtsvollzieher den Terminsvermerk noch besonders zu beglaubigen. Die Beglaubigung erfolgt in der im §. 12 Abs. 1 e der Anw. vorgeschriebenen Weise.[6])

Vgl. C.P.O. §§. 169, 170.

---

[1]) Wichtig wegen Abhängigkeit gewisser prozessualer Ereignisse von der Zeit der Übergabe an den G.V. — bezw. den Gerichtsschreiber — (vgl. z. B. C.P.O. §. 285).

[2]) Bei Partei-Zustellungen sind die fehlenden Abschriften durch den G.V. anzufertigen, wofür diesem Schreibgebühren zustehen. — Falls die Klage zu Protokoll angebracht ist, erhält der G.V. eine Abschrift davon mit der Terminsbestimmung, von der er seinerseits Abschrift zur Zustellung zu fertigen hat.

[3]) Fehlende Beglaubigung macht die Zustellung unwirksam (R.G.).

[4]) C.P.O. §. 170 Abs. 2. — Ist die Abschrift durch den Anwalt (wo dieser die Beglaubigung zu bewirken hat) nicht beglaubigt, so kann der G.V. die Beglaubigung selbst vornehmen (R.G.). Eventl. hat er den Mangel durch den Anwalt beseitigen zu lassen. Für die Unterlassung haftet der G.V. Der Beglaubigungsvermerk muß auf die zu übergebende Klageabschrift selbst — nicht auf eine Anlage — gesetzt werden. (R.G.) — Die Beglaubigung hat sich auf alle zuzustellenden Schriftstücke, einschließlich der Beilagen, zu erstrecken. Dies muß auf irgend eine Weise, am besten durch einen Ver-

merk am Schlusse der sämtlichen zusammenhängenden Schriftstücke, ersichtlich gemacht werden.

[5]) Diese beglaubigten Abschriften sind nicht stempelpflichtig. Dagegen muß auf diesen beglaubigten Abschriften, sofern die ihnen zugrunde liegenden Urkunden landesstempelpflichtig sind, von dem die Abschrift Beglaubigenden ausdrücklich vermerkt werden, ob bezw. zu welchem Betrage ein Stempel zu der Urschrift verbraucht oder derselben kassiert beigefügt und daß die beglaubigte Abschrift zum Zwecke der Zustellung stempelfrei erteilt worden ist (J.M.Vfg. v. 19./6. 84 I 2228).

[6]) Zur Beglaubigung genügt der Vermerk „beglaubigt" unter Beifügung der Unterschrift und des Amtscharakters. Der Beidrückung des Dienstsiegels bedarf es der Regel nach nicht. Eigenhändige Unterschrift ist nicht erforderlich, Beglaubigung durch einen Stempelabdruck zulässig (R.G.).

§. 22.

Vorbereitung der Zustellung.

1. Der Gerichtsvollzieher hat die Zustellung gehörig vorzubereiten, damit bei der Ausführung sich keine Anstände ergeben und keine Verzögerungen verursacht werden, auch die Wirksamkeit der Zustellung nicht beeinträchtigt wird.[1])

2. Insbesondere ist zu prüfen, ob die Schriftstücke unterschrieben, die Abschriften gehörig beglaubigt und in der erforderlichen Anzahl vorhanden sind,[2]) ob in den Ladungen die Zeit und der Ort des Termins angegeben sind[3]) und ob die Person, an welche zuzustellen ist, nach Namen, Stand oder Beruf und Aufenthaltsort hinreichend

bezeichnet ist, so daß danach, insbesondere bei Zustellungen durch die Post, der Empfänger in der Aufschrift sicher angegeben werden kann. Etwaige Anstände müssen auf dem kürzesten Wege in der Regel sofort bei der Entgegennahme des Auftrags oder in sonst geeigneter Weise, soweit tunlich durch den Gerichtsvollzieher selbst, beseitigt werden.

3. Vor der Zustellung eines Zahlungsbefehls (C.P.O. §§. 688, 692) hat der Gerichtsvollzieher auf dem Zahlungsbefehl und den zuzustellenden Abschriften die Gebühren und Auslagen für die Zustellung sowie für die Einziehung dieser Kosten und für die Übermittelung des Zahlungsbefehls nach erfolgter Zustellung an den Auftraggeber diesem erwachsenden notwendigen Auslagen nach Anleitung des Formulars C.P. Nr. 42 im einzelnen zu vermerken und diese Kosten sowie den Gesamtbetrag der unter I und II der Kostenberechnung verzeichneten Kosten aufzurechnen. Für den Vermerk der Kosten und deren Aufrechnung darf eine Schreibgebühr nicht angesetzt werden.*)

---

[1]) Hier ist in erster Reihe an die gewöhnlichen (d. i. persönlich durch den G.V. zu bewirkenden) Zustellungen gedacht. Die Vorschrift fördert das Interesse des G.V. — An Ort und Stelle fehlt oft der nötigste Platz zum Schreiben.

[2]) Vgl. Anm. 2 zu §. 21.

---

*) Wegen Benutzung des älteren Formulars C.P. Nr. 42 vgl. Allg. Verf. v. 8./4. 03 (J.M.Bl. S. 82).

³) Nach den Geschäftsordnungen f. d. Gerichtsschreibereien der Amts- bezw. Land- und Oberlandesgerichte (§§. 14 Abs. 5 bezw. 18 Abs. 5) hat der Gerichtsschreiber die Terminsnotiz auf die Abschriften zu übertragen. Abschriften ohne diese hat der G.V. in der Regel den Gerichtsschreiber zur Vervollständigung zurückzugeben. Ist dies wegen Eilbedürftigkeit der Zustellung nicht angängig, so muß der G.V. die Übertragung bei eigener Verantwortlichkeit, aus der seine eventl. Regreßpflicht folgt (R.G.), selbst bewirken (J.M.Verf. v. 18. 11. 1902, I 8612, vgl. diese auf S. 140 d. „Amtl. Vorschriften" und im Bür. Bl. 1903 S. 51). — Wegen der Geb. hierfür vgl. Geb.O. § 14 und Anm. dazu.

§. 23.

Frist für die Erledigung des Auftrags.

Der Gerichtsvollzieher hat die Zustellungsaufträge, vorbehaltlich anderweitiger Bestimmung des Auftraggebers, wenn die Zustellung an seinem Wohnort oder unter seiner Vermittelung durch die Post zu erfolgen hat, spätestens am Tage nach dem Empfange des Auftrags, wenn die Zustellung außerhalb seines Wohnorts durch ihn selbst zu bewirken ist, auf der ersten Reise und spätestens binnen fünf Tagen zu erledigen, falls nicht die Eilbedürftigkeit der Sache eine noch frühere Zustellung erfordert.¹) Sonntage und allgemeine Feiertage²) werden nicht mitgerechnet.

---

¹) Vgl. §. 6, Abs. 1, §§. 7, 8 der Anw. — Für die Zeit der Erledigung der Aufträge ist in allererster Reihe deren größere oder geringere Dringlichkeit maßgebend.

Verzögerungen nach dieser Richtung hin ziehen die Regreßpflicht des G.V. nach sich (R.G., Urt. v. 11./10. 01, III 210/01 i. d. Jur. Wochenschr. 1901 S. 788, a. Zschr. f. mittl. J.B. 1902 S. 45).

Auf die aus Anlaß der Z.V. erforderliche Zustellung der Schuldtitel und anderer Schriftstücke findet diese Vorschrift keine Anwendung. Derartige Zustellungen erfolgen zweckmäßig erst in Verbindung mit der Vollstreckungshandlung selbst, deren Erledigung innerhalb der hier für die Zustellungen vorgeschriebenen Frist in sehr vielen Fällen praktisch undurchführbar sein würde. Zu vgl. insbes. §. 49 Nr. 6 d. Anw.

[2]) Wegen der allgemeinen Feiertage vgl. Anm. 1 zu §. 7 der Anw.

§. 24.

a) Gewöhnliche Zustellungen. Ort der Zustellung.

1. Die Zustellung kann an jedem Orte erfolgen, wo die Person, welcher zugestellt werden soll, angetroffen wird.[1]) Bei der Bewirkung der Zustellung ist auf die Auswahl eines angemessenen Ortes und einer passenden Gelegenheit, bei der die Übergabe und die Annahme der Schriftstücke gesichert erscheint, Bedacht zu nehmen.[2])

2. Hat die Person, welcher zugestellt werden soll, an demselben Orte eine Wohnung oder ein Geschäftslokal, so ist eine außerhalb der Wohnung oder des Geschäftslokals bewirkte Zustellung nur gültig, wenn die Annahme nicht verweigert wird. Der Gerichtsvollzieher wird daher regelmäßig zur Vornahme der Zustellung die Wohnung oder das

Geschäftslokal des bezeichneten Empfängers aufzusuchen haben, weil nur unter dieser Voraussetzung die Zustellung auch bei Abwesenheit des Empfängers oder bei Verweigerung der Annahme wirksam durchgeführt werden kann.[3])

3. Wird aus Anlaß von Zustellungen ein Verkehr mit Gefangenen notwendig, so hat der Gerichtsvollzieher sich nach den Vorschriften der Gefängnisordnung und der Hausordnung zu richten.[4])

---

[1]) Die Vorschriften der Nr. 1 und 2 entsprechen dem §. 180 C.P.O.

[2]) Unter dem Orte ist nicht bloß die Ortschaft, sondern jede Örtlichkeit zu verstehen. Als schicklich anzusehen ist, daß ein angemessener Ort und eine passende Gelegenheit gewählt werden, welche eine ungehinderte und sichere Übergabe und Annahme des Schriftstücks gestatten, z. B. nicht in Kirchen oder gottesdienstlichen Gebäuden. Wenn indes trotzdem an einem unpassenden Orte zugestellt wird, bleibt die Zustellung gültig (v. Wilm.-Levy C.P.O.).

[3]) Unter der Wohnung ist der Ort des tatsächlichen Wohnens verstanden, nicht ein Wohnsitz, also auch eine Wohnung im Gasthofe oder eine besuchsweise mitbenutzte Wohnung eines anderen. Unter Geschäftslokal ist diejenige Räumlichkeit zu verstehen, in welcher eine Person gewöhnlich ihren Berufsgeschäften obliegt. Wenn jemand nirgends eine Wohnung hat, kann ihm auf der Straße zugestellt werden. Die Annahme darf nur dann, wenn der Adressat eine Wohnung oder ein Geschäftslokal am Orte der Zustellung hat, außerhalb derselben verweigert werden. Eine Ersatzzustellung nach §. 181 außerhalb der Wohnung ist nicht zulässig (v. Wilm.-Levy C.P.O.).

[4]) „Alle Zustellungen an Gefangene erfolgen in Gegenwart eines Gefängnisbeamten“ (Gefängnisordn. f. d. Justizverw. v. 21./12. 98, J.M.Bl. S. 292 §. 81). — Im übrigen werden die Zustellungen innerhalb der für den Gefängnisverkehr von der Gefängnisverwaltung bestimmten Tagesstunden zu bewirken sein.

§. 25.

Personen, an welche die Zustellung zu erfolgen hat.

1. Die Zustellung erfolgt an den bezeichneten Empfänger in Person.[1])

2. Handelt es sich um eine Zustellung an einen Unteroffizier oder Gemeinen des aktiven Heeres oder der aktiven Marine, so muß die Zustellung an den Chef der zunächst vorgesetzten Kommandobehörde (Chef der Kompagnie, Eskadron, Batterie u. s. w.) erfolgen (C.P.O. §. 172).[2]) Zu den Unteroffizieren gehören in dieser Beziehung auch die Feldwebel, Wachtmeister und die ihnen gleich- oder nachstehenden Avancierten.[3])

3. Die Zustellung an Behörden, Gemeinden, Körperschaften und Stiftungen sowie an eingetragene Genossenschaften, Gesellschaften und Vereine erfolgt an ihre Vorsteher oder Vertreter. Sind mehrere Vorsteher oder Vertreter vorhanden, so genügt die Zustellung an einen von ihnen (C.P.O. §. 171).[4])

Vgl. C.P.O. §§. 171, 172.

[1]) Die Zustellung an den bezeichneten Empfänger „in Person" bildet die Regel.

Als Abweichungen davon kommen folgende Fälle in Betracht:

a) Für die nicht prozeßfähigen Personen erfolgen die Zustellungen an die gesetzlichen Vertreter derselben (C.P.O. §. 171 Abs. 1).

Zu den nicht prozeßfähigen Personen gehören: Kinder, Minderjährige, Volljährige, welche nicht imstande sind, rechtsgültige Willenserklärungen abzugeben, also Personen, welche wegen Geisteskrankheit oder aus anderen Ursachen entmündigt sind, und solche, welche taub, stumm oder blind und hierdurch an Besorgung ihrer Rechtsangelegenheiten gehindert sind. Für diese Personen erfolgen die Zustellungen an den Vormund bezw. Vater oder Mutter (Struckm.-Koch C.P.O.).

b) Die Zustellung erfolgt an den Generalbevollmächtigten, sowie in den durch den Betrieb eines Handelsgewerbes hervorgerufenen Rechtsstreitigkeiten an den Prokuristen mit gleicher Wirkung wie an die Partei selbst (C.P.O. §. 173).

Die Zustellung muß aber nicht an den Generalbevollmächtigten oder den Prokuristen, sie kann vielmehr nur an diese Personen mit derselben rechtlichen Wirkung wie an die Partei selbst erfolgen. (Anders bei den Prozeßbevollmächtigten s. lit. d.)

c) Die Zustellung kann an einen von der Partei zu benennenden Zustellungsbevollmächtigten erfolgen, wenn die Partei weder am Orte des Prozeßgerichts noch innerhalb des Amtsgerichtsbezirks, in welchem das Prozeßgericht seinen Sitz hat, wohnhaft ist und keinen Prozeßbevollmächtigten bestellt hat (C.P.O. §§. 174, 175).

d) Zustellungen, welche in einem anhängigen Rechtsstreite geschehen sollen, müssen an den für die Instanz bestellten Prozeßbevollmächtigten erfolgen (C.P.O. §. 176). Zustellungen, welche trotzdem an die Partei selbst erfolgen, sind unter allen Umständen nichtig (R.G.). Was „zur Instanz“ gehört, ist im §. 178 C.P.O. erläutert. Auch der im Kostenfestsetzungsverfahren ergangene Kostenfestsetzungsbeschluß ist nicht dem zur Kostentragung verurteilten Gegner persönlich, sondern dessen für die I. Instanz bestellten Prozeßbevollmächtigten zuzustellen (R.G.). Die Zustellung eines Schriftsatzes, welches statt an „den für die Instanz bestellten Prozeßbevollmächtigten“ an dessen „Substituten“ erfolgt, ist rechtsunwirksam (R.G.). — Wenn der Rechtsstreit auf Antrag des Klägers von dem Amtsgericht an das Landgericht verwiesen ist, so ist die Ladung zur Verhandlung vor dem Landgericht dem Beklagten persönlich (nicht seinem amtsgerichtlichen Prozeßbevollmächtigten) zuzustellen (Beschl. d. O.L.G. Königsberg v. 8./7. 99). — Eine Partei, welche zwar erst nach Erteilung eines Zustellungsauftrages, aber noch vor bewirkter Zustellung in Erfahrung bringt, daß die Gegenpartei einen Prozeßbevollmächtigten bestellt hat, muß nunmehr dafür Sorge tragen, daß die Zustellung an den Bevollmächtigten erfolgt (Erk. d. Ldg. I Berlin v. 8./5. 97). — Wenn mehrere Prozeßbevollmächtigte vorhanden sind, so genügt die Zustellung an nur einen von ihnen. — Der G.V. haftet für ein grobes Versehen bei Ausführung einer Zustellung, wenn den Prozeßbevollmächtigten ein gleiches Versehen trifft (R.G.). — Wegen der Zustellungen von Schriftsätzen, durch welche ein Rechtsmittel eingelegt wird, vgl. C.P.O. §. 179.

e) Zustellungen an den Gemeinschuldner während der Dauer eines Konkursverfahrens sind an den Konkursverwalter zu richten, wenn es sich um von diesem für die Masse zu führende Prozesse handelt. Daneben bleibt jedoch der Gemeinschuldner handlungsfähig in allen Angelegenheiten, welche die Konkursmasse nicht betreffen, also in Strafsachen als Beteiligter aller Art, in personenrechtlichen Prozessen, auch in Angelegenheiten, welche das nach der Konkurseröffnung erworbene Vermögen oder die später eingegangenen Verpflichtungen betreffen. In diesen Fällen ist dem Gemeinschuldner selbst zuzustellen.

f) Zustellungen an Eheleute. — Treten in einem Prozeßverfahren Eheleute gemeinschaftlich als Partei auf, so ist, wenn eine Zustellung an dieselben erforderlich wird, diese an jeden der beiden Ehegatten besonders zu bewirken. Eine Zustellung an den Ehemann allein „für sich und zugleich als Vertreter seiner Ehefrau" genügt nicht, da nach C.P.O. §. 52 die volljährige Ehefrau selbst prozeßfähig ist und der Ehemann als ihr gesetzlicher Vertreter schon um deshalb nicht angesehen werden kann, weil die Prozeßordnung gesetzliche Vertreter prozeßfähiger Personen überhaupt nicht kennt.

[2]) Die Zustellung „muß" an den Chef der Kommandobehörde, d. h. sie darf in diesem Falle nicht an den Adressaten selbst erfolgen. Auf Mannschaften des Beurlaubtenstandes, Gendarmen, Schutzleute oder andere militärisch organisierte Polizeimannschaften, Feuerwehr rc. ist die Vorschrift jedoch nicht anzuwenden.

[3]) An Offiziere, desgl. an alle Militärbeamte, welche nicht zu den Unteroffizieren und Gemeinen bezw. überhaupt nicht zum Soldatenstande gehören, ist direkt zuzustellen.

[4]) Wird die gesetzliche Vertretung durch ein Kollegium (Magistrat, Regierung u. dgl.) gebildet, so ist in der Regel der Vorsitzende der gesetzliche Vertreter; die übrigen Mitglieder sind es nicht. Anders beim Vorstand

einer Aktiengesellschaft, der aus mehreren Personen besteht: Diese sind sämtlich „Vorsteher". Für ein Amtsgericht ist der mit der allgemeinen Dienstaufsicht betraute Richter der Vorsteher. Die Adresse des Schriftstücks braucht den Namen des Vorstehers nicht zu enthalten. — Die Vertretung des Justizfiskus in den zum Geschäftskreise einer Gerichtskasse gehörenden Angelegenheiten liegt dem Rendanten ob (Kass.O. §. 6 Nr. 6). An den letzteren haben daher auch die an die Gerichtskasse adressierten Zustellungen zu erfolgen. — Die Zustellung an einen der gesetzlichen Vertreter oder Vorsteher genügt auch dann, wenn derselbe nicht allein, sondern nur in Gemeinschaft mit anderen, zur Vertretung bezw. zur Funktionierung als Vorsteher befugt ist (v. Wilm.-Levy C.P.O.).

§. 26.
Ersatzzustellung.

Kann eine Zustellung an den bezeichneten Empfänger in Person nicht erfolgen, so ist sie unter Beachtung der §§. 181—185 der Civilprozeßordnung an eine andere Person oder durch Niederlegung bei einer Behörde zu bewirken. Dabei sind die folgenden Fälle zu unterscheiden.

§. 27.
Zustellung an Gewerbetreibende.

1. Soll die Zustellung an einen Gewerbetreibenden[1]) erfolgen, der ein besonderes Geschäftslokal[2]) hat, so hat sich der Gerichtsvollzieher der Regel nach zunächst in das Geschäftslokal (Laden, Comptoir u. s. w.) zu begeben.[3]) Wird der bezeichnete Empfänger dort nicht angetroffen,[4]) so kann die Zu-

stellung in dem Geschäftslokal an einen darin anwesenden Gewerbegehilfen[5]) (Kommis, Buchhalter, Gesellen u. s. w.) erfolgen.

2. Ist die Zustellung in dem Geschäftslokale nicht ausführbar, so hat sich der Gerichtsvollzieher in die Wohnung des bezeichneten Empfängers zu begeben und, wenn er diesen auch dort nicht antrifft, nach den §§. 30—32 der Anw. zu verfahren.

3. Bei Zustellungen an Gewerbetreibende, die einen offenen Laden haben oder die eine Gast- oder Schankwirtschaft betreiben, hat der Gerichtsvollzieher den zur Bezeichnung des Geschäftsinhabers an dem Laden oder an der Wirtschaft angebrachten Namen zu beachten. Bei Handelsfirmen hat er sich zu vergewissern, ob ihr Inhaber ein Einzelkaufmann oder eine Gesellschaft ist.[6]) Im letzten Falle ist nach §. 29 der Anweisung zu verfahren.

Vgl. C.P.O. §. 183 Abs. 1.

---

[1]) Der Begriff des „Gewerbetreibenden" ist nach dem Sprachgebrauche im weitesten Sinne zu verstehen. Kaufleute, welche „gewerbsmäßig Handelsgeschäfte" betreiben, Fabrikbesitzer u. dgl. gehören dahin. Dagegen werden Ärzte, Künstler, Schriftsteller und Notare sprachgebräuchlich nicht zu den Gewerbetreibenden gerechnet (v. Wilm.-Levy C.P.O.).

[2]) Unter dem Geschäftslokal ist diejenige Räumlichkeit zu verstehen, in welcher der Gewerbetreibende gewöhnlich seinen Berufsgeschäften obliegt, welche er tatsächlich zu seinem Geschäftsbetriebe benutzt. Das „besondere" Geschäftslokal ist jedoch nicht ein solches, das der Gewerbe-

treibende ausschließlich für sich benutzt. Vielmehr wird nur vorausgesetzt, daß nicht die gewöhnlichen Wohnräume zugleich als Geschäftslokal dienen, sondern ein besonderer Raum vorhanden ist, welcher nur zu geschäftlichen Zwecken benutzt wird (R.G.). — Werkstätten kleiner Handwerker, welche gleichzeitig als Wohnräume dienen, sind als besondere Geschäftslokale im Sinne des §. 183 Abs. 1 C.P.O. nicht anzusehen. — Liegt das Geschäftslokal innerhalb der Wohnung des Gewerbetreibenden (oder des Rechtsanwalts, §. 28), so kommen die §§. 183 und 181 C.P.O. nebeneinander zur Anwendung, d. h. die Ersatzzustellung kann sowohl an die Gewerbegehilfen (bezw. Schreiber, Expedienten 2c.) als auch an die im §. 181 C.P.O. bezeichneten Hausgenossen und dienenden Personen erfolgen (R.G.).

3) Das Aufsuchen des Geschäftslokals soll die Regel bilden. Diese Vorschrift ist aber nur eine instruktionelle, die C.P.O. enthält eine solche gesetzliche Bestimmung nicht. Der Gewerbetreibende, welcher ein besonderes Geschäftslokal hat, darf daher die Annahme der an ihn persönlich in seiner Wohnung bewirkten Zustellung rechtsgültig nicht deshalb verweigern, weil der G.V. sich nicht vorher in sein Geschäftslokal begeben hat. Ebenso kann die im §. 181 C.P.O. vorgesehene Ersatzzustellung an Hausgenossen 2c. und die nach §. 182 das. zulässige Zustellung durch Niederlegung (§§. 30, 31 der Anw.) erfolgen, wenn die Zustellung an den Gewerbetreibenden, welcher ein besonderes Geschäftslokal hat, in der Wohnung erfolglos versucht wurde, ohne daß der G.V. vorher das Geschäftslokal des Adressaten aufzusuchen gezwungen ist. Trotzdem wird die Befolgung der in der G.A gegebenen Vorschrift die Regel zu bilden haben und eine Zustellung in der Wohnung des Gewerbetreibenden ohne vorheriges Aufsuchen des Geschäftslokals nur ausnahmsweise vorzunehmen sein.

4) Bevor die Ersatzzustellung erfolgen kann, ist fest-

zustellen, daß der Adressat im Geschäftslokale tatsächlich nicht anwesend ist; der Umstand, daß er nur durch anderweitige Geschäfte an der Entgegennahme der Zustellung behindert ist, berechtigt nicht zur Zustellung an einen Gewerbegehilfen (**R.G.**).

(Dasselbe gilt bei der Zustellung an einen Rechtsanwalt, §. 28 der Anw.). Anders dagegen bei den Zustellungen an Behörden, §. 29 der Anw.; bei diesen kann die Ersatzzustellung schon erfolgen, wenn die Person, an welche zugestellt werden soll, zwar anwesend, an der Annahme aber behindert ist.

5) Der Ausdruck „Gehilfe" bezeichnet eine der betreffenden Person anklebende, in einem dauernden Dienstverhältnisse beruhende Eigenschaft. Dasselbe gilt auch von dem Ausdrucke „Schreiber" (**R.G.**).

6) Die Beachtung der Vorschrift ist wichtig. Die Zustellung an eine Handelsfirma muß an deren Inhaber erfolgen; wer der letztere ist, muß vorher genau festgestellt werden.

§. 28.

Zustellungen an Rechtsanwälte, Notare und Gerichtsvollzieher.

1. Soll die Zustellung an einen Rechtsanwalt,[1]) an einen Notar oder an einen Gerichtsvollzieher erfolgen, so hat sich der Gerichtsvollzieher der Regel nach[2]) zunächst in das Geschäftslokal (Bureau) des bezeichneten Empfängers zu begeben. Wird dieser dort nicht angetroffen, so kann die Zustellung in dem Geschäftslokal an einen darin anwesenden Gehilfen (Bureauvorsteher, Expedienten u. s. w.) oder Schreiber des bezeichneten Empfängers erfolgen.[3])[4])

2. Ist die Zustellung in dieser Weise nicht aus-

führbar, so hat sich der Gerichtsvollzieher in die Wohnung des Rechtsanwalts, Notars oder Gerichtsvollziehers zu begeben und demnächst, wenn er diesen auch dort nicht antrifft, nach den §§. 30—32 der Anweisung zu verfahren.

Vgl. C.P.O. §. 188 Abs. 2.

---

[1]) Nach §§. 25, 29 Rechtsanwaltsordnung kann der Rechtsanwalt, welcher an der Ausübung seines Berufs zeitweise verhindert oder von seinem Wohnorte abwesend ist, einen Stellvertreter erhalten. Letzterer ersetzt den von ihm vertretenen Rechtsanwalt für dieselbe Instanz ganz als Bevollmächtigter, so daß alle an den Rechtsanwalt zu bewirkenden Zustellungen rechtsgültig an dessen Vertreter erfolgen können (D.G.V.Ztg. 1888 S. 122). Doch können während der Dauer der Vertretung die Zustellungen auch an den vertretenen Anwalt selbst rechtswirksam bewirkt werden (Urteil des obersten Landesgerichts f. Baiern v. 9./1. 95 i. d. Zschr. f. B.R. ꝛc. 1896 S. 58).

[2]) Vgl. Anm. 8 zu §. 27. — Das dort Gesagte findet auch auf die Zustellungen an Rechtsanwälte Anwendung. — Die Zustellung an einen Prozeßbevollmächtigten kann entweder gemäß §. 181 C.P.O. in der Wohnung oder gemäß §. 183 C.P.O. in dem Geschäftslokale geschehen. Die zustellende Partei hat die Wahl zwischen beiden Zustellungsarten. Eine Beschränkung, wie sie §. 184 Abs. 2 C.P.O. an die daselbst genannten Personen enthält, besteht nicht für Zustellungen an Prozeßbevollmächtigte (**R.G.**).

[3]) In dem von der Wohnung getrennten Geschäftslokale eines Rechtsanwalts kann nur an die darin anwesenden Schreiber oder Gehilfen, nicht aber an eine „Einhüterin" oder andere dienende Person gültig zugestellt werden (**R.G.**).

[4]) Der §. 188 Abs. 2 C.P.O. setzt nicht voraus, daß der Gehilfe durch seine Dienststellung angewiesen sei, sich in dem Geschäftslokale des Rechtsanwalts aufzuhalten, dergestalt, daß dieses auch zugleich das Dienstleistungslokal des Gehilfen sei; der Gehilfe muß nur im Zeitpunkte der Zustellung an dem für die Vornahme der Zustellung vorgeschriebenen Orte, dem Geschäftslokale des Rechtsanwalts, anwesend sein (**R.G.**).

[5]) Gehilfe eines Anwalts ist jeder, welcher zu ihm in ein dauerndes Dienstverhältnis zur Wahrnehmung von solchen Geschäften für den Anwaltsberuf, welche nicht bloße Schreiber- und Botendienste sind, getreten ist (v. Wilm.-Levy C.P.O.

§. 29.

Zustellungen an Behörden, Gemeinden, Körperschaften, Stiftungen oder Vereine.

1. Soll die Zustellung an den Vorsteher oder Vertreter einer Behörde, einer Gemeinde, einer Korporation oder eines Vereins (insbesondere einer offenen Handelsgesellschaft, Aktiengesellschaft, Gesellschaft mit beschränkter Haftung, eingetragenen Genossenschaft und dergl.) erfolgen, so hat sich der Gerichtsvollzieher der Regel nach zunächst während der gewöhnlichen Geschäftsstunden der Behörde u. s. w. in ihr Geschäftslokal zu begeben. Wird in diesen Stunden[1]) die Person, an welche die Zustellung erfolgen soll, dort nicht angetroffen oder ist sie an der Annahme verhindert,[2]) so darf die Zustellung in dem Geschäftslokal an einen andern dort[3]) anwesenden Beamten oder Bediensteten der Behörde u. s. w. erfolgen.

2. Ist die Zustellung in dieser Weise nicht ausführbar, so hat sich der Gerichtsvollzieher in die Wohnung des Empfängers zu begeben und, wenn er diesen auch dort nicht antrifft, nach den §§. 30—32 der Anw. zu verfahren. Hat jedoch die Behörde u. s. w. ein besonderes Geschäftslokal, so kann die Zustellung außerhalb dieses Lokals auch in der Wohnung des Vorstehers oder Vertreters nur an diesen in Person unter Ausschluß der Ersatzzustellung erfolgen.

3. Wird das Geschäftslokal während der gewöhnlichen Geschäftsstunden verschlossen gefunden oder niemand darin angetroffen, so ist diese Tatsache zu beurkunden und die Zustellung in der Wohnung des Vorstehers oder Vertreters so zu bewirken, als wenn ein besonderes Geschäftslokal nicht vorhanden wäre.

4. Die Zustellung an einen Einzelkaufmann, der eine Gesellschaftsfirma führt, erfolgt nach den Vorschriften über die Zustellung an Gewerbetreibende (§. 27 der Anw.).

Vgl. C.P.O. §. 184.

---

[1]) Eine außerhalb der gewöhnlichen Geschäftsstunden vorgenommene Ersatzzustellung ist rechtsunwirksam (R.G.).

[2]) Vgl. Anm. 4 zu §. 27 a. Schl.

[3]) Bei der Ersatzzustellung an eine Behörde wird zunächst festzustellen sein, daß der Vorsteher in seinem Dienstzimmer nicht anzutreffen oder daß er an der Annahme behindert ist. Im weiteren Sinne ist aber das Dienstgebäude im allgemeinen mit den sonstigen darin

befindlichen Geschäftsräumen als Geschäftslokal anzusehen, so daß also eine Ersatzzustellung nicht notwendig nur in dem Dienstzimmer des Vorstehers zu erfolgen braucht.

§. 30.

Zustellungen an andere Personen.

1. Soll die Zustellung an eine andere als eine der in den §§. 27—29 der Anw. bezeichneten Personen erfolgen,[1]) so hat sich der Gerichtsvollzieher der Regel nach in die Wohnung[2]) des bezeichneten Empfängers zu begeben. Wird dieser dort nicht angetroffen, so kann[3]) die Zustellung in der Wohnung an einen zu der Familie gehörenden erwachsenen[4]) Hausgenossen oder an eine in der Familie dienende erwachsene Person erfolgen.[5]) Daß die dienende Person in demselben Hause wohne, ist nicht erforderlich.

2. Wird in der Wohnung eine solche Person nicht angetroffen, so kann die Zustellung an den in demselben Hause wohnenden Hauswirt oder Vermieter erfolgen, wenn dieser zur Annahme des Schriftstücks bereit ist.[6]) An Angehörige und Hausgenossen des Hauswirts oder des Vermieters darf hingegen nicht zugestellt werden.

Vgl. C.P.O. §. 181.

---

[1]) Oder war die Zustellung an die in den §§. 27 bis 29 der Anw. bezeichneten Personen im besonderen Geschäftslokale nicht ausführbar.

[2]) Voraussetzung ist, daß der bezeichnete Empfänger

eine Wohnung im Sinne des §. 180 Abs. 2 C.P.O. hat (vgl. Anm. 3 zu §. 24 der Anw.) und in dieser nicht angetroffen wird, gleichviel wo er sonst seinen Wohnsitz oder Aufenthalt oder ob er ein Geschäftslokal hat. Weder ist es nötig, daß der Empfänger in der Wohnung nicht anwesend ist und daß es unmöglich ist, ihn dort zu treffen; noch ist es erheblich, aus welchen Gründen, ob wegen Krankheit, Gefangenschaft, anderweiter Beschäftigung, Schlafens, Essens u. s. w. der in der Wohnung anwesende Adressat für den G.V. zur Zeit nicht zu treffen ist (v. Wilm.-Levy C.P.O.).

3) Die Zustellung kann, d. h. sie braucht nicht notwendig an eine andere Person erfolgen. Der G.V. kann auch, statt von der Ersatzzustellung Gebrauch zu machen, wiederkommen, um die Zustellung an den Adressaten selbst zu bewirken.

4) Der Begriff „erwachsen" im Sinne der C.P.O. ist vielumstritten. Selbst die Rechtsprechung des Reichsgerichts in dieser Frage ist sich nicht gleich geblieben. Nach v. Wilm.-Levy C.P.O. sind „zu den Erwachsenen ohne Rücksicht auf die Großjährigkeit diejenigen zu rechnen, deren körperliche Reife über die des Knaben- bezw. entsprechenden Mädchenalters hinaus entwickelt ist. Ob dies der Fall, ist eine Tatfrage, über welche zunächst allerdings der G.V. zu entscheiden hat, jedoch nicht mit bindender Kraft für das erkennende Gericht vgl. **R.G.** Bd. 14 S. 338").

5) Für die Familienangehörigen ist die Eigenschaft als „erwachsener Hausgenosse" d. h. als mit der Familie im Hause Wohnender notwendig. Für die dienenden Personen dagegen ist von dieser Eigenschaft abgesehen. Dagegen sind unter Dienenden nur solche Personen zu verstehen, welche in einem wirklichen festen Dienstverhältnisse stehen, nicht solche, welche bloß zu einzelnen Dienstleistungen und Arbeiten als Tagelöhner u. dgl. gedungen sind (**R.G.**).

[6]) Dem Hauswirte steht sein Stellvertreter gleich. Demnach kann an den Vizewirt oder Portier zugestellt werden.

§. 31.
Niederlegung der Schriftstücke bei einer Behörde.

1. Wird der bezeichnete Empfänger in seiner Wohnung nicht angetroffen und kann die Zustellung auch nicht nach den Vorschriften des §. 30 der Anw. erfolgen,[1]) so hat sie der Gerichtsvollzieher nach Maßgabe des §. 182 der Civilprozeßordnung durch Niederlegung zu bewirken.

2. Der Gerichtsvollzieher hat unter den dort bezeichneten Niederlegungsstellen tunlichst diejenige zu wählen, welche dem Empfänger am bequemsten zugänglich ist.[2])

3. Die Nachbarn, denen die Niederlegung des Schriftstücks mitgeteilt wird, sind zu ersuchen, den Empfänger davon alsbald in Kenntnis zu setzen. In die an der Wohnungstür zu befestigende schriftliche Anzeige ist neben dem Orte der Niederlegung auch die Bemerkung aufzunehmen, daß die Niederlegung zum Zwecke der Zustellung erfolgt und das niedergelegte Schriftstück von dem Orte der Niederlegung abzuholen sei.[3])

Dem §. 31 liegt §. 182 C.P.O. zugrunde.

---

[1]) Die Anwendung der Zustellungsart durch Niederlegung setzt voraus, daß die Zustellung an den Adressaten

weder persönlich, noch durch Ersatzzustellung gemäß §. 30 der Anw. hat ausgeführt werden können. Unter der Unausführbarkeit ist nicht eine absolute Unmöglichkeit, sondern eine Untunlichkeit nach verständigem Ermessen zu verstehen (v. Wilm.-Levy C.P.O.).

Daß die Zustellung im besonderen Geschäftslokale vergeblich versucht worden, berechtigt nicht zu der Ersatzzustellung durch Niederlegung; die Zustellung muß vielmehr vorher in der Wohnung des Adressaten erfolglos versucht worden sein.

[2]) Die Behandlung der zum Zwecke der Zustellung niedergelegten Schriftstücke seitens der Behörden, bei denen die Niederlegung erfolgt ist, wird durch die Verfügungen des Ministers des Innern und des Staatssekretärs des Reichspostamts v. 14./4. bezw. 19./4. 80 und die J.M.Verfg. v. 29./4. 80 — vgl. diese auf S. 146 d. „amtl. Vorschriften" — näher geregelt.

[3]) Nach §. 182 C.P.O. soll die Niederlegung außer durch die an der Tür der Wohnung zu befestigende schriftliche Anzeige „soweit tunlich" auch an zwei Nachbarn des Adressaten bekannt gemacht werden. Durch diese Einschränkung ist dem verständigen Ermessen des G.V. Spielraum gegeben. Die Nichtbeobachtung dieser Förmlichkeit macht die Zustellung niemals zu einer ungültigen (v. Wilm.-Levy C.P.O.).

§. 32.

Besondere Vorschriften für Ersatzzustellungen.

1. Bevor der Gerichtsvollzieher die Zustellung an eine der in den vorstehenden §§. 27—30 bezeichneten Personen oder durch Niederlegung (§. 31) bewirkt, hat er sich die Überzeugung zu verschaffen, daß die Wohnung oder das Geschäftslokal, wo die

Zustellung vorgenommen oder vergeblich versucht wird, auch wirklich die Wohnung oder das Geschäftslokal des bezeichneten Empfängers ist und daß die Personen, mit denen er verhandelt, auch wirklich diejenigen sind, für welche sie sich ausgeben.

2. Bei jeder Zustellung, die nicht an den bezeichneten Empfänger in Person, sondern entweder durch Übergabe an einen Ersatzempfänger oder durch Niederlegung geschieht, hat der Gerichtsvollzieher das zu übergebende Schriftstück vor der Übergabe oder Niederlegung zu verschließen. Der Verschluß ist, nachdem die beglaubigte Abschrift der Zustellungsurkunde auf das Schriftstück gesetzt oder mit ihm verbunden ist (C.P.O. §. 190; §. 34 der Anw.), in der Art zu bewirken, daß die Schriftstücke in Briefform zusammengefaltet, oder in einen Briefumschlag gelegt und mit dem Dienstsiegel oder mit einer Siegelmarke verschlossen werden. Die Außenseite des Schriftstücks oder Briefumschlags ist mit der Adresse derjenigen Person, an welche die Zustellung erfolgen soll, sowie mit dem Namen und der Amtsbezeichnung des Gerichtsvollziehers zu versehen. In den Fällen des §. 29 Abs. 1 der Anw. kann der Verschluß des zuzustellenden Schriftstücks unterbleiben. Das gleiche gilt in den Fällen des §. 28 Abs. 1 der Anw., es sei denn, daß das zuzustellende Schriftstück eine persönliche Angelegenheit des bezeichneten Empfängers betrifft.

3. Die Person, an welche an Stelle des be-

zeichneten Empfängers die Zustellung erfolgt (Ersatzempfänger), ist von dem Gerichtsvollzieher zu bedeuten, daß sie verpflichtet ist, die Schriftstücke dem bezeichneten Empfänger alsbald auszuhändigen.

4. An unerwachsene Personen,[1]) an Mieter oder an Fremde darf eine Ersatzzustellung niemals geschehen.[2])

5. An eine Person, die als Gegner der Partei, an welche zugestellt werden soll, an dem Rechtsstreite beteiligt ist, z. B. an den Hauswirt, der die zuzustellende Klage erhebt, oder in einer Ehescheidungssache an den anderen Ehegatten, darf die Ersatzzustellung nicht bewirkt werden, wenn dieser Umstand aus dem zuzustellenden Schriftstücke hervorgeht oder dem Gerichtsvollzieher sonst bekannt geworden ist (C.P.O. §. 185).

6. Zu beachten ist bei der Ersatzzustellung ferner, daß die Personen, welche bei Zustellungen in der Wohnung als Ersatzempfänger in Betracht kommen würden, dann als Ersatzempfänger nicht geeignet sind, wenn sie in einem von der Wohnung getrennten Geschäftslokal angetroffen werden, und daß an den Vermieter oder Hauswirt des Geschäftslokals eine Ersatzzustellung nicht bewirkt werden darf.

---

[1]) Vgl. Anm. 4 zu §. 30 der Anw.

[2]) Ob Zustellungen zur eigenen Hand eines Gefangenen zulässig sind, bestimmt sich nach den in den einzelnen Bundesstaaten geltenden Gefängnisreglements. In Preußen erfolgen „alle Zustellungen an Gefangene

der Gerichtsgefängnisse in Gegenwart eines Gefängnisbeamten" (Gef.-Ordn. f. d. Just.-Verw. v. 21./12. 98, J.M.Bl. S. 292, §. 81). Damit ist also die Möglichkeit der direkten Zustellung gegeben, zu welchem Zwecke der Zustellungsbeamte sich den Gefangenen vorführen lassen muß. Inwieweit in Strafanstalten 2c. eine Zustellung an den Gefangenen selbst zulässig ist, richtet sich gleichfalls nach deren besonderen Dienstvorschriften. — Sofern eine Ersatzzustellung in Betracht kommt, kann sie an den Inspektor (Direktor) der Gefangenanstalt rechtswirksam erfolgen. Die Reichspost übernimmt Zustellungen an Gefangene nicht. — Die Frage: ob eine Ersatzzustellung an die Ehefrau zulässig ist, wenn ihr Ehemann auf mehrere Monate auf Arbeit ins Ausland gegangen ist und sich bei der Polizeibehörde vorschriftsmäßig abgemeldet hat, wird zu verneinen sein. — An Dienstherren für ihr Gesinde, an Lehrmeister für ihre Gesellen und Lehrlinge, an Geschäftsinhaber für ihre Gewerbegehilfen und Lehrlinge können Zustellungen mit Rechtswirksamkeit nicht bewirkt werden.

§. 33.

Verweigerung der Annahme der Zustellung.

1. Wird von dem bezeichneten Empfänger oder von dem Ersatzempfänger, an den der Gerichtsvollzieher nach den §§. 27, 28, 29, 30 Abs. 1 der Anw. die Zustellung bewirken will, die Annahme verweigert,[1]) so hat der Gerichtsvollzieher das zu übergebende Schriftstück am Orte der Zustellung zurückzulassen.[2]) Die Wirksamkeit einer derartigen Zustellung hängt davon ab, daß die Zustellung durch Übergabe des Schriftstücks an die Person, welche die Annahme verweigert hat, mit rechtlicher Wirkung hätte erfolgen können.

2. Verweigert der Hauswirt oder der Vermieter die Annahme der Zustellung, so kann diese nicht durch Zurücklassung, sondern nur durch Niederlegung der Schriftstücke gemäß §. 31 der Anw. bewirkt werden.

---

[1]) Die Vorschrift im ersten Satze der Nr. 1 beruht auf C.P.O. §. 186. Dort heißt es allerdings genauer: „Wird die Annahme der Zustellung „ohne gesetzlichen Grund" verweigert 2c. Einen solchen hat derjenige, an welchen die Zustellung erfolgen soll, nicht nur in den Fällen der §§. 180 Abs. 2, 181 Abs. 2, 188 Abs. 4 C.P.O., worin die Weigerung ausdrücklich als zulässig bezeichnet ist, sondern auch, wenn sonst die Vorschriften der §§. 180—184, 188 in betreff der Person, des Orts oder der Zeit nicht beobachtet sind.

[2]) Die Zurücklassung ersetzt dann die Übergabe und ist Zustellung. Ohne Zurücklassung hat die Zustellung auch bei unbegründeter Weigerung keine Wirksamkeit. (Zu 1 u. 2 v. Wilm.-Levy C.P.O.)

§. 34.

Zustellungsurkunde.

1. Der Gerichtsvollzieher hat über jede von ihm bewirkte Zustellung eine Urkunde aufzunehmen, welche den in den §§. 190, 191 der Civilprozeßordnung vorgesehenen Erfordernissen entsprechen muß.[1])

2. Der Gerichtsvollzieher hat der Unterschrift der Zustellungsurkunde das Dienstsiegel beizufügen.[2])

3. Ist die Zustellungsurkunde oder die für den Empfänger bestimmte Abschrift auf einen besonderen

Bogen geschrieben, so ist auf die Haltbarkeit der herzustellenden Verbindung besonders zu achten; auf der Urkunde ist in diesem Falle auch die Geschäftsnummer anzugeben, welche das zuzustellende Schriftstück trägt.[3])

4. Die Urschrift der Zustellungsurkunde ist dem Auftraggeber ohne Verzug und spätestens am Tage nach der Zustellung zu übergeben oder zu übersenden.[4]) War der Auftrag von mehreren Personen erteilt, so ist die Zustellungsurkunde einer von ihnen, entsprechend der mit dem Auftrag erteilten Anweisung, in deren Ermangelung nach dem Ermessen des Gerichtsvollziehers zu übersenden.[5])

5. War der Auftrag durch den Gerichtsschreiber vermittelt, so erfolgt die Übersendung unmittelbar an die Behörde, die Partei oder ihren Bevollmächtigten, welche die Vermittelung des Gerichtsschreibers in Anspruch genommen hatten. Kommt in diesem Falle die Sendung als unbestellbar zurück, so ist dem Gerichtsschreiber, welcher den Auftrag vermittelt hatte, Mitteilung davon zu machen.

---

[1]) Vgl. C.P.O. §§. 190, 191.

[2]) Die C.P.O. verlangt nur die Unterschrift des Zustellungsbeamten. — Im übrigen ist noch zu bemerken: Für gewöhnlich genügt in der Zustellungsurkunde die Angabe des Tages ohne weitere Zeitbestimmung; nur in Ausnahmefällen, z. B. bei der Zustellung von Pfändungsbeschlüssen u. dgl., wird eine spezielle Zeitangabe erforderlich sein. — Unter Ort ist die Ortschaft zu verstehen bezw. der Raum, soweit dies nach §§. 180—184 C.P.O. wesentlich

ist (v. Wilm.-Levy C.P.O.). — Wenn der Prozeßbevollmächtigte der Auftraggeber ist, so ist dieser in der Zustellungsurkunde als solcher zu benennen, im übrigen ist die Person, für welche zugestellt werden soll, der unmittelbare Auftraggeber. — Ein Stempelabdruck kann die Unterschrift nicht ersetzen; schon nach §. 12 Nr. 1 lit. a der Anw. muß jede Urkunde die (eigenhändige) Unterschrift des G.V. tragen. — Die dem Zustellungsadressaten mit zu übergebende Abschrift der Zustellungsurkunde muß beglaubigt werden (R.G.). — In Bezug auf Zustellungsurkunden, welche von Gerichtsvollziehern im Auftrage ausländischer Gerichtsbehörden aufgenommen werden, bestimmt Art. 2 des Vertrages v. 25./2. 80 (R.G.Bl. 1881 S. 4): „Die von Notaren, Gerichtsvollziehern und anderen gerichtlichen Hilfsbeamten (ferner ꝛc.) ausgefertigten Urkunden bedürfen der gerichtlichen Beglaubigung. Diese ist als erfolgt anzusehen, wenn sie die Unterschrift und das Amtssiegel eines Gerichts des Staates trägt, in welchem der Aussteller seinen amtlichen Wohnsitz hat." In Preußen hat die Beglaubigung derartiger Urkunden durch den Präsidenten des Landgerichts zu erfolgen (J.M.Vfg. v. 17./10. 91, (J.M.Bl. S. 264). — Die Zustellungsurkunden der Gerichtsvollzieher sind stempelfrei (Ausführ.-Ges. z. Geb.O. v. 10./8. 79 §. 41).

³) Dieses Verfahren soll dazu dienen, die Weiterungen und Schwierigkeiten zu verhüten; welche durch ein nicht immer zu vermeidendes Ablösen der Zustellungsurkunden von den Schriftstücken leicht entstehen können.

⁴) Dabei kann der G.V. seine Gebühren ꝛc. durch Postnachnahme erheben (Geb.O. §. 20). Dieses Verfahren ist jedoch Behörden gegenüber mit Rücksicht auf deren Geschäftsgang nicht zu empfehlen. — Von der vorgängigen Zahlung der Gebühren und baaren Auslagen darf die Aushändigung der Zustellungsurkunde nicht abhängig gemacht werden. ⁵) Vgl. Anm. 8 zu §. 20 der Anw.

§. 35.

b)*) Zustellungen durch die Post.

1. Das bei der Zustellung durch die Post[1]) zu beachtende Verfahren ergibt sich aus den §§. 194, 195 der Civilprozeßordnung und den folgenden ergänzenden Vorschriften.

2. Auf dem bei der Zustellung zu übergebenden Schriftstück ist zu vermerken, in wessen Auftrag es zur Post gegeben worden ist.[2]) Auf der Urschrift des zuzustellenden Schriftstücks oder auf einem mit ihr zu verbindenden Bogen ist unter Bezeichnung des Auftraggebers, für den die Zustellung erfolgt, zu bezeugen,[3]) daß die bei der Zustellung zu übergebende Ausfertigung oder beglaubigte Abschrift in der im §. 194 Abs. 1 der Civilprozeßordnung bezeichneten Weise der Post übergeben worden ist. Der Übergabe an die Post steht das Einwerfen der Sendung in einen Postbriefkasten gleich.

3. In der Aufschrift ist die Person, welcher zugestellt werden soll, nach Namen, Stand oder Beruf und Aufenthaltsort so genau zu bezeichnen, daß der Empfänger leicht und sicher aufgefunden werden kann und Verwechselungen ausgeschlossen sind. Besondere Sorgfalt ist bei den häufig vorkommenden Familiennamen (Müller, Schulze u. s. w.) und den gleich oder ähnlich lautenden Ortsnamen auf eine genaue Bezeichnung zu verwenden. Bei Sendungen

---

*) lit. a s. §. 24.

nach größeren Städten ist, soweit tunlich, die Wohnung näher anzugeben.[4])

4. Bei Zustellungen an Unteroffiziere und Gemeine des aktiven Herres oder der aktiven Marine (C.P.O. §. 172) muß die Aufschrift an diese selbst gerichtet sein unter genauer Bezeichnung des Truppenteils (Kompagnie, Eskadron oder Batterie des zu bezeichnenden Regiments u. s. w.), zu welchem sie gehören, und mit dem Zusatze: „zu Händen des Chefs" der genau zu bezeichnenden zunächst vorgesetzten Kommandobehörde (Chef der Kompagnie, Eskadron, Batterie u. s. w.).

5. Bei Zustellungen an Behörden, Gemeinden u. s. w. (C.P.O. § 171 Abs. 2) ist die Aufschrift ebenfalls an diese selbst zu richten mit dem Zusatze „zu Händen des Vorstehers". Ist dem Gerichtsvollzieher der Vorsteher näher bezeichnet, so ist dem Zusatze diese Bezeichnung hinzuzufügen.

6. Auf die Aufschriftseite des Briefumschlags ist die Nummer zu setzen, unter welcher der Zustellungsauftrag im Dienstregister eingetragen steht. Ferner muß auf der Aufschriftseite der Gerichtsvollzieher mit dem Namen, dem Wohnort und der Amtseigenschaft als Absender bezeichnet sein.

7. Liegen die Voraussetzungen des §. 185 der Civilprozeßordnung vor (§. 32 Abs. 5 der Anw.), so hat der Gerichtsvollzieher auf der Aufschriftseite des Briefes und auf dem Formular zur Postzustellungsurkunde unmittelbar unter dem Namen u. s. w.

des Empfängers mit roter Tinte die Personen genau zu bezeichnen, an die eine Ersatzzustellung den Umständen nach in Frage kommen könnte, aber nach der bezeichneten Vorschrift nicht stattfinden darf. Der Vermerk ist in folgender Fassung hervortretend niederzuschreiben: „Eine Zustellung an .... (z. B. die Ehefrau, den Vermieter N., das Dienstmädchen N. N.) darf nicht stattfinden."

8. Dem Briefe ist der Entwurf zu der von dem Postboten aufzunehmenden Zustellungsurkunde und zu einer beglaubigten Abschrift dieser Urkunde offen beizufügen und daß dies geschehen ist, auf der Aufschriftseite des Briefumschlags, durch die Worte: „Hierbei ein Formular zur Zustellungsurkunde nebst Abschrift" zu vermerken.

9. Zu den Entwürfen für die Urschrift und Abschrift der Zustellungsurkunde sind die von der Postverwaltung unentgeltlich nach deren näherer Anweisung zu beziehenden Formulare zu verwenden, nötigenfalls unter Vornahme der erforderlichen Änderungen. Es sind insbesondere bestimmt zu Zustellungen an Gewerbetreibende, einschließlich der Einzelkaufleute, welche eine Gesellschaftsfirma führen, das Formular C. 87 b, zu Zustellungen an Rechtsanwälte, Notare und Gerichtsvollzieher das Formular C. 87 c, zu Zustellungen an Behörden, Gemeinden, Korporationen und Vereine (einschließlich der Handelsgesellschaften) das Formular C. 87 d.[5])

10. Vor der Übergabe der Sendung an die

Post hat der Gerichtsvollzieher den Kopf des Formulars sowohl zur Urschrift als zur Abschrift vollständig auszufüllen und gleichzeitig auf der Rückseite des Formulars zur Urschrift seine für die Rücksendung der Urkunde erforderliche Adresse anzugeben.[6])

11. Die Übergabe des vorschriftsmäßig überschriebenen und verschlossenen Briefes mit dem Entwurfe zur Urschrift und Abschrift der Zustellungsurkunde an die Postanstalt oder das Einwerfen einer solchen Sendung in den Postbriefkasten ersetzt das Ersuchen des Gerichtsvollziehers um Zustellung (C.P.O. § 194).[7]) Eines besonderen Anschreibens oder eines sonstigen ausdrücklichen Ersuchens bedarf es nicht.

12. Die rechtzeitige Erledigung der Zustellung ist durch das Dienstregister zu kontrollieren; in diesem ist sowohl der Tag der Übergabe der Sendung, als auch der Tag der Rücklieferung der Zustellungsurkunde zu vermerken.[8])

13. Der Gerichtsvollzieher hat nach der von der Postanstalt ihm überlieferten Zustellungsurkunde zu prüfen, ob die Zustellung gehörig erfolgt ist, und etwaige Mängel durch Vermittelung der Postanstalt abstellen zu lassen.[9]) Alsdann ist die Postzustellungsurkunde unverzüglich und spätestens am Tage nach ihrem Eingange mit der Urschrift des zugestellten Schriftstücks und mit der nach §. 194 Abs. 2 der Civilprozeßordnung ausgestellten Bescheinigung[10])

dem Auftraggeber zu übergeben oder zu übersenden.[11]) Die Vorschriften im §. 34 Abs. 4 Satz 2 und Abs. 5 der Anw. finden Anwendung.

14. Der Gerichtsvollzieher ist verpflichtet, die zum Zwecke der Zustellung der Postanstalt zu übergebende Sendung für Rechnung des Auftraggebers zu frankieren und die Postgebühr auszulegen.[12]) Einer armen Partei oder dem ihr zugeordneten Rechtsanwalt ist die Zustellungsurkunde portofrei zu übersenden.[13])

Vgl. C.P.O. §§. 194, 195, welche für die Vorschriften des §. 35 maßgebend sind.

---

[1]) Bei Zustellungen „durch die Post" und „durch Aufgabe zur Post" ist der G.V. nicht auf den durch die G.V.O. ihm zugewiesenen Amtsbezirk beschränkt, die Vornahme dieser Zustellungen auch keiner Zeitbeschränkung unterworfen (vgl. §§. 7, 18 Nr. 2 der Anw.).

[2]) Das Fehlen dieser Angabe macht aber, weil sie gesetzlich nicht vorgeschrieben, die Zustellung selbst nicht ungültig (R.G.).

[3]) Das „Bezeugen" setzt voraus, daß die Übergabe der Briefe an die Post durch den G.V. persönlich oder in seiner Gegenwart erfolgt ist (v. Wilm.-Levy C.P.O.). Doch halten andere Kommentatoren die Übergabe durch Hilfspersonen zulässig. — Gerade bei diesem Widerstreit der Meinungen aber wird der G.V. gut tun, die Übergabe persönlich zu bewirken.

[4]) Vgl. §. 22 der Anw.

[5]) Die bisherigen Vorschriften über die postamtliche Behandlung von Briefen mit Zustellungsurkunde haben in neuerer Zeit in mehrfacher Hinsicht Abänderungen erfahren (vgl. Vfg. des Staatssekretärs des Reichspostamts

v. 26./10. 99 und Allg. J.M.Vfg. v. 9./12. 99, J.M. Bl. S. 722).

[6]) Dafür stehen aber dem G.V. Schreibgebühren nicht zu.

[7]) Die Zustellung selbst dagegen ist erst durch die ordnungsmäßige Übergabe des Briefes seitens des Postboten an den Empfänger als bewirkt anzusehen.

[8]) Vgl. G.V.O. §. 66 Nr. 2.

[9]) Der Postbote allein — ohne Vermittelung der Postanstalt — ist zur Berichtigung der Zustellungsurkunde nicht berechtigt. Auf diesem Wege können natürlich nur formelle Fehler, welche die Zustellungsurkunde aufweist, Mängel dagegen, welche in tatsächlicher Hinsicht der Zustellung selbst anhaften, müssen auf andere Weise (durch neue Zustellung) beseitigt werden (**R.G.**).

[10]) Erst durch Verbindung der von dem Postboten aufzunehmenden Urkunde mit der von dem G.V. nach §. 194 Abs. 2 C.P.O. auszustellenden Bescheinigung wird die Zustellungsurkunde gebildet, da der Zustellungsakt selbst sich aus der Tätigkeit des G.V. und der des Postboten zusammensetzt.

[11]) Für die Folgen einer verspäteten Rücksendung des zugestellten Schriftstücks an den Auftraggeber wird der G.V. regreßpflichtig (Urteile des **R.G.** v. 7./10. 95 und des Kammerger. v. 21./2. 94 i. d. D.G.V.Ztg. 1896 S. 10).

[12]) Daraus folgt aber nicht, daß der G.V. bei Zustellungsaufträgen nicht zur Einforderung eines Vorschusses zur Deckung seiner Gebühren und baren Auslagen berechtigt sei.

[13]) Wegen Erstattung der in Armensachen entstandenen Auslagen vgl. G.V.O. §. **64** Nr. 6.

§. 36.

c) Zustellungen durch Aufgabe zur Post.

1. Der Gerichtsvollzieher hat Zustellungen, welche

durch Aufgabe zur Post zu bewirken sind, von solchen Zustellungen, welche durch die Post erfolgen sollen (vergl. §. 18 Abs. 1 b, c der Anw.), genau zu unterscheiden.[1]) Der wesentliche Unterschied besteht darin, daß die Zustellung durch Aufgabe zur Post mit der persönlichen Übergabe[2]) des Briefes an die Postanstalt für vollzogen angesehen wird,[3]) während bei der Zustellung durch die Post die Übergabe des Briefes an die Postanstalt nur das Ersuchen um Zustellung enthält und diese dadurch bewirkt werden muß, daß der Brief durch einen Postboten in derselben Weise, als wenn der Gerichtsvollzieher den Akt selbst vornähme, dem bezeichneten Empfänger zugestellt wird.

2. Das bei der Zustellung durch Aufgabe zur Post zu beobachtende Verfahren sowie die Form und der Inhalt der Zustellungsurkunde sind in den §§. 175, 190, 192 der Civilprozeßordnung vorgeschrieben. Die Abschrift der Zustellungsurkunde ist, verbunden mit der zu übergebenden Schrift,[4]) in den Briefumschlag mit einzuschließen.

3. Der Gerichtsvollzieher muß die Aufgabe zur Post an dem in der Zustellungsurkunde bezeichneten Tage ausführen.[5])

4. Bei der Aufschrift sind die Vorschriften des §. 35 der Anw. zu beachten. Der dort erwähnte Vermerk, daß der Sendung ein Formular zur Zustellungsurkunde beigefügt sei, fällt fort.

5. Ist die Postsendung eingeschrieben, so ist der

Postschein mit der Zustellungsurkunde zu verbinden.[6]) Eine als unbestellbar zurückkommende Sendung ist dem Auftraggeber zu übermitteln.

Vgl. C.P.O. §§. 175, 190, 192.

---

[1]) Zustellungen „durch Aufgabe zur Post" sind nur in den gesetzlich bestimmten Fällen zulässig (vgl. C.P.O. §§. 175, 179 Abs. 2, 244 Abs. 2, 829 Abs. 2, 835 Abs. 3, Konk.O. §. 77, Rechtsanw.Ordn. §. 19 Abs. 3, Reichs-Zwangsversteig.Ges. §§. 4 bis 8).

[2]) Hier wird also die persönliche Übergabe des Briefes seitens des G.V. an die Postanstalt vorgeschrieben.

[3]) Und zwar auch dann, wenn die Sendung als unbestellbar zurückkommt (C.P.O. §. 175 Abs. 1 a. Schl.).

[4]) Nach Schönfeld (Anm. 2 zu §. 36 der Anw.) „wird eine haltbare Verbindung (der Zustellungsurkunde mit dem Schriftstück) nicht gefordert". Das widerspricht aber der direkten Vorschrift der Nr. 2.

[5]) Ist dies nicht mehr möglich, so muß das Schriftstück wieder geöffnet und das Datum der Zustellungsurkunde entsprechend abgeändert werden.

[6]) Die Postsendungen sind mit der Bezeichnung „Einschreiben" zu versehen, wenn die Partei es verlangt und zur Zahlung der Mehrkosten sich bereit erklärt (C.P.O. §. 175 Abs. 2). — Im Falle des §. 4 d. Reichsges. über die Zwangsversteig. u. die Zwangsverwaltg. v. 24./3. 97 sind die Postsendungen stets mit dieser Bezeichnung zu versehen.

§. 37.

Zustellungen von Anwalt zu Anwalt.

1. Wird der Gerichtsvollzieher beauftragt, die Zustellung eines Anwalts an den Gegenanwalt

oder dessen Zustellungsbevollmächtigten gemäß §. 198 Abs. 2 der Civilprozeßordnung (vergl. auch §. 19 der Rechtsanwaltsordnung) zu vermitteln, so hat er lediglich ein mit dem Datum und der Unterschrift zu versehendes Empfangsbekenntnis des Zustellungsempfängers einzuholen und seinem Auftraggeber zu übersenden. Die Bescheinigung des zustellenden Anwalts über die Zustellung ist dem andern Anwalte, wenn er sie verlangt, Zug um Zug gegen Aushändigung des vorbezeichneten Empfangsbekenntnisses zu übergeben. Eine Beurkundung des Vorganges durch den Gerichtsvollzieher findet nicht statt.

2. Ist das Empfangsbekenntnis nicht zu erlangen oder hat der Auftraggeber eine Zustellung in der Form des §. 198 der Civilprozeßordnung nicht ausdrücklich verlangt, so ist die Zustellung gemäß §. 28 der Anw. oder durch die Post zu bewirken.[1]) Im Falle des §. 19 Abs. 3 der Rechtsanwaltsordnung[2]) muß jedoch auf Anweisung des Auftraggebers die Zustellung durch Aufgabe zur Post erfolgen.

Vgl. C.P.O. §. 198.

---

[1]) Sind die Parteien durch Anwälte vertreten, so kann die Zustellung von „Anwalt zu Anwalt“ ohne jede Mitwirkung des G.V. erfolgen. Diese Zustellungsart ist auch dann zulässig, wenn ein Anwalt Partei ist und sich selbst vertritt. Zum Nachweise der Zustellung genügt dann das mit Datum und Unterschrift versehene schriftliche Empfangsbekenntnis des Anwalts, welchem zugestellt worden ist, oder eines ihm nach §. 19 Rechtsanw.Ordn.

(vgl. Anm. 2) bestellten Zustellungsbevollmächtigten. (Eine Ersatzzustellung an andere Personen, Bureaugehilfen u. s. w. ist in diesem Falle ausgeschlossen.) In welcher Weise sich der zustellende Anwalt das Empfangsbekenntnis des Gegenanwalts oder des Zustellungsbevollmächtigten verschafft, ist in sein Belieben gestellt. Er kann sich dazu der Post oder eines eigenen Boten bedienen; nach §. 87 vorst. kann er auch den G.V. mit der Einholung des Empfangsbekenntnisses beauftragen. — Voraussetzung für die Gültigkeit des letzteren ist, daß es mit Unterschrift und Datum versehen ist (R.G.); wohin es gesetzt wird, ist gleichgültig; zweckmäßig aber ist, es auf die (an die betreibende Partei zurückgehende) Urschrift des zuzustellenden Schriftstücks zu setzen. Da das Empfangsbekenntnis des Anwalts die öffentliche Urkunde des G.V. (bezw. Postboten) vertritt, so ist es unzulässig, daß er seine Gehilfen, Schreiber u. s. w. besonders oder allgemein ermächtigt, Zustellungen für ihn in Empfang zu nehmen und Empfangsbekenntnisse in seinem Namen auszustellen (Struckm.-Koch C.P.O.).

2) R.A.O. §. 19: „Ist ein Rechtsanwalt an dem Orte des Gerichts, bei welchem er zugelassen ist, nicht wohnhaft, so muß er bei diesem Gericht einen am Orte desselben wohnhaften ständigen Zustellungsbevollmächtigten bestellen.

An den Zustellungsbevollmächtigten kann auch die Zustellung von Anwalt zu Anwalt wie an den Rechtsanwalt selbst erfolgen.

Ist eine Zustellung an den Zustellungsbevollmächtigten am Orte des Gerichts nicht ausführbar, so kann sie an den Rechtsanwalt durch Aufgabe zur Post erfolgen."

§. 38.

Besondere Vorschriften für gewisse Zustellungen bei der Zwangsvollstreckung.

Für die Zustellung der Protokolle über Vollstreckungshandlungen, der Beschlüsse über die Pfändung und Überweisung von Forderungen und der Benachrichtigung, daß die Pfändung einer Forderung bevorsteht, sind die Vorschriften der §§. 763, 829, 835, 845, 846 der Civilprozeßordnung und der §§. 52, 75, 77, 78 der Anw. maßgebend.

3. Zustellungen auf Betreiben der Parteien in Strafsachen.

§. 39.

1. Die unmittelbare Ladung eines Zeugen oder Sachverständigen auf Betreiben des Angeklagten, Privatklägers, Nebenklägers u. s. w.[1]) geschieht durch Zustellung einer Ladungsschrift des Auftraggebers unter entsprechender Anwendung der §§. 21—35 der Anw.[2]) Die unmittelbare Ladung einer dem aktiven Heere oder der aktiven Marine angehörenden Person des Soldatenstandes ist ausgeschlossen. Mit der Ladung zugleich ist die Bescheinigung des Gerichtsschreibers über die gemäß §. 219 Abs. 2 der Strafprozeßordnung bei ihm bewirkte Hinterlegung des zur Entschädigung des Zeugen oder Sachverständigen bestimmten Betrags zuzustellen.[3])

2. Auf Verlangen des Auftraggebers hat der Gerichtsvollzieher den erwähnten Betrag, wenn er ihm eingehändigt wird, an die geladene Person bei der Zustellung auszuzahlen.[4]) Wird der bezeichnete Empfänger nicht in Person angetroffen oder wird die Ladung durch die Post zugestellt, so ist der Betrag mittels Postanweisung besonders zu übersenden.

3. Die Quittung des Empfängers oder der Postschein sind dem Auftraggeber zu übermitteln. Wird die dargebotene Entschädigung von dem Empfänger der Zustellung nicht angenommen, so ist der Hergang in der Zustellungsurkunde oder einem Nachtrage zu ihr zu vermerken.

4. Die Zustellung ist auch dann zu bewirken, wenn der Auftraggeber die Entschädigung weder hinterlegt noch dem Gerichtsvollzieher zur Auszahlung übergeben hat; der Sachverhalt ist alsdann in der Zustellungsurkunde, bei einer Zustellung durch die Post neben dem Vermerke, welcher auf das zu übergebende Schriftstück gesetzt wird (§. 35 Abs. 2 Satz 1 der Anw.), ersichtlich zu machen.

---

[1]) In dem Verfahren auf erhobene Privatklage wegen Beleidigungen oder Körperverletzungen und in dem Verfahren der Nebenklage, wenn wegen dieser strafbaren Handlungen seitens der Staatsanwaltschaft die öffentliche Klage erhoben worden ist, kann ein Zeuge oder Sachverständiger von dem Angeklagten, Privatkläger, Nebenkläger ꝛc. unmittelbar vor das Gericht geladen werden (Str.P.O. §§. 38, 193, 219, 364, 414, 416, 426, 435, 437).

[2]) Auf das Verfahren bei Zustellungen in Strafsachen finden die Vorschriften der C.P.O. entsprechende Anwendung (Str.P.O. §. 37). — Wird die Beglaubigung des zuzustellenden Schriftstücks erforderlich, so hat sie der G.V. zu bewirken.

[3]) In Strafsachen ist eine unmittelbar geladene Person nur dann zum Erscheinen verpflichtet, wenn ihr bei der Ladung die gesetzliche Entschädigung für Reisekosten und Versäumnis bar dargeboten oder deren Hinterlegung bei

dem Gerichtsschreiber nachgewiesen wird (Str.P.O. §. 219 Abs. 2).

4) Die Geb.O. sieht aber dafür keine Entschädigung vor.

4. Zustellungen von Willenserklärungen.

§. 40.

1. Der Gerichtsvollzieher hat auch außerhalb einer anhängigen Rechtsangelegenheit die ihm von einem Beteiligten aufgetragene Zustellung von schriftlichen Willenserklärungen zu bewirken.[1]) Als solche Erklärungen kommen z. B. in Betracht: eine Kündigung oder Mahnung, die Erklärung einer Anfechtung oder Aufrechnung, ein Vertragsantrag oder die Annahme eines solchen, die Erklärung des Rücktritts von einem Vertrage, die Bestimmung einer Frist, in welcher der Gegner eine Handlung vornehmen oder eine Erklärung abgeben soll, die Androhungen und Mitteilungen, welche beim Pfandverkauf und bei sonstigen kraft gesetzlicher Ermächtigung stattfindenden Verkäufen vorkommen.[2]) Auf die Zustellung solcher Erklärungen finden die Vorschriften der Civilprozeßordnung und der §§. 21--35 der Anw. entsprechende Anwendung. Eine Zustellung durch Aufgabe zur Post ist jedoch ausgeschlossen.

2. In den Fällen, in denen bei der Zustellung einer schriftlichen Willenserklärung (Abs. 1) dem Empfänger eine Urkunde vorzulegen ist (z. B. in

den Fällen der §§. 111, 174, 410, 1160, 1831 des Bürgerlichen Gesetzbuchs) hat der Gerichtsvollzieher auf Verlangen des Auftraggebers auch die Vorlegung zu bewirken. Die Zustellung durch die Post ist in diesen Fällen ausgeschlossen. Die Vorlegung hat, wenn der Empfänger nicht angetroffen wird, an diejenige Person zu erfolgen, an welche gemäß §§. 27 und 30 der Anw. die Zustellung bewirkt wird. In der Zustellungsurkunde ist zu bezeugen, an welche Person die Vorlegung bewirkt ist oder aus welchen Gründen sie unterblieben ist; in letzterem Falle ist ausdrücklich zu beurkunden, ob der Gerichtsvollzieher zur Vorlegung im Stande und bereit gewesen ist. Eine Zustellung der vorzulegenden Urkunde erfolgt nur, wenn der Auftraggeber dies ausdrücklich verlangt.

---

[1]) B.G.B. §. 182 Abs. 1: „Eine Willenserklärung gilt auch dann als zugegangen, wenn sie durch Vermittelung eines Gerichtsvollziehers zugestellt worden ist. Die Zustellung erfolgt nach den Vorschriften der Civilprozeßordnung."

[2]) Mit der Anfertigung derartiger Schriftstücke hat sich der G.V. aber nicht zu befassen.

5. Zustellungen von Amts wegen und Behändigungen.

§. 41.

1. Sind dem Gerichtsvollzieher gleichzeitig Gerichtsdienergeschäfte, sei es allgemein, sei es für

einzelne Verrichtungen, übertragen, so hat er die ihm obliegenden Zustellungen von Amts wegen und Behändigungen nach den für diese bestehenden besonderen Vorschriften zu bewirken.[1])

2. Wird von einem Notar im Falle des Artikel 26 des Preußischen Gesetzes über die freiwillige Gerichtsbarkeit eine Zustellung von Amts wegen veranlaßt, so finden die Vorschriften über Zustellungen von Amts wegen mit der Maßgabe Anwendung, daß der Notar an die Stelle des Gerichtsschreibers und der Gerichtsvollzieher an die Stelle des Gerichtsdieners tritt.[2])

3. Veranlaßt der Gerichtsschreiber] eines Gewerbegerichts eine Zustellung, so finden die Vorschriften [im §. 25 des Gewerbegerichtsgesetzes — Reichs-Gesetzbl. 1901 S. 353] Anwendung.[3])

Vgl. C.P.O. §§. 208—213.

---

[1]) Die Vorschriften über die „von Amtswegen" zu bewirkenden Zustellungen und Behändigungen sind geregelt durch die Allg. Vfg. v. 10./12. 99 (J.M.Bl. S. 728) und v. 15./12. 99 (J.M.Bl. S. 803) sowie die J.M.Vfg. v. 15./12. 00 (J.M.Bl. S. 58). Ein Bedürfnis zur Einführung eines Formulars für die Behändigung gegen Empfangsbescheinigung ist nicht vorhanden. Die letztere ist vielmehr in einfachster Form womöglich auf die Urschrift der die Behändigung anordnenden Verfügung zu setzen. Bei größeren Justizbehörden würde eventl. ein Gummistempel genügen (J.M.Vfg. v. 4./5. 03 I 871 im Bür. Bl. 1903 S. 285, a. d. G. V. Ztg. 1908 S. 177.)

[2]) Vgl. Anm. 2 zu §. 17 der Anw.

[3]) Von dem Reichsgesetz betr. die Gewerbegerichte v. 29./7. 90 (R.G.Bl. S. 141) interessieren hier die §§. 1, 5, 28, 30—38.

II. Zwangsvollstreckung in bürgerlichen Rechtsstreitigkeiten.

1. Allgemeine Vorschriften.

§. 42.

1. Der Gerichtsvollzieher hat die Zwangsvollstreckung in bürgerlichen Rechtsstreitigkeiten zu bewirken, soweit diese nicht den Gerichten vorbehalten ist (§. 44 Abs. 2 der Anw.). Bei der ihm zugewiesenen Zwangsvollstreckung hat der Gerichtsvollzieher eine selbständige Tätigkeit zu entwickeln. Er unterliegt dabei der Aufsicht, nicht aber der unmittelbaren Leitung des Gerichts. Bei der Zwangsvollstreckung wegen Geldforderungen gegen den Fiskus, eine Körperschaft, Stiftung oder Anstalt des öffentlichen Rechtes oder eine unter der Verwaltung einer öffentlichen Behörde stehende Körperschaft oder Stiftung (Einf.Ges. z. C.P.O. §. 15 Nr. 3) hat der Gerichtsvollzieher die für die einzelnen Landesteile ergangenen besonderen Vorschriften zu beachten.[1])

2. Unter bürgerlichen Rechtsstreitigkeiten werden bei der Zwangsvollstreckung nicht nur die eigentlichen Prozesse, sondern auch die Fälle verstanden, in denen ein Anspruch des Gläubigers ohne vorausgegangenen Prozeß von dem Schuldner, z. B. auf Grund einer vollstreckbaren Urkunde (C.P.O. §. 794 Nr. 5), eines gerichtlich bestätigten Auseinandersetzungsvertrags oder einer bestätigten Dis-

pache (F.G.G. §. 98, §. 158 Abs. 2), eines vollstreckbaren Auszugs aus der Konkurstabelle oder aus dem Zwangsvergleiche (Konk.O. §§. 164, 194, 206), eines mit der Vollstreckungsklausel versehenen Zuschlagsbeschlusses im Zwangsversteigerungsverfahren (§§. 132, 118 des Reichsgesetzes über die Zwangsversteigerung und die Zwangsverwaltung), aus einer für vollstreckbar erklärten Vorschuß- oder Nachschußberechnung (§§. 109, 115 des Genossenschafts-Gesetzes) und aus anderen, im §. 46 Abs. 4 der Anw. erwähnten Schuldtiteln zwangsweise beigetrieben werden kann.[2])

3. Bei der Zwangsvollstreckung heißt derjenige, für welchen die Vollstreckung erfolgt, der Gläubiger, derjenige, gegen welchen sie erfolgt, der Schuldner, ohne Rücksicht darauf, ob es sich um die Beitreibung einer Geldforderung oder um die Herausgabe einer beweglichen oder unbeweglichen Sache handelt, oder ob die Vollstreckung auf die Erzwingung einer Handlung oder einer Unterlassung gerichtet ist. Die Urkunde, auf Grund deren die Vollstreckung bewirkt wird, heißt der Schuldtitel.

---

[1]) Bei der Z.V. gegen den Fiskus ꝛc. kommen in Betracht: Einführ.Ges. z. C.P.O. §. 15 Nr. 8, Pr. Allg. Ger.Ordn. T. I Tit. 35 §. 88 und Anhang §§. 158 und 248 dazu, ferner die Allg. J.M.Vfgg. v. 24./8. 82 (J.M.Bl. S. 59) und v. 18./7. 81 (J.M.Bl. S. 160). — Vgl. auch Anm. 5 zu §. 88 nachst. a. Schl.

[2]) Vgl. §. 46 der Anw. und Anm. 1 dazu.

§. 43.

Vollstreckungsgericht.

1. Als Vollstreckungsgericht ist das Amtsgericht zuständig, in dessen Bezirke das Vollstreckungsverfahren stattfinden soll oder stattgefunden hat, soweit nicht ausnahmsweise (z. B. für die Pfändung einer Forderung, für die Abnahme eines Offenbarungseids, für die Anlegung eines Arrestes) ein anderes Amtsgericht für zuständig erklärt ist.

2. Die den Gerichten zugewiesene Anordnung von Vollstreckungshandlungen und die Mitwirkung bei solchen geschieht durch das Vollstreckungsgericht. Dieses entscheidet ferner über Anträge, Einwendungen und Erinnerungen, welche die Art und Weise der Zwangsvollstreckung oder das Verfahren des Gerichtsvollziehers betreffen, z. B. über Beschwerden wegen Verzögerung, wegen zu weit gehender Ausdehnung oder wegen ungerechtfertigter Beschränkung der Pfändung.[1])

3. Dem Vollstreckungsgerichte steht auch die Entscheidung zu, wenn ein Gerichtsvollzieher sich weigert, einen Vollstreckungsauftrag zu übernehmen oder eine Vollstreckungshandlung dem Auftrage gemäß auszuführen,[2]) oder wenn in Ansehung der von dem Gerichtsvollzieher berechneten Kosten Erinnerungen erhoben werden.[3])

Die Bestimmungen des §. 43 beruhen auf den wörtlich fast gleichlautenden §§. 764, 766 C.P.O.

¹) Unter die „Art und Weise der Z.V." fallen alle offenbaren Zuwiderhandlungen gegen den Inhalt der Urteilsformel und der Vollstreckungsklausel, nicht genehmigte Pfändung zur Nachtzeit oder an Sonntagen und allgemeinen Feiertagen, Z.V. in die von der Pfändung gesetzlich ausgeschlossenen Objekte, Ausdehnung über das zulässige Maß, überhaupt alle Einwendungen, welche den Ausführungsmodus der Z.V. und die hinsichtlich der Ausführung bezw. Nichtausführung dem G.V. zustehenden formellen oder materiellen Rechte und Pflichten betreffen. Unter dem vom G.V. zu beobachtenden Verfahren sind nicht bloß die gesetzlichen Regeln, sondern auch die reglementarischen Vorschriften darüber zu verstehen. Durch §. 766 C.P.O. wird eine Beschwerde und eine Remedur im Aufsichtswege nicht ausgeschlossen (v. Wilm.-Levy C.P.O.).

²) Der Gerichtsvollzieher muß den Anordnungen des Vollstreckungsgerichts Folge leisten, ihm steht eine Beschwerde über das Verfahren oder die Art und Weise der Z.V. nicht zu (**R.G.**). Sofern indes sein persönliches Interesse betroffen wird (Zahlung aus eigener Tasche) ist er ebenfalls zur Beschwerde berechtigt (v. Wilm.-Levy C.P.O., vgl. d. Beschl. d. O.L.Ger. Marienwerder v. 26./1. 94 i. d. Zschr. f. B.R. 1895 S. 6, d. Beschl. d. obersten Landesger. f. Bayern v. 8./1. 94 i. d. D.G.V.Ztg. 1895 S. 108).

³) Zu den „von dem Gerichtsvollzieher in Ansatz gebrachten Kosten" gehören nicht bloß seine eigenen, sondern nach §. 788 C.P.O. die Kosten der Z.V. überhaupt. Ansprüche gegen den G.V. auf Rückzahlung eines ihm gezahlten Vorschusses oder Vorschußrestes gehören aber nicht hierher, unterliegen vielmehr dem ordentlichen Rechtswege (Struckm.-Koch C.P.O.).

Gegen die im Aufsichtswege erhobenen Erinnerungen gegen den Gebührenansatz des G.V. steht diesem die Berufung an das Vollstreckungsgericht nicht zu (vgl. Geb.O. §. 22 und Anm. dazu).

§. 44.

Geschäftsbereich des Gerichtsvollziehers.

1. Zum Geschäftsbereiche des Gerichtsvollziehers gehören folgende Zwangsvollstreckungen:

a) die Zwangsvollstreckung wegen Geldforderungen, soweit sie in bewegliche körperliche Sachen zu bewirken ist (C.P.O. §§. 803—827).[1])

Zu den beweglichen körperlichen Sachen gehören in dieser Beziehung auch Wertpapiere, wie Aktien, Staatsschuldscheine, Pfand- und Rentenbriefe, Grundschuldbriefe auf den Inhaber u. s. w. (§. 67 der Anw.). Auch die Forderungen aus Wechseln und anderen Papieren, welche durch Indossament übertragen werden können (§. 76 der Anw.), werden durch Wegnahme des Papiers nach den für bewegliche körperliche Sachen geltenden Vorschriften gepfändet (C.P.O. §. 831);

b) die Zwangsvollstreckung zur Erwirkung der Herausgabe von beweglichen Sachen und der Herausgabe, Überlassung oder Räumung von unbeweglichen Sachen und bewohnten Schiffen (C.P.O. §§. 883—885);[2])

c) die Zwangsvollstreckung zur Beseitigung des von dem Schuldner gegen die Vornahme einer von ihm zu duldenden Handlung geleisteten Widerstandes (C.P.O. §. 892);[3])

d) die Zwangsvollstreckung durch Haft (C.P.O. §§. 899—914);[4])

e) die Vollziehung von Arrestbefehlen und einstweiligen Verfügungen in dem Umfang, in welchem dem Gerichtsvollzieher die Zwangsvollstreckung (a—d) zusteht (C.P.O. §§. 916—945).[5])

Außerdem steht dem Gerichtsvollzieher bei der Zwangsvollstreckung in Forderungen eine in den §§. 74—78 der Anw. näher angegebene Mitwirkung zu.

2. Auf die den Gerichten vorbehaltenen Zwangsvollstreckungen dürfen sich die Gerichtsvollzieher nicht einlassen. Parteien, welche sich mit derartigen Anträgen an sie wenden, sind an das Gericht zu verweisen. Den Gerichten sind folgende Zwangsvollstreckungen vorbehalten:

a) die Zwangsvollstreckung wegen Geldforderungen, soweit sie

aa) in das unbewegliche Vermögen (C.P.O. §§. 864—871; Reichsgesetz über die Zwangsversteigerung und die Zwangsverwaltung),

bb) in andere als die oben im Abs. 1 zu a bezeichneten Forderungen und in sonstige Vermögensrechte des Schuldners (C.P.O. §§. 828—863),

zu bewirken ist;

b) die Zwangsvollstreckung zur Erwirkung von Handlungen oder Unterlassungen (C.P.O. §§. 887—891).

---

1) G.A. §§. 56—78. 2) G.A. §§. 79—80.
3) G.A. §. 82. 4) G.A. §§. 83—85.
5) G.A. §. 86.

§. 45.

Auftrag.

1. Der Auftrag zur Zwangsvollstreckung wird dem Gerichtsvollzieher von dem Gläubiger (nicht durch das Gericht) erteilt. Dem Gläubiger steht es frei, wegen Erteilung des Auftrags die Vermittelung des Gerichtsschreibers in Anspruch zu nehmen. Der unter Vermittelung des Gerichtsschreibers beauftragte Gerichtsvollzieher hat sich in jeder Beziehung, insbesondere auch bei der Ablieferung der beigetriebenen Gelder, als unmittelbar von dem Gläubiger beauftragt anzusehen.[1])

2. Der Prozeßbevollmächtigte des Gläubigers ist auf Grund seiner Vollmacht befugt, den Auftrag zur Zwangsvollstreckung an den Gerichtsvollzieher zu erteilen. Die beigetriebenen Gelder umd sonstigen Gegenstände dürfen jedoch an den Bevollmächtigten nicht abgeliefert werden, es sei denn, daß er zum Empfange durch eine an den Gerichtsvollzieher gerichtete Erklärung des Gläubigers oder nach dem

Inhalte der vorzulegenden Vollmachtsurkunde besonders ermächtigt ist. Eine Ausnahme besteht nur für die von dem Gegner zu erstattenden Prozeßkosten, zu deren Empfangnahme der Bevollmächtigte schon durch die bloße Prozeßvollmacht ermächtigt wird (C.P.O. §. 81).[2])

3. In dem schriftlichen oder mündlichen Auftrage zur Zwangsvollstreckung in Verbindung mit der Übergabe der vollstreckbaren Ausfertigung liegt die Beauftragung des Gerichtsvollziehers, die Zahlungen oder die sonstigen Leistungen in Empfang zu nehmen, über das Empfangene wirksam zu quittieren und dem Schuldner, wenn dieser seiner Verbindlichkeit vollständig genügt hat, die vollstreckbare Ausfertigung auszuliefern (C.P.O. §§. 754—757).

4. Demnach ist der Besitz der vollstreckbaren Ausfertigung dem Schuldner und dritten gegenüber der unerläßliche, aber auch ausreichende Ausweis zur Bewirkung der Zwangsvollstreckung und aller zu deren Ausführung erforderlichen Handlungen. Der Gerichtsvollzieher hat deshalb bei der Vornahme von Vollstreckungshandlungen die vollstreckbare Ausfertigung stets bei sich zu führen und auf Verlangen vorzuzeigen.[3])

5. Verlangt der Gläubiger seine Zuziehung zur Zwangsvollstreckung, so hat der Gerichtsvollzieher nur in dessen Anwesenheit zur Zwangsvollstreckung zu schreiten.[4])

[1]) Der Inhalt des Abs. 1 entspricht dem §. 758 C.P.O. (vgl. §. 20 der Anw.). Das Rechtsverhältnis des G.V. zur Partei wird durch die Vermittelung des Gerichtsschreibers in keiner Weise verändert.

[2]) Die Vorschrift der Nr. 2 findet nicht bloß auf Rechtsanwälte, sondern auch auf andere bevollmächtigte Personen Anwendung.

[3]) Zu Nr. 3 und 4. — Der Besitz der vollstreckbaren Ausfertigung genügt zur Legitimation des G.V. für die Z.V. und die Ausübung der weiteren Befugnisse; andererseits ist der Besitz jener Ausfertigung zur Legitimation notwendig. — Selbstredend muß sich der G.V. als solcher legitimieren. Dazu genügt nicht der Besitz der vollstreckbaren Ausfertigung. In Preußen legitimiert ihn die vorgeschriebene Dienstkleidung (v. Wilm.-Levy C.P.O.). Die Vorschrift des §. 757 C.P.O. (der Quittungsleistung 2c.) dient zur Sicherung des Schuldners; sie bezieht sich ihrer allgemeinen Fassung nach nicht bloß auf freiwillige, sondern auch auf infolge ausgeführter Z.V. geschehene Zahlungen und sonstige Leistungen. — Die Verpflichtung zur Aushändigung der vollstreckbaren Ausfertigung fällt weg, wenn der Schuldner an den Gläubiger selbst oder dessen Bevollmächtigten gezahlt hat. — Die Quittung eines Bediensteten des G.V. genügt nicht (Struckm.-Koch C.P.O.).

Die Vorschrift des §. 757 (der Quittungsleistung 2c.) dient zur Sicherung des Schuldners (Motive). Sie bezieht sich ihrer allgemeinen Fassung und ihrem Zwecke nach nicht bloß auf freiwillige, sondern auch auf infolge ausgeführter Z.V. geschehene Zahlungen oder sonstige Leistungen. Die Verpflichtung zur Aushändigung der vollstreckbaren Ausfertigung fällt weg, wenn der Schuldner an den Gläubiger selbst oder dessen Bevollmächtigten gezahlt hat.

Wenn von mehreren Schuldnern Teilzahlungen geleistet werden, welche die ganze Schuld erschöpfen, so hat der G.V. jede dieser teilweisen Leistungen auf der vollstreckbaren Ausfertigung zu bemerken und jedem besondere Quittung zu erteilen. Einen Anspruch auf Aushändigung der vollstreckbaren Ausfertigung hat nur derjenige Schuldner, welcher Vollzahlung leistet, nach anderer Auffassung der, welcher die letzte Teilzahlung leistet (v. Wilm.-Levy C.P.O., vgl. auch Anm. 14 Abs. 2 zu §. 46 d. Anw.).

[4]) Die Vorschrift ist zwar nur instruktionell, für den G.V. aber trotzdem bindend. Daß der Gläubiger seine Zuziehung, bezw. die eines Bevollmächtigten zur Z.-V. verlangen darf, ist (nach v. Wilm.-Levy C.P.O.) selbstverständlich. (Vgl. Beschl. des Amtsger. I Berlin v. 8./4. 92, Blätter für Rechtspflege im Kammergerichtsbezirke Jahrg. 1892 S. 49, Zschr. f. V.R. 1892 S. 79). — Anderer Ansicht ist Schönfeld (d. Pr.Ger.Vollz. Anm. 5 zu §. 45 G.A.). Nach seiner Meinung besitzt der Gläubiger kein Recht auf das Verweilen in den Räumen des Schuldners.

§. 46.

Vollstreckbare Ausfertigung des Schuldtitels. Vollstreckungsklausel.

1. Die Zwangsvollstreckung ist nur auf Grund einer vollstreckbaren Ausfertigung des Schuldtitels[1]) zulässig; diese wird regelmäßig von dem Gerichtsschreiber, bei gewissen Schuldtiteln (Abs. 4, 5) jedoch von anderen Beamten oder Behörden erteilt.[2]) Eine vollstreckbare Ausfertigung muß am Schlusse die Vollstreckungsklausel,[3])

> daß die Ausfertigung dem u. s. w. (Bezeichnung der Person, für welche vollstreckt werden soll) zum Zwecke der Zwangsvollstreckung erteilt wird,

enthalten und mit dem Amtssiegel und der Unterschrift des Gerichtsschreibers, des sonstigen Beamten oder der Behörde, welche sie erteilen, versehen sein.

2. Die Person, gegen die sich die Zwangsvollstreckung zu richten hat, wird regelmäßig in der Vollstreckungsklausel nicht erwähnt, sie ist dann aus dem Schuldtitel selbst zu entnehmen. Sie wird jedoch in der Vollstreckungsklausel benannt, wenn die vollstreckbare Ausfertigung gegen einen Rechtsnachfolger des Schuldners oder einen sonstigen Dritten erteilt wird, dem gegenüber der Schuldtitel nach den Vorschriften des bürgerlichen Rechtes oder des Prozeßrechts wirksam ist. In diesen Fällen darf zwar der Gerichtsschreiber die vollstreckbare Ausfertigung nur auf Anordnung des Vorsitzenden erteilen,[4]) der Gerichtsvollzieher hat aber, wenn ihm die äußerlich ordnungsmäßige Vollstreckungsklausel eines deutschen Gerichtsschreibers vorgelegt wird, nicht zu prüfen, ob die Erteilung der Klausel zulässig war.

3. Ausländische Schuldtitel sind zur Zwangsvollstreckung nicht geeignet; an ihrer Stelle hat der Gläubiger die vollstreckbare Ausfertigung des von einem deutschen Gericht erlassenen Vollstreckungsurteils beizubringen.[5]) Das gleiche gilt von allen im schiedsrichterlichen Verfahren (Buch X der Civilprozeßordnung) erlassenen Entscheidungen (Schiedssprüchen).[6])

4. Außer den Gerichtsschreibern der ordentlichen

Gerichte sind zur Erteilung vollstreckbarer Ausfertigungen befugt:

a) der Gerichtsschreiber eines deutschen Gewerbegerichts in Ansehung der von dem Gewerbegericht erlassenen Entscheidungen und der vor dem Gewerbegerichte geschlossenen Vergleiche (§. 57 d. R.Ges. über die Gewerbegerichte);[7])

b) der Gerichtsschreiber eines deutschen Konsulargerichts oder eines Gerichts eines deutschen Schutzgebiets inbetreff der von dem Konsulargericht oder dem Gerichte des Schutzgebiets erlassenen Entscheidungen und aufgenommenen Urkunden (§. 15 des Gesetzes über die Konsulargerichtsbarkeit vom 10. Juli 1879, §. 2 des Gesetzes, betreffend die Rechtsverhältnisse in den deutschen Schutzgebieten in der Fassung vom 19. März 1888);

c) ein deutscher Notar in Ansehung der von ihm verwahrten notariellen Urkunden, in denen der Schuldner sich der sofortigen Zwangsvollstreckung unterworfen hat (C.P.O. §. 797 Abs. 2);[8])

d) ein preußischer Schiedsmann in Ansehung der von ihm selbst innerhalb seiner Zuständigkeit aufgenommenen schiedsmännischen Vergleiche, deren Urschrift er verwahrt (§. 31 der Schiedsmanns-Ordnung);[9])

e) eine preußische Generalkommission in Ansehung der im Auseinandersetzungsverfahren erlassenen

Urteile, der Auseinandersetzungsrezesse und der sonst im Auseinandersetzungsverfahren errichteten Urkunden (§§. 84, 85 des Gesetzes über das Verfahren in Auseinandersetzungsangelegenheiten in der Fassung vom 10. Oktober 1899);[10])

f) ein zur Aufnahme von Urkunden befugter Beamter einer öffentlichen landschaftlichen (ritterschaftlichen) Kreditanstalt in Ansehung dieser Urkunden (§. 1 Abs. 2, §. 10 d. G. vom 3. August 1897).[11])

5. Ausnahmsweise liegt die Erteilung einer Vollstreckungsklausel dem Gericht ob, und zwar:

a) dem Amtsgerichte hinsichtlich solcher notarieller Urkunden oder schiedsmännischer Vergleiche, die sich in der Verwahrung des Gerichts befinden (C.P.O. §. 797 Abs. 2 in Verbindung mit Pr. F.G.G. Artikel 102; §. 32 Abs. 2 der Schiedsmanns-Ordnung);[12])

b) den Landgerichten, in deren Bezirke sich ein Elbzollgericht befindet, in Ansehung der Entscheidungen eines außerdeutschen Elbzollgerichts (§. 9 des Gesetzes vom 9. März 1879);

c) dem Oberlandesgericht in Cöln bei Entscheidungen außerdeutscher Rheinschiffahrtsgerichte (§. 12 des Gesetzes vom 8. März 1879).[13])

6. Die Vollstreckungsklausel bildet die Grundlage für die Vollstreckungstätigkeit des Gerichtsvollziehers. Er hat deshalb in jedem einzelnen Falle das Vor-

handensein und den Wortlaut der Vollstreckungsklausel sorgfältig zu prüfen.[14]) Sind in dem Schuldtitel oder in der Vollstreckungsklausel Beschränkungen ausgesprochen, sei es inbetreff des Gegenstandes der Zwangsvollstreckung, sei es in Ansehung des beizutreibenden Betrags, so darf der Gerichtsvollzieher bei seiner Vollstreckungstätigkeit die ihm hierdurch gezogenen Grenzen nicht überschreiten.[15])

7. Sind Erben oder andere nur beschränkt haftende Personen unter dem Vorbehalte der Beschränkung ihrer Haftung verurteilt (C.P.O. §§. 780ff., §. 786), so kann der Schuldtitel ohne Rücksicht auf diese Beschränkung vollstreckt werden. Der Gerichtsvollzieher darf jedoch die Pfändung solcher Sachen, deren Pfändung der Schuldner unter Berufung auf die ihm vorbehaltene Beschränkung seiner Haftung widerspricht, dann unterlassen, wenn die im Gewahrsame des Schuldners sonst noch vorhandenen, von dem Widerspruche nicht betroffenen beweglichen Sachen bereits zur Deckung des Gläubigers ausreichen. Ist das nicht der Fall, so hat der Gerichtsvollzieher die Pfändung ohne Rücksicht auf den Widerspruch durchzuführen und den Schuldner mit seinen Einwendungen an das Gericht zu verweisen.[16])

8. Gewisse Schuldtitel sind ohne Vollstreckungsklausel zur Zwangsvollstreckung geeignet, so die Arrestbefehle und die einstweiligen Verfügungen, ferner die im Mahnverfahren erlassenen Voll-

streckungsbefehle. Diese Urkunden müssen jedoch dann mit einer besonderen Vollstreckungsklausel versehen werden, wenn die Zwangsvollstreckung für einen anderen als den in dem Befehle bezeichneten Gläubiger oder gegen einen anderen als den in dem Befehle bezeichneten Schuldner erfolgen soll (C.P.O. §§. 796, 929, 936).

9. Nach den Vorschriften der Civilprozeßordnung sind häufig Urteile nicht nur unter den Parteien, die den Rechtsstreit miteinander geführt haben, sondern zugleich für und gegen andere Personen, z. B. für und gegen die Rechtsnachfolger der ursprünglichen Parteien, einen Nacherben, den Uebernehmer eines Handelsgeschäfts oder eines ganzen Vermögens (C.P.O. §§. 727 ff.) wirksam. Die Prüfung, ob ein derartiger Fall vorliegt, ist nicht Sache des Gerichtsvollziehers. Er hat vielmehr, wenn ihm eine Vollstreckungshandlung für oder gegen eine andere als die in dem Schuldtitel oder in der Klausel bezeichnete Person angesonnen wird, den Auftrag abzulehnen und den Beteiligten die Beschaffung einer anderweitigen Vollstreckungsklausel zu überlassen.[17]) Eine Ausnahme hiervon findet nur in den Fällen des §. 48 Abs. 2c der Anw. statt.

10. Dies gilt auch in dem Falle, wenn der Schuldner nach Erteilung des Auftrags aber vor dem tatsächlichen Beginne der Zwangsvollstreckung, stirbt. Eine noch bei Lebzeiten des Schuldners begonnene Zwangsvollstreckung kann jedoch nach seinem

Tode ohne weiteres in den Nachlaß fortgesetzt werden (C.P.O. §. 779 Abs. 1).[18]) Ist die Zuziehung des Schuldners notwendig,[19]) aber die Person des Erben oder die Annahme der Erbschaft nicht gewiß, so kann die Zwangsvollstreckung erst fortgesetzt werden, nachdem das Gericht einen Vertreter für den Erben bestellt hat.

---

[1]) Die wichtigsten Schuldtitel, aus welchen die Z.V. erfolgen kann, sind folgende:

I. **Die Schuldtitel nach der Civilprozeßordnung:**

1. **Die gerichtlichen Endurteile, welche rechtskräftig oder für vorläufig vollstreckbar erklärt sind** (C.P.O. §. 704).
2. **Die gerichtlichen Vergleiche, welche nach Erhebung der Klage zwischen den Parteien oder zwischen einer Partei und einem Dritten zur Beilegung des Rechtsstreits seinem ganzen Umfange nach oder in Betreff eines Teils des Streitgegenstandes von einem deutschen Gericht abgeschlossen sind** (C.P.O. §. 794 Nr. 1).
3. **Die im Sühneverfahren vor Erhebung der Klage vor dem Amtsgericht geschlossenen Vergleiche** (C.P.O. §§. 510, 794 Nr. 2).
4. **Die im Mahnverfahren erlassenen Vollstreckungsbefehle** (C.P.O. §. 699).
5. **Die Urkunden, welche von einem deutschen Gericht von einem deutschen Notar aufgenommen sind.**
6. **Die gerichtlichen Kostenfestsetzungsbeschlüsse und andere Entscheidungen, gegen welche das Rechtsmittel der Beschwerde stattfindet** (C.P.O. §. 794 Nr. 3).

7. **Die gerichtlichen Arrestbeschlüsse und einstweiligen Verfügungen** (C.P.O. §§. 916 ff.).

II. Andere reichsgesetzliche Schuldtitel:

8. **Die im Konkursverfahren aufgestellten Konkurstabellen** (KonkO. §. 164).
9. **Die im Konkursverfahren ergangenen rechtskräftig bestätigten Zwangsvergleiche** (Konk.-O. §. 194).
10. **Die Vorschuß- und Nachschußberechnungen im Konkurse einer eingetragenen Genossenschaft** (Ges. betr. die Erwerbs- und Wirtschaftsgenossenschaften v. 1. 5. 89, R.G.Bl. S. 55, §§. 101, 102, 107, 108, 128).
11. **Die Endurteile und Vergleiche der Gewerbegerichte.** Nach §. 56 des Reichsges. v. 29./7. 90, vgl. §. 41 der Anw., findet „aus den Endurteilen der Gewerbegerichte, welche rechtskräftig oder für vorläufig vollstreckbar erklärt, sowie aus den Vergleichen, welche nach Erhebung der Klage vor dem Gewerbegerichte geschlossen sind, die Zwangsvollstreckung statt. Unter Nr. 11 fallen auch die für vorläufig vollstreckbar erklärten Urteile, welche in den zur Zuständigkeit der Gewerbegerichte im Bezirke des vormaligen Appellationsgerichts zu Köln gehörigen bürgerlichen Rechtsstreitigkeiten ergangen sind (Pr.-Ges. v. 11./7. 91, G.S. S. 311, A.G. z. C.P.O. §. 10).
12. **Die in dem Verfahren betr. die Zwangsvollstreckung in das unbewegliche Vermögen erteilten vollstreckbaren Ausfertigungen des Zuschlagsurteils.**

Aus diesen Schuldtiteln findet die Z.V. statt: a) gegen den Besitzer des versteigerten Grundstücks oder einer mitversteigerten Sache auf Räumung und bezw. Herausgabe derselben; b) gegen den Ersteher und event. auch gegen den für mithaftend erklärten Meistbietenden wegen des den Gläubigern überwiesenen Kaufgelderrückstands (§§. 98, 132, 188 d. D.R.Z.V.G. v. 24./3. 97). — Die Z.V. erfolgt auf Grund einer vollstreckbaren Ausfertigung des Beschlusses, durch welchen der Zuschlag erteilt ist. In der Vollstreckungsklausel ist der Berechtigte, sowie der Betrag der Forderung anzugeben. Da diese hierdurch die Funktion erhält, den zur Vollstreckung unzureichenden Inhalt des Schuldtitels zu ergänzen, Titel und Klausel in ihrer Verbindung also erst den vollstreckungsreifen Inhalt geben, so genügt die (nach §. 88 d. Ges.) erfolgte Zustellung des Zuschlagsurteils nicht, vielmehr bedarf es vor der Z.V. noch einer wiederholten Zustellung des durch die Klausel vervollständigten Titels (Falkmann Z.V. S. 84).

13. **Die Straffestsetzungen gegen Mitglieder von Anwaltskammern und die im ehrengerichtlichen Verfahren gegen Rechtsanwälte ergangenen Urteile und Kostenfestsetzungsbeschlüsse.** (Rechtsanw.Ordn. v. 1./7. 78 §§. 58, 68, 95, 97).

Die Vollstreckung der eine Geldstrafe aussprechenden Entscheidung erfolgt auf Grund einer von dem Schriftführer des Vorstandes erteilten, mit der Bescheinigung der Vollstreckbarkeit versehenen beglaubigten Abschrift der Entscheidungsformel nach den Vorschriften über die Vollstreckung der Urteile in bürgerlichen Rechtsstreitigkeiten. Dasselbe gilt für die Vollstreckung der die Kosten festsetzenden Vergütung. Die Vollstreckung wird von dem Schriftführer des Vorstands betrieben.

14. **Die Entscheidungen der Strafgerichte, durch welche die zwangsweise Beitreibung von Geldstrafen und Bußen und die Wegnahme eingezogener Gegenstände angeordnet wird.** (Vgl. §§. 89 bis 92 der Anw.)

15. Die vorgängigen Vereinbarungen im gerichtlichen Erbteilungsverfahren und die Auseinandersetzungen nach beendigter Gütergemeinschaft (vgl. §§. 91 d. D.F.G.G. v. 17./5. 98.)

Nach §. 98 das. findet nach dem Eintritte der Rechtskraft des Bestätigungsbeschlusses aus diesem die Z.V. nach den Vorschriften der C.P.O. statt, vgl. Falkmann Z.V. S. 88.

16. Die rechtskräftig bestätigte Dispache.

Vgl. §§. 149 ff. des in der vorst. Note bezeichneten Gesetzes. — Durch die Dispache wird der infolge Havarie eines Schiffes entstandene Schaden ermittelt und dessen Verteilung zwischen den Interessenten festgestellt.

III. Landesrechtliche Schuldtitel.

Die Landesgesetzgebung ist nicht gehindert, auf Grund anderer als der in den §§. 704, 794 bezeichneten Schuldtitel die gerichtliche Zwangsvollstreckung zuzulassen und insoweit abweichende Vorschriften von den Bestimmungen dieses Gesetzes über die Zwangsvollstreckung zu treffen (C.P.O. §. 801).

Solche landesrechtliche Schuldtitel sind u. a. folgende:

17. Die vor einem preußischen Schiedsmann innerhalb seiner Zuständigkeit abgeschlossenen Vergleiche.

a) Nach §. 82 d. Schiedsm.Ordn. vom 29./8. 79 findet aus den vor einem Schiedsmanne geschlossenen Vergleichen die gerichtliche Z.V. statt. Die Vorschriften der C.P.O. über die Z.V. aus notariellen Urkunden sollen dabei entsprechende Anwendung finden.

In den Fällen der §§. (664, 665) 726, 727 C.P.O. ist die vollstreckbare Ausfertigung nur auf Anordnung des Amtsgerichts zu erteilen, in dessen Bezirke der Schiedsmann seinen Wohnsitz hat.

b) Der Schuldtitel besteht aus einer vom Schiedsmanne zu erteilenden Ausfertigung des über die Verhandlung aufgenommenen Protokolls, versehen mit der Vollstreckungsklausel. Das Protokoll soll enthalten (§. 25 Schiedsm.Ordn.): 1. den Ort und die Zeit der Verhandlung; 2. die Namen der erschienenen Parteien, gesetzlichen Vertreter, Bevollmächtigten und Beistände, sowie die Angabe, wie dieselben ihre Legitimation geführt haben; 3. den Gegenstand des Streits; 4. die Verabredung der Parteien.

Der Gerichtsvollzieher hat im vorliegenden Falle, bevor er zur Z.V. schreitet, zu prüfen, ob die Verhandlung innerhalb der Grenzen der Zuständigkeit des Schiedsmanns und in der richtigen Form stattgefunden hat, und vorschriftsmäßig beurkundet ist.

18. **Die von der zuständigen Generalkommission (Regierung) zu erteilenden vollstreckbaren Ausfertigungen von Urteilen, Auseinandersetzungsrezessen oder anderen Urkunden, welche im Auseinandersetzungsverfahren ergangen bezw. errichtet sind.** (Ges. v. 10./10. 99 G.S. S. 408).

19. **Weitere landesrechtliche Schuldtitel sind** (nach Falkmann Z.V. S. 91) **noch folgende:**

a) Die von den Vergleichskammern der Gewerbegerichte der Rheinprovinz geschlossenen Vergleiche (Ges. v. 11./7. 91, §. 10);

b) Feldpolizeiliche Vergleiche (A.G. z. C.P.O. §. 12);

c) Die Entscheidungen der Rheinschiffahrts- und Elbzollgerichte (Ges. v. 8./8. und v. 9./8. 79, §§. 12 bezw. 9);

d) Urkunden, welche von einem zum Richteramte befähigten Beamten einer landschaftlichen Kreditanstalt innerhalb der Grenzen seiner Amtsbefugnisse aufgenommen sind (Ges. v. 3./8. 97, §. 1 Nr. 2, §. 10);

e) Die Zahlungsanweisung im rheinischen Orderverfahren (Ges. v. 18./4. 87, §§. 21, 22);

f) Die rechtskräftig bestätigte Teilungsurkunde im Teilungsverfahren des rheinischen Rechts (Ges. v. 22./5. 87, §. 17).

2) Vgl. die Anm. 7 bis 18 nachst.

3) Wegen der Erfordernisse der Klausel s. Anm. 14 nachst.

4) C.P.O. §§. 730, 738, 742, 744, 745 Abs. 2, 749 (vgl. auch Anm. 14 nachst.).

5) C.P.O. §§. 722, 723. — Nach Falkmann (Z.V. §. 2, S. 15) muß das Vollstreckungsurteil vor Beginn der Z.V. mit der Vollstreckungsklausel versehen werden. Alsdann bildet es mit dem ausländischen Urteil zusammen den vollstreckbaren Titel, woraus sich ergibt, daß nicht bloß das Vollstreckungsurteil, sondern auch das ausländische Urteil vor der Z.V. zugestellt werden muß, sofern das letztere nicht schon früher, wenn auch vom Auslande aus, zugestellt ist.

6) C.P.O. §§. 1025 bis 1048.

7) Vgl. bei Anm. 1 vorst. Nr. 11.

8) Vgl. bei Anm. 1 vorst. Nr. 5. — Auch in den Fällen der §§. 726, 727 C.P.O. haben die Notare die Klausel selbständig — nicht erst auf Grund richterlicher Anordnung — zu erteilen (Vfg. d. Präsidenten des Landger. I Berlin vom 10./9. 95, Blätter f. Rechtspflege im Kammergerichtsbezirke S. 116, auch Bür.Bl. 1896 S. 87).

9) Vgl. bei Anm. 1 vorst. Nr. 17.

10) Vgl. bei Anm. 1 vorst. Nr. 18. — Die Vollstreckungsklausel ist von dem Vorsitzenden der Generalkommission (Regierung) zu unterschreiben und mit dem Siegel der letzteren zu versehen (§. 85 d. Ges. v. 10./10. 99).

11) Vgl. bei Anm. 1 vorst. Nr. 19 lit. d.

12) Den §. 82 SchiedsmOrdn. s. vorst. bei Anm. 1 Nr. 17 lit. a.

13) Vgl. bei Anm. 1 vorst. Nr. 19 lit. c.

14) Die Form der Klausel ist nur in ihren wesentlichen Teilen vorgeschrieben. In deren Rahmen können aber alle für den einzelnen Fall noch erforderlichen Zusätze, z. B. die Beschränkung auf einen Teil des Streitgegenstandes, oder auf bestimmte Vermögensstücke (gütergemeinschaftliches Vermögen u. s. w.), die Bezeichnung des Rechtsnachfolgers der einen oder anderen Partei, die Anordnung des Vorsitzenden rc., eingefügt werden. — Mangel der Klausel macht den ganzen Vollstreckungsakt nichtig. — Wegen der Form der Klausel vgl. C.P.O. §. 725, wegen der Zuständigkeit für ihre Erteilung das. §§. 726, 729, 738, 742, 744, 745 Abs. 2, 749, 800. **Die Zuständigkeitsfrage hat der G.V. selbständig zu prüfen;** nur eine vorschriftsmäßige Vollstreckungsklausel berechtigt ihn zur Vornahme der Z.V. (**R.G.** 20./6. 95, Jur. Wochenschr. S. 382, Ziff. 13; Bür.Bl. 1895 S. 154; vgl. auch Zschr. f. V.R. 1894 S. 184, Falkmann Z.V., S. 110 ff.)

Sind mehrere Schuldner pro rata verurteilt, so sind so viele Ausfertigungen zu erteilen, als Schuldner vorhanden sind, da jeder der letzteren nach der Zahlung eine mit Quittung versehene Ausfertigung verlangen kann (C.P.O. §. 757). Andererseits aber darf eine jede Ausfertigung nur mit der Klausel gegen einen Schuldner versehen werden. Bei solidarischer Haftung genügt eine Ausfertigung, auf welcher jede Zahlung zu vermerken ist. Die Aushändigung hat bei der letzten Zahlung zu erfolgen, und zwar an denjenigen, welcher diese bewirkt (vgl. auch Anm. 8 zu §. 45 vorst.).

15) Vgl. §. 47 der Anw. und Anm. dazu.

16) Vgl. BGB. §§. 419, 1480, 1504, 1975, 1975, 1990, 2014, 2015, 2187. — Der G.V. darf Einwen-

dungen des Schuldners berücksichtigen, soweit andere einwandsfreie Pfandobjekte vorhanden sind, im übrigen aber hat er sich lediglich nach der Vollstreckungsklausel zu richten und die Z.V. ohne Rücksicht auf solche Einwendungen durchzuführen.

[17]) Der Name des Gläubigers, für den die Vollstreckung erfolgen soll, muß auch in der Klausel angegeben sein, dagegen genügt es, wenn der Schuldner in dem Schuldtitel namentlich bezeichnet ist (C.P.O. §§. 725, 750).

Ist die Bezeichnung des Namens nicht so genau, daß der G.V. gegenüber dem die Identität bestreitenden Schuldner diese aus dem Schuldtitel feststellen kann, so muß er von der Z.V. Abstand nehmen. — Wenn Personengesamtheiten ohne eine juristische Person (B.G.B. §§. 21—89) zu bilden, als solche Prozeßfähigkeit besitzen, wie z. B. nicht rechtsfähige Vereine oder eine offene Handelsgesellschaft, so kann die Z.V. für die Gesamtheit und in das Gesellschaftsvermögen (§ 48 Nr. 1 der Anw.) vollstreckt werden, ohne daß es einer namentlichen Bezeichnung der einzelnen Mitglieder bedarf. — Bei einem Kaufmann kann der bürgerliche Name durch seinen Handelsnamen, d. h. die Firma, ersetzt werden. Alsdann ist aber nicht das Geschäft Prozeßpartei, denn dieses hat keine selbständige Existenz, sondern Gläubiger oder Schuldner ist derjenige, welcher zur Zeit der Klageerhebung Inhaber der Firma war. — Im übrigen macht nur ein Wechsel in der Person eine Umgestaltung der Klausel erforderlich. Eine bloße Namensänderung infolge von Verheiratung, Ehescheidung, Adoption oder mit polizeilicher Genehmigung, der Umstand, daß eine Partei die Dispositionsfähigkeit verliert und einen gesetzlichen Vertreter erhält, oder ein Wechsel des im Vollstreckungstitel bezeichneten Vertreters, oder daß eine gesetzliche Vertretung aufhört, ist unerheblich (Falkmann Z.V. S. 155 §. 17 I Abs. 2, 3).

[18]) Zum Beginn der Z.V. gehört ein Anfang der

Ausführung der Vollstreckungshandlung; nicht aber genügen bloß vorbereitende Maßregeln, z. B. die Zustellung des Urteils, Hinterlegung des Geldbetrages zur Sicherheitsleistung, Anzeigen an die Militärbehörde und dergl. Maßregeln, welche dem Beginne der Z.V. vorausgehen müssen (v. Wilm.-Levy C.P.O.). — Der Zeitpunkt des Beginns ist derjenige, in welchem der G.V. zuerst tätig wird, z. B. C.P.O. §§. 808 Abs. 1, 888 Abs. 1, 885 (Struckm.-Koch C.P.O.).

19) Die Zuziehung des Schuldners kann infolge gesetzlicher Vorschriften, aber auch aus rein tatsächlichen Gründen notwendig werden, wenn z. B. die Fortschaffung der gepfändeten Sachen mit erheblichen Schwierigkeiten verbunden ist (v. Wilm.-Levy C.P.O.).

§. 47.

Besondere Voraussetzungen für die Zulässigkeit der Zwangsvollstreckung.

1. Während in der Regel die Voraussetzungen der Zwangsvollstreckung von denjenigen Amtsstellen zu prüfen sind, welchen die Erteilung der vollstreckbaren Ausfertigung oder die Anordnung ihrer Erteilung obliegt, und somit durch die Erteilung der Vollstreckungsklausel das Vorhandensein jener Voraussetzungen dargetan wird,[1]) hat das Gesetz ausnahmsweise in einer Reihe von Fällen dem Gerichtsvollzieher die Verpflichtung auferlegt, solche Voraussetzungen der Zwangsvollstreckung selbstständig festzustellen, vor deren Eintritte zwar die vollstreckbare Ausfertigung erteilt, die Zwangsvollstreckung aber nicht begonnen werden darf. In

diesen Fällen hat der Gerichtsvollzieher über die Zulässigkeit der Zwangsvollstreckung nach Feststellung des Sachverhalts selbständig zu entscheiden.

2. In dem Schuldtitel kann die dem Schuldner obliegende Leistung von dem Eintritt eines Kalendertags abhängig gemacht sein, z. B. der Schuldner ist verurteilt, am 15. Mai 300 Mark zu zahlen. Hier darf der Gerichtsvollzieher mit der Zwangsvollstreckung erst beginnen, wenn der für die Leistung bestimmte Kalendertag abgelaufen ist, in dem vorerwähnten Beispiele würde mithin eine Vollstreckungshandlung frühestens am 16. Mai zulässig sein (C.P.O. §. 751 Abs. 1).[2]) Ebenso muß, wenn dem Schuldner eine Frist zur Leistung im Urteile bestimmt ist, der Ablauf der Frist abgewartet werden (z. B. C.P.O. §. 721).[3])

3. Die Vollstreckbarkeit des Schuldtitels kann von einer durch den Gläubiger zu leistenden Sicherheit abhängig gemacht sein. Hier darf die Zwangsvollstreckung nur beginnen, wenn die Sicherheitsleistung durch eine öffentliche oder öffentlich beglaubigte Urkunde nachgewiesen wird.[4]) Aus der Urkunde muß sich ergeben, daß die in dem Schuldtitel bezeichnete Sicherheit bei dem Amtsgerichte zur vorläufigen Verwahrung angenommen oder bei der ordentlichen Hinterlegungsstelle hinterlegt oder unter Mitwirkung eines Gerichtsvollziehers behufs Beförderung an die Hinterlegungsstelle zur Post gegeben worden ist (C.P.O. §. 751 Abs. 2).[5])

4. Der Gerichtsvollzieher hat zu prüfen, ob die Person, gegen welche er vollstrecken soll, etwa eine dem aktiven Heere oder der aktiven Marine angehörende Person des Soldatenstandes ist.[6]) Müßte die Vollstreckung gegen eine solche Person in einem militärischen Dienstgebäude, in einer Kaserne oder auf einem Kriegsfahrzeuge erfolgen,[7]) so hat sich der Gerichtsvollzieher mit der Vollstreckung nicht zu befassen, sie erfolgt in diesem Falle auf Ersuchen des Vollstreckungsgerichts durch die Militärbehörde (C.P.O. §. 790; vergl. §. 71 der Anw.).

5. Gegen eine dem aktiven Heere oder der aktiven Marine angehörende Militärperson (z. B. gegen einen Unteroffizier oder gegen einen Militärbeamten) darf zwar der Gerichtsvollzieher, sofern der Fall des Abs. 4 nicht vorliegt, zur Zwangsvollstreckung schreiten. Diese darf jedoch erst beginnen, nachdem die vorgesetzte Militärbehörde[8]) von ihrem Bevorstehen Anzeige erhalten hat. Die Anzeige hat der Gerichtsvollzieher selbst zu bewirken, wenn ihm nicht eine Bescheinigung der Militärbehörde über den Eingang der Anzeige des Gläubigers vorgelegt wird (C.P.O. §. 752).

6. Die dem Schuldner obliegende Leistung kann im Schuldtitel von einer Zug um Zug zu bewirkenden Gegenleistung des Gläubigers abhängig gemacht sein, z. B. kann das Urteil dahin lauten, daß der Beklagte schuldig, gegen Übergabe eines näher bezeichneten Pferdes an den Kläger 500 Mark

zu zahlen. Hier wird die vollstreckbare Ausfertigung von dem Gerichtsschreiber ohne Rücksicht auf die Gegenleistung erteilt; der Gerichtsvollzieher darf aber mit der Zwangsvollstreckung erst beginnen, nachdem der Schuldner wegen der ihm gebührenden Gegenleistung befriedigt oder in deren Ansehung in Annahmeverzug gerathen ist (C.P.O. §. 756).

7. In Annahmeverzug kommt der Schuldner hinsichtlich der Gegenleistung dadurch, daß er die ihm gehörig angebotene Gegenleistung nicht annimmt; ein nur wörtliches Angebot genügt, wenn zur Bewirkung der Gegenleistung eine Handlung des Schuldners erforderlich ist, insbesondere wenn er die geschuldete Sache abzuholen hat, ingleichen, wenn er bereits erklärt hat, die Gegenleistung nicht annehmen zu wollen. Dem Angebote der Leistung steht die Aufforderung gleich, die erforderliche Handlung vorzunehmen (B.G.B. §§. 293—296).

8. Wird dem Gerichtsvollzieher der Nachweis, daß der Schuldner wegen der Gegenleistung befriedigt oder in Annahmeverzug versetzt ist, nicht durch Vorlegung öffentlicher oder öffentlich beglaubigter Urkunden, z. B. eines Gerichtsvollzieherprotokolls oder einer notariell beglaubigten Quittung, erbracht, deren Zustellung bereits bewirkt ist oder sogleich erfolgen kann (§. 49 der Anw.), so muß der Gerichtsvollzieher selbst, bevor er mit der Vollstreckung beginnen darf, dem Schuldner die

Gegenleistung in einer den Verzug der Annahme begründenden Weise anbieten. Er müßte also in dem obigen Beispiele das Pferd zu dem Schuldner bringen oder, wenn nach dem Inhalte des Schuldtitels der Schuldner zur Abholung verpflichtet ist, ihn zur Abholung auffordern. Das Angebot und die Erklärungen des Schuldners sind in dem Pfändungsprotokolle oder in einem gesonderten Protokolle zu beurkunden (C.P.O. §§. 756, 762, 763).[9])

9. Hat der Schuldner nur gegen Aushändigung einer Urkunde, z. B. des Wechsels, zu leisten, so muß sich der Gerichtsvollzieher vor dem Beginne der Vollstreckung außer dem Schuldtitel auch diese Urkunde aushändigen lassen.[10])

10. Ist der Schuldtitel auf mehrere Leistungen des Schuldners in der Art gerichtet, daß die eine oder die andere zu bewirken ist (Wahlschuld), so kann der Gläubiger die Zwangsvollstreckung nach seinem Belieben auf die eine oder die andere Leistung richten. Der Schuldner kann sich jedoch, wenn nach dem Schuldtitel das Wahlrecht dem Schuldner zusteht, durch eine der übrigen zur Wahl gestellten Leistungen von seiner Verbindlichkeit befreien, solange nicht der Gläubiger die Leistung, wegen deren er die Zwangsvollstreckung betreibt, ganz oder zum Teil empfangen hat (B.G.B. §. 264 Abs. 1).[11])

---

[1]) Vgl. §. 46 d. Anw. und Anm. dazu.

[2]) Die Vorschrift der Nr. 2 entspricht dem §. 751 Abs. 1 C.P.O. — Bei ihrer Nichtbeachtung wird die Z.V. nicht bloß anfechtbar, sondern sie ist völlig wirkungslos, da vor Ablauf des Kalendertages ein sofort vollstreckbarer Schuldtitel noch gar nicht vorhanden ist, es also an einer wesentlichen Voraussetzung der Z.V. fehlt. Die Klausel dagegen kann schon vor Eintritt des Kalendertages erteilt werden. Daß der Tag nach der Zahl benannt ist, welche er im Monat nach dem Kalender führt, ist nicht erforderlich, vielmehr genügt seine Feststellbarkeit nach dem Kalender, z. B. eine Woche nach Pfingsten (Falkmann Z.V. S. 159 zu III a. Schl., S. 127 Note 37 zu §. 18.) — Der §. 751 Abs. 1 C.P.O. ist hauptsächlich für Urteile auf periodische Leistungen (Alimente u. s. w.), sowie die sog. Kündigungsklage von Bedeutung.

[3]) Vgl. C.P.O. §. 721 Abs. 1. Im übrigen ergeben die §§. 257—259 das., inwieweit wegen künftiger Leistungen eine Verurteilung des Schuldners erfolgen kann.

[4]) Ist ein nur gegen Sicherheitsleistung für vorläufig vollstreckbar erklärtes Urteil rechtskräftig geworden, ehe es zur Z.V. kommt, dann ist die Bestellung der Sicherheit nicht mehr erforderlich.

[5]) Wegen Zustellung der Urkunde über Hinterlegung der Sicherheit vgl. §. 49 Nr. 3 d. Anw.

[6]) Vgl. die Anlagen zum Militärstrafges.Buch v. 20./6. 72, R.G.Bl. S. 204; die Vfg. d. 29./6. 80, R.G.Bl. S. 169, sowie §. 38 A und B des Reichsmilitärges. v 2./5. 74, R.G.Bl. S. 55, 56.

[7]) Unter „militärischen Dienstgebäuden" sind solche Gebäude oder auch Teile von Gebäuden zu verstehen, welche militärischen Zwecken dienen, mögen sie Eigentum der Militärbehörde sein oder nicht. Kriegsfahrzeuge sind nicht bloß die eigentlichen Schiffe, sondern auch andere Fahrzeuge der Kriegsmarine.

[8]) Was unter „Militärbehörde" zu verstehen ist, dürfte im allgemeinen bekannt sein; im übrigen vgl. hierzu

v. Wilm.-Levy C.P.O. Anm. 4 zu §. 699 (jetzt 790) und die Allg. J.M.Vfg. v. 8./7. 80, J.M.Bl. S. 156.

9) [Zu Nr. 6, 7, 8.] Vgl. Falkmann (Z.V. S. 125): Erfolgt die Z.V. durch den **Gerichtsvollzieher**, so muß entweder dieser vor der Z.V. dem Schuldner die Gegenleistung anbieten und wenn nunmehr der Schuldner nicht seinerseits leistet, so kommt er in Annahmeverzug (§. 298 B.G.B.), und die Z.V. kann ohne weiteres erfolgen. Bezüglich der Beurkundung des Vorganges ist nach §§. 762, 763 C.P.O. zu verfahren. Oder der Gläubiger muß dem G.V. nachweisen, und zwar durch eine öffentliche oder öffentlich beglaubigte Urkunde, von der eine Abschrift vorher oder gleichzeitig zuzustellen ist, daß der Schuldner entweder befriedigt oder in Annahmeverzug ist. (S. auch amtl. Begründg. zu C.P.O. §. 756 bei Struckm.-Koch C.P.O. Anm. 1 daselbst.)

10) Die Z.V. darf nur ausgeführt werden, wenn gleichzeitig der Wechsel vorgelegt wird, weil nach Art. 89 W.O. der Wechselschuldner nur gegen Aushändigung des quittierten Wechsels Zahlung zu leisten verpflichtet ist (R.G. 18./12. 93, Zschr. f. V.R. 1894 S. 54).

11) Nr. 10 entspricht dem Wortlaute des §. 264 Abs. 1 B.G.B.

Ist der Schuldner verurteilt, an den Gläubiger gewisse Gegenstände in natura herauszugeben oder den angegebenen Wert dafür bar zu zahlen, drückt das Urteil also nicht aus, daß dem Gläubiger die Wahl zustehe oder daß in erster Reihe das Eine und in zweiter Reihe das andere zu leisten sei, so muß der G.V. von der ihm aufgetragenen Z.V. auf das eine abstehen, wenn der Schuldner das andere offeriert (v. Wilm.-Levy C.P.O.).

§. 48.

Vermögen des Schuldners. Sondervermögensmassen.

1. In den §§. 735 bis 749 der Civilprozeßordnung und in den §§. 124, 129 des Handelsgesetzbuchs werden die Voraussetzungen näher geregelt, unter denen eine Vollstreckung in gewisse Vermögensmassen, wie Vereins- und Gesellschaftsvermögen, Vermögen, das einem Nießbrauch unterliegt, Vermögen der Ehegatten und der Teilnehmer an einer fortgesetzten Gütergemeinschaft, Vermögen der unter elterlicher Gewalt stehenden Kinder, Nachlaßvermögen bei dem Vorhandensein mehrerer Miterben oder eines Testamentsvollstreckers, statthaft ist.[1])

2. In diesen Vorschriften, die der Gerichtsvollzieher genau zu beachten hat, ist bestimmt:

a) welche Schuldtitel zur Vollstreckung in gewisse Vermögensmassen der bezeichneten Art erforderlich sind, z. B. zur Vollstreckung in das Vermögen einer offenen Handelsgesellschaft (H.G.B. §. 124 Abs. 2) oder einer Gesellschaft des bürgerlichen Rechts (C.P.O. §. 736) sowie zur Vollstreckung in einen ungeteilten Nachlaß beim Vorhandensein mehrerer Miterben (C.P.O. §. 747) oder zur Vollstreckung eines Pflichtteilsanspruchs beim Vorhandensein eines Testamentsvollstreckers (C.P.O. §. 748 Abs. 3);

b) in welchen Fällen zur Vollstreckung in gewisse Vermögensstücke des zu der Leistung verurteilten Schuldners außerdem noch ein vollstreckbarer Titel gegen eine andere Person erforderlich ist, in welchem die Verpflichtung dieser anderen Person zur Duldung der Zwangsvollstreckung in jene Vermögensstücke des eigentlichen Schuldners ausgesprochen wird, z. B. zur Vollstreckung in das eingebrachte Gut einer Ehefrau, wenn der Güterstand der Verwaltung und Nutznießung, der Errungenschaftsgemeinschaft oder der Fahrnißgemeinschaft unter den Eheleuten besteht und der Ausnahmefall des §. 741 der Civilprozeßordnung nicht vorliegt (C.P.O. §. 739, §. 742 Abs. 1), zur Vollstreckung in ein Vermögen, das dem Nießbrauch eines Anderen unterliegt (C.P.O. §§. 737, 738) sowie im Falle des §. 748 Abs. 2 der Civilprozeßordnung zur Vollstreckung in einzelne Nachlaßgegenstände, welche der Verwaltung eines Testamentsvollstreckers unterliegen;

c) in welchen Fällen die Vollstreckung in eine gewisse Vermögensmasse auch bei einer Person zulässig ist, welche weder in dem Schuldtitel noch in der Vollstreckungsklausel genannt ist, z. B. die Vollstreckung in das Vermögen eines nicht rechtsfähigen Vereins bei den Mitgliedern des Vereins (C.P.O. §. 735), die Vollstreckung in das eheliche Gesammtgut, wenn unter den

Eheleuten der Güterstand der allgemeinen Gütergemeinschaft, der Errungenschaftsgemeinschaft oder der Fahrnißgemeinschaft besteht, bei der Ehefrau (C.P.O. §. 740) oder im Falle des §. 741 der Civilprozeßordnung bei dem Ehemanne, die Vollstreckung in das Gesammtgut einer fortgesetzten Gütergemeinschaft bei den anteilsberechtigten Abkömmlingen (C.P.O. §. 745 Abs. 1), die Vollstreckung in das der elterlichen Nutznießung unterliegende Kindesvermögen, bei dem nutzungsberechtigten Elternteile (C.P.O. §. 746) sowie die Vollstreckung in einen Nachlaß, der im Ganzen der Verwaltung eines Testamentsvollstreckers unterliegt, bei dem Erben (C.P.O. §. 748 Abs. 1).[2])

3. In den Fällen des Abs. 2b ist die Vollstreckung in solche Sachen, welche zu dem Vermögen des zur Leistung verurteilten Schuldners gehören, auch dann zulässig, wenn sich diese Sachen in dem Gewahrsame des Anderen, z. B. des Ehemanns oder des Nießbrauchers, befinden, welcher zur Duldung der Zwangsvollstreckung verurteilt ist. In den Fällen des Abs. 2b, c findet §. 63 der Anw. keine Anwendung.[3])

4. Die erforderliche Verurteilung eines Mitbeteiligten zur Duldung der Zwangsvollstreckung kann dadurch ersetzt werden, daß dieser in einer gerichtlichen oder notariellen Urkunde die Zwangsvollstreckung in das seiner Verwaltung oder Nutzung

unterworfene Vermögen bewilligt (C.P.O. §. 794 Abs. 2) oder in den Fällen, wo ein vor dem Eintritte seiner Verwaltung oder Nutzung ergangenes Urteil gegen ihn mit wirksam ist, dadurch, daß die Vollstreckungsklausel aus dem gegen den anderen Beteiligten ergangenen Urteil zugleich gegen ihn erteilt wird (C.P.O. §§. 738, 742, 744, 749).

5. Während der Dauer eines Konkursverfahrens finden Arreste und Zwangsvollstreckungen zu Gunsten einzelner Konkursgläubiger weder in das zur Konkursmasse gehörige, noch in das sonstige Vermögen des Gemeinschuldners statt (Konk.O. §. 14).

---

[1]) §. 785 C.P.O. handelt von der Z.V. in das Vermögen eines nicht rechtsfähigen Vereins, §. 786 von der Z.V. in das Gesellschaftsvermögen einer nach §. 705 B.G.B. eingegangenen Gesellschaft, §§. 787, 788 regeln die Z.V. in die einem Nießbrauch unterliegenden Gegenstände, §§. 789 bis 745 behandeln die durch das eheliche Güterrecht begründeten Rechtsverhältnisse, §. 746 bezieht sich auf das der elterlichen Nutznießung unterliegende Kindesvermögen, §§. 747 bis 749 betreffen erbrechtliche Verhältnisse.

[2]) Spezielle Erläuterungen zu den hier in Betracht kommenden Bestimmungen sind enthalten in dem nichtamtlichen Teile der Nr. 8 d. Pr.Just.Min.Bl. für 1900, S. 22 ff. (abgedruckt auch in der D.G.B.Ztg. 1900 S. 67 ff.).

[3]) In den Fällen des Abs. 2 b, c des §. 48 vorst. findet §. 63 d. Anw. um deswillen keine Anwendung, weil in diesen Fällen der Dritte infolge gesetzlicher Vorschriften oder seiner Verurteilung zur Duldung der Z.V.

verpflichtet ist. Deshalb hängt nicht, wie sonst in den Fällen des §. 63 die Pfändung von dem Einverständnis des Dritten ab, kann vielmehr auch ohne dieses erfolgen.

§. 49.

Vor Beginn der Zwangsvollstreckung zuzustellende Urkunden.

1. Vor dem Beginn einer jeden Zwangsvollstreckung hat der Gerichtsvollzieher zu prüfen, ob dem Schuldner die sämmtlichen Urkunden zugestellt sind, welche die rechtliche Grundlage für die Zwangsvollstreckung bilden, er hat nöthigenfalls deren Zustellung selbst zu bewirken.[1]) Die Zustellung auf Betreiben des Gläubigers ist entbehrlich, wenn die bezeichneten Urkunden, z. B. eine nicht verkündete vollstreckbare Entscheidung des Gerichts (C.P.O. §§. 329, 794 Nr. 3), bereits von Amtswegen zugestellt sind.[2])

2. In jedem Falle muß das Urteil oder der sonstige Schuldtitel dem Schuldner und den zur Duldung der Zwangsvollstreckung verurteilten Personen vor dem Beginne der Zwangsvollstreckung zugestellt worden sein.[3]) Einer Zustellung auch der Vollstreckungsklausel bedarf es nur in denjenigen Fällen, in welchen die Vollstreckungsklausel für oder gegen einen Rechtsnachfolger oder für oder gegen eine von den ursprünglichen Parteien verschiedene Person (Nacherben, Testamentsvollstrecker, Uebernehmer eines Vermögens oder eines Handels-

geschäfts, Nießbraucher, Ehegatten) erteilt worden ist, und ferner bei Urteilen, deren Vollstreckung von dem durch den Gläubiger zu beweisenden Eintritt einer Tatsache abhängt, so daß die Vollstreckungsklausel erst nach der Führung dieses Nachweises erteilt werden konnte.[4])

3. Außer dem Schuldtitel und der Vollstreckungsklausel sind dem Schuldner ferner die in der Vollstreckungsklausel erwähnten öffentlichen oder öffentlich beglaubigten Urkunden, auf Grund deren die Vollstreckungsklausel erteilt oder umgeschrieben worden ist, in Abschrift zuzustellen.[5]) Hängt die Vollstreckung von einer Sicherheitsleistung des Gläubigers ab, so muß die öffentliche oder öffentlich beglaubigte Urkunde, aus der sich die Sicherheitsleistung ergiebt (z. B. die Hinterlegungsquittung), ebenfalls zugestellt werden.[6])

4. Hat der Schuldner Zug um Zug gegen eine von dem Gläubiger zu bewirkende Gegenleistung zu erfüllen, so müssen, wenn der Gerichtsvollzieher nicht selbst das Angebot der Gegenleistung bewirkt, die öffentlichen oder öffentlich beglaubigten Urkunden gleichfalls zugestellt werden, aus denen sich die Befriedigung des Schuldners wegen der Gegenleistung oder sein Annahmeverzug ergiebt (§. 47 Abs. 6 ff. der Anw.).

5. Diese Zustellungen müssen, wenn der Schuldner einen Prozeßbevollmächtigten bestellt hat, an den Prozeßbevollmächtigten, nicht an den Schuldner

6. Regelmäßig genügt es, wenn der Schuldtitel und die vorbezeichneten Urkunden spätestens bis zu dem Beginne der Zwangsvollstreckung zugestellt werden.[8]) Die Zwangsvollstreckung aus Kostenfestsetzungsbeschlüssen und aus den im §. 794 Nr. 5 der Civilprozeßordnung bezeichneten vollstreckbaren Urkunden darf jedoch nur dann beginnen, wenn der Schuldtitel dem Schuldner mindestens einen Tag vorher zugestellt worden ist (C.P.O. §. 798).[9])

7. Einer Zustellung der das Rechtsnachfolgeverhältniß beweisenden Urkunden bedarf es ausnahmsweise nicht, wenn der Eigenthümer eines Grundstücks sich wegen einer auf diesem lastenden Hypothek, Grundschuld oder Rentenschuld der sofortigen Zwangsvollstreckung unterworfen hat und der Rechtsnachfolger des Gläubigers, dem eine vollstreckbare Ausfertigung der Urkunde auf Grund der Rechtsnachfolge erteilt ist, im Grundbuch als Gläubiger eingetragen steht. Das Gleiche gilt, wenn der Eigenthümer sich in Ansehung der Hypothek, Grundschuld oder Rentenschuld der sofortigen Zwangsvollstreckung in der Weise unterworfen hat, daß die Zwangsvollstreckung gegen den jeweiligen Eigentümer des Grundstücks zulässig sein soll, sofern die Unterwerfung im Grundbuche vermerkt ist und der Rechtsnachfolger, gegen den die Vollstreckungsklausel erteilt ist, im Grundbuch als Eigentümer eingetragen steht (C.P.O. §§. 799, 800).

8. Bei Urteilen eines Gewerbegerichts werden

die für den Beginn der Zwangsvollstreckung erforderlichen Zustellungen nicht durch den Gerichtsvollzieher, sondern durch das Gewerbegericht bewirkt (§. 57 des Gewerbegerichtsgesetzes R.G.Bl. 1901 S. 353).[10])

Vgl. C.P.O. §§. 750, 751, 795, 799, 800.

[1]) Der G.V. hat „zu prüfen", d. h. selbständig zu beurteilen, ob die Zustellung des Schuldtitels und der sonstigen Urkunden richtig und zwar an den richtigen Gegner oder Vertreter erfolgt ist. Eventl. hat er selbst die Zustellung in gehöriger Weise zu bewirken; der Auftrag zur Z.V. schließt den zur Zustellung des Schuldtitels in sich.

[2]) Dahin gehören auch die Kostenfestsetzungsbeschlüsse. — Im übrigen kann rechtswirksam eine Zustellung nur durch eine der Parteien, nicht durch eine dritte unbeteiligte Person erfolgen. Doch ist es rechtlich unerheblich, ob der Gläubiger dem Schuldner oder dieser jenem zugestellt hat (Falkmann Z.V. S. 151, v. Wilm.=Levy C.P.O.). — Ist die Zustellung eine öffentliche gewesen, so ist sie nur dann rechtswirksam, wenn sie vom Prozeßgericht bewilligt ist. Auch die Zustellung durch einen von mehreren pro rata beteiligten Gläubiger wird für die Vollstreckung der Anteile der übrigen Gläubiger ausreichend sein (Falkmann a. a. O.).

[3]) Die Zustellung des Schuldtitels muß nicht notwendig der Z.V. vorhergehen; es ist vielmehr hinreichend, wenn sie gleichzeitig erfolgt. (Vgl. aber wegen der Kostenfestsetzungsbeschlüsse 2c. unten Anm. 9.) — Im allgemeinen genügt die Zustellung einer beglaubigten Abschrift des Schuldtitels, ohne die Klausel (vgl. Anm. 4 nachst.). — Bei wiederholten Vollstreckungshandlungen braucht die Zustellung des Schuldtitels nicht wiederholt werden, einmalige Zustellung reicht aus. — Eine Zu-

stellung genügt, wenn einer von mehreren Schuldnern die anderen vertritt (Falkmann Z.V. S. 151). — In den Fällen, in welchen an gesetzliche oder bestellte Vertreter einer Partei für diese überhaupt rechtswirksam zugestellt werden kann (wie an Vormünder, Generalbevollmächtigte, Prokuristen u. dgl.), ist auch die Zustellung des Schuldtitels an diese zulässig. — Wegen Zustellung der Arrestbefehle und einstweiligen Verfügungen als Schuldtitel vgl. §. 86 Nr. 8 d. Anw. u. Anm. dazu.

[4]) Von der Regel, daß der Schuldtitel ohne die Klausel zuzustellen ist, tritt eine Ausnahme in denjenigen Fällen ein, wo die Klausel auf Anordnung des Vorsitzenden erteilt ist, C.P.O. §. 750 Abs. 2. In diesen Fällen muß auch die Klausel zugestellt werden. War das Urteil schon vorher zugestellt, so genügt nachträgliche Zustellung der Klausel allein. Die Unterlassung der Zustellung der Klausel in den Fällen, in den sie notwendig ist, macht die Z.V. ebenso nichtig, wie die unterlassene Zustellung des Schuldtitels (vgl. Falkmann Z.V. S. 157).

[5]) Eine Z.V., bei der diese Vorschrift nicht befolgt ist, ist gesetzlich unzulässig und rechtsunwirksam (Beschl. d. A.G. 1 Berlin v. 20./2. 97 i. d. D.G.V.Ztg. 1897 S. 44).

[6]) Vgl. §. 47 Nr. 8 d. Anw. — Auch hier hat die Z.V. ohne Zustellung der Urkunde keine rechtliche Wirkung. Indessen macht der Umstand, daß die Urkunde über Zustellung der Hinterlegungsquittung 2c. zur Zeit der Pfändung sich noch nicht in den Händen des G.V. befand, die Pfändung noch nicht ungültig (Beschl. d. L.G. Halle v. 19./8. 96 i. d. Zschr. f. V.R. 2c. 1896 S. 182).

[7]) Wo beide Parteien durch Anwälte vertreten sind, kann auch die Zustellung des Schuldtitels von Anwalt zu Anwalt (s. §. 87 d. Anw.) erfolgen. — Eine entgegen der Vorschrift in §. 49 Nr. 5 d. Anw. an den Schuldner direkt statt an den Prozeßbevollmächtigten bewirkte Zustellung macht die daraufhin vollzogene Pfändung

ungültig (Beschlüsse d. L.G. Halle v. 29./4. 96 u. d. O.L.G. Naumburg v. 5./6. 96 i. d. D.G.B.Ztg. 1897 S. 58 (vgl. Falkmann Z.V. S. 150, Struckm.-Koch C.P.O. Anm. 8 zu §. 750).

8) Der Zeitpunkt des Beginns ist derjenige, in welchem der G.V. zuerst tätig wird, z. B. 808 Abs. 1, 883 Abs. 1, 885 C.P.O. (Struckm.-Koch C.P.O. Anm. 1 Abs. 3 zu §. 750; vgl. Anm. 18 zu §. 46 d. Anw.).

9) Wird der Beschluß z. B. am 25. Januar zugestellt, so muß der 26. Januar freibleiben und erst am 27. darf die Z.V. beginnen (Beschl. d. A.G. Königsberg N.-M. v. 8./2. 1900 i. d. D.G.B.Ztg. 1900 S. 86, vgl. Falkmann Z.V. S. 150 Note 2). Die Verletzung des §. 798 macht die Z.V. ungültig. Erfolgt die Zustellung durch die Post, so ist es zweckmäßig, die Rückkehr der Zustellungsurkunde abzuwarten (Struckm.-Koch C.P.O. Anm. 2 zu §. 798).

10) Alle Zustellungen im Verfahren vor den Gewerbegerichten erfolgen „von Amtswegen“ (vgl. Anm. 8 v. Schl. zu §. 41 d. Anw.).

§. 50.

Verhalten bei der Zwangsvollstreckung.

1. Der Gerichtsvollzieher hat die Zwangsvollstreckung ohne Verzug zu beginnen und durchzuführen. Er hat neben dem Interesse des Gläubigers auch das des Schuldners insoweit zu wahren, als es ohne Gefährdung des Erfolgs der Zwangsvollstreckung geschehen kann. Jede unnötige Schädigung oder Ehrenkränkung des Schuldners sowie die Erregung überflüssigen Aufsehens sind zu vermeiden,[1]) insbesondere sind ihm alle nicht unbedingt gebotenen Kosten und Aufwendungen zu ersparen.[2])

2. Vor dem Beginne der Vollstreckung hat der Gerichtsvollzieher den Schuldner, sofern er ihn antrifft, zur Leistung aufzufordern. Wird nicht der Schuldner, wohl aber ein Angehöriger des Schuldners angetroffen, so ist die Aufforderung an diesen zu richten.[3])

3. Der Gerichtsvollzieher ist verpflichtet, die ihm angebotene Leistung oder Teilleistung anzunehmen und eine Quittung über den Empfang zu erteilen. Leistungen, die unter einer Bedingung oder unter einem Vorbehalt angeboten werden, sind zurückzuweisen.[4]) Wird der Anspruch aus dem Schuldtitel einschließlich aller Nebenforderungen und Kosten durch die Leistung vollständig gedeckt, so ist gegen den Empfang der Leistung der Schuldtitel auszuhändigen. Eine nur teilweise Leistung ist auf dem Schuldtitel zu vermerken; dieser verbleibt in der Hand des Gerichtsvollziehers und behält in Höhe des Ueberrestes seine Wirksamkeit.

4. Der Gerichtsvollzieher hat die empfangene Leistung unverzüglich an den Gläubiger abzuliefern, sofern nicht der Gläubiger ausdrücklich ein Anderes bestimmt.[5])

5. Insoweit die Leistung nicht bewirkt wird, hat der Gerichtsvollzieher zur Zwangsvollstreckung zu schreiten. Er ist befugt, die Wohnung und die Behältnisse des Schuldners zu durchsuchen.[6]) Zur Ueberwindung eines Widerstandes kann Gewalt gegen Personen oder Sachen angewendet werden.

Das dabei zu beobachtende Verfahren ist in den §§. 758, 759 der Civilprozeßordnung genauer bestimmt. Als Zeugen sollen im Falle des §. 759 der Civilprozeßordnung tunlichst nur solche einwandfreie und unbeteiligte Personen zugezogen werden, die am Orte der Vollstreckung oder in dessen Nähe wohnen.[7])

6. Glaubt der Gerichtsvollzieher zur Überwindung des Widerstandes die Unterstützung der polizeilichen Vollzugsorgane nachsuchen zu sollen, so hat er sich in der Regel an die Ortspolizeiorgane zu wenden, die Unterstützung des Gendarmen aber nur dann nachzusuchen, wenn die Zuziehung der Ortspolizeiorgane einen ausreichenden Erfolg bei Beseitigung des Widerstandes verspricht. Die Unterstützung des Gendarmen ist in der Regel bei der vorgesetzten Civilbehörde des Gendarmen, bei diesem selbst aber nur dann nachzusuchen, wenn Gefahr im Verzuge ist, insbesondere, wenn bei einer bereits begonnenen Zwangsvollstreckung tatsächlicher Widerstand geleistet wird oder geleistet worden ist.

7. Bei der gewaltsamen Oeffnung der verschlossenen Haustüren, Zimmertüren und Behältnisse des Schuldners hat der Gerichtsvollzieher, wenn es notwendig oder zweckmäßig erscheint, einen geeigneten Handwerker zuzuziehen.[8]) Ingleichen soll der Gerichtsvollzieher eine zuverlässige weibliche Hülfsperson zuziehen, wenn die körperliche Durchsuchung einer Frau notwendig wird.

Vgl. C.P.O. §§. 757—759.

[1]) Im Interesse des Gläubigers soll der G.V. die Z.V. „ohne Verzug beginnen und durchführen“. Er darf sich also nicht auf Ansuchen des Schuldners oder weil er Widerstand findet, unverrichteter Sache wieder entfernen, um die Z.V. ein anderes Mal vorzunehmen.

[2]) Ein unnötiger Nachteil für den Schuldner kann auch in einer unnötigen Häufung von Reisekosten — bei an verschiedenen Tagen fortgesetzten Pfändungen — gefunden werden.

[3]) Diese Aufforderungen (zur Zahlungsleistung) sind „anerkanntermaßen“ wahre Bestandteile der Vollstreckungstätigkeit, so daß schon mit ihnen der G.V. zur Z.V. schreitet, welche demnächst durch den Übergang zur Aufsuchung der Fahrnisse und im weiteren Verlaufe durch die Besitzergreifung der letzteren fortgesetzt wird (Erk. d. **R.G.** v. 30./4. 91, Entsch. in Straff. Bd. 22 S. 227).

[4]) Zahlungsangebote, die von dritten Personen, welche auf die Pfandobjekte Ansprüche erheben, unter Vorbehalt der Rückforderung gemacht werden, sind unberücksichtigt zu lassen.

[5]) Vgl. §. 61 Nr. 8, §. 62 Nr. 1 d. Anw.

[6]) Vgl. §. 57 d. Anw. und Anm. dazu.

[7]) Vgl. C.P.O. §§. 758 Abs. 2, 759. — Es ist nicht nötig, daß der Widerstand ein tätlicher und daß er bereits eingetreten ist, bevor der G.V. zur Anwendung von Gewalt schreiten kann. Der Widerstand kann vielmehr nicht bloß durch Anwendung körperlicher Kraft, sondern auch durch mündliche Äußerungen, Drohungen geleistet werden (**R.G.**, Str.S. 2./1. 83, Bd. 7 S. 370). Die Nichtbeobachtung der Vorschrift in §. 759 C.P.O. entzieht der Amtshandlung den Charakter der Rechtmäßigkeit im Sinne des §. 113 R.Str.G.B., was die Straflosigkeit des Widerstandes zur Folge hat (**R.G.**, Str.S. vom 9./5. 84 Bd. 6 S. 359). Erfolgt jedoch der Widerstand während der ohne einen solchen begonnenen Z.V. in nicht

vorhergesehener Weise so plötzlich, daß eine Zuziehung von Zeugen nicht möglich war, so liegt ein Verstoß gegen §. 759 nicht vor (**R.G.**, Str.S., 24./5. 87 i. d. Zschr. f. B.R. 1887 S. 15). Der G.V. kann die Unterstützung polizeilicher Vollzugsorgane nachsuchen, er kann aber auch selbst versuchen, den Widerstand durch Anwendung von Gewalt zu beseitigen (**R.G.** IV. Civ.Sen. v. 28./3. 96 i. d. D.G.V.Ztg. 1896 S. 180). Zu empfehlen ist letzteres Verfahren aber nicht. — Auf alle übrigen außerhalb des Rahmens der Z.V. liegenden Amtshandlungen des G.V. findet die Vorschrift des §. 758 Abs. 3 C.P.O. keine Anwendung. — Behufs Herbeiziehung polizeilicher Vollzugsorgane hat sich der G.V. an deren dienstliche Vorgesetzte (betr. der Gendarmen an den Landrat) zu wenden. Im Notfalle und wenn sie zur Hilfeleistung bereit sind, kann er sie auch direkt requirieren.

Die Zuziehung von Zeugen kann schon dann erfolgen, wenn Widerstandsleistung in Aussicht steht, d. h. eine begründete Gefahr zu einer solchen vorhanden ist (Erk. d. O.L.G., Str.Sen., Cöln v. 8./3. 93 i. d. D.G.V.Ztg. 1897 S. 86).

[8]) Die Zuziehung geeigneter Handwerker empfiehlt sich schon aus dem Grunde, um unnötige Beschädigungen der Räume und Behältnisse zu vermeiden. Zur körperlichen Durchsuchung einer Frau soll der G.V. eine weibliche Hilfsperson zuziehen. Wegen Vergütung dieser Hilfsleistungen vgl. Geb.O. §. 13 Nr. 5.

§. 51.

Kosten der Zwangsvollstreckung.

1. **Der Gerichtsvollzieher hat die Kosten der Zwangsvollstreckung gleichzeitig mit dem zur Vollstreckung stehenden Anspruch einzuziehen oder durch Pfändung beweglicher Sachen des Schuldners bei-**

zutreiben, ohne daß es eines besonderen Schuldtitels über diese Kosten bedarf. Zu den Kosten der Zwangsvollstreckung gehören insbesondere die Gebühren und die baaren Auslagen des Gerichtsvollziehers, die Kosten der vollstreckbaren Ausfertigung und die sonstigen notwendigen Kosten, die dem Gläubiger durch den Betrieb der Zwangsvollstreckung erwachsen, einschließlich der Anwaltsgebühren. Der Gerichtsvollzieher hat sich von der Angemessenheit des Ansatzes der außergerichtlichen Kosten zu überzeugen.[1])

2. Für die Anwendung des Abs. 1 macht es keinen Unterschied, ob es sich um die Zwangsvollstreckung wegen einer Geldforderung oder um eine andere Zwangsvollstreckung handelt.[2])

---

[1]) Vgl. C.P.O. §. 788. — Die vor Erteilung der Vollstreckungsklausel entstandenen, von dem Schuldner zu erstattenden Kosten können nur auf Grund der vollstreckbaren Ausfertigung des Festsetzungsbeschlusses beigetrieben werden. Nur die Kosten für den Vollstreckungsbefehl (im Mahnverfahren) sind ohne Festsetzung mit beizutreiben. Für die aus Anlaß der Z.V. entstehenden Kosten bedarf es keines besonderen Schuldtitels, insbesondere keiner Festsetzung durch das Gericht. — Zu den Kosten der Z.V. gehören auch die Gebühren der Rechtsanwälte für den Betrieb des Vollstreckungsverfahrens, welche sie nebst Schreibgebühren und baren Auslagen auch in eigenen Angelegenheiten nach §. 23 Geb.O. für R.A. zu liquidieren befugt sind, die sogen. Inkassogebühr (§. 87 das.) dagegen nicht. — Für wiederholte Anträge des Anwalts in demselben Vollstreckungsverfahren passiert nur die einmalige Gebühr. — Sind mehrere Solidar-

Gläubiger oder Schuldner vorhanden, so besteht nur eine einzige Schuld. Wird vom Anwalt wegen dieser einen Schuld ein Auftrag zur Mobiliar-Z.V. erteilt, so liegt nur ein Auftrag vor, für welchen dem R.A. nur die einmalige Gebühr zusteht (Fallmann i. d. Zschr. f. V.R. 1896 S. 1 ff.). — Zu den ohne weiteres mit beizutreibenden Kosten der Z.V. gehören auch die für frühere fruchtlose Vollstreckungshandlungen, sowie die G.V.-Gebühren für Zustellung des Schuldtitels.

[2]) Die Kosten der Z.V. sind auch beizutreiben, wenn es sich um die Erwirkung der Herausgabe von beweglichen oder um die Räumung unbeweglicher Sachen, um die Duldung von Handlungen, die Verhaftung eines Schuldners 2c., die sogen. Realexekution, handelt.

§. 52.

Protokoll.

1. Der Gerichtsvollzieher hat über jede Vollstreckungshandlung[1]) ein den Vorschriften der §§. 762, 763 der Civilprozeßordnung entsprechendes Protokoll[2]) aufzunehmen. Das Protokoll soll den Gang der Vollstreckungshandlung unter Hervorhebung aller wesentlichen Vorgänge angeben. Die Aufforderungen und Mitteilungen des Gerichtsvollziehers und die Erklärungen des Schuldners oder eines anderen Beteiligten sind ihrem wesentlichen Inhalte nach in das Protokoll aufzunehmen.[3]) Der Schuldtitel, auf Grund dessen die Vollstreckung erfolgt, ist genau zu bezeichnen.

2. Bleibt die Vollstreckung ganz oder teilweise ohne Erfolg, so soll das Protokoll erkennen lassen,

daß alle zulässigen Mittel versucht worden sind, ein anderes Ergebniß aber nicht zu erreichen war. Die Zeitdauer des Vollstreckungsgeschäfts muß aus dem Protokolle hervorgehen, sofern die Vergütung nach der verwendeten Zeit berechnet wird.[4]) Auf das Protokoll und dessen Abschriften ist eine Berechnung der Gebühren und Auslagen des Gerichtsvollziehers zu setzen (§. 12 Abs. 1 zu d und f der Anw.).

3. Das Protokoll soll im unmittelbaren Anschluß an die Vollstreckungshandlung und, soweit dies irgend ausführbar ist, an Ort und Stelle aufgenommen werden.[5])

4. Zu beachten ist, daß es bei der Übersendung einer Abschrift des Pfändungsprotokolls durch die Post in dem Falle des §. 763 Abs. 2 der Civilprozeßordnung einer weiteren Beurkundung als der dort angeordneten Bemerkung zum Protokolle nicht bedarf.[6])

Vgl. C.P.O. §§. 762, 763.

---

[1]) Ein Protokoll ist aufzunehmen nicht bloß bei erfolgreichen, sondern auch bei fruchtlosen Pfändungen, freiwilligen Leistungen, Verhaftungen ꝛc. — Vgl. auch §. 58 Nr. 2 d. Anw.

[2]) Das diesen Vorschriften entsprechende Protokoll hat die Eigenschaft einer öffentlichen Urkunde im Sinne des §. 348 R.Str.G.B., und zwar auch dann, wenn der Beamte sich nicht in rechtmäßiger Ausübung seines Amtes befunden hat (**R.G.**, Str.S., 18./12. 89, Bd. 20 S. 119).

3) Wegen der „wesentlichen Vorgänge“ vgl. C.P.O. §§. 758 Abs. 2, 3, §. 759, auch §. 58 d. Anw.

4) Vgl. Geb.O. §. 23.

5) Nur so lassen sich Irrtümer und Ungenauigkeiten vermeiden, die für den G.V. sehr verhängnisvolle Folgen haben können.

6) Die im §. 763 Abs. 2 C.P.O. vorgeschriebene Zustellung an den Schuldner ist zur Herbeiführung der strafrechtlichen Verantwortlichkeit desselben aus §. 137 R.Str.G.B. von Wichtigkeit. Die Übersendung durch die Post ist eine formlose Benachrichtigung unter Benutzung der Post, keine Zustellung „durch die Post“ oder „durch Aufgabe zur Post“. Eine Zustellungsurkunde ist darüber nicht aufzunehmen (v. Wilm.-Levy C.P.O.). — Auch bei fruchtloser Pfändung ist dem Schuldner Protokollsabschrift zu übersenden.

§. 53.

Einstellung oder Beschränkung der Vollstreckung.

a) Auf Verlangen des Schuldners.

1. Der Gerichtsvollzieher darf sich von der Durchführung der Vollstreckung durch den Widerspruch des Schuldners oder dritter Personen nicht abhalten lassen.[1]) In welchen Fällen die Vollstreckung ausnahmsweise ohne Anweisung des Gläubigers einzustellen oder zu beschränken ist und inwieweit dabei die bereits getroffenen Vollstreckungsmaßregeln aufzuheben oder einstweilen aufrecht zu erhalten sind, wird durch die §§. 775, 776 der Civilprozeßordnung näher geregelt.

2. Über den Vorgang ist, auch wenn es nicht zu einer Vollstreckung kommt, ein Protokoll aufzunehmen. Das Protokoll soll eine Darstellung des Herganges unter Hervorhebung aller wesentlichen Umstände und der von dem Gerichtsvollzieher getroffenen Maßnahmen sowie eine genaue Bezeichnung der Urkunden enthalten, auf Grund deren die Vollstreckung eingestellt oder beschränkt worden ist. Eine Abschrift des Protokolls ist ohne Verzug dem Gläubiger, im Falle des §. 763 Abs. 2 der Civilprozeßordnung auch dem Schuldner, zu übersenden.[2])

3. Bei der Prüfung der Urkunden, auf Grund deren die Zwangsvollstreckung eingestellt oder beschränkt werden soll, hat der Gerichtsvollzieher Folgendes zu beachten:

a) Verlangt der Schuldner oder ein Anderer für ihn die Einstellung oder die Beschränkung der Zwangsvollstreckung auf Grund einer vorgelegten Entscheidung gemäß §. 775 Nr. 1 der Civilprozeßordnung, so hat der Gerichtsvollzieher die Vollstreckbarkeit der vorgelegten Entscheidung zu prüfen. Vollstreckbar ist eine Entscheidung, wenn sie für vorläufig vollstreckbar erklärt oder wenn sie mit dem Zeugnisse der Rechtskraft versehen ist (C.P.O. §. 706). Urteile, die in der Revisionsinstanz oder von den Landgerichten in der Berufungsinstanz erlassen sind, sind auch ohne Zeugnis als rechtskräftig anzusehen, es sei denn, daß es sich um ein Versäumnisurteil handelt. Eine in der Beschwerdeinstanz erlassene Entscheidung, ingleichen eine Entscheidung, durch welche ein vorläufig vollstreckbares Urteil oder dessen vorläufige Vollstreckbarkeit aufgehoben wird, ist in jedem Falle geeignet, die Einstellung der Zwangsvollstreckung zu begründen.

b) Im Falle der Nr. 2 des §. 775 der Civilprozeßordnung ist es nicht erforderlich, daß die gerichtliche Entscheidung rechtskräftig oder vorläufig vollstreckbar ist. War in der Entscheidung die Einstellung nur für eine bestimmte Zeit angeordnet, so ist die Zwangsvollstreckung nach Ablauf der bestimmten Frist ohne Weiteres fortzusetzen.[3])

c) Im Falle der Nr. 4 des §. 775 der Civilprozeßordnung ist eine Privaturkunde nur zu berücksichtigen, wenn ein Verdacht gegen ihre Echtheit nicht obwaltet.[4])[5])

d) Aus Postscheinen muß sich die baare Einzahlung des Schuldbetrags, nicht bloß die Aufgabe eines Geldbriefs, zur Post ergeben.

e) In den Fällen der Nr. 4 und 5 des §. 775 der Civilprozeßordnung ist die Zwangsvollstreckung wieder aufzunehmen, falls der von der Einstellung benachrichtigte Gläubiger dies verlangt.[6])

Vgl. C.P.O. §§. 771—776.

---

[1]) Vgl. §. 61 Nr. 1 d. Anw.
[2]) Vgl. §. 62 d. Anw.

[3]) Die „Ausfertigung einer vollstreckbaren Entscheidung" bildet den Gegensatz zu der „Ausfertigung einer gerichtlichen Entscheidung" (C.P.O. §. 775 Nr. 1 bezw. 2). Erstere — nicht zu verwechseln mit der vollstreckbaren Ausfertigung einer Entscheidung (§. 724), auf Grund deren die Ausführung der Z.V. erfolgt — bezieht sich auf Fälle, in denen die endgültige Aufhebung der Vollstreckung infolge eines Urteils angeordnet ist. Die Ausfertigung einer gerichtlichen Entscheidung (Nr. 2) genügt in Fällen, in denen nur eine einstweilige Einstellung der Vollstreckung oder einer einzelnen Vollstreckungsmaßregel angeordnet ist (Struckm.-Koch C.P.O.). — Die Einstellung der Z.V. erstreckt sich auch auf die Abholung der Pfandstücke behufs ihrer Unterbringung in der Pfandkammer. — Die eine Z.V. einstellende oder beschränkende Entscheidung muß dem G.V. von dem Berechtigten mit dem ausdrücklichen Verlangen, die weitere Z.V. nunmehr auszusetzen, vorgelegt werden. Ihre Vorlegung seitens des Vollstreckungs- oder Prozeßrichters an den G.V. zur Kenntnisnahme, wie solche in der Praxis üblich ist, berechtigt den G.V. nicht zur Einstellung des Verfahrens (Schönfeld i. d. D.G.V.Ztg. 1894 S. 19 ff., vgl. den Erlaß d. Landger.-Präs. zu Breslau in ders. Zschr. und dems. Jahrg. S. 59; ebenso Struckm.-Koch C.P.O. S. 871 Anm. 1 Abs. 3 zu §. 775). — Die Fortsetzung einer eingestellten Z.V. kann in den Fällen der Nr. 1, 2 des §. 775 C.P.O. vom Gläubiger nur durch Vorlegung einer die Einstellung aufhebenden gerichtlichen Entscheidung herbeigeführt werden. Ist im Falle der Nr. 2 die Einstellung nur für eine bestimmte Zeit angeordnet, so ist die Z.V. nach Ablauf dieser Zeit fortzusetzen. — Der §. 776 C.P.O. handelt im Gegensatze zu §. 775 von der Aufhebung der bereits erfolgten Vollstreckungsmaßregeln. In den Fällen der Nr. 4, 5 des §. 775 bleiben diese „einstweilen bestehen", d. h. bis entweder der Gläubiger die Z.V.

aufgibt oder die Fortsetzung beantragt oder der Schuldner eine gerichtliche Entscheidung im Sinne der Nr. 1, 2 desselben §. herbeigeführt hat (Struckm.-Koch C.P.O.).

4) Vgl. C.P.O. §§. 707, 718, 732 Abs. 2, 769, 771 Abs. 3. — Was unter einer „öffentlichen Urkunde" zu verstehen, ergibt sich aus C.P.O. §. 415. — Der Posteinlieferungsschein über Absendung eines Wertbriefes an die Hinterlegungskasse ist keine beachtliche Urkunde im Sinne der Nr. 3 des §. 775 C.P.O. (Urt. d. L.G. I Berlin v. 3./1. 99 i. d. Zschr. f. V.R. 1899 S. 46).

5) Der öffentlichen Urkunde (Nr. 3) steht nur eine vom Gläubiger, nicht von einem Dritten, ausgestellte Privaturkunde (Quittung, Stundungsbekenntnis) gleich. Andere Einwendungen als die der Befriedigung und der Stundung hat der G.V. nicht zu berücksichtigen. Ob nicht trotz der Urkunde die Z.V. wegen der Kosten fortzusetzen ist, hat zunächst der G.V. nach C.P.O. §. 91 zu ermessen (Struckm.-Koch C.P.O.).

6) Vgl. §. 54 Nr. 2 und 5 d. Anw.

§. 54.

b) Auf Anweisung des Gläubigers.

1. Der Gerichtsvollzieher hat ferner die getroffenen Zwangsvollstreckungsmaßregeln aufzuheben oder die Zwangsvollstreckung einzustellen oder zu beschränken, wenn ihn der Gläubiger dazu anweist.[1]) Die Anweisung ist aktenkundig zu machen; sie ist entweder schriftlich oder zum Protokolle des Gerichtsvollziehers zu erklären oder vom Gerichtsvollzieher in seinen Handakten zu vermerken.

2. Gewährt der Gläubiger dem Schuldner eine Frist von unbestimmter Dauer oder auf länger als

sechs Monate, so bleiben die getroffenen Vollstreckungsmaßregeln zwar bestehen, für die Akten- und Listenführung des Gerichtsvollziehers gilt aber der Auftrag als erledigt.[2]) Der Schuldtitel und die sonst dem Gerichtsvollzieher ausgehändigten Urkunden sind dem Gläubiger zurückzugeben. Zur Fortsetzung der Zwangsvollstreckung ist ein besonderer Auftrag des Gläubigers erforderlich.[3])

3. Bei Pfandstücken, die nicht im Gewahrsame des Schuldners belassen worden sind, gilt der Auftrag erst dann als erledigt, wenn für die weitere Aufbewahrung durch eine Einigung der Beteiligten oder durch eine gerichtliche Anordnung Vorsorge getroffen ist.[4])

4. Auf die Berechnung der Gebühren, welche dem Gerichtsvollzieher für die Zwangsvollstreckung zustehen, sind die im Vorstehenden über die Erledigung des Auftrags getroffenen Vorschriften ohne Einfluß.[5])

5. Bei bestimmten Fristen von nicht mehr als sechsmonatiger Dauer gilt der Auftrag als fortbestehend.[6]) Nach dem Ablaufe der Frist hat der Gerichtsvollzieher die Vollstreckung ohne Weiteres fortzusetzen.

---

[1]) Aus dem Rechte des Gläubigers zur Beauftragung des G.V. folgt seine Befugnis, sich der durch die Vollstreckungshandlung erworbenen Rechte zu begeben und den G.V. zur Aufhebung der bereits getroffenen oder zur Einstellung oder Beschränkung weiterer Vollstreckungs-

maßregeln anzuweisen. Ohne eine solche Anweisung ist der G.V. zur Freigabe der von ihm, sei es auch zu Unrecht, gepfändeten Gegenstände nicht befugt (**R.G.** 30./4. 96 i. d. Zschr. für V.R. 1896 S. 110).

²) Lediglich für die Akten- und Listenführung gilt der Auftrag als erledigt. Das Pfandrecht bleibt bestehen und zwar auch dann, wenn der Schuldner unter Mitnahme der Pfandstücke von seinem bisherigen Wohnorte verzieht.

³) Der neue Auftrag ist alsdann von neuem in das Dienstregister einzutragen unter Bezugnahme auf die frühere Eintragung.

⁴) Bis dahin muß sich natürlich der G.V. der Verwahrung der Pfandstücke unterziehen.

⁵) Da der Auftrag als erledigt gilt, sind auch die Gebühren und Auslagen des G.V. fällig und einziehbar (Geb.O. §. 20), wenn die Befristung auf unbestimmte Dauer oder auf länger als sechs Monate erfolgt.

⁶) Schließt sich an eine begrenzte Frist eine neue solche an, so sind die Fristen zusammenzurechnen. Ergibt sich dann eine Dauer von mehr als sechs Monaten, so ist nach Nr. 2 zu verfahren.

§. 55.

Benachrichtigung.

1. Der Gerichtsvollzieher hat über den Verlauf der Zwangsvollstreckung dem Gläubiger und dem Schuldner die zur Wahrung ihrer Interessen erforderlichen Mitteilungen zu machen und die Absendung in seinen Akten zu vermerken, insofern nicht für den Nachweis der Absendung eine besondere Form vorgeschrieben ist.

2. Die Benachrichtigung unterbleibt, wenn sie untunlich ist, insbesondere wenn der Aufenthalt der zu benachrichtigenden Person dem Gerichtsvollzieher unbekannt ist.

2. Zwangsvollstreckung in bewegliche körperliche Sachen.

§. 56.

1. Die Zwangsvollstreckung wegen Geldforderungen in bewegliche körperliche Sachen[1]) wird von dem Gerichtsvollzieher durch Pfändung und Veräußerung[2]) bewirkt.

2. Durch die gehörig vollzogene Pfändung erlangt der Gläubiger ein Pfandrecht an den gepfändeten Sachen, das ihm im Verhältnisse zu anderen Gläubigern die gleichen Rechte gewährt, wie ein durch Vertrag erworbenes Pfandrecht (B.G.B. §§. 1204—1257)[3]). Für den Rang dieses Pfandrechts ist der Zeitpunkt der Pfändung in der Art maßgebend, daß das durch eine frühere wirksame Pfändung begründete Pfandrecht allen später entstandenen Pfandrechten vorgeht und den Gläubiger, für den diese bewirkt ist, zur vorzugsweisen Befriedigung aus dem Erlöse der Pfandstücke berechtigt.[4]) Der Erfolg der Pfändung hängt von der genauen Beobachtung aller Formvorschriften und von ihrer rechtzeitigen Ausführung ab (§. 6 Abs. 3 der Anw.).

Den Bestimmungen dieses Abschnittes liegen die §§. 808 bis 827 C.P.O. zugrunde.

---

1) Unter „körperlichen Sachen" sind zu verstehen die im Raume befindlichen Dinge, welche der menschlichen Herrschaft unterliegen. Körperliche Sache im Rechtssinne ist hiernach nicht bloß, was mit dem Tastsinn erfaßbar ist und eine bestimmte Form und Gestalt hat, vielmehr sind auch an sich formlose Dinge, wie Flüssigkeiten, z. B. Wein, Bier, Wasser, Öl, körperliche Sachen, sofern sie in unsern Gefäßen und Behältern sind. — „Bewegliche Sachen" sind alle, welche nicht Grundstücke und nicht Bestandteile eines Grundstücks sind. — (Dernburg, bürgerl. Recht, Bd. III S. 2 ff.)

Wegen des Begriffs „unbewegliche Sachen" und der Pfändung der zu solchen gehörigen Bestandteile, Zubehörstücke ꝛc. vgl. bei §. 59 d. Anw.

2) Vgl. §§. 57 ff., §§. 64 ff. d. Anw. — „Pfändung" ist (nach v. Wilm.-Levy C.P.O.) „der umfassende technische Ausdruck für den Akt der Z.V. in bewegliches Vermögen." Bei körperlichen Sachen erfolgt sie durch Besitznahme seitens des G.V., bei Forderungen und anderen beweglichen Vermögensrechten durch das Vollstreckungsgericht (C.P.O. §. 829). — Wegen der „Veräußerung" der Pfandstücke vgl. §§. 64 ff. d. Anw.

3) Vgl. C.P.O. §. 804, Abs. 1 u. 2. — Das Pfandrecht wird erworben durch eine gesetzlich zulässige und in gesetzmäßiger Weise geschehene Pfändung; es erlischt, abgesehen von der Wiederaufhebung der Pfändung auf gerichtliche Anordnung, mit der Rückgabe des Pfandes seitens des G.V. an den Schuldner, ferner mit der Wegnahme vorher gepfändeten Geldes und mit der Empfangnahme des Erlöses gepfändeter Sachen durch den G.V. in den Fällen, wo diese Akte gesetzlich als Zahlung seitens des Schuldners gelten, entgegengesetzten Falles bleibt das Pfandrecht auch an gepfändetem Gelde bestehen

und überträgt sich von den gepfändeten Sachen auf deren Erlös, C.P.O. §§. 815 Abs. 2, 819 (v. Wilm.=Levy C.P.O.).

Die Wirkung des Pfändungspfandrechts ist dieselbe, wie die eines nach dem bürgerlichen Rechte (B.G.B. §§. 1204—1257) erworbenen Faustpfandrechts, insbesondere kann der Gläubiger vermöge der Pfändung aus dem gepfändeten Gegenstande seine Befriedigung vor allen anderen Gläubigern des Schuldners verlangen, mit alleiniger Ausnahme derjenigen, welche an dem Gegenstande bereits ein vertragsmäßiges Faustpfandrecht oder ein nach Konk.O. §. 49 diesem gleichstehendes Recht erworben haben (Struckm.=Koch C.P.O. Anm. 4a zu §. 804).

[4]) Vgl. C.P.O. §. 804 Abs. 3. Wegen des Ranges des Pfandrechts bei gleichzeitigen Pfändungen s. §. 70 d. Anw.

§. 57.

Pfändung von Sachen, die sich im Gewahrsame des Schuldners befinden.

1. **Bleibt die Aufforderung zur Leistung (§. 50 Abs. 2 der Anw.) ohne Erfolg, so hat der Gerichtsvollzieher den Schuldner oder eine sonst in der Wohnung angetroffene, zur Familie des Schuldners gehörige oder in der Familie dienende erwachsene Person anzuweisen, ihm die bewegliche Habe des Schuldners vorzuzeigen und, soweit der Zweck der Vollstreckung es erfordert, seine Zimmer, Keller, Böden und anderen Gelasse sowie die darin befindlichen Kästen, Schränke und sonstigen Behältnisse zu öffnen.[1]) Muß die Öffnung mit Gewalt be-**

wirkt werden, weil sie verweigert wird oder weil keine von den vorbezeichneten Personen anwesend ist, so hat der Gerichtsvollzieher nach den §§. 758, 759 der Civilprozeßordnung und dem §. 50 Abs. 5, 6 der Anw. zu verfahren.

2. Der Pfändung unterliegen die beweglichen Sachen des Schuldners, die sich in der tatsächlichen Gewalt (dem Gewahrsame) des Schuldners befinden (C.P.O. §. 808 Abs. 1).[2]) Sachen, die sich im Gewahrsame des Schuldners befinden, kann der Gerichtsvollzieher als dem Schuldner gehörend pfänden, wenn ihm nicht das Gegenteil bekannt ist.[3]) Diese Vorschriften finden jedoch keine Anwendung, sofern sich aus den im §. 48 der Anw. bezeichneten gesetzlichen Sondervorschriften ein Anderes ergibt.[4])

3. Der Gerichtsvollzieher hat zunächst die dem Schuldner entbehrlichsten Sachen und, wenn es tunlich ist, in erster Linie bares Geld, Kostbarkeiten oder solche Wertpapiere zu pfänden, die den Vorschriften über die Zwangsvollstreckung in bewegliche körperliche Sachen unterliegen (§. 67 der Anw.).[5]) Ist es zweifelhaft, ob die Pfändung eines im Besitze des Schuldners vorgefundenen Werthpapiers durch den Gerichtsvollzieher bewirkt werden darf, so hat der Gerichtsvollzieher in Ermangelung anderer geeigneter Pfandstücke das Papier einstweilen zu pfänden und dem Gläubiger zu überlassen, den erforderlichen Gerichtsbeschluß herbeizuführen.[6])

4. Die Pfändung körperlicher Sachen und der

im §. 67 der Anw. bezeichneten Wertpapiere sowie die Pfändung von Forderungen aus Wechseln und anderen Papieren, welche durch Indossament übertragen werden können (§. 76 der Anw.) wird dadurch bewirkt, daß der Gerichtsvollzieher sie in Besitz nimmt.[7]) Geld, Kostbarkeiten und Wertpapiere hat der Gerichtsvollzieher sogleich an sich zu nehmen; andere Pfandstücke sind hingegen im Gewahrsame des Schuldners zu belassen, sofern nicht hierdurch die Befriedigung des Gläubigers gefährdet wird (C.P.O. §. 808 Abs. 2). Ob eine solche Gefährdung vorliegt oder ob nach der Pfändung eine solche einzutreten droht, hat der Gerichtsvollzieher nach Prüfung aller Umstände selbständig zu beurteilen.[8])

5. Werden die Pfandstücke im Gewahrsame des Schuldners belassen, so hängt die Wirksamkeit der Pfändung davon ab, daß sie auch für Dritte hinreichend erkennbar gemacht ist.[9]) Zu diesem Zwecke ist, wenn irgend möglich, jedes einzelne Pfandstück an einer in die Augen fallenden Stelle mit einer Siegelmarke, einem Siegelabdruck oder einem sonst geeigneten Pfandzeichen zu versehen. Das Pfandzeichen ist so anzubringen, daß die Sache dadurch nicht beschädigt wird. Für eine Mehrzahl von Pfandstücken, insbesondere eine Menge von Waren oder anderen vertretbaren Sachen, die sich in einem Behältnisse oder in einer Umhüllung befinden oder mit Zustimmung des Schuldners in einem abgesonderten Raum untergebracht werden, genügt ein gemein-

schaftliches Pfandzeichen nur dann, wenn es in der Art angelegt wird, daß ohne dessen Zerstörung kein Stück aus dem Behältnisse, der Umhüllung oder dem Raume entfernt werden kann.

6. Läßt sich wegen der Beschaffenheit der Pfandstücke ein Pfandzeichen nicht anlegen oder reicht ein solches nicht aus, um die Pfändung erkennbar zu machen, so ist ein auf die Pfändung hinweisendes Schriftstück (Pfandanzeige) in der unmittelbaren Nähe des Aufbewahrungsraums (Lagerboden, Speicher, Viehstall) in der Art anzubringen, daß Jedermann davon Kenntnis nehmen kann. Die Pfandanzeige soll die Pfandstücke genau bezeichnen, sie ist mit der Unterschrift und dem Siegel des Gerichtsvollziehers zu versehen. Werden Vorräte gepfändet, so ist der dem Schuldner belassene Teil des Vorrats (C.P.O. §. 811 Nr. 2, 3, 4) von dem gepfändeten Teile äußerlich zu trennen. Wenn es die Umstände erfordern, ist für die Pfandstücke ein Hüter zu bestellen; zum Hüter kann auch eine bei dem Schuldner im Dienste stehende Person bestellt werden.

7. Werden gepfändete Tiere in dem Gewahrsame des Schuldners belassen, so kann der Gerichtsvollzieher mit dem Schuldner vereinbaren, daß dieser befugt sein solle, als Entgelt für die Fütterung und Pflege des Tieres, dessen gewöhnliche Nutzungen zu ziehen, z. B. die Milch einer gepfändeten Kuh im Haushalte zu verbrauchen.

8. Dem Schuldner ist zu eröffnen, daß der Besitz der Pfandstücke auf den Gerichtsvollzieher übergegangen sei und der Schuldner deshalb bei Vermeidung der gesetzlichen Strafe jede diesen Besitz beeinträchtigende Handlung, wie die Veräußerung, die Wegschaffung oder den Verbrauch der gepfändeten Sachen, ingleichen auch jede Beschädigung oder Zerstörung der Pfandzeichen zu unterlassen habe.[10])

9. Die Pfändung darf nicht weiter ausgedehnt werden, als es zur Befriedigung des Gläubigers und zur Deckung der Kosten der Zwangsvollstreckung erforderlich ist.[11]) Der Gerichtsvollzieher hat deshalb bei der Aufzeichnung der Pfandstücke ihre von ihm zu schätzenden Verkaufswerte[12]) anzugeben und, um eine Überpfändung zu vermeiden, diese Werte zusammenzurechnen.

10. Das Pfändungsprotokoll (§. 52 der Anw.) muß ein Verzeichnis der Pfandstücke unter fortlaufender Nummer, geeignetenfalls mit Angabe der Zahl, des Maßes oder des Gewichts nebst den von dem Gerichtsvollzieher geschätzten Werten, ferner eine Beschreibung der angelegten Pfandzeichen nach ihrer Art und Zahl sowie den wesentlichen Inhalt der dem Schuldner gemachten Eröffnung enthalten. Es soll ferner den Inhalt der etwa angebrachten Pfandanzeigen und der mit einem etwaigen Hüter getroffenen Vereinbarung ergeben.

11. Werden Pfandstücke entgegen der im §. 808

Abs. 2 der Civilprozeßordnung aufgestellten Regel sogleich aus dem Gewahrsame des Schuldners entfernt, so ist dies im Protokolle zu begründen. Das Protokoll muß ergeben, welche Maßregeln für die Verwahrung der Pfandstücke getroffen worden sind.[13]) In dem Protokoll ist in der Regel sogleich der Versteigerungstermin nach Ort und Zeit zu bestimmen, außer wenn die sofortige Bestimmung nicht tunlich oder nicht zweckmäßig erscheint, z. B. wenn von dem Boden noch nicht getrennte Früchte vor der Reife gepfändet sind (§. 68 der Anw.) oder wenn voraussichtlich ein anderer Ort für die Versteigerung bestimmt werden wird. Ist der Termin nicht sofort bestimmt, so soll in dem Protokolle der Grund angegeben werden, aus dem die Bestimmung einstweilen unterbleiben mußte.[14])

12. Eine Abschrift des Pfändungsprotokolls ist dem Schuldner zu übersenden, wenn er es verlangt oder wenn die Vollstreckung in seiner Abwesenheit stattgefunden hat. Die Absendung ist auf dem Protokolle zu vermerken.[15])

Vgl. C.P.O. §§. 758, 759, 803 ff.

---

[1]) Die Vorschrift in Satz 1 beruht auf C.P.O. §. 758 Abs. 1 und 2. — Der Begriff „Wohnung" ist im weitesten Sinne zu verstehen und umfaßt auch deren Zubehörungen: Keller, Böden, Scheunen, Ställe &c.; auch macht es keinen Unterschied, ob die Wohnung eine dauernde oder nur vorübergehende, z. B. in einem Gasthofe ist (v. Wilm.-Levy C.P.O.). Hier kann der Wirt der Pfändung

nicht widersprechen, dagegen hängt die Pfändung in einem öffentlichen Lokal oder in einer fremden Wohnung, in Räumen, in denen sich der Schuldner nur vorübergehend, z. B. zur Verrichtung dienstlicher Obliegenheiten, wie in Kontoren, Bureaus, Werkstätten rc. — aufhält, von der Zustimmung des betr. Lokalinhabers ab (Erk. d. Kammerger. v. 18./11. 89, i. d. D.G.V.Ztg. 1889 S. 182, vgl. auch das. Jahrg. 1899 S. 7 Briefk.).

Ob eine Wohnung oder ein Behältnis des Schuldners anzunehmen ist, hat zunächst der G.V. nach den Umständen des einzelnen Falles zu ermessen. Die polizeiliche Anmeldung einer anderen Person entscheidet noch nicht für das Gegenteil (v. Wilm.-Levy C.P.O.).

Bei Pfändungen gegen Eheleute sind folgende auf der Rechtsprechung und herrschenden Rechtsansichten beruhende Grundsätze zu beobachten:

In der gemeinschaftlichen Wohnung kann gegen den Ehemann die Pfändung stets erfolgen, auch wenn die Ehefrau die Mieterin ist.

Gegen die Ehefrau aber darf dort, selbst im letzteren Falle, eine Pfändung nur mit Zustimmung des Ehemannes vorgenommen werden.

Ist der Ehemann verurteilt, sich die Z.V. in das persönliche Vermögen der Ehefrau gefallen zu lassen, so kann er der Pfändung in der gemeinsamen Wohnung nicht widersprechen.

In der Wohnung einer von ihrem Manne getrennt lebenden Frau kann auf Grund von Ansprüchen an den Ehemann eine Pfändung nicht stattfinden.

In einem Geschäftslokale, welches nachweislich von der Ehefrau gemietet ist und in welchem sie ein von ihr angemeldetes Gewerbe selbständig betreibt, ist gegen die Ehefrau selbst beim Widerspruche des Ehemannes eine Pfändung zulässig, gegen den Ehemann dagegen beim Widerspruche der Frau unstatthaft (doch hat in letzterem Falle das L.G. I Berlin in entgegengesetztem Sinne entschieden; Beschl. v. 8./6. 97, Bl. f. Rechtspfl. im Kammergerichtsbezirk 1897 S. 80).

(Vgl. im übrigen **R.G.**, Erk. v. 5./2. 98 IV 185/97 i. d. Zschr. f. B.R. 1898 S. 52; v. 30./6. 99 VII 18/99 i. d. D.G.B.Ztg. 1899 S. 157; v. 7./2. 98 in ders. Zschr. 1898 S. 68; Beschl. d. O.L.G. Naumburg v. 25./11. 95 u. d. A.G. I Berlin v. 20./8. 95 daselbst 1896 S. 178, 179; auch Struckm.-Koch C.P.O. Anm. 2 zu §. 808 sowie Anm. 2 lit. e bis l zu §. 48 und Anm. 2 zu §. 68 d. Anw.).

„Behältnisse" des Schuldners sind präsumtiv alle in seiner Wohnung oder sonst in seinem Gewahrsam befindlichen, zur Aufbewahrung von Sachen dienenden Räumlichkeiten, gleichviel, ob sie ihm eigentümlich angehören oder nicht, und ob sie von ihm selbst benutzt werden oder von den in seiner Hausgenossenschaft befindlichen Familienangehörigen. Zu den „Behältnissen" des Schuldners gehören auch die Taschen seiner Kleidungsstücke und es ist daher auch eine Durchsuchung an der Person des Schuldners, selbst bei einer Frauensperson (vgl. aber §. 50 Nr. 6 Satz 2 der Anw.) zulässig (v. Wilm.-Levy C.P.O., Struckm.-Koch C.P.O. Anm. 2 zu §. 758, **R.G.**, Str.S., v. 15./10. 87, Bd. 16 S. 218).

[2]) „Gewahrsam" bedeutet tatsächliche Gewalt, ausschließliches Innehaben. Bloß mittelbarer Besitz (B.G.B. §. 868) oder Mitbesitz (das. §. 866) genügt nicht. — Im übrigen vgl. wegen des Begriffs „Gewahrsam" Anm. 1 zu §. 68.

[3]) Danach hat der G.V., wenn ihm aus eigener Wissenschaft (auf Grund früherer Pfändungen oder auf sonstige Weise) bekannt ist, daß die Pfandobjekte nicht Eigentum des Schuldners sind, oder wenn ihm dies durch Urkunden oder dgl. nachgewiesen oder glaubhaft gemacht wird, von der Pfändung Abstand zu nehmen.

4) Vgl. auch Anm. 3 zu §. 18 d. Anw. — Vor der Pfändung von Fernsprechapparaten hat der G.V. zuvor bei der nächsten Post- oder Telegraphenanstalt Erkundigungen darüber einzuziehen, wem das Eigentum an den Apparaten zusteht, wozu event. der Apparat selbst benutzt werden kann (J.M. Rdvfg. v. 14./11. 02, I 8687 — Amtl. Vorschr. S. 178, 179). — Bei der Pfändung von Kohlensäure enthaltenden Cylindern, welche in der Regel den Abnehmern vom Lieferanten leihweise überlassen werden, ist die Frage, ob der Schuldner Eigentümer dieser Cylinder ist, besonders sorgfältig zu prüfen (J.M. Rdvfg. v. 24./7. 02, I 5914).

5) Die Vorschrift, daß die Pfändung zunächst auf die dem Schuldner „entbehrlichsten" Sachen zu richten ist, folgt schon aus dem Grundsatze, daß die Pfändung dem Schuldner keinen unnötigen Nachteil bringen soll (§. 50 Nr. 1 d. Anw.). Dem Vorteile des Gläubigers wird damit gleicherweise gedient.

6) Vgl. §. 67 d. Anw. und Anm. dazu.

7) „Die Besitznahme seitens des G.V. ist zur Wirksamkeit der Pfändung wesentlich. Sie muß eine solche sein, daß sie dem G.V. die tatsächliche Herrschaft über die Sache verschafft. Bloße Willenserklärung (Beschlagnahmeerklärung) genügt nicht". (v. Wilm.-Levy C.P.O.).

Auch zum strafrechtlichen Schutze der Pfändung (R.Str.G.B. §. 137) reicht die protokollarische Besitzergreifungserklärung des G.V. nicht hin, sondern es muß eine wirkliche Besitzergreifung der Sachen stattfinden und es müssen auch die weiteren Vorschriften über die Sichtbarmachung des Pfandrechts beobachtet sein (Struckm.-Koch C.P.O. Anm. 3 zu §. 808).

8) Nach der früheren A.G. (§§. 66, 71) sollte die Entfernung der Pfandstücke aus dem Gewahrsam des Schuldners die „Regel" bilden. Die jetzige Vorschrift entspricht aber dem in der Praxis seither schon gehandhabten Verfahren. Danach sollen nur „Geld, Kostbar-

keiten und Wertpapiere" stets alsbald dem Gewahrsam des Schuldners entzogen werden. Unter „Geld" ist nur solches zu verstehen, welches als gesetzliches Zahlungsmittel gilt, also die sämtlichen Münzen der Reichswährung (Münzges. v. 9./7. 78, Art. 9—14) und die ihnen gleichgestellten Münzen, das. Art. 15, 16 (Struckm.-Koch C.P.O. Anm. 1 Abs. 2 zu §. 815). „Kostbarkeiten" sind Gegenstände von hohem Werte, sei es wegen ihres Stoffes oder wegen ihres Kunstwertes, z. B. Gemälde, Gold- und Silbersachen, fremde Münzen, Juwelen (daselbst, Anm. 1 zu §. 814).

Über die Belassung der Pfandstücke im Gewahrsam des Schuldners hat der G.V. auch bei entgegenstehendem Antrage des Gläubigers nach pflichtmäßigem Ermessen zu entscheiden, und er ist für gehörige Prüfung verantwortlich. Erachtet er nachträglich die Befriedigung des Gläubigers durch den Gewahrsam des Schuldners für gefährdet, so kann er die Wegnahme auch noch später bewirken (das., Anm. 4 Abs. 6 zu §. 808).

9) Das Ersichtlichmachen der Pfändung an den Pfandstücken ist außer der erforderlichen Besitznahme nötig, um ein Pfandrecht zu begründen. Es genügt nicht die bloße Anheftung eines Verzeichnisses gepfändeter Sachen an der Wand oder die Anheftung einer schriftlichen Pfändungsanzeige an die Tür eines Raumes, zu welchem dem Schuldner der Zugang nicht versperrt ist, bezw. an der Diele des Wohnhauses, noch weniger natürlich an einer verborgenen Stelle (Innenseite der Schublade eines Ladentisches). Auch die Anlegung von Siegeln muß, wenn sie ihrem Zweck entsprechen soll, in sichtbarer Weise geschehen, nicht an verborgenen Stellen (v. Wilm.-Levy C.P.O.).

Die Entfernung der äußeren Pfändungszeichen ohne Wissen des Gläubigers bezw. des G.V. oder ihr Unkenntlichwerden hebt das einmal entstandene Pfandrecht nicht auf (Struckm.-Koch C.P.O. Anm. 4 Abs. 7 zu §. 808; D.G.V.Ztg. 1896 S. 21).

Das Pfandrecht erlischt auch nicht, wenn der Schuldner unter Mitnahme der Pfandstücke in einen anderen G.V.-Bezirk verzieht. Der Gläubiger hat zur Geltendmachung seines Pfandrechts nur dessen gültige Entstehung zu beweisen (Struckm.-Koch a. a. O., vgl. auch Anm. 2 zu §. 54 d. Anw.).

10) R.Str.G.B. §. 136: „Wer unbefugt ein amtliches Siegel, welches von einer Behörde oder einem Beamten angelegt ist, um Sachen zu verschließen, zu bezeichnen oder in Beschlag zu nehmen, vorsätzlich erbricht, ablöst oder beschädigt oder den durch ein solches Siegel bewirkten amtlichen Verschluß aufhebt, wird mit Gefängnis bis zu sechs Monaten bestraft."

§. 137: „Wer Sachen, welche durch die zuständigen Behörden oder Beamten gepfändet oder in Beschlag genommen worden sind, vorsätzlich bei Seite schafft, zerstört oder in anderer Weise der Verstrickung ganz oder teilweise entzieht, wird mit Gefängnis bis zu einem Jahre bestraft."

11) Diese Vorschrift entspricht dem Wortlaute des §. 803 Abs. 1 Satz 2 C.P.O. und soll zum Schutze des Schuldners dienen, ohne daß dabei die Rechte des Gläubigers benachteiligt werden. Sie hat aber nur instruktionelle Bedeutung und ihre Verletzung macht die Pfändung nicht ungültig. Sind mehrere Schuldner solidarisch auf das Ganze verurteilt, so kann keiner derselben der Pfändung aus dem Grunde widersprechen, daß der Gläubiger schon durch die Pfändung bei einem anderen Schuldner genügende Sicherheit habe, da die Vorschrift des §. 803 Abs. 1 Satz 2 C.P.O. sich nur auf das Maß der einzelnen Pfändung bezieht und da der Gläubiger das Recht hat, jeden der Solidarschuldner solange wegen des Ganzen in Anspruch zu nehmen, bis er von einem oder mehreren befriedigt ist, was durch die

bloße Pfändung — die auch möglicherweise durch Interventionsansprüche Dritter oder sonstige Gründe beseitigt werden kann — nicht bewirkt wird (v. Wilm.-Levy C.P.O.).

Scheiden nach der Pfändung einzelne der Pfandstücke aus, so ist der G.V. natürlich ohne weiteres zur Nachpfändung berechtigt und auf Grund seines Auftrages, der sich auf Beitreibung der ganzen Forderung richtet, auch verpflichtet.

12) Die Abschätzung der Pfänder hat der G.V. nach bestem Wissen persönlich zu bewirken. Die Zuziehung eines Sachverständigen ist zwar nur bei Kostbarkeiten und Gold- und Silbersachen (vgl. §. 64 Nr. 2 d. Anw.) vorgeschrieben; indessen wird der G.V. auch in einzelnen anderen Fällen das Gutachten eines Sachverständigen nicht entbehren können, um einerseits sich vor Überpfändung zu schützen und andererseits das Interesse des Gläubigers zu wahren. In der Regel ist aber das eigene Ermessen des G.V. maßgebend. Hat er sich bezüglich des Wertes der Pfänder geirrt, so kann ihn nur im Falle eines groben Verschuldens ein Vorwurf treffen. Ebensowenig ist der G.V. dafür verantwortlich, wenn bei der Versteigerung infolge Mangels an Bietern oder aus anderen Gründen ein dem Werte der Pfandstücke entsprechender Erlös nicht erzielt wird.

13) Vgl. §. 62 Nr. 2 ff. d. Anw. und Anm. dazu.

14) Vgl. §§. 64, 65 d. Anw. und Anm. dazu.

15) Die Mitteilung an den Schuldner erfolgt nach C.P.O. §. 768 (vgl. 6 zu §. 42 d. Anw.). Sie ist aber für die Wirksamkeit der Pfändung ohne Bedeutung, dagegen ist sie erheblich für spätere Handlungen des Schuldners. Die Unterlassung kann Ersatzansprüche gegen den G.V. begründen (Struckm.-Koch C.P.O. Anm. 5 zu §. 808).

§. 58.
Beschränkung der Pfändung und fruchtlose Vollstreckung.

1. Im §. 811 der Civilprozeßordnung sind diejenigen Sachen bezeichnet, welche der Pfändung nicht unterworfen sind.[1]) Außerdem sind der Pfändung nicht unterworfen: ein der Dienstprämie der aus dem Dienste scheidenden Unteroffiziere gleichkommender Geldbetrag während der ersten drei Monate nach der Auszahlung der Prämie (Artikel 18 Abs. 3 des Reichsgesetzes v. 22. Mai 1893), das Inventar der Posthaltereien (§. 20 des Reichsgesetzes v. 28. Oktober 1871) und die Fahrbetriebsmittel einer Eisenbahn (Reichsgesetz v. 3. Mai 1886; Artikel 23 Abs. 5 des internationalen Übereinkommens über den Eisenbahnfrachtverkehr vom 14. Oktober 1890, R.G.Bl. von 1892, S. 793).[2]) Gegenstände der vorbezeichneten Art (Satz 1, 2) darf der Gerichtsvollzieher niemals, auch nicht mit Zustimmung des Schuldners pfänden.[3])

2. Eine an sich zulässige Pfändung soll unterbleiben, wenn sich von der Verwerthung der zu pfändenden Gegenstände ein Überschuß über die Kosten der Zwangsvollstreckung nicht erwarten läßt (C.P.O. §. 803 Abs. 2).[4]) Gegenstände, welche zum gewöhnlichen Hausrate gehören und im Haushalte des Schuldners gebraucht werden, sollen, auch wenn sie an sich der Pfändung unterliegen würden, gleich-

wohl nicht gepfändet werden, wenn ohne Weiteres ersichtlich ist, daß durch ihre Verwertung nur ein Erlös erzielt werden würde, welcher zu dem Werte außer allem Verhältnisse steht (C.P.O. §. 812).[5])

3. Der Gerichtsvollzieher hat selbständig zu prüfen, welche von den Sachen des Schuldners hiernach von der Pfändung auszuschließen sind. Soweit die Befriedigung des Gläubigers nicht gefährdet wird, sind Sachen, deren Pfändbarkeit zweifelhaft ist, zu übergehen.[6])

4. Der Gerichtsvollzieher ist nicht befugt, Sachen, die er gepfändet hat, vor der Durchführung des Vollstreckungsverfahrens wieder freizugeben, es sei denn, daß er durch eine Anordnung des Gerichts oder durch eine Anweisung des Gläubigers dazu ermächtigt wird.[7])

5. Kann eine Pfändung überhaupt nicht oder nicht in Höhe der beizutreibenden Forderung bewirkt werden, weil die beim Schuldner vorgefundenen Sachen zu denjenigen gehören, welche nicht gepfändet werden dürfen oder nicht gepfändet werden sollen (Abs. 1, 2), so muß das Protokoll ergeben, welche Sachen dieser Art vorgefunden sind und aus welchem Grunde ihre Pfändung unterlassen ist. Die Beschaffenheit und der Wert dieser Sachen sind insoweit zu bezeichnen, daß ein Anhalt zu der Nachprüfung gegeben wird, ob sie mit Recht von der Pfändung ausgeschlossen worden sind.

6. Bei Vorräten, von denen das Gesetz eine bestimmte Menge dem Schuldner freiläßt (C.P.O. §. 811 Nr. 2, 3, 4), ist im Protokolle festzustellen, daß ein größerer als der im Gesetze bezeichnete Vorrat nicht vorhanden war. Wertvollere Gegenstände, deren Pfändung unterblieben ist, sind einzeln aufzuführen.

---

[1]) Zu C.P.O. §. 811 ist folgendes zu bemerken:

a) Zu Nr. 1. Was „angemessen“ ist, hat der G.V. nach Lage des einzelnen Falles zu beurteilen. Es kommen dabei auch die bisherigen Verhältnisse des Schuldners in Betracht. Bei der Feststellung des Begriffes der „Unentbehrlichkeit“ wird davon auszugehen sein, was jedem einzelnen Menschen sowohl, als insonderheit einer Familie zur Fortsetzung ihres häuslichen Lebens notwendig ist. Außer den Betten und Lagerstätten (zu denen auch Schlafsofas gehören), den Kleidungsstücken (für jede Jahreszeit und für Arbeits- und Feiertagsgebrauch) und Wäsche für jedes Familienmitglied, den Heiz- und Kochöfen (soweit sie beweglich und dem Schuldner gehören), dem sonstigen Haus- und Küchengeräte sind auch die notwendigen Möbel nach Maßgabe der obwaltenden Verhältnisse (Tische, Schränke, Kommode, Waschtische, Spiegel, für jedes Familienmitglied ein Stuhl 2c.) von der Pfändung freizulassen.

Zum unentbehrlichen Hausrat gehört auch eine Wanduhr, namentlich dort, wo schulpflichtige Kinder vorhanden sind (O.L.G. Naumburg, Beschl. v. 2./1. 98, i. d. D.G.V.Ztg. 1898 S. 157), desgl. eine Nähmaschine (Struckm.-Koch C.P.O. Anm. 5 zu §. 811).

Zu den unentbehrlichen Kleidungsstücken gehören auch Winterüberzieher als zum Schutze gegen die kalte Witterung dienend. Dagegen unterliegen Sommerüberzieher im allgemeinen der Pfändung.

b) Zu Nr. 2. Zur „Familie“ gehören die mit dem Schuldner tatsächlich in Familiengemeinschaft lebenden Angehörigen (Struckm.-Koch C.P.O. Anm. 2 zu §. 811). „Gesinde“ sind die zu häuslichen und wirtschaftlichen Dienstleistungen angenommenen vertragsmäßigen Genossen der Familie. Zu denselben gehören **nicht**: Tagelöhner, Gewerbe- und Handlungsgehilfen, auch nach dem Zwecke der Vorschrift nicht die, sonst der Gesindeordnung unterworfenen, Hausoffizianten des preuß. Rechts, welchen ein bestimmter Zweig der Wirtschaft oder des Haushalts oder die Aufsicht darüber anvertraut ist (v. Wilm.-Levy C.P.O.).

c) Zu Nr. 3. Unter „**Milchkuh**“ ist eine Kuh, welche der Schuldner zum Milchgeben hält, zu verstehen, ohne Unterschied, ob sie gerade zur Zeit der Pfändung milchend ist.

d) Zu Nr. 4. Motive: „Die hier bestimmte Beschränkung der Pfändung ist nicht eine Beschränkung der Z.V. überhaupt, sondern nur eine Beschränkung der **Pfändung** beweglicher Sachen; als Zubehör des Grundstücks unterliegen die fraglichen Gegenstände **mit diesem** der Zwangsvollstreckung“ (d. h. der Z.V. in das **unbewegliche** Vermögen, d. Verf.). **Die Beschränkung der Pfändung in Nr. 4 setzt also die Zulässigkeit der letzteren voraus, ist sie nach C.P.O. §. 865 Abs. 2 Satz 1 nur insoweit von Bedeutung, als es sich nicht um Zubehör des Grundstücks handelt; sie schützt namentlich den Pächter.** Die Rechte der Realgläubiger werden durch diese Vorschrift nicht berührt. — Auch eine Pfändung der vom Boden noch nicht getrennten Früchte gemäß §. 810 ist insoweit nicht zulässig, als diese Früchte zur Fortsetzung der Wirtschaft bis zur nächsten Ernte erforderlich sind. — Ob der Schuldner die Landwirtschaft als Eigentümer oder als **Pächter** betreibt, ist an sich unerheblich. Die Worte „**betreiben**“

und „Fortführung“ weisen aber darauf hin, daß Personen, welche die Landwirtschaft zeitweise aufgegeben haben, das Vorrecht nicht genießen (Struckm.-Koch C.P.O. aus Anm. 4 zu §. 811; vgl. auch Anw. §. 59).

Zum **„erforderlichen Gerät“** gehören alle diejenigen Sachen, welche der Bebauung der Grundstücke, der Pflege des unentbehrlichen Viehbestandes, überhaupt unmittelbar der Ausübung des landwirtschaftlichen Gewerbes dienen. — In kleineren Wirtschaften wird in der Regel sämtliches Gerät und Feldinventar unentbehrlich sein. — Landwirtschaftliche Maschinen sind als pfändbar anzusehen, wenn nach der ganzen Anlage des Wirtschaftsbetriebes genügende andere Kräfte zum Ersatze der ausfallenden Maschinenkräfte bereitstehen und die Wirtschaft ohne die betreffende Maschine ordnungsmäßig weiter betrieben werden kann (Aus Burlage, Die Personen, welche Landwirtschaft betreiben.*)

Zum **„erforderlichen Vieh“** gehört das Zugvieh, genauer das Arbeitsvieh (auch Hunde, Esel u. dgl.), ferner dasjenige Milchvieh, welches zum Unterhalte der der Wirtschaft dienenden notwendigen Menschenkräfte unentbehrlich ist. — Inwieweit „Nutzvieh“ und „Zuchtvieh“ von der Pfändung auszunehmen sind, hängt von der Gestaltung und dem Umfange des Betriebes ab. — Ein Zuchtstier z. B. muß zum eigenen Wirtschaftsbetriebe unentbehrlich sein. — Auch das Federvieh unterliegt nicht ohne weiteres der Pfändung. — (Burlage a. a. O.)

„Nötiger Dünger“ ist derjenige, welcher um die Jahreszeit, in welche die Pfändung fällt, in einer ordnungsmäßigen Wirtschaft gleicher Art, wie die des Schuldners, zum Zwecke der unmittelbaren Verwendung regelmäßig vorrätig gehalten wird. Und nicht nur der in der Wirtschaft selbst erzeugte, sondern auch der für sie angeschaffte

*) Erschienen 1898 bei Otto Liebmann, Berlin.

Dünger, auch der künstliche, ist in seinem nötigen Vorrate unpfändbar.

Zu den **„landwirtschaftlichen Erzeugnissen"** gehören nicht nur die selbstgezogenen Früchte (Körner, Futtergewächse, Knollenfrüchte, Gras ꝛc.), sondern auch, was regelmäßig im Betriebe der Landwirtschaft, sei es auch nur der Landwirtschaft einer bestimmten Gegend, erzeugt wird, so namentlich Torf und Brennholz. — Außer den „Selbsterzeugnissen" fallen auch angeschaffte Erzeugnisse (z. B. Saatgut) unter den Begriff des §. 811 Nr. 4 C.P.O., ebenso Früchte, die vom Boden noch nicht getrennt sind. (Wegen der Pfändung entbehrlicher Früchte vgl. §. 68, wegen Pfändung von „Erzeugnissen, Bestandteilen ꝛc. eines Grundstücks" §. 59, wegen Zuziehung landwirtschaftlicher Sachverständigen §. 60 d. Anw.)

e) Zu Nr. 5. (Vgl. v. Wilm.-Levy C.P.O. Anm. 7, 8 zu §. 715 a. F.). Zu den „Künstlern" gehören nur solche Personen, die wirklich eine Kunst betreiben, also auch Musiker und Schauspieler, nicht aber die Mitglieder herumziehender sogen. Künstlergesellschaften, Seiltänzer ꝛc., auch nicht Theater-Unternehmer, indes ebensowohl Kunstlehrer, als ausübende Künstler, nicht aber Kunstschüler oder Lehrlinge. Architekten sind unter die Künstler zu rechnen (L.G. Halle, Beschl. v. 18./4. 94, Zschr. f. B.R. 1894 S. 101 Nr. 2).

Zu den „Handwerkern" gehören nicht Agenten, Kommissionäre, Konzipienten, Gastwirte, Droschkenbesitzer, wohl aber Barbiere (dagegen L.G. Leipzig, Beschl. v. 22./8. 92, Zschr. f. B.R. 1894 S. 62 Nr. 2), auch Photographen (natürlich nicht Amateur-Photographen, D.G.B.Ztg. 1900 S. 71); Maurermeister können in Betracht kommen, soweit es sich um ihre persönliche Ausübung des Maurerhandwerks handelt (Zschr. f. B.R. 1894 S. 100 Nr. 1). Kleinkaufleute, Kleinindustrielle u. dgl. genießen nicht den Schutz des §. 811 C.P.O. (Kammergericht, Beschl. v. 3./10. 88, i. ders. Zschr. 1889, S. 179). Dagegen sind Musikanten, welche bei Tanzlustbarkeiten u. dergl. Gelegenheiten aufspielen, den „Handwerkern" beizuzählen (O.L.G. Naumburg, Beschl. v. 27./7. 97, Zschr. f. B.R. 1897 S. 182 Nr. 8).

Nur die dem Künstler, Handwerker rc. für seine eigene Person (wenngleich für fremde Rechnung), nicht die in seinem Geschäft überhaupt, seinen Gehilfen u. s. w. zur Betreibung des Berufs unentbehrlichen Gegenstände sind vor der Pfändung geschützt (Struckm.-Koch C.P.O. Anm. 8 zu §. 811). — Die Vorschrift hat den Zweck, nach den Grundsätzen der Billigkeit die Erwerbsverhältnisse des Schuldners tunlichst zu schonen. Hieraus folgt, daß dem Schuldner nicht angesonnen werden darf, im Interesse der Gläubiger seinen Handwerksbetrieb in einer zweckwidrigen Weise zu ändern, was namentlich bei der Frage der Pfändbarkeit von Arbeitsmaschinen zu beachten ist (O.L.G. Dresden, Beschl. v. 12./2. 92, D.G.B.Ztg. 1893 S. 87). — Zeitweiliges Ruhen des Geschäftsbetriebs schließt den Schutz des §. 811 nicht aus (O.L.G. Breslau, Beschl. v. 4./1. 94, Zschr. f. B.R. 1894 S. 100 Nr. 1); auch der Umstand, daß der Schuldner leihweise einen gleichen Gegenstand besitzt, beeinflußt die Vorschrift nicht zu Ungunsten des Schuldners (L.G. Plauen, Beschl. v. 24./6. 98, D.G.B.Ztg. 1895 S. 119). — Aus dem höheren Werte eines Gegenstandes kann kein Einwand gegen die Freilassung abgeleitet werden, wenn ein minder wertvoller nicht vorhanden ist, auch kann ein Gegenstand von höherem Werte nicht dadurch zur Pfändung gebracht werden, daß der Gläubiger dafür dem Schuldner einen gleichartigen von minderem Werte zum Ersatz anbietet (Struckm.-Koch C.P.O. Anm. 5 Abs. 4 zu §. 811, Zschr. f. B.R. 1896 S. 189 Nr. 2, 1897 S. 29 Nr. 3, 1898 S. 191 Nr. 1). — Das Recht, gegen eine nach §. 811 unzulässige Pfändung Einspruch zu erheben, steht nur dem

Schuldner, nicht auch dritten Personen zu (O.L.G. Breslau, Beschl. v. 7./12. 88, D.G.B.Ztg. 1892 S. 166).

Zu den unentbehrlichen „Gegenständen" (nicht bloß „Werkzeugen") gehören bei solchen Handwerkern und Handarbeitern, deren Tätigkeit zu einem irgend beträchtlichen Teile im Nähen besteht, insbesondere also bei Schneidern, Schneiderinnen, Näherinnen u. s. w. die Nähmaschine, für andere Handwerker, Handarbeiter und Handarbeiterinnen: Kammmaschinen, Nähtische, Drehbänke, Hobelbänke, Jaquardmaschinen, Webstühle, Bandwebstühle, Seidenwinden, Maschinen zum Messerschmieden u. s. w. (Allg. J.M.Vfg. v. 22./11. 82 und 21./8. 84, J.M.Bl. 1882 S. 368, 1884 S. 208). In Spezialfällen sind: Strickmaschinen, Schneidemaschinen eines Buchbinders, das Klavier einer Klavierlehrerin, die zum Vertriebe von Handwerkserzeugnissen dienenden Gegenstände (z. B. Handkarren), Rohstoffe und unfertige Fabrikate, der dressierte Hund eines Schaustellers, für unpfändbar erklärt, Dampf-Hobel- und Sägemaschinen eines Tischlers dagegen für entbehrlich erachtet, der Inhaberin einer Schlosser- und Schmiedewerkstatt dagegen der Schutz des §. 811 versagt. Daß für einen Arbeiter eine Uhr behufs pünktlichen Antritts seiner täglichen Arbeit unentbehrlich ist, begegnet in der Praxis keinen Bedenken mehr. Nach einer Verf. d. Ministers des Innern v. 5./2. 91 (s Zschr. f. B.R. 2c. 1891 S. 78) sollen Taschenuhren der Bergleute als zur Ausübung des bergmännischen Berufes unentbehrlich von der Pfändung wegen Haftkosten freigelassen werden.

f) Zu Nr. 7. (Vgl. Steidle, Erläuterungen zu den fr. Nr. 6, 7 u. 9 des §. 715 C.P.O. i. d. Zschr. f. B.R. 1891 S. 66 ff.) — Zu den Offizieren gehören auch die Reserve- und Landwehroffiziere, nicht aber die Deckoffiziere. Bei den ersteren sind die Ausrüstungsgegenstände auch außerhalb der Zeit der Einberufung zum Dienste von der Pfändung ausgeschlossen (O.L.G. Marienwerder,

Beschl. v. 11./12. 94, Zschr. f. V.R. 1895 S. 122 Nr. 9). — Unter „Beamten" sind zu verstehen „alle im Dienste des Reiches, oder im unmittelbaren oder mittelbaren Dienste eines Bundesstaates auf Lebenszeit, auf Zeit oder nur vorläufig angestellte Personen, ohne Unterschied, ob sie einen Diensteid geleistet haben, oder nicht, ingleichen Notare, nicht aber Advokaten und Anwälte". Die Kommunalbeamten werden sonach von den Bestimmungen getroffen. Ebenso umfaßt der Begriff nicht bloß die Zivil- sondern auch die Militär- und Marinebeamten. Zu den Lehrern gehören nicht: Privat- und Hauslehrer oder Lehrer an einer Privatunterrichtsanstalt. Ärzte sind nur solche im Sinne des §. 29 der Reichsgewerbeordnung; Geistliche nur solche im Sinne der §§. 180a, 174 Nr. 1, 181 Nr. 2 R.Str.G.B.

g) Zu Nr. 8. Zum Diensteinkommen gehört alles das, was dem Beamten 2c. in barem Gelde oder in Natur als Vergütung für seine Dienste dauernd gewährt werden muß (Gehalt, Besoldung, einschließlich der Wohnungsgeldzuschüsse, fixierte oder nicht fixierte Diäten). Dazu gehören die Vergütungen für einzelne vorübergehende Leistungen nicht (Struckm.-Koch C.P.O. Anm. 10 zu §. 850). Als solche sind anzusehen: Umzugskosten, Tagegelder und Reisekosten 2c. Auch der Servis der Offiziere, Militärärzte und -Beamten gehört nicht zum Diensteinkommen. Was von den „Beamten" als solchen zu Nr. 7 vorst. gesagt ist, gilt auch hier. Die Pfändung des Diensteinkommens der in Nr. 8 genannten Personen regelt §. 850 Abs. 2 C.P.O.

h) Zu Nr. 10 bis 18. Die Ausdrücke Kirche und Schule sind im weitesten Sinne zu nehmen; unter Kirche ist daher nicht bloß die christliche zu verstehen; unter Schule sind alle Lehranstalten begriffen, auch Fachschulen (v. Wilm.-Levy C.P.O. Anm. 19 zu §. 715 a. F.). — Zu den wegen körperlicher Gebrechen notwendigen Hilfsmitteln gehören auch Fahr- und Rollstühle.

— Trauringe sind von der Pfändung auszuschließen ohne Rücksicht darauf, ob die Ehe noch besteht. Verlobungsringe fallen nicht unter die Vorschrift des §. 811 (Struckm.-Koch C.P.O. Anm. 9 zu §. 811). — Nach Nr. 18 sind nur die „zur unmittelbaren Verwendung" für die Bestattung bestimmten Gegenstände von der Pfändung befreit.

2) Außer den in Satz 2 als unpfändbar bezeichneten Gegenständen sind ferner noch von der Pfändung ausgeschlossen:

a) Die auf Grund der §§. 13, 56, 72, 89—98 des Ges. v. 27./6. 71 den Unteroffizieren und Soldaten gewährten Verstümmelungszulagen;

b) der ausbezahlte Dienst- oder Arbeitslohn (Ges. v. 21./6. 69, vgl. C.P.O. §. 850 Nr. 1) am Tage der Auszahlung (O.L.G. Stuttgart, Beschl. v. 14./7. 92 i. d. Zschr. f. B.R. 2c. 1894 S. 102);

c) der Gefangenenarbeitsverdienst (nach der Allerh. Kab.Ordre v. 28./12. 40, G.S. S. 52).

Zeugengebühren sind dagegen von der Pfändung nicht ausgenommen.

3) Die Frage, ob der Schuldner auf sein Einspruchsrecht aus §. 850 C.P.O. rechtswirksam verzichten und der G.V. zur Pfändung von Gegenständen schreiten könne, wenn sich der Schuldner seines Einspruchsrechtes ausdrücklich begibt, wird von der Rechtsprechung und Kommentatoren verschieden beantwortet. Der G.V. soll nach der Vorschrift in Satz 8 der Nr. 1, welche allerdings nur instruktionell ist, eine Zustimmung des Schuldners zur Pfändung an sich unpfändbarer Sachen niemals berücksichtigen.

4) Die Pfändung „soll", d. h. sie „hat" zu unterbleiben (C.P.O. §. 803 Abs. 2). Eine Pfändung, bei der kein Überschuß erzielt wird, der Schuldner nur Nachteil erleidet, ist mit Recht zu unterlassen.

[5]) Dieselben Erwägungen liegen der (neuen) Vorschrift des §. 812 C.P.O. zugrunde. Nach der „Begründung“ zu diesem Paragraph soll verhütet werden, daß dem Schuldner durch die Z.V. solche Gegenstände entzogen werden, welche zwar für seinen Haushalt noch einen nicht unerheblichen Wert haben, deren Verkaufswert aber so gering ist, daß die Pfändung in der Regel nur zu einer zwecklosen Verschleuderung und einer schweren Schädigung des Schuldners führen würde, ohne die Lage des Gläubigers wesentlich zu verbessern.

[6]) Gelangt der G.V. bei Prüfung der Frage, ob ein Gegenstand als unentbehrlich von der Pfändung auszuschließen sei, zu einem unrichtigen Resultate, nimmt er also irrtümlich an, daß dieser nicht unentbehrlich sei, so betrifft sein Irrtum nicht die Grenzen seiner Amtsfunktionen oder die gesetzlichen Merkmale der Amtsausübung, sondern lediglich die tatsächlichen Voraussetzungen der Zulässigkeit der Pfändung. Durch einen derartigen Irrtum wird aber seiner Amtshandlung der Charakter der Rechtmäßigkeit nicht entzogen, selbst wenn er auf einer ungenauen und deshalb ungenügenden Informierung über die in Betracht kommenden Verhältnisse beruhen sollte (**R.G.**, Str.S., 16./4. 89, Entsch. Bd. 19 S. 164).

[7]) Hat der G.V. Sachen gepfändet, deren Unentbehrlichkeit sich nachträglich herausstellt, so ist er dennoch nicht befugt, sie ohne Anweisung des Gläubigers und ohne Anordnung des Gerichts wieder freizugeben.

§. 59.

Pfändung von Erzeugnissen, Bestandteilen und Zubehörstücken eines Grundstücks oder eines anderen zum unbeweglichen Vermögen gehörigen Gegenstandes.

1. **Die Gerichtsvollzieher haben sich der Pfändung derjenigen beweglichen Gegenstände zu ent-**

halten, welche von der Zwangsvollstreckung in das unbewegliche Vermögen (§. 44 Abs. 2 der Anw.) mit umfaßt werden.[1]) In dieser Hinsicht ist Folgendes zu beachten:

2. Das Bürgerliche Gesetzbuch bestimmt in den §§. 1120 bis 1122, auf welche Gegenstände außer dem Grundstücke sich die Hypothek erstreckt. Insbesondere gehören hierzu die von dem Boden getrennten Erzeugnisse, die sonstigen Bestandteile sowie die Zubehörstücke eines Grundstücks, sofern diese Sachen in das Eigentum des Eigentümers des Grundstücks gelangt und nicht wieder veräußert und von dem Grundstücke entfernt worden sind. Bezüglich dieser Gegenstände ist zu unterscheiden:

a) Zubehörstücke eines Grundstücks können niemals gepfändet werden. Was Zubehör ist, bestimmen die §§. 97, 98 des Bürgerlichen Gesetzbuchs. Der Gerichtsvollzieher hat sich daher z. B. bei der Zwangsvollstreckung gegen den Eigentümer eines Landguts der Pfändung des zum Wirtschaftsbetriebe bestimmten Viehs, bei der Zwangsvollstreckung gegen den Eigentümer einer Fabrik der Pfändung der zum Betriebe bestimmten Maschinen zu enthalten.

b) Im übrigen unterliegen die Gegenstände, auf welche sich die Hypothek erstreckt (z. B. Getreidevorräte auf einem Landgute, die nicht zur Fortführung der Wirtschaft, sondern zum Verkaufe bestimmt sind), der Pfändung, so lange nicht ihre Beschlagnahme im Wege der Zwangsvollstreckung in das unbewegliche Vermögen erfolgt ist.[2])

3. Die im Abs. 2 erwähnten Vorschriften finden entsprechende Anwendung auf die Zwangsvollstreckung in Erzeugnisse oder Zubehörstücke einer Berechtigung, für welche die sich auf Grundstücke beziehenden Vorschriften gelten. Welche Berechtigungen dies sind, ergibt sich aus §. 1017 des Bürgerlichen Gesetzbuchs[3]), aus den Artikeln 67, 68, 196 des Einführungsgesetzes zum Bürgerlichen Gesetzbuch und aus Artikel 40 des Preußischen Ausführungsgesetzes zum Bürgerlichen Gesetzbuche.[4]) Wegen der Zwangsvollstreckung in eine Bahneinheit ist §. 47 des Preußischen Gesetzes, betreffend das Pfandrecht an Kleinbahnen und Privatanschlußbahnen vom 19. August 1895 maßgebend.[5])

4. Das Pfandrecht an einem im Schiffsregister eingetragenen Schiffe erstreckt sich auf das Zubehör des Schiffes mit Ausnahme der Zubehörstücke, die nicht in das Eigentum des Eigentümers des Schiffes gelangt oder wieder veräußert oder getrennt sind (B.G.B. §. 1265; Binnenschiffahrtsgesetz §. 103 Abs. 1; Handelsgesetzbuch §. 478). Diese Gegenstände können daher nicht gepfändet werden.[6])

---

[1]) Nach C.P.O. §. 864 Abs. 1 unterliegen der Z.V. in das unbewegliche Vermögen außer den Grundstücken die Berechtigungen, für welche die sich auf Grundstücke

beziehenden Vorschriften gelten, und die im Schiffsregister eingetragenen Schiffe.

Schiffe, welche in das Schiffsregister eingetragen sind, gelten zwar im allgemeinen als bewegliche Sachen. Es werden aber hinsichtlich ihrer Verpfändung (BGB. §. 1259) sowie hinsichtlich der Zwangsvollstreckung (Ges. v. 24./3. 97 §§. 162 ff.) wie Grundstücke behandelt:

a) Seeschiffe im Sinne des Gesetzes vom 25./10. 67 betr. die Nationalität der Kauffahrteischiffe, wenn sie in das Schiffsregister eingetragen sind, und
b) die gemäß des Binnenschiffahrtsgesetzes vom 15./6. 98 §§. 120 ff. in das Schiffsregister eingetragenen Binnenschiffe.

Deutsche Schiffe, welche nicht eingetragen sind, unterliegen dagegen auch dann, wenn sie hätten eingetragen werden sollen, den gewöhnlichen Vorschriften über bewegliche Sachen (Dernburg, Bürgerl. Recht, Bd. III S. 12 Nr. 8).

Die Z.V. in Grundstücke und Berechtigungen erfolgt nach C.P.O. §§. 866 Abs. 1, 870 Abs. 1 durch Eintragung einer Sicherungshypothek für die Forderung, durch Zwangsversteigerung und Zwangsverwaltung, diejenigen in ein eingetragenes Schiff nur durch Zwangsversteigerung.

Die Bestimmungen über die Zwangsversteigerung und Zwangsverwaltung sind in dem Reichsges. v. 24./3. 97 (R.G.Bl. S. 97) besonders geregelt. Für die Zwangsversteigerung ist als Vollstreckungsgericht das Amtsgericht zuständig, in dessen Bezirk das Grundstück belegen ist. Die Beschlagnahme des Grundstücks wird mit der Zustellung des Beschlusses über die Anordnung der Z.V. an den Schuldner wirksam.

2) Der Z.V. in das unbewegliche Vermögen unterliegen nicht nur die Grundstücke, sondern auch diejenigen Gegenstände, auf welche sich das Recht der Hypothek erstreckt (C.P.O. §. 865).

Dieses Recht erstreckt sich nach BGB. §§. 1120 bis 1122 außer auf das Pfandgrundstück auch auf die von dem Grundstücke getrennten Erzeugnisse und sonstigen Bestandteile sowie das Zubehör des Grundstücks (vgl. B.G.B. §§. 94—99).

³) Ein Grundstück kann in der Weise belastet werden, daß demjenigen, zu dessen Gunsten die Belastung erfolgt, das veräußerliche und vererbliche Recht zusteht, auf oder unter der Oberfläche des Grundstücks ein Bauwerk zu haben (Erbbaurecht). Für dieses Erbbaurecht gelten die sich auf Grundstücke beziehenden Vorschriften (BGB. §§. 1012, 1017).

Auf die Bestandteile, Erzeugnisse und Zubehörstücke derartiger Bauwerke finden auch die Pfändungsbeschränkungen des §. 865 C.P.O. Anwendung.

⁴) Zu diesen Berechtigungen gehören das Erbpachtrecht mit Einschluß des Büdnerrechts und des Häuslerrechts sowie die Rechte zur Gewinnung eines den bergrechtlichen Vorschriften nicht unterliegenden Minerals. Ferner kann die Landesgesetzgebung für Berechtigungen, welche innerhalb der ihr vorbehaltenen Gebiete liegen, bestimmen, daß sie den auf Grundstücke bezüglichen Vorschriften unterliegen sollen, wie das Bergwerkseigentum die Fischereiberechtigungen und die von Grundstücken bestehenden vererblichen und übertragbaren Nutzungsrechte; E.G. z. B.G.B. Art. 67, 69, 196 (Begründg. zu C.P.O. §. 864).

⁵) Bei Kleinbahnen ist die Pfändung von Betriebsmitteln, die nicht schon an sich von der Pfändung auszuschließen sind (vgl. Anw. §. 58 Nr. 1), von der Beibringung eines Unschädlichkeitsattestes der Aufsichtsbehörde abhängig.

⁶) Wegen der Pfändbarkeit der Schiffe vgl. Anm. 1 vorst. — Unter dem „Zubehör" eines Schiffes sind alle Sachen begriffen, welche zu dem bleibenden Gebrauche

des Schiffes bei der Seefahrt bestimmt sind; dazu gehören auch die Schiffsboote. Im Zweifel werden Gegenstände, die in das Schiffsinventar eingetragen sind, als Zubehör des Schiffs angesehen (H.G.B. §. 478).

§. 60.

Pfändung bei Personen, welche Landwirtschaft betreiben.

1. Ist der Gerichtsvollzieher mit der Pfändung bei einer Person, welche Landwirtschaft betreibt, beauftragt und werden voraussichtlich Gegenstände der im §. 811 Nr. 4 der Civilprozeßordnung bezeichneten Art zu pfänden sein, so hat der Gerichtsvollzieher einen landwirtschaftlichen Sachverständigen zuzuziehen, sofern anzunehmen ist, daß der Wert der zu pfändenden Gegenstände den Betrag von dreihundert Mark übersteigt. Bei einem geringeren Betrage muß die Zuziehung erfolgen, wenn der Schuldner sie verlangt und dadurch weder eine Verzögerung der Zwangsvollstreckung eintritt, noch unverhältnismäßige Kosten entstehen.[1])

2. Der Sachverständige hat zu begutachten, ob die zu pfändenden Sachen zu den Gegenständen gehören, welche im §. 811 Nr. 4 C.P.O. bezeichnet sind oder auf welche sich die Hypothek ꝛc. erstreckt (§. 59 Abs. 2 der Anw.).[2]) Das Gutachten des Sachverständigen ist für den Gerichtsvollzieher nicht bindend, doch soll er von ihm nur aus besonderen und gewichtigen Gründen abweichen.

3. Der Gerichtsvollzieher hat sich wegen Bezeichnung eines Sachverständigen an den Gemeindevorsteher, in den selbständigen Gutsbezirken an den Gutsvorsteher, zu wenden und, falls dieser nicht selbst die Verrichtungen als Sachverständiger übernimmt, die von ihm bezeichnete Person zuzuziehen. Insoweit für gewisse Grundstücke (größere Güter, bepfandbriefte Grundstücke) Sachverständige von der Aufsichtsbehörde im Voraus bestimmt sind, hat der Gerichtsvollzieher hiernach zu verfahren. Im Falle der Behinderung oder des Ausbleibens des Sachverständigen ist eine andere geeignete Person zuzuziehen, sofern eine Verzögerung der Zwangsvollstreckung nicht eintritt. Personen, welche mit dem Gläubiger oder dem Schuldner nahe verwandt oder verschwägert oder welche an der Sache beteiligt sind, dürfen nicht zugezogen werden. Ist die Zuziehung nach Maßgabe dieser Vorschriften vergeblich versucht, so kann die Pfändung auch ohne Beteiligung eines Sachverständigen erfolgen.

4. Die Anfrage bei dem Gemeindevorsteher (Gutsvorsteher) und die Bestellung des Sachverständigen an den Ort der Pfändung kann auf jede nach dem Ermessen des Gerichtsvollziehers geeignete Art (mündlich, durch Brief, durch Boten), jedoch nicht durch Postkarte[3]), erfolgen.

5. Das Ergebnis des Gutachtens ist, sofern der Sachverständige es nicht sofort schriftlich in einer Anlage zum Pfändungsprotokolle niederlegt, nebst

den wesentlichen Gründen in dieses Protokoll aufzunehmen. Ist der Gerichtsvollzieher bei der Pfändung dem Gutachten nicht gefolgt, so sind auch die Gründe hierfür in dem Protokoll ersichtlich zu machen.

6. Dem Gerichtsvollzieher stehen Zwangsmittel im Falle des Nichterscheinens des Sachverständigen oder der Verweigerung des Gutachtens nicht zu. Er ist nicht befugt, von dem Sachverständigen eine Beeidigung des Gutachtens oder eine sonstige Versicherung der Richtigkeit zu fordern.

7. Dem Sachverständigen ist eine Vergütung nach dem ortsüblichen Preise seiner Leistung zu gewähren. Der Gerichtsvollzieher hat diese Vergütung sofort bei der Pfändung gegen Empfangsbescheinigung auszuzahlen; geeignetenfalls kann er hierzu von seinem Auftraggeber einen Vorschuß gemäß §. 18 der Gebührenordnung für Gerichtsvollzieher fordern. Soweit nicht ein anderer ortsüblicher Preis feststeht, sind für die Bemessung die Sätze des nach Nr. 3 der allgemeinen Verfügung vom 15. Juni 1883 (Just.-Minist.-Bl. S. 190) für das Amtsgericht festgestellten Tarifs, der den Gerichtsvollziehern mitgeteilt wird, maßgebend. Die Vergütung umfaßt sowohl den Wert der Leistung als die Aufwandsentschädigung. An Reisekosten sind dem Sachverständigen nur die tatsächlich erforderlichen Auslagen zu erstatten. Ist der Sachverständige mit der Bemessung seiner Entschädigung

nicht einverstanden, so ist er mit seinen Einwendungen gemäß §. 766 der Civilprozeßordnung an das Vollstreckungsgericht zu verweisen.[4])

8. Verlangt ein Sachverständiger, der Beamter einer öffentlichen Grundkreditanstalt ist, daß die Vergütung an die von ihm zu bezeichnende Behörde der Anstalt übersandt werde, so ist diesem Verlangen stattzugeben, das Verlangen ist in dem Protokolle zu vermerken.

---

[1]) Die Vorschrift in Nr. 1 beruht auf C.P.O. §. 818; sie ist eine Ordnungsvorschrift und soll eine erhöhte Gewähr dafür bieten, daß die gesetzlichen Pfändungsbeschränkungen inbetreff der Früchte und der zum Betriebe der Landwirtschaft dienenden Gegenstände (C.P.O. §§. 810, 811 Nr. 4, 865 Abs. 2) eingehalten werden (Begründg. zu C.P.O. §. 813).

[2]) Vgl. auch §§. 58 und 68 der Anw.

[3]) Vgl. §. 50 Nr. 1 d. Anw.

[4]) Für die dem Sachverständigen zu gewährende Vergütung ist die Gebührenordn. f. Zeugen und Sachverständige v. 30./6. 78 (R.G.Bl. S. 178) maßgebend. Danach erhält der Sachverständige für seine Leistungen eine Vergütung nach Maßgabe der erforderlichen Zeitversäumnis im Betrage bis zu 2 M. auf jede angefangene Stunde. Diese Vergütung ist unter Berücksichtigung der Erwerbsverhätnisse des Sachverständigen zu bemessen und für jeden Tag auf nicht mehr als zehn Stunden zu gewähren. Der durch die Reise zum Termine verursachte Zeitaufwand ist in gleicher Weise zu vergüten. Außerdem sind die tatsächlich erforderlich gewesenen Reise- und Aufwandskosten zu erstatten. Die für gewisse Klassen von öffentlichen Beamten geltenden Vorschriften über

Gewährung von Tagegeldern und Reisekosten hat der G.V. **nicht** zu berücksichtigen. Diese sind nur auf diejenigen Fälle anwendbar, wo Beamte als Sachverständige vor **Gericht** zu erscheinen haben.

§. 61.

Widerspruch eines Dritten.

1. Nach den Vorschriften der Civilprozeßordnung kann ein Dritter der Zwangsvollstreckung widersprechen und ihre Einstellung durch Gerichtsbeschluß herbeiführen, wenn ihm an dem Gegenstande der Zwangsvollstreckung ein die Veräußerung hinderndes Recht zusteht (C.P.O. §. 771), ingleichen wenn eine ihm nachteilige Verfügung über den Gegenstand auf Grund eines zu seinem Schutze bestehenden Veräußerungsverbots (C.P.O. §. 772) oder vermöge seiner Stellung als Nacherbe des Schuldners (C.P.O. §. 773) oder als Ehemann der Schuldnerin (C.P.O. §. 774) ihm gegenüber unwirksam sein würde. Wird ein solcher Widerspruch dem Gerichtsvollzieher gegenüber von dem Dritten geltend gemacht, oder von dem Schuldner angekündigt, so hat er diese Erklärungen, um sie zur Kenntnis des Gläubigers zu bringen, im Protokolle zu beurkunden. Dem Dritten ist auf Verlangen eine Abschrift des Protokolls zu erteilen.

2. Der Gerichtsvollzieher darf jedoch die Pfändung solcher Sachen, auf die sich der Widerspruch erstreckt, dann unterlassen, wenn die sonst noch vor-

handene, von einem Widerspruche nicht betroffene bewegliche Habe des Schuldners bereits zur Deckung des Gläubigers ausreicht. Ist das nicht der Fall, so hat der Gerichtsvollzieher die Pfändung ohne Rücksicht auf den Widerspruch durchzuführen und die Beteiligten mit der Geltendmachung ihrer Ansprüche an das Gericht zu verweisen. Da sich hierbei im Voraus nicht übersehen läßt, welcher Teil der Pfandstücke nach Durchführung des Widerspruchs zur Befriedigung des Gläubigers verwendbar bleiben wird, so kann in diesem Falle die Pfändung auch über die im §. 57 Abs. 9 der Anw. bezeichnete Wertgrenze hinaus erstreckt und die Entschließung des Gläubigers über die Freigabe einzelner Stücke abgewartet werden.[1])

3. Gepfändetes Geld[2]) hat der Gerichtsvollzieher bei dem Amtsgericht in vorläufige Verwahrung zu geben, wenn ihm vor der Ablieferung an den Gläubiger (z. B. durch eine eidesstattliche Versicherung) glaubhaft gemacht wird, daß einem Dritten ein die Veräußerung hinderndes Recht an dem Gelde zusteht. Wird ihm nicht binnen 2 Wochen nach der Pfändung eine gerichtliche Entscheidung über die Einstellung der Zwangsvollstreckung vorgelegt, so hat er die Rückgabe des Geldes behufs Aushändigung an den Gläubiger zu veranlassen.[3])

---

[1]) Dritte, zum Widerspruche gegen die Z.V. berechtigte, Personen sind diejenigen, welche nicht Vollstreckungs-

Gläubiger oder Schuldner oder Rechtsnachfolger solcher sind. — Der G.V. selbst ist aber zur Anerkennung von Ansprüchen dritter oder zur Verzichtleistung auf Rechte des Gläubigers nicht berechtigt (R.G., Erk. d. III Civ. Sen. v. 2./4. 89, Jur. Wochenschr. 1889 S. 204. —

In Betracht kommen hier hauptsächlich 1. Rechte, welche die Veräußerung des gepfändeten Gegenstandes überhaupt hindern; 2. solche Pfand- oder Vorzugsrechte, welche zwar nicht zum Widerspruche gegen die Pfändung berechtigen, wohl aber einen Anspruch auf vorzugsweise Befriedigung aus dem Erlöse gewähren.

Zu den ersteren gehören die Rechte derjenigen Personen, zu deren Gunsten ein Veräußerungsverbot bezügl. der der Z.V. zu unterwerfenden Gegenstände besteht (BGB. §§. 135, 136, C.P.O. §. 772), ferner die Eigentums- und Nutzungsrechte dritter Personen (auch die Rechte aus dem Möbelleihvertrage), der Pächter, Aftermieter und der Hypothekengläubiger. Aus dem Familien- und Erbrechte sind zu berücksichtigen BGB. §§. 1405, 1452, 1519, 1525, 1549, 1550 in Verbindung mit C.P.O. §§. 778, 774.

Zu den Rechten der zweiten Kategorie gehören in erster Reihe die gesetzlichen Pfandrechte an beweglichen Sachen, so das Pfandrecht des Vermieters an den eingebrachten Sachen des Mieters (BGB. §§. 559 bis 568), des Verpächters an den eingebrachten Sachen des Pächters und an den Früchten des landwirtschaftlichen Pachtgrundstücks (BGB. §. 585), — solange nicht vom Besitzergreifungsrechte (das. §. 561) Gebrauch gemacht ist —, des Gastwirts an den eingebrachten Sachen des Gastes (das. §. 704) und die Pfandrechte des Frachtführers und Verfrachters nach Ablieferung des Guts (H.G.B. §§. 440, 623) wegen ihrer Ansprüche aus den bezüglichen Geschäften.

²) Unter „Geld“ ist nur solches zu verstehen, welches, wenn auch nicht ohne jede Einschränkung, als gesetzliches Zahlungsmittel gilt, also die sämtlichen Münzen der Reichswährung und die ihnen gleichgestellten Münzen. Die im Verkehr allgemein wie „Geld“ behandelten Wertpapiere, also Reichskassenscheine, Reichsbanknoten und die Noten der nach Bankges. §. 45 vom Reichskanzler bekannt gemachten Privatbanken wird der Gläubiger, wenn der G.V. diese selbst an ihn abliefert, nicht zurückweisen dürfen. Anders hinsichtlich fremder Münzen, selbst wenn sie im Inlande Kurs haben; nimmt der Gläubiger sie statt Geldes an, so kommt es auf die Vereinbarung über den Preis (Kurs) an; anderenfalls sind sie zu versteigern. — Für fremde Banknoten und fremdes Papiergeld gilt C.P.O. §. 821 (Struckm.-Koch C.P.O. Anm. 1 a. a. O., vgl. §. 57 Nr. 8, §. 67 Nr. 5 d. Anw.).

³) Die Vorschrift in Nr. 8 beruht auf C.P.O. §. 805, Abs. 4, 815. —

Die Wegnahme des Geldes durch den G.V. gilt als Zahlung von seiten des Schuldners. Der letztere wird dadurch bis zur Höhe des weggenommenen Betrages befreit. Das Vollstreckungsverfahren ist aber erst mit der Aushändigung des gepfändeten Geldes an den Gläubiger als beendigt anzusehen, da erst mit diesem Zeitpunkte letzterer tatsächlich befriedigt ist. Doch sind Anschlußpfändungen von dem Augenblicke der Wegnahme des Geldes an ausgeschlossen (Struckm.-Koch C.P.O. Anm. 3, 4 zu §. 815).

Wird die Hinterlegung des Versteigerungserlöses notwendig, so fragt es sich, ob und welche Kosten des Vollstreckungsverfahrens davon in Abzug zu bringen sind. Das **R.G.** (Erk. v. 15./12. 97, Entsch. Bd. 40 S. 288) hält den Abzug sämtlicher Kosten für zulässig, was von anderer Seite bestritten wird.

§. 62.

Unterbringung der Pfandstücke. Pfandkammer. Verwahrer.

1. Gepfändetes Geld hat der Gerichtsvollzieher unverzüglich an den Gläubiger abzuliefern, oder, insofern die Hinterlegung des Geldes erfolgen muß (§. 61 Abs. 3, §. 87 der Anw.), zu hinterlegen. Gepfändete Kostbarkeiten und Wertpapiere, ingleichen gepfändetes Geld bis zu dessen Auszahlung oder Hinterlegung, sind gemäß §. 10 der Anw. von dem Gerichtsvollzieher besonders zu verwahren.[1])

2. Bei anderen Pfandstücken hat der Gerichtsvollzieher, wenn sie aus dem Gewahrsame des Schuldners entfernt werden, für die sichere Unterbringung und Verwahrung zu sorgen sowie die zu ihrer Erhaltung erforderlichen Vorkehrungen zu treffen.[2]) Er hat darauf Bedacht zu nehmen, daß durch die Fortschaffung und Verwahrung der Pfandstücke sowie durch die Bestellung eines Verwahrers oder Hüters nicht mehr als die angemessenen und durchaus notwendigen Unkosten entstehen.[3])

3. Im Pfändungsprotokoll oder in einem unter dieses zu setzenden Nachtrage ist zu vermerken, welche Maßnahmen zur Unterbringung der Pfandstücke getroffen sind.

4. Der Gerichtsvollzieher hat, soweit es nach Lage der Verhältnisse erforderlich ist, zur Unterbringung gepfändeter Sachen eine Pfandkammer

zu halten. Für die Aufbewahrung der Sachen in der Pfandkammer kann er einen angemessenen Betrag als bare Auslage in Ansatz bringen. Für die Verwahrung von Geld, Kostbarkeiten und Wertpapieren dürfen Auslagen nicht berechnet werden, es sei denn, daß durch den außergewöhnlich hohen Wert solcher Gegenstände im einzelnen Falle besondere Schutzmaßregeln erforderlich werden.

5. Die in der Pfandkammer verwahrten Sachen sind mit der Nummer, unter welche die Angelegenheit im Dienstregister eingetragen steht, zu bezeichnen und von anderen Sachen getrennt zu halten.

6. Die Pfandkammer ist zur Verwahrung nicht zu benutzen, wenn die Versteigerung der Pfandstücke an einem anderen Orte erforderlich oder zweckmäßig ist, wenn die Pfandstücke ihrer Beschaffenheit nach zur Verwahrung in ihr nicht geeignet sind oder wenn die Beförderung zur Pfandkammer mit besonderen Schwierigkeiten oder außergewöhnlich hohen Kosten verbunden sein würde.

7. Werden gepfändete Tiere nicht in dem Gewahrsame des Schuldners belassen, so ist der Gerichtsvollzieher verpflichtet, die für die ordnungsmäßige Pflege und Fütterung der Tiere erforderlichen Maßnahmen zu treffen. Werden ihm die dazu erforderlichen Geldmittel nicht rechtzeitig zur Verfügung gestellt, so ist das Tier unverzüglich zu versteigern, selbst wenn dabei die gesetzliche Frist

(§. 65 Abs. 3 der Anw.) nicht innegehalten werden kann (C.P.O. §. 816 Abs. 1).[4])

8. Pfandstücke, die der Gerichtsvollzieher aus dem Gewahrsame des Schuldners entfernt und deren Verwahrung nicht in der in den Abs. 1 bis 7 bezeichneten Art erfolgen kann, sind einem besonders bestellten Verwahrer zu übergeben. Zum Verwahrer soll tunlichst nur eine am Orte der Pfändung ansässige, zuverlässige und zahlungsfähige Person bestellt werden; bei ihrer Auswahl ist in Landgemeinden die Mitwirkung des Gemeindevorstehers zu erbitten. Die für die Verwahrung und Beaufsichtigung zu gewährende Vergütung ist bei der Übergabe der Pfandstücke zu vereinbaren. Der Verwahrer hat unter einem Verzeichnisse der ihm übergebenen Sachen ihren Empfang zu bescheinigen; eine Abschrift dieses Verzeichnisses nebst der Bescheinigung ist dem Verwahrer auf sein Verlangen auszuhändigen.

9. Die Bestellung des Verwahrers und die mit ihm getroffene Vereinbarung ist in dem Pfändungsprotokoll oder einem darunter zu setzenden Nachtrage zu vermerken; die Bescheinigung ist mit dem Pfändungsprotokoll zu verbinden oder in das Protokoll mitaufzunehmen.

---

[1]) Unter „gepfändetem Gelde" ist (nach einer Kammergerichts-Entscheidung) auch das von dem Schuldner an den G.V. (infolge der Aufforderung gemäß §. 50

Nr. 2 d. Anw.) freiwillig gezahlte Geld zu verstehen. — Im übrigen vgl. wegen des Begriffs „gepfändetes Geld" Anm. 2 zu §. 61, wegen der Besitzergreifung ꝛc. von Geld, Kostbarkeiten und Wertpapieren §§. 57, 67, 60 Nr. 4, 87 d. Anw., §. 808 Abs. 2 C.P.O.

[2]) Verletzt der G.V. die ihm nach dieser Vorschrift obliegende Dienstpflicht, so haftet er für die daraus entstehenden Folgen (R.G. 12./1. 91 i. d. Zschr. f. V.R. 1891 S. 54, D.G.V.Ztg. 1891 S. 78; vgl. BGB. §. 889).

[3]) Vgl. Geb.O. §. 18 Nr. 7.

[4]) Aber auch in diesem Falle muß für entsprechende Bekanntmachung des Versteigerungstermins (§. 65 Nr. 4 d. Anw.) gesorgt werden.

§. 63.

Pfändung von Sachen, die sich nicht im Gewahrsame des Schuldners befinden.

1. Sachen, die sich nicht im Gewahrsame des Schuldners befinden, können von dem Gerichtsvollzieher nur dann gepfändet werden, wenn der Besitzer der Sachen zu ihrer Herausgabe bereit ist oder wenn der Gläubiger selbst der Besitzer ist (C.P.O. §. 809). Ihre Pfändung geschieht unter entsprechender Anwendung des §. 57 der Anw. Der Sachverhalt ist im Protokolle darzulegen.

2. Lehnt die Person, bei welcher Sachen des Schuldners gepfändet werden sollen, die Herausgabe ab oder bestreitet sie, solche Sachen im Gewahrsame zu haben, so ist diese Erklärung im Protokolle zu beurkunden und von der Pfändung

abzusehen. Dem Gläubiger bleibt es dann überlassen, die Pfändung des Anspruchs, welcher dem Schuldner in Ansehung der Sachen zusteht, bei dem Gerichte zu beantragen.[1]) In den Fällen des §. 48 Abs. 2 b, c der Anw. findet diese Vorschrift keine Anwendung, sofern der Besitzer der Sachen zur Duldung der Zwangsvollstreckung verurteilt oder die Vollstreckung auf Grund des gegen den Schuldner erlassenen Urteils auch bei dem Besitzer zulässig ist.[2])

3. Soweit die Pfandstücke in dem Gewahrsame des Besitzers zu belassen sind (§. 57 Abs. 4 der Anw.), ist die Pfändung in der gleichen Weise erkennbar zu machen, wie dies für Pfandstücke vorgeschrieben ist, die in dem Gewahrsame des Schuldners belassen werden.[3]) Verlangt der Besitzer die Fortschaffung der Pfandstücke, so ist dem Verlangen stattzugeben.

4. Von einer nach den Vorschriften dieses Paragraphen geschehenen Pfändung ist der Schuldner durch Mitteilung einer Protokollabschrift in Kenntnis zu setzen.[4]) Dem Dritten ist auf Verlangen eine Abschrift des Protokolls zu erteilen.

---

[1]) a) „Gewahrsam" bedeutet „tatsächliche Gewalt, ausschließlicher Innehaber" (vgl. Anm. 2 zu §. 57). Diese wird in erster Reihe bei dem Eigenbesitzer (BGB. §. 872) vorausgesetzt, aber auch der Fremdbesitzer (BGB. §. 868) kommt hier in Betracht. Zum Fremdbesitz gehört der „Verwaltungsbesitz", wenn

jemand den Besitz zuvor äußerlich selbständig ausübt, aber für einen Dritten, den Geschäftsherrn, und der „Nutzbesitz", bei welchem der Besitzer die Sache zu eigenem Nutzen innehat, insbesondere als Nießbraucher, Entleiher, Mieter, Pächter, Pfandgläubiger. Fremdbesitz hat u. a. auch der Frachtführer, Spediteur und Befrachter an den ihm zur Beförderung anvertrauten Sachen, der Werkmeister an den ihm zur Bearbeitung oder Verarbeitung übergebenen Gegenstände (Dernburg, bürgerl. Recht, Bd. III S. 45 ff.).

Vom Fremdbesitzer ist zu unterscheiden der Besitzgehülfe, der nur Gewahrsam, nicht Besitz hat (BGB. §. 855), also z. B. Gesinde, Fabrikarbeiter, Handlungsgehilfen, ferner Hauszugehörige, Verwandte, Pfleglinge, welche Sachen des Besitzers in dessen Räumen innehaben und gebrauchen (Dernburg a. a. O. S. 47 ff.).

b) Die Bereitschaft des Dritten zur Herausgabe muß eine unbedingte und präsente, der Dritte muß zur sofortigen Herausgabe bereit sein; Vorbehalte hat der G.V. nicht zu berücksichtigen (v. Wilm.-Levy C.P.O. Anm. 2 zu §. 718 ä. F.). — Die erforderliche Erklärung muß von dem Drittbesitzer selbst abgegeben werden; Erklärungen anderer Personen genügen nur, wenn diese dazu besonders legitimiert sind (Zschr. f. V.R. 1891 S. 65).

c) Auch die Pfändung von Sachen, die sich nicht im ausschließlichen Gewahrsam des Schuldners, sondern im Mitgewahrsam eines Dritten befinden, kann nur nach der Vorschrift des §. 809 C.P.O. (nicht nach 808) erfolgen (v. Wilm.-Levy C.P.O., Anm. 1 zu §. 712 ä. F.). Die Pfändung ist unbestatthaft, sobald ein Mitinhaber widerspricht (Beschl. d. Ldg. Dresden v. 25./8. 91 i. d. Zschr. f. V.R. 1892 S. 85).

d) Die Frage, ob der G.V. beigetriebenes Geld, welches er noch in seinem Gewahrsam hat, für einen Gläubiger seines Auftraggebers nach C.P.O. §. 808

pfänden darf oder ob für diese Pfändung das Vollstreckungsgericht zuständig ist (C.P.O. §§. 828 ff.), ist von einer Aufsichtsbehörde in einem Spezialfalle zu Gunsten der ersteren Ansicht entschieden worden, während die D.G.V.Ztg. (vgl. Jahrg. 1897 S. 107) die zweite Meinung vertritt.

e) Die „entsprechende Anwendung" des §. 57 kann dahin führen, daß dem Dritten bzw. Gläubiger die Sachen belassen werden können; zur Entstehung des Pfandrechts ist indes auch dann eine Besitznahme des G.V. und eine Ersichtlichmachung der Pfändung nötig (v. Wilm.-Levy Anm. 2 zu §. 718).

f) Pfändet der G.V., trotzdem der Dritte die Herausgabe der Sache abgelehnt hat, so befindet er sich nicht in der rechtmäßigen Ausübung seines Amtes, auch nicht in einem entschuldbaren Irrtum über die tatsächlichen Voraussetzungen seiner Amtshandlung. Die solchergestalt vorgenommene Pfändung ist nichtig, ein gegen den G.V. verübter Widerstand straffrei (R.G., Str. S., 11./3. 89 i. d. D.G.V.Ztg. 1889 S. 156).

2) Vgl. Anm. 3 zu §. 48 d. Anw.

3) Vgl. Anm. 1 lit. c vorst.

4) Vgl. §. 52 Nr. 3 und 4 d. Anw.

§. 64.

Veräußerung der Pfandstücke.

1. Die Veräußerung der Pfandstücke hat der Gerichtsvollzieher, ohne einen weiteren Antrag des Gläubigers abzuwarten, nach den §§. 814—825 der Civilprozeßordnung zu bewirken. Die Veräußerung geschieht in der Regel durch öffentliche Versteigerung, ausnahmsweise durch freihändigen Verkauf (§. 66 der Anw.).[1])

2. Den Wert von Kostbarkeiten sowie den Gold- oder Silberwert von Gold- oder Silbersachen hat der Gerichtsvollzieher vor der Versteigerung durch einen Sachverständigen abschätzen zu lassen. Der Sachverständige hat die Schätzung schriftlich oder zum Protokolle des Gerichtsvollziehers zu erklären.[2])

3. Bei der Versteigerung, wie bei einem Verkauf aus freier Hand dürfen der Gerichtsvollzieher und die von ihm zugezogenen Gehilfen (Ausrufer, Schreiber, Protokollführer u. s. w.) den zum Verkaufe gestellten Gegenstand weder für sich persönlich oder durch einen Anderen noch als Vertreter eines Anderen kaufen (B.G.B. §§. 456—458). Der Gerichtsvollzieher darf auch seinen Angehörigen das Mitbieten nicht gestatten.[3])

---

[1]) Die **allgemeinen** Bestimmungen über die **Verwertung** der Pfandstücke sind enthalten in C.P.O. §§. 814 bis 825, BGB. §. 156, 461, 1235 ff. Die **speziellen** Vorschriften über das **Verfahren** des G.V. bei der Verwertung gibt die G.A. in den §§. 64 bis 68. Nach C.P.O. §. 814 hat die **öffentliche Versteigerung** die Regel zu bilden. Ausnahmen davon sind in den §§. 815 Abs. 1, 820, 821, 825 zugelassen.

Gegenstände, die nicht ohne weiteres in den Verkehr gebracht werden dürfen, sind von der Versteigerung auszuschließen. Dazu gehören **Handfeuerwaffen**, welche nicht mit dem (durch R.Ges. v. 19./5. 91, R.G.Bl. S. 109) vorgeschriebenen Prüfungszeichen versehen sind. Auch der G.V. macht sich strafbar, wenn er Waffen ohne dieses Prüfungszeichen versteigert (**R.G.**, Str.S., Bd. 28 S. 316, auch D.G.V.Ztg. 1896 S. 126). — **Gesetzlich** verboten ist der Verkauf von Nahrungs- und Genußmitteln, welche den Bestimmungen der Nahrungsmittelgesetze nicht entsprechen; von explosiven Stoffen (Feuerwerkskörpern, Schießpulver und Dynamit); von Giften und gifthaltigen Waren, Arznei- und Geheimmitteln; von Druckschriften, anderen Schriften und Bildwerken, insofern sie in sittlicher oder religiöser Beziehung Ärgernis zu geben geeignet sind (vgl. D.G.V.Ztg. 1896 S. 19ff.). — Wegen freiwilliger Versteigerung dieser Gegenstände vgl. bei §. 100 d. Anw.

Abgesehen von der Zulässigkeit freihändigen Verkaufs in den Fällen der §§. 820, 821 C.P.O. steht nur dem Vollstreckungsgericht die Bestimmung über eine andere Verwertung der Pfandstücke (als durch öffentliche Versteigerung) zu. Privaten Abmachungen der Parteien darüber hat der G.V. seine Zustimmung zu versagen.

2) C.P.O. §§. 814, 820; vgl. §. 65 Nr. 8 d. Anw. — Wegen des Begriffs „Kostbarkeiten" s. Anm. 8 zu §. 57.

3) Doch hängt die Wirksamkeit eines dieser Bestimmung zuwider erfolgten Kaufes von der Zustimmung der Beteiligten ab (BGB. §. 458).

§. 65.

Öffentliche Versteigerung.

1. Die Versteigerung erfolgt in der Gemeinde, in welcher die Pfändung geschehen ist, sofern nicht der Gläubiger und der Schuldner sich über einen anderen Ort einigen oder das Vollstreckungsgericht auf den Antrag des Gläubigers oder des Schuldners einen anderen Ort für die Versteigerung bestimmt (C.P.O. §. 816 Abs. 2, §. 825).1) Wenn nach den Umständen anzunehmen ist, daß bei der Versteigerung an einem anderen Orte als dem der Pfändung ein

besserer Erlös zu erzielen oder Unkosten zu ersparen sein werden, so soll der Gerichtsvollzieher die Beteiligten auf die vorbezeichnete Vorschrift aufmerksam machen.[2])

2. Von dem Versteigerungstermine sind der Gläubiger und der Schuldner besonders zu benachrichtigen, wenn er ihnen nicht bereits anderweit, z. B. durch die übersandte Abschrift des Pfändungsprotokolls, bekannt gegeben worden ist. Die Vorschrift in §. 55 Abs. 2 findet Anwendung.[3])

3. Die Versteigerung darf nicht vor dem Ablauf einer Woche seit dem Tage der Pfändung geschehen, es sei denn, daß der Gläubiger und der Schuldner sich über eine frühere Versteigerung einigen oder daß die frühere Versteigerung nach der pflichtmäßigen Überzeugung des Gerichtsvollziehers erforderlich ist, um die Gefahr einer beträchtlichen Wertminderung oder eines unverhältnismäßigen Kostenaufwandes abzuwenden. Die Einigung der Parteien oder die sonstigen Gründe für die vorzeitige Versteigerung sind aktenkundig zu machen. In der Regel soll jedoch die Versteigerung nicht früher als zwei Wochen und nicht später als einen Monat nach der Pfändung stattfinden; eine weitere Verzögerung ist in den Akten zu begründen.[4])

4. Der Versteigerung muß eine öffentliche Bekanntmachung vorausgehen.[5]) Sie ist in ortsüblicher Weise (durch Ausruf, Anschlag, Einrücken in geeignete Zeitungen u. dergl.) unter besonderer Be-

rücksichtigung der geringeren oder größeren Wichtigkeit des Gegenstandes spätestens am Tage vor der Versteigerung zu bewirken. Die Bekanntmachung muß insbesondere enthalten:

a) eine allgemeine Bezeichnung der zu versteigernden Gegenstände (Möbel, Betten, Kleidungsstücke u. dergl.), unter Hervorhebung besonders wertvoller Sachen;
b) die Angabe des Ortes, des Tages und der Stunde der Versteigerung.

In der Bekanntmachung ist ersichtlich zu machen, daß es sich um eine Zwangsversteigerung handelt; die Namen des Gläubigers und des Schuldners sind fortzulassen. Bei gedruckten Bekanntmachungen ist auf eine sachgemäße Kürze Bedacht zu nehmen. Die Bekanntmachung ist aktenkundig zu machen. Ist sie in öffentliche Blätter eingerückt, so ist ein Abdruck beizubringen. Bei Sammelbekanntmachungen ist der Abdruck zu einem der Handaktenstücke zu bringen; in den Akten über die anderen Angelegenheiten, auf die sich der Abdruck bezieht, ist der Verbleib zu bemerken.[6])

5. Wird der Versteigerungstermin wieder aufgehoben, so sind die Aushänge und Anschläge sofort zu entfernen; die Aufhebung ist, wenn noch tunlich, öffentlich bekannt zu machen.[7])

6. Vor dem Beginne des Termins sind die zu versteigernden Sachen zum Verkaufe bereit zu stellen und dabei mit dem Pfändungsprotokolle zu ver-

gleichen. War ein Verwahrer oder ein Hüter bestellt, so ist über die Rückgewähr der Sachen mit diesem ein Protokoll aufzunehmen, auf Verlangen ist ihm eine Bescheinigung über die Rückgabe zu erteilen. Ergibt es sich, daß Pfandstücke fehlen oder beschädigt sind, so ist dies in das Protokoll aufzunehmen oder zu den Akten zu vermerken oder zur Kenntnis der Beteiligten zu bringen.[8])

7. Bei der Eröffnung des Termins sind zunächst die Versteigerungsbedingungen bekannt zu machen. Die Bedingungen müssen den Vorschriften im §. 817 der Civilprozeßordnung entsprechen, es sei denn, daß das Vollstreckungsgericht einen abweichenden Inhalt der Versteigerungsbedingungen gestattet hat.[9])

8. Demnächst ist zum Bieten aufzufordern; die einzelnen Pfandstücke sind tunlichst nach ihrer Reihenfolge im Pfändungsprotokoll auszurufen und den Kauflustigen zur Besichtigung vorzuzeigen, gleichzeitig ist bei Kostbarkeiten der Schätzungswert, bei Gold- und Silbersachen auch der Gold- oder Silberwert anzugeben. Dem Gläubiger und dem Schuldner ist das Mitbieten zu gestatten. Ein Gebot des Schuldners ist zurückzuweisen, wenn er nicht den Betrag sofort bar erlegt. Bei Gold- und Silbersachen ist jedes Gebot zurückzuweisen, das den Gold- oder Silberwert (der vom Schätzungswerte verschieden sein wird) nicht erreicht.[10])

9. Dem Zuschlag an den Meistbietenden soll ein dreimaliger Aufruf vorausgehen. Durch den Zu-

schlag kommt der Vertrag mit dem Meistbietenden zu Stande; die Verpflichtung jedes einzelnen Bieters erlischt, sobald ein Übergebot abgegeben oder wenn die Versteigerung ohne Erteilung des Zuschlags geschlossen wird (B.G.B. §. 156).[11])

10. Die Sache ist dem Ersteher nur gegen bare Zahlung des Kaufpreises zu überliefern. Hat er bis zum Schlusse des Versteigerungstermins oder zu der in den Versteigerungsbedingungen bestimmten Zeit die Ablieferung nicht verlangt, so ist gemäß §. 817 Abs. 3 der Civilprozeßordnung zur Wiederversteigerung der Sache zu schreiten, sofern nicht das Vollstreckungsgericht auf Grund des §. 825 der Civilprozeßordnung abweichende Anordnung getroffen hat.[12])

11. Ist der Zuschlag dem Gläubiger erteilt, so ist dieser von der Verpflichtung zur Barzahlung insoweit befreit, als der Erlös zu seiner Befriedigung zu verwenden ist. Der Gläubiger hat mithin nur diejenigen Beträge baar zu zahlen, welche zur Deckung der Zwangsvollstreckungskosten erforderlich sind oder sich nach seiner Befriedigung als Überschuß ergeben. Insoweit dem Schuldner nachgelassen ist, die Vollstreckung durch Sicherheitsleistung oder Hinterlegung abzuwenden (§. 87 Abs. 1a der Anw.), hat auch der Gläubiger den Preis für die von ihm erstandene Sache baar zu entrichten (C.P.O. §. 817 Abs. 4).[13])

12. Die Versteigerung ist einzustellen, sobald der

Erlös zur Befriedigung des Gläubigers und zur Deckung der Kosten der Zwangsvollstreckung hinreicht (C.P.O. §. 818). Der Gerichtsvollzieher hat deshalb die bereits erzielten Erlöse von Zeit zu Zeit aufzurechnen.[14])

13. Das Protokoll über die Versteigerung (§. 52 der Anw.) muß insbesondere enthalten:

a) den Betrag der beizutreibenden Forderung und der Zwangsvollstreckungskosten;
b) den Hinweis auf die gesetzlichen Versteigerungsbedingungen oder den Wortlaut der Versteigerungsbedingungen, insoweit sie von den gesetzlichen abweichen;
c) die Bezeichnung der ausgebotenen Sachen sowie ihre Nummern nach dem Pfändungsprotokolle, die abgegebenen Meistgebote und die Namen der Bieter, denen der Zuschlag erteilt ist;
d) die Angabe, daß der Kaufpreis gezahlt oder daß die Zahlung und die Ablieferung der Sache unterblieben ist.[15])

14. Ein zurückgewiesenes Gebot ist im Protokolle gleichfalls zu vermerken, aber nicht in die für das Meistgebot bestimmte Spalte aufzunehmen. Bei Gold- und Silbersachen ist zutreffendenfalls zu beurkunden, daß, des wiederholten Aufrufs ungeachtet, ein den Gold- oder Silberwert deckendes Gebot nicht abgegeben worden ist.

15. Das Protokoll ist den Meistbietenden zur Mitunterzeichnung vorzulegen, wenn sie beim Schlusse

des Versteigerungstermins noch anwesend sind. Haben sie sich vorher entfernt, so ist dies im Protokolle zu vermerken.[16]) Der Gerichtsvollzieher hat den Betrag des zu dem Protokoll erforderlichen Stempels aus dem Erlöse zu entnehmen.[17])

---

[1]) Die Versteigerung hat an dem Orte zu erfolgen, an dem das Pfand aufbewahrt wird (BGB. §. 1236 Satz 1). Wo aber innerhalb des Ortes, der Gemeinde, die Versteigerung vorzunehmen sei, ist der Beurteilung des G.V. überlassen. Sie kann daher an jedem geeigneten Orte, auch in Gast- und Schanklokalen, stattfinden. Seitens der Polizeiverwaltungen können Auktionen in derartigen Lokalen, wenn sie von dem G.V. abgehalten werden, nicht untersagt werden. Anders bei gewerbsmäßigen Auktionatoren (vgl. D.G.V.Ztg. 1895 S. 94). — Dagegen bedarf die Vornahme von Versteigerungen auf öffentlichen Plätzen (Marktplätzen) allerdings der Zustimmung des Polizeiverwalters (dies. Zschr. 1899 S. 160, 165).

[2]) BGB. §. 1236. — Im übrigen ist eine Versteigerung gegen die Vorschriften des §. 816 C.P.O. nichtig. — Versteigert der G.V. ohne Genehmigung der Parteien eine gepfändete Sache in einer anderen Gemeinde, als derjenigen, in welcher die Pfändung erfolgt ist, so wird er für den entstehenden Schaden haftbar (**R.G.** 28./10. 98 i. d. D. G.V.Ztg. 1894 S. 124).

[3]) Die erfolgte besondere Benachrichtigung ist zu den Akten des G.V. zu vermerken, ebenso ihre Untunlichkeit im Falle des §. 55 Nr. 2 d. Anw.

[4]) C.P.O. §. 816 Abs. 1. — Verstöße gegen die Wahrung der hier festgesetzten Frist haben die Nichtigkeit der Versteigerung zur Folge. — Im übrigen ist die Anberaumung des Termins dem verständigen Ermessen des G.V. überlassen. Immer aber ist die Frist so zu bemessen, daß der

Termin in einer der Beschaffenheit und dem Werte der Pfandstücke entsprechenden Art bekannt gemacht werden kann. — Diese Bekanntmachung darf auch bei einem (wegen der Gefahr des Verderbens oder a. Gründen) beschleunigten Verkaufe nicht unterbleiben.

Wird wegen Aufhebung des ersten Versteigerungstermins eine neue Terminsanberaumung erforderlich oder wird aus besonderen Gründen der Termin erst nach der Pfändung bestimmt, so ist natürlich die Frist vom Tage der Terminsbestimmung ab zu berechnen (J.M.Vfg. v. 10./7. 80, I 8108; vgl. Zschr. f. V.R. 1891 S. 127).

5) C.P.O. §. 816 Abs. 3, BGB. §. 1237.

6) Die Art der Bekanntmachung unterliegt dem Ermessen des G.V. — Zur Verringerung von Insertionskosten sollen Versteigerungstermine möglichst verbunden und die letzteren in einer Bekanntmachung zusammengefaßt werden (J.M.Vfg. v. 11./6. 80, I 2692). — Die Bekanntmachung muß natürlich mit angemessener Frist vor dem Termin erfolgen; im Bezirk d. Amtsger. I Berlin soll sie gewöhnlich spätestens drei Tage und in wichtigeren Sachen eine Woche vorher geschehen (Vfg. d. Amtsger.Präs. v. 27./9. 96 i. d. D.G.V.Ztg. 1896 S. 119).

7) Einen Anspruch auf Entschädigung für Reisekosten, Zeitversäumnis 2c. haben die am Terminsorte erschienenen Bietungslustigen nicht, wenn Wegfall der Versteigerung erst im Termine erfolgt oder aus sonstigen Gründen die Bekanntmachung der Aufhebung des Termins nicht mehr tunlich war.

8) Bei Zweifeln über die Identität der Pfandstücke ist der G.V. ebenso berechtigt wie verpflichtet, die Versteigerung bis zur Behebung der Anstände auszusetzen (Ldg. Mannheim 17./2. 92 i. d. Zschr. f. V.R. 1898 S. 86).

9) Die vom G.V. festzusetzenden Versteigerungsbedingungen müssen den Vorschriften des §. 817 C.P.O.

entsprechen. Abweichungen kann nur das Vollstreckungsgericht gestatten.

10) Vgl. Anm. 8 zu §. 57 d. Anw. — Bei „Kostbarkeiten“ ist nur der Schätzungswert bekannt zu geben, ohne daß das Mindestgebot ihn erreichen muß. Bei „Gold- und Silbersachen“ dagegen ist jedes Gebot zurückzuweisen, welches den Gold- und Silberwert nicht erreicht. Der Schätzungswert setzt sich zusammen aus dem „reinen Metallwerte“ und dem „Kunst-, Liebhaber- oder Verkaufswerte“.

11) Vgl. C.P.O. §. 817, BGB. §. 156. — Ein „Recht auf den Zuschlag“ steht dem Meistbietenden nicht zu. Der Vertrag kommt erst durch den Zuschlag zustande. Das Gebot erlischt, wenn ein Übergebot abgegeben oder die Versteigerung ohne Erteilung des Zuschlags geschlossen wird. Die Anordnung, daß dem Zuschlage ein dreimaliger Aufruf vorangehen soll, ist nur eine Ordnungsvorschrift (Begründg. zu C.P.O. §. 817).

12) C.P.O. §. 817 Abs. 2 und 3. — Ob beim Einverständnis von Gläubiger und Schuldner mit der Stundung des Kaufpreises ein Kaufgeschäft gültig zustande kommt, ist streitig (Zschr. f. V.R. 1896 S. 12, 1900 S. 99, Struckm.-Koch Anm. 2 zu §. 817, v. Wilm.-Levy Anm. 3 zu §. 718). — Den Erlös darf der G.V. erst nach erfolgter Übergabe der Kaufobjekte an den Gläubiger abführen; eventl. macht er sich regreßpflichtig. Diese Übergabe ist nach BGB. §. 929, 1242 zu bewirken; bloße Ermächtigung des G.V. zur Entfernung der gekauften Gegenstände genügt nicht (**R.G.**, 16./5. 95, Bd. 35 S. 270). — Wegen der rechtlichen Folgen bei einer Wiederversteigerung (nach C.P.O. §. 817 Abs. 3) vgl. **R.G.** 30./5. 85, Bd. 13 S. 272, Struckm.-Koch Anm. 3 Abs. 3 zu §. 817, v. Wilm.-Levy Anm. 4 zu §. 718.

13) Vgl. C.P.O. §§. 817 Abs. 4, 718 Abs. 2, 720, BGB. §. 1289 Abs. 1.

14) Ein Mehrerlös gebührt dem Schuldner. — Erreicht

das Meistgebot die Taxe des G.V. nicht, so haftet dieser dem Gläubiger **nicht** für die Differenz.

[15]) Vgl. C.P.O. §§. 762, 763. — Der Zustellung einer Protokollsabschrift an den Schuldner bedarf es der Regel nach nicht.

[16]) Das Versteigerungsprotokoll behält seine Bedeutung als öffentliche Urkunde auch dann, wenn die Personen, mit welchen im Termin verhandelt wurde, das Protokoll nicht unterschrieben haben und der Vermerk über die Gründe davon fehlt (**R.G.**, Str.S., 24./6. 85 Bd. 12 S. 331).

[17]) Der Stempel beträgt $^1/_3$ Prozent des reinen Erlöses (also nach Abzug der Versteigerungsgebühren, Insertionskosten, Transportkosten, nicht aber auch der Aufbewahrungskosten sowie der Pfändungs- und Zustellungsgebühren: Vfg. d. A.G. I Berlin v. 24./1. 83 I A 602 i. d. Zschr. f. B.R. 1896 S. 145).

Die Tarifnummer 58 z. Pr. Steuergesetz (betr. den Protokollstempel) findet auf Auktionsprotokolle keine Anwendung (Stempelsteueramt Berlin 3./4. 97 i. d. Zschr. f. mittl. Justizbeamte 1897 S. 409).

§. 66.

Freihändiger Verkauf.

1. Ein freihändiger Verkauf der Pfandstücke findet statt:

a) bei Gold- und Silbersachen, für die bei der Versteigerung ein den Gold- oder Silberwert deckendes Gebot nicht abgegeben worden ist (C.P.O. §. 820);

b) bei Wertpapieren, die einen Börsen- oder Marktpreis haben (C.P.O. §. 821);

c) bei Sachen anderer Art auf Anordnung des Vollstreckungsgerichts (C.P.O. §. 825).[1])

2. Bei dem freihändigen Verkaufe muß der Gerichtsvollzieher auf die Erzielung eines möglichst hohen Preises bedacht sein. Gold- und Silbersachen dürfen nicht unter dem abgeschätzten Gold- oder Silberwerte,[2]) Wertpapiere nicht unter dem für den Ort des Verkaufs maßgebenden Tageskurse[3]) verkauft werden. Die Übergabe an den Käufer darf nur gegen bare Zahlung geschehen.[4]) Bei einem durch das Vollstreckungsgericht angeordneten Verkaufe sind die etwaigen besonderen Anordnungen des Gerichts zu beachten.

3. Das über den Verkauf aufzunehmende Protokoll muß insbesondere enthalten:

a) den Grund des freihändigen Verkaufs;

b) die genaue Bezeichnung des verkauften Gegenstandes mit der Angabe des abgeschätzten Gold- oder Silberwerts, des Tageskurses oder des von dem Vollstreckungsgerichte bestimmten Preises;

c) die mit dem Käufer getroffenen Abreden und den Nachweis der Preiszahlung.[5])

4. Beim Verkaufe von Wertpapieren (§. 67 der Anw.) ist der Schlußschein (§. 9 des Reichsstempelgesetzes in der Fassung der Bekanntmachung vom 14. Juni 1900 R.G.Bl. S. 275) dem Gläubiger auszuhändigen.[6]) Der Tageskurs ist durch den Kurszettel oder durch die Bescheinigung eines Kaufmanns,

der Bankier- oder Geldwechslergeschäfte betreibt, festzustellen.[7])

Vgl. C.P.O. §§. 820, 821, 825.

---

[1]) Der freihändige Verkauf von Wertpapieren ist nicht — wie der von Gold- und Silbersachen — an die Bedingung geknüpft, daß vorher eine öffentliche Versteigerung erfolglos versucht worden ist. — Wegen der Versteigerung von Wertpapieren, die einen Börsen- oder Marktpreis nicht haben, vgl. §. 67 d. Anw. — Die Anordnungen des Vollstreckungsgerichts für den freihändigen Verkauf von Sachen anderer Art (Nr. 1 lit. c d. vorst. §.) ist nicht vom G.V., sondern vom Gläubiger zu beantragen.

[2]) Vgl. §. 65 Nr. 8 d. Anw.

[3]) Vgl. §. 67 d. Anw. u. Anm. dazu.

[4]) Vgl. §. 65 Nr. 10 d. Anw. u. Anm. dazu.

[5]) Das Protokoll muß zwar den allgemeinen Erfordernissen der §§. 762, 763 C.P.O. entsprechen; es ist aber kein „Versteigerungsprotokoll" im Sinne des §. 65 Nr. 18 d. Anw. oder des Stempelsteuergesetzes; ein Stempel ist daher dazu nicht zu verwenden.

[6]) Vgl. R.Stempelges. v. 27./4. 94 (R.G.Bl. S. 869). Danach unterliegen Kaufgeschäfte über Wertpapiere der hier in Rede stehenden Art einer Abgabe von $^2/_{10}$ vom Tausend, zu deren Entrichtung der Vermittler bzw. der Kommissionär oder der Veräußerer verpflichtet ist. Über das Geschäft ist eine Schlußnote auszustellen, welche den Namen und den Wohnort des Vermittlers und der Kontrahenten, den Gegenstand und die Bedingungen des Geschäfts, insbesondere den Preis, sowie Zeit der Lieferung ergeben muß.

[7]) Der Gläubiger kann nicht Käufer sein (Struckm.-Koch Anm. 8 zu §. 821 unter Hinweis auf BGB. §. 181); die gegenteilige Ansicht wird bei v. Wilm.-Levy (Anm 1 zu §. 722) vertreten.

§. 67.

Pfändung und Veräußerung von Wertpapieren.

1. Bei der Zwangsvollstreckung wegen Geldforderungen werden Wertpapiere[1]) wie körperliche Sachen behandelt und wie diese von dem Gerichtsvollzieher durch Besitzergreifung gepfändet; die Veräußerung der gepfändeten Wertpapiere erfolgt, wenn sie einen Börsen- und Marktpreis haben, durch freihändigen Verkauf (§. 66 der Anw.), anderenfalls durch öffentliche Versteigerung (§. 65 der Anw.).[2])

2. Zu den Wertpapieren, die bei der Zwangsvollstreckung wie körperliche Sachen behandelt werden, gehören alle Inhaberpapiere, auch wenn sie auf den Namen eines bestimmten Berechtigten umgeschrieben sind, alle Aktien, auch wenn sie auf den Namen eines bestimmten Berechtigten lauten, Reichsbankantheilscheine, Kuxscheine u. dergl. Dagegen gehören dazu nicht Sparkassenbücher, Pfandscheine und Lebensversicherungspolicen. Für die Pfändung von Wechseln und anderen auf den Namen lautenden aber durch Indossament übertragbaren Forderungspapieren gelten besondere Vorschriften (§. 76 der Anw.).

3. Zur Veräußerung von Inhaberpapieren genügt die Übertragung des Eigentums wie bei beweglichen Sachen. Papiere, die durch Indossament übertragen werden können, aber nicht Forderungspapiere (§. 76 der Anw.) sind (z. B. Namenaktien,

H.G.B. §. 222), sind zum Zwecke der Übertragung mit dem Indossament, andere Papiere, die auf den Namen lauten, einschließlich der auf den Namen umgeschriebenen Inhaberpapiere, sofern nicht deren Rückverwandlung beantragt wird (Abs. 4), sind mit der Abtretungserklärung zu versehen.

4. Die Abtretungserklärung oder das Indossament hat der Gerichtsvollzieher nach vorgängiger Ermächtigung durch das Vollstreckungsgericht an Stelle des Schuldners auszustellen (C.P.O. §. 822). Ingleichen bedarf der Gerichtsvollzieher der Ermächtigung des Vollstreckungsgerichts, wenn er die Rückverwandlung einer auf den Namen umgeschriebenen Schuldverschreibung in eine Inhaberschuldverschreibung an Stelle des Schuldners beantragen will (A.G. z. B.G.B. Artikel 18 §. 5; C.P.O. §. 823).

Dem Antrage, durch den der Gerichtsvollzieher die vorbezeichnete Ermächtigung erbittet, ist das Pfändungsprotokoll beizufügen.[3])

5. Inländische Banknoten und Reichskassenscheine sind bei der Zwangsvollstreckung nicht als Wertpapiere, sondern als bares Geld zu behandeln (§. 62 Abs. 1 der Anw.).[4])

6. Hypothekenbriefe, ingleichen Grundschuld- und Rentenschuldbriefe, die nicht auf den Inhaber lauten, können nicht nach den Vorschriften über die Zwangsvollstreckung in körperliche Sachen gepfändet werden. Der Gerichtsvollzieher hat jedoch, wenn er solche

Urkunden bei dem Schuldner vorfindet und die Zwangsvollstreckung nicht zur vollen Deckung des Gläubigers führt, deren Vorhandensein unter genauer Bezeichnung der Hypothek, Grundschuld oder Rentenschuld im Pfändungsprotokolle zu vermerken.[5])

Zu vgl. C.P.O. §§. 821—828.

---

[1]) „Wertpapiere" im eigentlichen Sinne sind nur solche, welche einen selbständigen Vermögenswert nicht bloß beweisen, sondern auch darstellen und begründen. Dazu gehören außer den in Nr. 2 d. vorst. §. bereits genannten Papieren auch die Schuldverschreibungen des Staats und der Kommunen, Eisenbahn-Prioritätsobligationen, Pfand- und Rentenbriefe, ausländisches Papiergeld, ausländische Banknoten und Staatslotterielose. Dagegen sind Wechsel und andere durch Indossament übertragbare Papiere, Hypothekeninstrumente, Grundschuldbriefe, Schuldscheine, Pfandscheine, Lebensversicherungspolizen und dgl. nicht zu den „Wertpapieren" zu rechnen. Wegen deren Pfändung und Veräußerung vgl. §§. 74—76 d. Anw.

[2]) Vgl. Anm. 1 zu §. 66. — Nur wenn die Wertpapiere einen „Börsen- oder Marktpreis" haben, ist ihre freihändige Veräußerung zulässig (BGB. §§. 888, 885, 1285, Bankges. §. 20, Konk.O. §. 18, Struckm.-Koch Anm. 8 zu §. 822).

[3]) Vgl. BGB. § 929. — Papiere, die auf jeden Inhaber lauten, können auf den Namen eines bestimmten Inhabers umgeschrieben und auf diese Weise außer Kurs gesetzt werden. In gleicher Weise findet die Rückverwandlung einer auf einen bestimmten Namen umgeschriebenen Schuldverschreibung in eine Inhaberschuldverschreibung und damit ihre Wiederinkurssetzung statt. — Bei wem die Umschreibung zu bewirken ist, ergibt sich für jedes einzelne

Papier aus den Ausgabebedingungen, Satzungen u. s. w. — Bei den erforderlichen Erklärungen handelt der G.V. als notwendiger Vertreter des Schuldners (Struckm.-Koch Anm. 2 zu §. 822.

4) Vgl. vorst. Anm. 1.

5) Vgl. §. 74 Nr. 4 d. Anw.

§. 68.

Pfändung und Versteigerung von Früchten, die von dem Boden noch nicht getrennt sind.

1. Früchte, die von dem Boden noch nicht getrennt sind, können gepfändet werden, so lange nicht ihre Beschlagnahme im Wege der Zwangsvollstreckung in das unbewegliche Vermögen erfolgt ist, und soweit sie nicht zu den im §. 811 Nr. 4 der Civilprozeßordnung bezeichneten Erzeugnissen gehören (§. 59 der Anw.).1)

2. Die Pfändung erfolgt nach den Vorschriften über die Pfändung beweglicher Sachen. Sie ist in geeigneter Weise durch Aufrichtung von Pfandtafeln oder Pfandwischen mit einer von dem Gerichtsvollzieher unterschriebenen Pfandanzeige oder durch andere zweckentsprechende Vorrichtungen, tunlichst unter Verwendung des Dienstsiegels, für Jedermann kenntlich zu machen. Der Gerichtsvollzieher hat in den dazu geeigneten Fällen einen Hüter zu bestellen, wenn nicht der Gemeindevorsteher sich zur Beaufsichtigung der Früchte bereit erklärt. Zum Hüter ist vorzugsweise der Feldhüter zu wählen.2)

3. Die Pfändung darf nicht früher als einen Monat vor der gewöhnlichen Zeit der Reife erfolgen. Auf den Eintritt dieses Zeitpunkts hat der Gerichtsvollzieher besonders zu achten, damit der Versteigerungstermin unter Wahrung der hierfür vorgeschriebenen Frist angesetzt werden kann. Der Gemeindevorsteher und der etwa bestellte Hüter sind zu verpflichten, dem Gerichtsvollzieher von der herannahenden Ernte rechtzeitig Kenntnis zu geben.[3])

4. Werden bei der Zwangsvollstreckung gegen eine Person, welche Landwirtschaft betreibt, voraussichtlich Früchte zu pfänden sein, die vom Boden noch nicht getrennt sind, so ist von dem Gerichtsvollzieher ein landwirtschaftlicher Sachverständiger zuzuziehen, sofern anzunehmen ist, daß der Wert der zu pfändenden Gegenstände den Betrag von eintausend Mark übersteigt. Bei einem geringeren Betrage soll die Zuziehung erfolgen, wenn nach dem pflichtmäßigen Ermessen des Gerichtsvollziehers mit Rücksicht auf die Art und den Umfang des landwirtschaftlichen Betriebs eine sachgemäße Entscheidung der im Abs. 5 bezeichneten Frage nur auf Grund eines sachverständigen Gutachtens erfolgen kann. Auf Verlangen des Schuldners kann der Gerichtsvollzieher auch ohne diese Voraussetzungen einen Sachverständigen zuziehen, wenn dadurch weder eine Verzögerung der Zwangsvollstreckung eintritt, noch unverhältnismäßige Kosten entstehen.

5. Der Sachverständige hat zu begutachten, ob

die gewöhnliche Zeit der Reife binnen einem Monate zu erwarten ist (C.P.O. §. 810 Abs. 1 Satz 2) und ob die Früchte ganz oder zum Teil zur Fortführung der Wirtschaft bis zu der Zeit erforderlich sind, zu welcher gleiche oder ähnliche Erzeugnisse voraussichtlich gewonnen werden (C.P.O. §. 811 Nr. 4). Im Übrigen findet auf die Zuziehung des Sachverständigen der §. 60 Abs. 2 bis 8 der Anw. entsprechende Anwendung.[4])

6. Das Pfändungsprotokoll hat insbesondere zu enthalten:

a) die Bezeichnung des Grundstücks nach Lage, ungefährem Flächeninhalt und aufstehender Fruchtart;

b) die Angabe, welcher Erlös aus der Verwertung der gepfändeten Früchte voraussichtlich zu erwarten ist;

c) die Angabe, in welcher Weise die Pfändung erkennbar gemacht und wer als Hüter bestellt oder aus welchen Gründen die Bestellung eines Hüters unterblieben ist;

d) die Angabe, wann der Eintritt der Ernte zu erwarten ist;

e) im Falle der Zuziehung eines landwirtschaftlichen Sachverständigen die im §. 60 Abs. 5 der Anw. bezeichneten Angaben.

7. Die Versteigerung ist erst nach der Reife zulässig.[5]) Sie kann vor oder nach der Trennung der Früchte erfolgen. Der Gerichtsvollzieher hat

dies mit Rücksicht darauf zu bestimmen, ob auf die eine oder die andere Weise voraussichtlich ein höherer Erlös zu erzielen ist. Hiernach hat er auch zu entscheiden, ob die Versteigerung im Ganzen oder in einzelnen Teilen geschehen soll.

8. Soll die Versteigerung nach der Trennung der Früchte erfolgen, so hat der Gerichtsvollzieher die Aberntung bewirken zu lassen. Hierfür ist eine zuverlässige Person zu bestellen, mit der die zu gewährende Entschädigung tunlichst im Voraus zu vereinbaren ist. Der Gerichtsvollzieher hat die Aberntung soweit zu beaufsichtigen, als erforderlich ist, um den Ertrag der Ernte mit Sicherheit festzustellen; er hat auch für die sichere Unterbringung und Verwahrung der Ernte bis zur Versteigerung Sorge zu tragen.[6])

Vgl. C.P.O. §§. 810, 813; G.A. §§. 58, 59.

---

[1]) Früchte, welche vom Boden noch nicht getrennt sind, gelten hinsichtlich der Z.V. als bewegliche Sachen (**R.G.** 18./3. 87, Bd. 18 S. 365, vgl. B.G.B. §. 94). Dagegen ist durch C.P.O. §. 810 nicht ausgeschlossen, daß diese Früchte zusammen mit dem Grundstücke selbst Gegenstand der Immobiliar-Z.V. werden. — Soweit die Früchte Zubehör sind, ist ihre Pfändung nach C.P.O. §. 865 Abs. 2 ausgeschlossen, desgl. nach 811 Nr. 4 das. — Im übrigen ist die Pfändung zulässig, sowohl wenn der Schuldner Besitzer als wenn er Pächter des Grundstücks ist. Andererseits kann nach C.P.O. §. 809 eine Pfändung ohne den Willen des Pächters gegen den Eigentümer nicht erfolgen, wenn letzterer der Schuldner ist (**R.G.** 18/3. 87, Bd. 18 S. 368; 23./1. 96 Bd. 37

S. 207). Auch kann auf Grund des §. 771 C.P.O. der Pächter der Pfändung seitens eines Gläubigers des Eigentümers widersprechen, da er, wenn ihm der Besitz der Sache überlassen ist, ein Recht auf Erwerb der Früchte mit dinglicher Wirkung hat (B.G.B. §. 956 Abs. 1 Satz 2). Der Käufer hängender Früchte dagegen kann, da er nicht Besitzer ist, weder die Pfändung gegen den Pächter hindern, noch Widerspruchsklage nach C.P.O. §. 771 Abs. 2 erheben; ebenso nicht der Verpächter wegen der Vorschrift des B.G.B. §. 956. Daß Früchte, welche vom Boden bereits getrennt sind, den allgemeinen Bestimmungen über die Z.V. in körperliche Sachen unterliegen, ist unzweifelhaft, C.P.O. §. 803, R.Z.V.G. §. 148 Abs. 1 (Struckm.-Koch Anm. 2, 6 u. 8 zu §. 810).

Der Begriff der „Früchte" ist weder in der C.P.O. noch in der G.A. näher definiert. Nach Ansicht der meisten Kommentatoren gehören aber dazu nicht nur solche Feld- und Gartenfrüchte, welche unmittelbar mit dem Erdboden zusammenhängen und von dem Erdboden abzusondern sind, indem sie entweder in bzw. unter der Erdoberfläche lagern, wie z. B. Kartoffeln, Rüben u. dgl., oder direkt aus dem Erdboden als Früchte herauswachsen, wie die verschiedenen Gemüsesorten und Getreidearten (Roggen, Weizen, Mais, Hafer, Gerste, ferner Raps, Klee, Gras, Hopfen, Tabak u. s. w.), sondern auch diejenigen noch ungeernteten Früchte an Bäumen, Sträuchern oder Stöcken (Obst, Trauben, Beeren u. dgl.), welche erst durch diese, also nur mittelbar, mit dem Grund und Boden in Verbindung stehen. Dagegen gehört „Holz auf dem Stamme" nicht zu den pfändbaren „Früchten" (vgl. hierzu Ztschr. f. B.G. 1892 S. 110 ff, Struckm.-Koch Anm. 9 zu §. 810, v. Wilm.-Levy Anm. 1 zu §. 714, **R.G.**, Str.S., 4./1. 81 Bd. 3 S. 174).

²) Auch bei der Früchtepfändung wird die Wirksamkeit von der Besitzergreifung und der Ersichtlichmachung bedingt. Beides muß an Ort und Stelle ge-

schehen. — Wann ein Hüter zu bestellen ist, hängt von den Umständen im Einzelfalle ab. — Bei der Aufrichtung von Pfandtafeln, Pfandwischen u. dgl. ist auf die Haltbarkeit der Befestigung und der Pfandanzeigen Bedacht zu nehmen.

[3]) Vgl. **R.G.**, Erk. v. 14/11. 98 Bd. 42 S. 382, Struckm.-Koch §. 810 Anm. 4, §. 824 Anm. Abs. 2. — Unter der „Zeit der gewöhnlichen Reife" ist die Erntezeit, d. i. die Zeit der ökonomischen Reife, welche mit der natürlichen Reife nicht immer zusammenfällt, zu verstehen (Helf Erläut. zu §. 88 d. fr. G.A.).

[4]) Vgl. §. 60 d. Anw. u. Anm. dazu.

[5]) Bei der Versteigerung kommt nicht die gewöhnliche „Zeit der Reife", sondern die wirkliche Reife in Betracht, weil beim Verkauf vor der Reife die dem Käufer zur Last fallende Gefahr für den Ausfall der Ernte den Preis unverhältnismäßig herabdrücken würde. Die Vorschrift kann aber durch Vereinbarung zwischen dem Gläubiger und dem Schuldner abgeändert werden (Struckm.-Koch §. 824 Anm., Abs. 2).

[6]) Die Aberntung durch den G.V. ist wenig empfehlenswert und nur dann geboten, wenn die Früchte bei längerem Verbleiben an ihrem Standorte der Gefahr des Verderbens ausgesetzt sein würden.

§. 69.

Pfändung bereits gepfändeter Sachen.

1. Die Pfändung bereits gepfändeter Sachen[1]) kann gültig in den gleichen Formen wie eine Erstpfändung bewirkt werden. Zur Bewirkung der Anschlußpfändung genügt aber auch die Erklärung des Gerichtsvollziehers, daß er die schon gepfändeten Sachen für seinen Auftraggeber gleichfalls pfände.[2])

Die Erklärung ist unter genauer Bezeichnung der Zeit, zu der sie abgegeben wird, in das Pfändungsprotokoll aufzunehmen.[3]) Eine Abschrift des Protokolls ist dem Schuldner zu übersenden, wenn er es verlangt oder wenn die Anschlußpfändung in seiner Abwesenheit stattgefunden hat.[4])

2. War die erste Pfändung von einem anderen Gerichtsvollzieher bewirkt, so ist diesem in jedem Falle eine Abschrift des Pfändungsprotokolls förmlich zuzustellen.[5]) Hat derselbe Gerichtsvollzieher die erste Pfändung und die Anschlußpfändung bewirkt, so ist das Protokoll über die Anschlußpfändung zu den Akten über die erste Pfändung zu nehmen.[6])

3. Der Gerichtsvollzieher soll die Pfändung schon gepfändeter Sachen regelmäßig durch die im Abs. 1 Satz 2 bezeichnete Erklärung und nicht in den Formen einer Erstpfändung vornehmen, es sei denn, daß die Rechtsgültigkeit oder das Fortbestehen der voraufgegangenen Pfändung zweifelhaft oder die Wirksamkeit einer durch bloße Erklärung bewirkten Anschlußpfändung aus sonstigen Gründen fraglich erscheint.[7])

4. Die Anschlußpfändung ist ohne Rücksicht darauf vorzunehmen, ob sich nach der Deckung des Gläubigers der ersten Pfändung und der Kosten der ersten Vollstreckung noch ein Überschuß über die Kosten der späteren Vollstreckung erwarten läßt. Eine Anschlußpfändung ist jedoch nur zu bewirken, wenn die Befriedigung des Gläubigers aus anderen Pfand-

stücken nicht erlangt werden kann oder wenn entweder der Gläubiger die Anschlußpfändung ausdrücklich verlangt oder aus besonderen Umständen die Anschlußpfändung zweckentsprechender erscheint als die Pfändung anderer, noch nicht gepfändeter Sachen.[8])

5. Da der Auftrag des Gläubigers, für den die Anschlußpfändung bewirkt ist, kraft Gesetzes auf den erstpfändenden Gerichtsvollzieher übergeht (C.P.O. §. 827 Abs. 1), so ist diesem Gerichtsvollzieher der Schuldtitel nebst den sonstigen für die Vollstreckung erforderlichen Urkunden auszuhändigen, sofern nicht das Vollstreckungsgericht die Verrichtungen dieses Gerichtsvollziehers einem anderen Gerichtsvollzieher übertragen hat.[9])

6. Die Versteigerung erfolgt durch den hiernach zuständigen Gerichtsvollzieher für alle beteiligten Gläubiger. Der Erlös ist nach der Reihenfolge der Pfändungen zu verteilen. Reicht er zur Deckung sämtlicher Forderungen nicht aus und verlangt ein Gläubiger ohne Zustimmung der übrigen Gläubiger eine andere Art der Verteilung, so ist nach §. 827 Abs. 2 der Civilprozeßordnung zu verfahren.[10])

7. Für den Fall, daß eine mehrfache Pfändung desselben Gegenstandes im Verwaltungszwangsverfahren und durch Gerichtsvollzieher stattfindet, sind die Vorschriften in den §§. 34, 35 der Verordnung vom 15. November 1899 zu befolgen.[11])

[1]) Die sogen. Anschlußpfändung ist wegen des bevorzugten Pfandrechts des ersten Pfänders insofern von Bedeutung, als die erste Pfändung aus irgend einem Grunde später aufgehoben wird oder die Versteigerung zu einem Überschusse über die Forderung des ersten Pfänders führt (v. Wilm.-Levy §. 727 Anm. 1). — Natürlich wird die Rechtmäßigkeit und Wirksamkeit der ersten Pfändung vorausgesetzt (R.G. 14./12. 94, Jur. Wochenschr. 1895 S. 42. — Eventl. gilt die zweite Pfändung als selbständige (was von Schönfeld bestritten wird, im Widerspruch mit Falkmann u. Voß; vgl. Ztschr. f. B.R. 1892 S. 68).

Die Frage der Entbehrlichkeit der Pfandstücke mit Rücksicht auf C.P.O. §. 811 ist bei einer Anschlußpfändung von neuem zu prüfen (L.G. I Berlin 14./12. 91 i. d. Zschr. f. B.R. 1891 S. 63 Nr. 4).

Vgl. hierzu auch O.L.G. Nürnberg v. 19./6. 91 in ders. Zeitschr. 1892 S. 96 Nr. 2 u. O.L.G. Köln i. d. D.G.B.Ztg. 1892 S. 46.

[2]) Die Gültigkeit der Anschlußpfändung hängt somit nicht von dem Aufsuchen der Pfandstücke ab (vgl. Begründg. zu C.P.O. §. 826 bei Struckm.-Koch Anm. 1 und die Ausführungen bei Anm. 2 das. sowie v. Wilm.-Levy §. 727 Anm. 1 a. Schl.). -- Schönfeld (D. Pr. G.B. S. 279 Anm. 1) vertritt die entgegengesetzte Ansicht.

[3]) Mit Abgabe der Erklärung, die aber nicht dem erstpfändenden G.V. oder dem Schuldner gegenüber erfolgen braucht, zum Protokoll des nachpfändenden G.V. unter Feststellung der Zeit und Stunde wird die Anschlußpfändung perfekt; von diesem Zeitpunkte datiert ihre Gültigkeit. Die Mitteilung der Protokollsabschrift an den ersten G.V. oder den Schuldner ist nur ein Akt von nebensächlicher Bedeutung (R.G. 22./11. 84, Bd. 13 S. 343).

[4]) Vgl. §. 54 Nr. 4 d. Anw.

[5]) Es ist eine „förmliche Zustellung im Sinne der §§. 166 ff. C.P.O. gemeint (v. Wilm.-Levy Anm. 2 zu §. 727). — Gebühren sind dafür aber nicht zu fordern.

[6]) Bei den Akten über die erste Pfändung ist alsdann auch wegen der Nachpfändung alles weitere zu veranlassen. Im Dienstregister gilt der zweite Pfändungsauftrag mit der Nachpfändung für erledigt. Die weitere registermäßige Behandlung geschieht bei der Nummer über die Erstpfändung, auf welche bei der zweiten oder folgenden Nummer zu verweisen ist.

[7]) Vgl. vorst. Anm. 2.

[8]) Die Anschlußpfändung ist nicht aus dem Grunde zu unterlassen, weil der Wert der Pfandstücke in einem offenbaren Mißverhältnisse zu den beizutreibenden Forderungen steht (vgl. Beschl. d. L.G. Köln v. 24./4. 97 i. d. Ztschr. f. mittl. J.-Beamte 1897 S. 409, Ztschr. f. B.R. 1897 S. 90).

[9]) Jedem, auch dem nachstehenden Pfandgläubiger, steht grundsätzlich das Verkaufsrecht zu. Der bessergestellte Pfandgläubiger kann, sofern er nicht selbst den Verkauf betreibt, dem Verkaufe durch den nachstehenden Pfandgläubiger nicht widersprechen (Dernburg, bürgerl. Recht, Bd. III S. 374 Nr. 2, B.G.B. §. 1282; vgl. Wilm.-Levy Anm. 2 zu §. 728).

Wegen der weiteren geschäftlichen Behandlung der Aufträge vgl. J.M.Vfg. v 30./6. 98 I 2825, Ztschr. f. B.R. 1894 S. 78, D.G.B.Ztg. 1898 S. 128).

[10]) Die Versteigerung hat für alle beteiligten Gläubiger zu erfolgen (C.P.O. §. 827 Abs. 1 Satz 2). — Wenn der Erlös zur Befriedigung sämtlicher Gläubiger nicht ausreicht, oder einer der Gläubiger der Verteilung des Erlöses nach der Reihenfolge der Pfändungen widerspricht oder eine andere Art der Verteilung verlangt, so ist das Vollstreckungsgericht für die Anordnung der weiteren Maßregeln zuständig (C.P.O. §. 827 Abs. 2). — Durch die unterlassene Hinterlegung des Erlöses macht sich der

G.B. für den einem Berechtigten daraus entstandenen Schaden haftbar (R.G. 19./12. 98, Jur. Wochenschr. 1899 S. 79, auch Ztschr. f. mittl. J.-Beamte Jahrg. 10 S. 496).

[11]) Vgl. §. 108 d. Anw., §§. 84, 85 d. Verordn. v. 15./11. 99 (G.S. S. 545) betr. d. Verw.Zw.Verf. w. Beitr. v. Geldbeträgen.

§. 70.
Gleichzeitige Pfändung für mehrere Gläubiger.

1. Ein Gerichtsvollzieher, welcher vor Ausführung einer aufgetragenen Pfändung von anderen Gläubigern mit der Pfändung gegen denselben Schuldner beauftragt wird, muß alle Aufträge als gleichzeitige behandeln und deshalb die Pfändung für alle beteiligten Gläubiger gleichzeitig bewirken. Auf die Reihenfolge, in der die Vollstreckungsaufträge an den Gerichtsvollzieher gelangt sind, kommt es nicht an, sofern nicht auf Grund eines früheren Auftrags die Pfändung schon vollzogen ist, da der Eingang des Vollstreckungsauftrags für sich allein ein Vorzugsrecht des Gläubigers vor anderen Gläubigern nicht begründet.

2. Über die gleichzeitige Pfändung für mehrere Gläubiger ist nur ein Pfändungsprotokoll aufzunehmen, dieses muß die beteiligten Gläubiger und ihre Schuldtitel bezeichnen und die Erklärung enthalten, daß die Pfändung gleichzeitig für alle bewirkt ist. Alle zu pfändenden Sachen sind für

alle beteiligten Gläubiger zu pfänden, sofern nicht ein Gläubiger bestimmte Sachen ausgeschlossen hat.[1])[2])

3. Die Versteigerung erfolgt für alle beteiligten Gläubiger. Der Erlös ist, wenn er zur Deckung aller Forderungen nicht ausreicht, nach dem Verhältnisse der beizutreibenden Forderungen zu verteilen. Verlangt ein Gläubiger ohne Zustimmung der übrigen Gläubiger eine andere Art der Verteilung, so ist nach §. 827 Abs. 2 der Civilprozeßordnung zu verfahren.[3])

4. Liegt es dem Gerichtsvollzieher ob, eine Pfändung im Verwaltungszwangsverfahren und im Auftrage eines Gläubigers vorzunehmen, so finden die Vorschriften der Abs. 1 bis 3 entsprechende Anwendung (§. 35 Abs. 5 der Verordnung vom 15. November 1899).[4])

---

[1]) Nach der Rechtsprechung, namentlich der des R.G. (vgl. d. bekannte Erk. I Str.Sen. v. 18./8. 84, Beil. z. D. Reichsanzeiger sowie D.G.B.Ztg. 1884 S. 112) und nach der herrschenden Ansicht der meisten Kommentatoren (v. Wilm.-Levy, Struckm.-Koch, Planck u. a.) und Aufsichtsbehörden ist die „gleichzeitige Pfändung" ein einziger einheitlicher Akt, welcher nur in einem Protokolle zu beurkunden ist. Dem G.V. gibt obenein der Abs. 2 d. vorst. Paragraphen so klare Vorschriften für sein Verhalten bei dieser Pfändung, daß er nicht irren kann (vgl. Exner, Dienst- 2c. Verh. d. Pr. G.V., Anm. 1 zu §. 70 d. Anw.).

[2]) Auch wenn für denselben Gläubiger auf Grund mehrerer Schuldtitel gepfändet werden soll, liegt nur

ein in einem Protokolle zu beurkundender Akt vor (vgl. Dr. Peters i. d. Ztschr. f. B.R. 1889 S. 152).

[3]) Die Einheitlichkeit des Pfändungsaktes und die Gleichberechtigung der Gläubiger bedingt die einheitliche Versteigerung. — Bei Differenzen unter den Gläubigern über die Art der Verteilung ist der Erlös zu hinterlegen (C.P.O. §. 827 Abs. 2, vgl. §. 69 Anm. 10 vorst.).

[4]) Vgl. §. 69 Nr. 7 u. 108 d. Anw., §§. 84, 85 d. Verordn. v. 15./11. 99 (G.S. S. 545) betr. d. Verw.-Zw.Verf. w. Beitr. v. Geldbeträgen.

§. 71.

Veräußerung von Pfandstücken, deren Pfändung durch die Militärbehörde erfolgt ist.

1. Zur Vornahme einer Pfändung gegen eine dem aktiven Heere oder der aktiven Marine angehörende Person des Soldatenstandes ist der Gerichtsvollzieher dann nicht befugt, wenn die Pfändung in Kasernen oder in anderen militärischen Dienstgebäuden oder auf Kriegsfahrzeugen stattfinden soll (§. 47 Abs. 4 der Anw.). In einem solchen Falle erfolgt die Pfändung auf Ersuchen des Vollstreckungsgerichts durch die Militärbehörde. Die Veräußerung geschieht hingegen auch in diesem Falle durch einen Gerichtsvollzieher, den der Gläubiger beauftragt.[1])

2. Der Gerichtsvollzieher hat den Schuldtitel und die von der Militärbehörde errichtete Urkunde bei dem Vollstreckungsgericht in Empfang zu nehmen und der Militärbehörde, wenn sie nicht bereits durch

das Vollstreckungsgericht benachrichtigt ist, seinen Auftrag anzuzeigen.

3. Über die Übernahme der von der Militärbehörde gepfändeten Sachen ist ein Protokoll aufzunehmen und mit der Urschrift oder einer Abschrift der von der Militärbehörde über die Pfändung errichteten Urkunde zu verbinden.[2]) Ergibt es sich, daß Pfandstücke fehlen oder beschädigt sind, so hat dies der Gerichtsvollzieher im Protokolle zu vermerken. Die Verwertung der Pfandstücke erfolgt nach den Vorschriften der §§. 64 bis 67 der Anw. Insofern nicht ein freihändiger Verkauf[3]) stattzufinden hat, ist der Versteigerungstermin sogleich zu bestimmen.

Vgl. C.P.O. §. 790.

---

[1]) Gegen außerhalb der Kasernen oder Militär-Dienstgebäude wohnhafte Personen des Soldatenstandes und Militärbeamte ist die Pfändung durch den G.V. wie gewöhnlich zulässig; doch ist §. 47 Nr. 5 d. Anw. zu beachten.

[2]) Wegen der Gebühr vgl. Geb.O. §. 5.

[3]) Vgl. §. 66 d. Anw.

§. 72.

Auszahlung des Erlöses.[1])

1. Der Gerichtsvollzieher hat über die Geldbeträge, welche in Folge der Zwangsvollstreckung in seine Hände gelangt sind, eine Berechnung aufzustellen.[2])

2. Die Kosten des Verkaufs oder der Versteigerung sowie der etwa erforderliche Stempel sind aus der Masse vorweg zu entnehmen. Darauf ist der dem Gläubiger gebührende Betrag mit Einschluß der Kosten und Zinsen anzusetzen und der für den Schuldner verbleibende Überschuß festzustellen. Reicht die Masse zur Deckung des Gläubigers nicht aus, so ist sie zunächst auf die Kosten der Zwangsvollstreckung, sodann auf die übrigen Kosten des Gläubigers, ferner auf die Zinsen der beizutreibenden Forderung, endlich der Rest auf die Hauptleistung zu verrechnen (B.G.B. §. 367). Wird der Gläubiger nicht voll befriedigt, so muß die Berechnung ergeben, welche von diesen Forderungsarten ungetilgt bleibt.

3. Sind mehrere Gläubiger an der Masse beteiligt, so sind zunächst die Kosten des Verkaufs (Abs. 2 Satz 1) aus der Masse zu entnehmen und sodann die beteiligten Gläubiger nach der Reihenfolge der Pfändungen zu befriedigen. Ist für mehrere Gläubiger gleichzeitig gepfändet, so sind auch die Kosten der Pfändung vorweg aus der Masse zu entnehmen. Die Verteilung der Masse ist sodann gemäß §. 70 Abs. 3 der Anw. zu bewirken.[3])

4. Wird eine gerichtliche Verteilung erforderlich (§§. 69, 70 der Anw.), so hat der Gerichtsvollzieher den Erlös, der nach Abzug der vorweg zu entnehmenden Kosten (Abs. 3) verbleibt, zu hinterlegen und die Sachlage dem Vollstreckungsgericht, unter

Beifügung der sich auf das Verfahren beziehenden Schriftstücke, anzuzeigen.

5. Die auf die Gläubiger entfallenden Beträge, soweit sie nicht zu hinterlegen sind (§. 87 der Anw.) oder gemäß §. 817 Abs. 4 der Civilprozeßordnung deren Barzahlung unterbleibt, weil ein beteiligter Gläubiger der Ersteher des Pfandstücks ist (§. 65 Abs. 11 der Anw.), ingleichen der für den Schuldner verbleibende Überschuß sind unverzüglich an die Empfangsberechtigten abzuführen. Über die Ermächtigung eines Prozeßbevollmächtigten zum Geldempfang ist §. 45 Abs. 2 der Anw. zu vergleichen.

6. Die Auszahlung ist durch Quittungen oder durch Postscheine zu belegen, aus denen sich die Einzahlung der Beträge zu Auszahlung an den Empfangsberechtigten bei der Post ergibt.

7. Dem Schuldner ist eine Abschrift der Berechnung zu erteilen, sofern nicht deren wesentlicher Inhalt bereits in die dem Schuldner erteilte Quittung (C.P.O. §. 757) aufgenommen ist.[4])

---

[1]) Zum „Erlöse“ gehört auch das infolge freihändigen Verkaufs (§§. 66, 67 d. Anw.) in die Hände des G.V. gelangte Geld.

[2]) Eine Verrechnung der Geldbeträge ist in jedem Falle, auch bei freiwilliger Zahlung oder gepfändetem Gelde aufzustellen.

[3]) Die Forderungen der Gläubiger sind nach den einzelnen Gattungen: Hauptforderung, Zinsen, Kosten festzustellen. Ist der Erlös unzulänglich, so ist der verfügbare Betrag zunächst auf die Kosten, alsdann auf die

Zinsen und zuletzt auf die Hauptforderung zu verrechnen (B.G.B. §. 867 Abs. 1). Dementsprechend hat der Vermerk auf dem Schuldtitel die einzelnen Beträge zu zergliedern.

4) Eine Aufforderung des Schuldners zur Erteilung der Abrechnung hat der G.V. nicht abzuwarten. — Die vollstreckbare Ausfertigung des Schuldtitels ist auch dann an den Schuldner auszuhändigen, wenn die Befriedigung des Gläubigers durch Pfändung bzw. Versteigerung der Pfandstücke herbeigeführt worden ist (vgl. C.P.O. §. 757, D.G.V.Ztg. 1889 S. 37). — Einen Anspruch auf Aushändigung der vollstreckbaren Ausfertigung hat aber nur derjenige Schuldner, welcher Vollzahlung — nicht Teilzahlungen — leistet (R.G. 20./4. 81, Entsch. Bd. 4 S. 58). — Teilzahlungen sind auf dem Schuldtitel zu vermerken; der letztere ist dann dem Gläubiger zurückzugeben.

§. 73.

Rückgabe von Pfandstücken.

Pfandstücke, deren Veräußerung nicht erforderlich gewesen ist, oder die entweder auf Anweisung des Gläubigers oder auf Grund einer gerichtlichen Entscheidung freigegeben sind, hat der Gerichtsvollzieher ohne Verzug dem Schuldner oder dem sonst Empfangsberechtigten schriftlich zur Verfügung zu stellen und, wenn sie aus dem Gewahrsame des Schuldners entfernt waren, gegen Empfangsbescheinigung herauszugeben.[1]) Die Kosten der Zurückschaffung hat der Empfangsberechtigte zu tragen.[2]) Bei Bekanntmachung der Freigabe ist der Schuldner zur Entfernung der Pfandzeichen ausdrücklich zu ermächtigen.

[1]) Der G.V. ist also nicht verpflichtet, seinerseits den Rücktransport der freigewordenen Pfandstücke an den Pfändungsort zu bewerkstelligen. Er hat sie vielmehr lediglich dem Schuldner bzw. dem sonst Empfangsberechtigten schriftlich zur Verfügung zu stellen und zu ihrer Rücknahme aufzufordern. Diese Benachrichtigung ist an keine Form gebunden; sie kann mittelst unfrankierten Briefes geschehen (**R.G.** 5./10. 96, Jur. Wochenschrift S. 657 Ziff. 14, auch D.G.V.Ztg. 1897 S. 21).

Der „sonst Empfangsberechtigte“ muß zur Empfangnahme der Pfandstücke legitimiert sein. Erst dann kann er die Herausgabe der Pfandstücke vom G.V. fordern und sie im Falle der Verweigerung durch das Vollstreckungsgericht erzwingen (O.L.G. Kiel Erk. v. 18./3. 97 U 188/96 i. d. D.G.V.Ztg. 1898 S. 6).

[2]) Vgl. aber Erk. d. L.G. I Berlin v. 5./12. 99 i. d. D.G.V.Ztg. 1900 S. 141.

[3]) Der Abnahme der Siegel durch den dazu ermächtigten Schuldner stehen auch in strafrechtlicher Beziehung keinerlei Bedenken entgegen. Nur die unbefugte Entfernung amtlicher Siegel oder Pfandzeichen ist strafbar (**R.G.**, Str.S., 11./12. 94, Bd. 26 S. 308, vgl. auch A.G. I Berlin, Präs.Vfg. v. 2./11. 97 i. d. D.G.V.Ztg. 1897 S. 178).

3. Zwangsvollstreckung in Forderungen und andere Vermögensrechte.

§. 74.

Allgemeine Vorschriften.

1. Die Pfändung von Forderungen, welche dem Schuldner gegen einen Dritten (Drittschuldner) zustehen, erfolgt regelmäßig durch einen Beschluß des Vollstreckungsgerichts, auf dessen Zustellung sich die

Mitwirkung des Gerichtsvollziehers beschränkt. Die Pfändung von Forderungen aus Wechseln und anderen Papieren, welche durch Indossament übertragen werden können (H.G.B. §. 363), wird jedoch nicht durch Gerichtsbeschluß, sondern dadurch bewirkt, daß der Gerichtsvollzieher diese Papiere in Besitz nimmt (C.P.O. §. 831).

2. In beiden Fällen wird eine gepfändete Geldforderung durch einen Überweisungsbeschluß des Vollstreckungsgerichts dem Gläubiger nach seiner Wahl zur Einziehung oder zu ihrem Nennwert an Zahlungsstatt überwiesen, sofern nicht das Gericht aus besonderen Gründen eine andere Art der Verwertung auf Antrag anordnet (C.P.O. §§. 835, 844).

3. Ist ein Anspruch gepfändet, der nicht auf Geld gerichtet ist, sondern eine bewegliche körperliche Sache betrifft, so ist die Sache von dem Drittschuldner auf Anordnung des Gerichts an einen von dem Gläubiger beauftragten Gerichtsvollzieher herauszugeben; sie wird alsdann nach den über die Veräußerung gepfändeter Sachen bestehenden Vorschriften verwertet (C.P.O. §. 847). Wird von dem Gerichte die Versteigerung der Forderung angeordnet, so geschieht diese nach §. 65 der Anw.

4. Bei der Pfändung einer Forderung, für welche eine Hypothek besteht, ingleichen bei der Pfändung einer Grundschuld oder Rentenschuld, hat der Gerichtsvollzieher erforderlichenfalls den Hypotheken-,

Grundschuld- oder Rentenschuldbrief dem Schuldner behufs Ablieferung an den Gläubiger wegzunehmen (C.P.O. §. 830). Das gleiche gilt im Falle der Überweisung (Abs. 2) einer anderen Forderung in Ansehung der über die Forderung vorhandenen Urkunden, z. B. des Schuldscheins, des Sparkassenbuchs, des Pfandscheins, der Versicherungspolice (C.P.O. §. 836 Abs. 3).

5. Dem Gerichtsvollzieher liegt hiernach bei der Pfändung von Forderungen und sonstigen Vermögensrechten nicht die selbständige Durchführung, sondern nur eine mehr oder weniger beschränkte Mitwirkung bei der Zwangsvollstreckung ob.

§. 75.

Zustellung des Pfändungs- und des Überweisungsbeschlusses.

1. Die Pfändung einer Forderung ist mit der Zustellung des Pfändungsbeschlusses an den Drittschuldner als bewirkt anzusehen (C.P.O. §. 829 Abs. 3). Der Zeitpunkt der Zustellung ist deshalb in der Zustellungsurkunde genau anzugeben.[1]) Ist der Gerichtsvollzieher mit der Zustellung mehrerer Pfändungsbeschlüsse an denselben Drittschuldner beauftragt, so hat er sie alle in dem gleichen Zeitpunkte zuzustellen.

2. Verlangt der Gläubiger, daß der Drittschuldner zur Abgabe der im §. 840 der Civilprozeß-

ordnung bezeichneten Erklärungen aufgefordert werde, so muß die Aufforderung in der Zustellungsurkunde enthalten sein. Hat der Gläubiger ein solches Verlangen gestellt, so kann die Zustellung des Pfändungsbeschlusses nur im Wege der gewöhnlichen Zustellung (§. 24 der Anw.), nicht durch die Post, bewirkt werden. Eine Erklärung, die der Drittschuldner bei der Zustellung abgibt, ist in die Zustellungsurkunde aufzunehmen und von dem Drittschuldner zu unterschreiben. Wird eine Erklärung nicht abgegeben oder die Unterschrift verweigert, so ist dies in der Zustellungsurkunde zu bemerken. Eine Erklärung, die der Drittschuldner später dem Gerichtsvollzieher gegenüber abgibt, ist ohne Verzug dem Gläubiger zu übermitteln und, wenn sie mündlich erfolgt, zu diesem Zwecke durch ein Protokoll festzustellen.

3. Sodann ist der Pfändungsbeschluß nebst einer Abschrift der Urkunden, welche die Zustellung an den Drittschuldner ergeben, auch ohne besonderen Auftrag sofort dem Schuldner zuzustellen, und zwar durch Aufgabe zur Post, falls die Zustellung im Auslande bewirkt werden muß. Diese Zustellung ist auch dann zu bewirken, wenn der Beschluß dem Schuldner schon vorher zugestellt sein sollte (vgl. Abs. 5).[4]) Die Zustellung unterbleibt, wenn eine öffentliche Zustellung erforderlich sein würde.[5])

4. Wird neben dem Pfändungsbeschluß ein besonderer Überweisungsbeschluß erlassen, so ist dieser

ebenfalls zunächst dem Drittschuldner und sodann unter entsprechender Anwendung der im Abs. 3 gegebenen Vorschriften dem Schuldner zuzustellen (C.P.O. §. 835 Abs. 3).

5. Die Wegnahme des Briefes über eine gepfändete Hypothek, Grundschuld oder Rentenschuld (§. 74 Abs. 4 der Anw.) hat der Gerichtsvollzieher im Wege der Zwangsvollstreckung nach den Vorschriften über die Wegnahme beweglicher körperlicher Sachen zu bewirken (§. 79 der Anw.). Er wird zu der Wegnahme durch den Besitz des Schuldtitels und einer Ausfertigung des Pfändungsbeschlusses ermächtigt; der Pfändungsbeschluß ist dem Schuldner spätestens bis zum Beginne der auf die Wegnahme des Briefes gerichteten Vollstreckungstätigkeit zuzustellen.

6. Die Wegnahme von Schuldscheinen und anderen Urkunden über die Forderung, welche dem Gläubiger überwiesen ist (§. 74 Abs. 4 Satz 2 der Anw.), erfolgt in der gleichen Weise, jedoch mit der Maßgabe, daß der Überweisungsbeschluß (Abs. 4) an die Stelle des Pfändungsbeschlusses tritt.

7. Auf die Zwangsvollstreckung in andere Vermögensrechte, die nicht Gegenstand der Zwangsvollstreckung in das unbewegliche Vermögen sind, finden die Vorschriften über die Pfändung von Forderungen entsprechende Anwendung. Wenn bei solchen Rechten ein Drittschuldner nicht vorhanden ist (z. B. bei Urheber- und Patentrechten), so wird

die Pfändung mit der Zustellung des Pfändungsbeschlusses an den Schuldner bewirkt (C.P.O. §. 857).[3])

Vgl. C.P.O. §§. 829, 840, 857.

---

[1]) Wann die Zustellung an den Schuldner erfolgt ist, bleibt ohne Einfluß auf den Zeitpunkt der Begründung des Pfandrechts.

Um die Pfändung zu einer wirksamen zu machen, muß der Drittschuldner richtig bezeichnet und die Zustellung an ihn in der gehörigen Form erfolgt sein. — Bei der Pfändung von Beamtengehältern muß die Zustellung an die gesetzlich oder verordnungsgemäß zuständigen Beamten erfolgen (vgl. hierzu Struckm.-Koch C.P.O. Anm. 8 zu §. 829, a. D.G.B.Ztg. 1898 S. 78, 1899 S. 9 und 112, Blätter f. Rechtspflege im Kammerger.Bez. 1897 S. 60, D.G.B.Ztg 1897 S. 82).

[2]) Öffentliche Zustellung an den Drittschuldner ist unzulässig; wo eine solche erforderlich wird, muß die Pfändung unterbleiben. Eine Zustellung im Auslande an den Drittschuldner erfolgt mittelst Ersuchens des Vollstreckungsgerichts an die in C.P.O. §. 199 bezeichnete Behörde (Struckm.-Koch C.P.O.).

[3]) Zu den hier in Betracht kommenden „anderen Vermögensrechten" gehören namentlich: Anteilsrechte an ungeteilten Vermögensmassen, z. B. an einer Gesellschaft mit beschränkter Haftung und an einer Gemeinschaft (B.G.B. §§. 741 ff.), Gewerbeberechtigungen, das Urheberrecht an Schriftwerken, Photographien, Kunstwerken, Mustern und Modellen, Gebrauchsmustern, das Patentrecht, sonstige Nutzungsrechte jeder Art z. B. Nießbrauch, Wohnungsrechte, das Jagdrecht u. dgl. (Struckm.-Koch C.P.O.).

§. 76.

Pfändung von Forderungen aus Wechseln und anderen Papieren, die durch Indossament übertragen werden können.

1. Die Zwangsvollstreckung in Forderungen aus Wechseln und anderen Papieren, die durch Indossament übertragen werden können, z. B. kaufmännischen Anweisungen und Verpflichtungsscheinen, Konnossementen, Ladescheinen, Lagerscheinen u. dergl., welche an Order gestellt sind (vergl. H.G.B. §. 363), erfolgt abweichend von den im §. 75 der Anw. bezeichneten Vorschriften durch ein Zusammenwirken des Gerichtsvollziehers und des Vollstreckungsgerichtes. Die Pfändung geschieht durch die Wegnahme der Urkunde nach den Vorschriften über die Pfändung von Wertpapieren (§. 67 der Anw.), dagegen die Verwertung der gepfändeten Forderung nach den auch sonst für gepfändete Forderungen geltenden Vorschriften (§. 74 Abs. 2, 3 der Anw.).

2. Forderungen aus Wechseln und anderen Papieren der bezeichneten Art sind, wenn die Zahlungsfähigkeit des Drittschuldners nicht unzweifelhaft feststeht, Vermögensstücke von ungewissem Werte. Der Gerichtsvollzieher soll daher nur dann zu ihrer Pfändung schreiten, wenn ihn der Gläubiger ausdrücklich dazu angewiesen hat oder wenn die sonst vorhandenen Pfandstücke zur Befriedigung des Gläubigers nicht ausreichen.

3. Die Pfändung der Forderung geschieht dadurch, daß der Gerichtsvollzieher den Wechsel oder das indossable Papier, in dem sie verbrieft ist, in Besitz nimmt. In dem Pfändungsprotokoll ist die weggenommene Urkunde genau zu bezeichnen; der Fälligkeitstag ist anzugeben, wenn er aus der Urkunde ersichtlich ist. Von der Pfändung sind der Schuldner gemäß §. 55 der Anw. und der Gläubiger durch Übersendung einer Abschrift des Pfändungsprotokolls zu benachrichtigen. Der Schuldtitel ist dem Gläubiger zurückzugeben, weil dieser ihn behufs Erwirkung des Überweisungsbeschlusses dem Vollstreckungsgericht einzureichen hat.[1])

4. Der Gerichtsvollzieher hat die weggenommenen Urkunden so lange zu verwahren, bis sie das Gericht einfordert oder bis ihm ein Beschluß des Vollstreckungsgerichts vorgelegt wird, durch den die Überweisung der Forderung an den Gläubiger ausgesprochen oder eine andere Art der Verwertung der Forderung, z. B. deren Veräußerung oder die Herausgabe der geschuldeten körperlichen Sachen an einen Gerichtsvollzieher (§. 77 der Anw.), angeordnet wird.[2])

5. Der Gerichtsvollzieher darf die Urkunde über die gepfändete Forderung nur gegen eine Empfangsbescheinigung des Gläubigers oder, wenn die Forderung wieder freigegeben wird (§. 73 der Anw.), des Schuldners herausgeben.

Vgl. C.P.O. §. 881.

[1]) Die Pfändung der in Nr. 1 bez. Forderungspapiere geschieht wie bei körperlichen Sachen durch den G.V., so daß das Pfandrecht durch die Besitznahme der Papiere seitens des G.V., nicht durch ein Verbot an den Drittschuldner begründet wird. Eines Pfändungsbeschlusses bedarf es nicht. — Hinsichtlich der Verwertung sind die für alle „Forderungen" geltenden Vorschriften der §§. 835 ff. C.P.O. maßgebend. Die Papiere sind deshalb vor der Überweisung dem Gläubiger nicht einmal auszuhändigen. Unter den indossablen Papieren sind nur Papiere über „Forderungen" zu verstehen; nicht Aktien, Bankanteilscheine, welche als Wertpapiere nach C.P.O. §§. 821 ff. (vgl. Anw. §. 67) zu behandeln sind, noch weniger Grundschuldbriefe, auch wenn sie mit einer Blanko-Zession versehen sind. Dagegen gehören hierher kaufmännische Anweisungen und Verpflichtungsscheine an Order, sowie dergleichen Konnossements, gewisse Lagerscheine (C.P.O. §§. 846 ff.), Bodmereibriefe, Seeassekuranzpolizen. Soweit solche Forderungen nicht auf Geld, sondern auf Herausgabe von Sachen gerichtet sind (Konnossemente, Lagerscheine), sind C.P.O. §§. 846, 847 (vgl. §. 77 d. Anw.) zu berücksichtigen. — Ist vor Auslieferung der Papiere an den Gläubiger zur Erhaltung der Rechte die Aufnahme eines Protestes erforderlich, so hat der G.V. diesen auf den Namen des Schuldners aufnehmen zu lassen.

[2]) Für die sichere Aufbewahrung der Papiere hat der G.V. Sorge zu tragen.

§. 77.

Zwangsvollstreckung in Forderungen, welche die Herausgabe oder die Leistung von beweglichen körperlichen Sachen zum Gegenstande haben.

1. Bei der Zwangsvollstreckung in solche Forderungen, welche auf die Herausgabe oder Leistung von beweglichen körperlichen Sachen gerichtet sind, geschieht die Pfändung nach den Vorschriften über die Pfändung von Geldforderungen, also regelmäßig durch die Zustellung eines gerichtlichen Pfändungsbeschlusses (§. 75 der Anw.), ausnahmsweise, wenn die Forderung in einem indossablen Papiere verbrieft ist (z. B. bei kaufmännischen Anweisungen über die Leistung von Wertpapieren oder anderen vertretbaren Sachen, bei Lagerscheinen, Ladescheinen, Konnossementen u. s. w.), durch den Gerichtsvollzieher (§. 76 der Anw.). In dem gerichtlichen Pfändungsbeschlusse oder im Falle des §. 76 der Anw. durch einen besonderen Beschluß wird angeordnet, daß die geschuldeten Sachen an einen von dem Gläubiger zu beauftragenden Gerichtsvollzieher herauszugeben sind (C.P.O. §. 847).[1])

2. Der Pfändungsbeschluß als solcher ermächtigt jedoch den Gerichtsvollzieher nicht, die Herausgabe der Sachen gegen den Willen des Drittschuldners zu erzwingen. Der Gläubiger müßte vielmehr, wenn der Drittschuldner die Herausgabe verweigert,

sich den Anspruch zur Einziehung überweisen lassen und sodann die Klage gegen den Drittschuldner erheben. Der Gerichtsvollzieher hat deshalb in diesem Falle die Weigerung des Drittschuldners zu beurkunden und dem Gläubiger das Weitere zu überlassen.

3. Ist der Drittschuldner zur Herausgabe oder zur Leistung bereit, so hat der Gerichtsvollzieher, dessen Ermächtigung durch den Besitz des Schuldtitels und einer Ausfertigung des Beschlusses dargethan wird, die Sachen bei ihm gegen Quittung oder gegen Herausgabe des indossablen Papiers in Empfang zu nehmen und sie in dem aufzunehmenden Protokolle zu verzeichnen. Die Verwertung der übernommenen Sachen richtet sich nach den Vorschriften, welche für die Verwertung gepfändeter Sachen gelten (C.P.O. §. 847 Abs. 2).[2])

4. Von der Übernahme und von dem anberaumten Versteigerungstermine sind der Gläubiger und der Schuldner durch Übersendung einer Protokollabschrift zu benachrichtigen.

5. Hat der Gläubiger gegen den Drittschuldner einen vollstreckbaren Titel erlangt, nach dessen Inhalte der Drittschuldner die Sachen zum Zwecke der Zwangsvollstreckung an einen Gerichtsvollzieher herauszugeben hat, so hat der Gerichtsvollzieher auf Grund dieses Titels die Sachen dem Drittschuldner nach den Vorschriften über die Zwangsvollstreckung zur Erwirkung der Herausgabe von Sachen (§. 79

der Anw.) wegzunehmen. Das weitere Verfahren richtet sich nach den Vorschriften in den Abs. 3, 4, 6.

6. Das bei einer Pfändung des gleichen Anspruchs für mehrere Gläubiger zu beobachtende Verfahren ist im §. 854 der Civilprozeßordnung näher geregelt. Für die Reihenfolge der Pfändungen ist die Zeit entscheidend, zu der die einzelnen Pfändungsbeschlüsse dem Drittschuldner zugestellt sind.

C.P.O. §§. 846—849, 854.

---

[1]) Für den Gläubiger entsteht mit der Besitznahme seitens des G.V. ein Pfändungs-Pfandrecht an der Sache. Bei Pfändung des Anspruchs für mehrere Gläubiger folgt die Rangordnung, auch für das Pfandrecht an der Sache, der Reihenfolge der Pfändungen. Beruht der zu pfändende Anspruch auf einem indossabeln Papier, so entsteht das Pfändungs-Pfandrecht mit der Besitznahme des Papiers durch den G.V. (vgl. Wilm.-Levy C.P.O.).

[2]) Die Verwertung erfolgt nach §§. 64 ff. d. Anw.

[3]) Vgl. C.P.O. §§. 854, 804, 872 ff., auch Struckm.-Koch C.P.O. Anm. 4—6 zu §. 854.

§. 78.

Zustellung der Benachrichtigung, daß die Pfändung einer Forderung bevorsteht.

1. Der Gläubiger kann schon vor der Pfändung einer Forderung dem Drittschuldner und dem Schuldner die Benachrichtigung[1]) zustellen lassen, daß die Pfändung der Forderung bevorsteht. Die Benachrichtigung an den Drittschuldner hat die

Wirkung eines Arrestes, wenn binnen 3 Wochen seit ihrer Zustellung die angekündigte Pfändung (C.P.O. §. 845) erfolgt.[2])

2. Der Gerichtsvollzieher hat deshalb die Zustellung zu beschleunigen und den Zeitpunkt, zu dem die Benachrichtigung dem Drittschuldner zugestellt worden ist, in der Zustellungsurkunde genau zu bezeichnen.[3]) Er hat nicht zu prüfen, ob dem Gläubiger eine vollstreckbare Ausfertigung erteilt und ob der Schuldtitel bereits zugestellt ist.[4])

Vgl. C.P.O. §. 845.

---

[1]) Nach einem Beschlusse d. L.G. Köln v. 1./3. 99, II T. 14/99 (i. d. Ztschr. f. mittl. J.B. Jahrg. X S. 487, auch D.G.V.Ztg. 1899 S. 60) wäre die Maßregel aus C.P.O. §. 845 ein Akt der Zwangsvollstreckung. Der G.V., welcher ganz allgemein mit dieser beauftragt sei, könne sofort im Auftrage des Gläubigers die Benachrichtigung bewirken, falls er im Laufe der Z.V. oder sonstwie in Erfahrung bringe, daß dem Schuldner eine Forderung zustehe. Eine Mitwirkung des Gläubigers sei demnach überhaupt nicht erforderlich. — Diese Folgerung erscheint doch sehr gewagt (vgl. Exner, Dienst- rc. Verf. d. Pr.G.V. Anm. 1 zu §. 78 d. Anw., v. Wilm.-Levy C.P.O. Anm. 5 zu §. 744). Der G.V. dürfte vielmehr hierbei lediglich als Zustellungsbeamter in Betracht kommen.

[2]) Die Benachrichtigung hat die Wirkung eines Arrestes, d. h. eines durch Pfändung vollzogenen Arrestes; es tritt also auch die Wahrung der Frist des §. 929 C.P.O. ein. Vgl. auch Struckm.-Koch C.P.O. Anm. 2 u. 8 zu §. 845.

[3]) Für die Wirkung der Benachrichtigung ist der

Zeitpunkt der Zustellung an den Drittschuldner allein entscheidend.

[4]) Natürlich muß aber ein Schuldtitel vorhanden sein.

4. Zwangsvollstreckung zur Erwirkung der Herausgabe von Sachen.

§. 79.

a) Bewegliche Sachen.

1. Hat der Schuldner eine bestimmte bewegliche Sache oder eine Menge bestimmter beweglicher Sachen (z. B. seine fünfjährige Fuchsstute mit Stern oder die in seiner Scheune lagernden 5 Sack Roggen) herauszugeben, so wird die Zwangsvollstreckung dadurch bewirkt, daß der Gerichtsvollzieher die Sachen dem Schuldner wegnimmt und sie dem Gläubiger übergibt. Hat der Schuldner eine nur der Gattung nach bestimmte Sache oder eine Menge von vertretbaren Sachen oder von Wertpapieren zu leisten, so ist in der gleichen Weise zu verfahren, sofern der Gerichtsvollzieher Sachen der geschuldeten Gattung (z. B. Saatkartoffeln „König der Frühen", 1893. Trabener Moselwein, böhmische Braunkohlen oder Wertpapiere der im Schuldtitel bezeichneten Art) im Gewahrsame des Schuldners vorfindet.[1]) Die weggenommenen Sachen sind im Protokolle genau zu bezeichnen, bei vertretbaren Sachen ist deren Maß, Zahl oder Gewicht,[2]) bei Wertpapieren sind der Nennwert, die Nummer oder die sonstigen

Unterscheidungsmerkmale sowie die bei dem Stammpapiere vorgefundenen Zins- oder Gewinnanteil- oder Erneuerungsscheine anzugeben.

2. Die weggenommenen Sachen sind ohne Verzug dem Gläubiger, wenn tunlich an Ort und Stelle, gegen Empfangsbescheinigung auszuhändigen oder an den Gläubiger abzusenden. Damit der Gläubiger sich zur Empfangnahme der Sachen an dem Orte der Vollstreckung einfinden oder einen Vertreter entsenden und die zu ihrer Fortschaffung nötigen Maßregeln treffen kann, hat ihm der Gerichtsvollzieher den Tag und die Stunde der beabsichtigten Vollstreckung rechtzeitig anzuzeigen. Wird aus besonderen Gründen eine Verwahrung der weggenommenen Sachen erforderlich, so erfolgt sie nach den Vorschriften, die über die Verwahrung von Pfandstücken gelten. Das Protokoll muß ergeben, ob die Sachen dem Gläubiger ausgehändigt, an ihn abgesandt oder in welcher Weise sie untergebracht sind.[3])

3. Werden die geschuldeten Sachen nicht oder nur zum Teil vorgefunden, so ist dies im Protokoll ersichtlich zu machen.[4]) Ingleichen ist es im Protokoll zu vermerken, wenn der Schuldner bestreitet, daß die weggenommenen Sachen die geschuldeten sind, oder wenn ein Dritter Rechte auf den Besitz der Sachen geltend macht.

4. Ist der Schuldner zur Übertragung des Eigentums oder zur Bestellung eines solchen Rechtes

so darf die Zwangsvollstreckung erst beginnen, wenn die dem Schuldner im Urteile gewährte Frist zur Räumung abgelaufen ist (C.P.O. §. 721).

3. Damit der Gläubiger zum Zwecke der Besitzergreifung sich am Orte der Vollstreckung einfinden oder einen Vertreter entsenden kann, hat der Gerichtsvollzieher den Tag und die Stunde der beabsichtigten Vollstreckung ihm rechtzeitig anzuzeigen. Die Herausgabe der Räume kann indessen auch in Abwesenheit des Gläubigers bewirkt werden, wenn der Gläubiger durch die von dem Gerichtsvollzieher getroffenen Maßregeln (z. B. Übergabe der Schlüssel oder Bestellung eines Hüters) in die Lage versetzt wird, die tatsächliche Gewalt über das Grundstück, die Wohnräume u. s. w. auszuüben.

4. Zubehörstücke (B.G.B. §§. 97, 98), die der Schuldner mit herauszugeben hat, werden dem Gläubiger bei der Besitzeinweisung mit der Hauptsache zugleich übergeben.

5. Bewegliche Sachen, welche weder mit herauszugeben noch wegen einer gleichzeitig beizutreibenden Forderung oder wegen der Kosten zu pfänden sind, werden von dem Gerichtsvollzieher aus dem Grundstück oder den Wohnräumen entfernt, falls nicht der Gläubiger wegen eines von ihm in Anspruch genommenen Pfand- oder Zurückbehaltungsrechts der Entfernung widerspricht.[5]) Sie sind dem Schuldner oder wenn er abwesend ist, einem Bevollmächtigten

des Schuldners oder einer zu der Familie des Schuldners gehörenden oder in der Familie dienenden erwachsenen Person zu übergeben oder zur Verfügung zu stellen. Der Gerichtsvollzieher hat bei der Wegschaffung der Sachen die über die Ordnung des Straßenverkehrs erlassenen polizeilichen Vorschriften zu befolgen.[3])

6. Ist weder der Schuldner noch eine der im Abs. 5 bezeichneten Personen anwesend, so hat der Gerichtsvollzieher die Sachen auf Kosten des Schuldners in die Pfandkammer zu schaffen oder sonst für deren Verwahrung Sorge zu tragen; sie sind dem Schuldner auf Verlangen gegen Erstattung der Transport- und Verwahrungskosten jederzeit zurückzugeben. Wird die Abforderung verzögert, so kann der Gerichtsvollzieher bei dem Vollstreckungsgerichte beantragen, daß der Verkauf der Sachen und die Hinterlegung des Erlöses angeordnet werde (C.P.O. §. 885 Abs. 4).[4])

7. In dem über die Vollstreckungshandlung aufzunehmenden Protokoll ist das Grundstück, die Wohnung u. s. w. oder das Schiff, deren Herausgabe oder Räumung erzwungen werden soll, genau zu bezeichnen; das Protokoll muß ferner ergeben, welche Personen der Vollstreckungshandlung beigewohnt haben, welche Maßregeln getroffen sind, um den Schuldner aus dem Besitze zu entsetzen und den Gläubiger in den Besitz einzuweisen, und welche Zubehörstücke dem Gläubiger mit übergeben sind.

so darf die Zwangsvollstreckung erst beginnen, wenn die dem Schuldner im Urteile gewährte Frist zur Räumung abgelaufen ist (C.P.O. §. 721).

3. Damit der Gläubiger zum Zwecke der Besitzergreifung sich am Orte der Vollstreckung einfinden oder einen Vertreter entsenden kann, hat der Gerichtsvollzieher den Tag und die Stunde der beabsichtigten Vollstreckung ihm rechtzeitig anzuzeigen. Die Herausgabe der Räume kann indessen auch in Abwesenheit des Gläubigers bewirkt werden, wenn der Gläubiger durch die von dem Gerichtsvollzieher getroffenen Maßregeln (z. B. Übergabe der Schlüssel oder Bestellung eines Hüters) in die Lage versetzt wird, die tatsächliche Gewalt über das Grundstück, die Wohnräume u. s. w. auszuüben.

4. Zubehörstücke (B.G.B. §§. 97, 98), die der Schuldner mit herauszugeben hat, werden dem Gläubiger bei der Besitzeinweisung mit der Hauptsache zugleich übergeben.

5. Bewegliche Sachen, welche weder mit herauszugeben noch wegen einer gleichzeitig beizutreibenden Forderung oder wegen der Kosten zu pfänden sind, werden von dem Gerichtsvollzieher aus dem Grundstück oder den Wohnräumen entfernt, falls nicht der Gläubiger wegen eines von ihm in Anspruch genommenen Pfand- oder Zurückbehaltungsrechts der Entfernung widerspricht.[5]) Sie sind dem Schuldner oder wenn er abwesend ist, einem Bevollmächtigten

des Schuldners oder einer zu der Familie des Schuldners gehörenden oder in der Familie dienenden erwachsenen Person zu übergeben oder zur Verfügung zu stellen. Der Gerichtsvollzieher hat bei der Wegschaffung der Sachen die über die Ordnung des Straßenverkehrs erlassenen polizeilichen Vorschriften zu befolgen.[3])

6. Ist weder der Schuldner noch eine der im Abs. 5 bezeichneten Personen anwesend, so hat der Gerichtsvollzieher die Sachen auf Kosten des Schuldners in die Pfandkammer zu schaffen oder sonst für deren Verwahrung Sorge zu tragen; sie sind dem Schuldner auf Verlangen gegen Erstattung der Transport- und Verwahrungskosten jederzeit zurückzugeben. Wird die Abforderung verzögert, so kann der Gerichtsvollzieher bei dem Vollstreckungsgerichte beantragen, daß der Verkauf der Sachen und die Hinterlegung des Erlöses angeordnet werde (C.P.O. §. 885 Abs. 4).[4])

7. In dem über die Vollstreckungshandlung aufzunehmenden Protokoll ist das Grundstück, die Wohnung u. s. w. oder das Schiff, deren Herausgabe oder Räumung erzwungen werden soll, genau zu bezeichnen; das Protokoll muß ferner ergeben, welche Personen der Vollstreckungshandlung beigewohnt haben, welche Maßregeln getroffen sind, um den Schuldner aus dem Besitze zu entsetzen und den Gläubiger in den Besitz einzuweisen, und welche Zubehörstücke dem Gläubiger mit übergeben sind.

Nimmt der Gerichtsvollzieher Sachen des Schuldners in Verwahrung, so sind die Sachen und der Grund ihrer Verwahrung im Protokoll anzugeben.

8. Im Falle des §. 93 des Reichsgesetzes über die Zwangsversteigerung und die Zwangsverwaltung findet aus dem Beschlusse, durch welchen der Zuschlag erteilt wird (vergl. §. 42 Abs. 2 der Anw.), gegen den Besitzer des versteigerten Grundstücks die Zwangsvollstreckung auf Räumung statt.[5]) Diese Zwangsvollstreckung geschieht im Auftrage des Erstehers nach den Vorschriften der Abs. 1—7.

9. In den Fällen des §. 94 Abs. 2 und des §. 150 Abs. 1 des Gesetzes über die Zwangsversteigerung und die Zwangsverwaltung kann der Gerichtsvollzieher von dem Vollstreckungsgerichte beauftragt werden, ein Grundstück dem Zwangsverwalter zu übergeben. Der Gerichtsvollzieher hat alsdann den Schuldner aus dem Besitze zu entsetzen und den Zwangsverwalter in den Besitz einzuweisen. Er wird zur Vornahme dieser Handlungen durch den gerichtlichen Auftrag ermächtigt. Der Auftrag ist dem Schuldner oder der an Stelle des Schuldners angetroffenen Person vorzuzeigen und auf Verlangen in Abschrift mitzuteilen; einer Zustellung des Auftrags bedarf es nicht. Wohnt der Schuldner auf dem Grundstücke, so sind ihm die für seinen Hausstand unentbehrlichen Räume zu belassen, sofern das Vollstreckungsgericht nicht ein Anderes bestimmt hat.[6])

Vgl. C.P.O. §. 885.

[1]) Auf „Grundstücksteile" findet C.P.O. §. 885 insoweit Anwendung, als an dem Teile körperlicher Besitz möglich ist, z. B. bei Räumung einzelner Zimmer, B.G.B. §. 865 (Struckm.-Koch, Anm. 1 zu §. 885). — Die Rechte etwaiger Unter- (After-) Mieter dürfen nicht verletzt werden (B.G.B. §§. 549, 556 Abs. 3).

[2]) Vgl. B.G.B. §. 561 Abs. 1. — Das dem Vermieter danach zustehende Zurückbehaltungsrecht kann dieser auch dann ausüben, wenn der Gerichtsvollzieher zur Räumung der Wohnung schreitet.

[3]) Der G.V. hat also, wenn der Schuldner der Aufforderung zur sofortigen Wegschaffung der Sachen nicht nachkommt, seinerseits alsbald die nötigen Vorkehrungen dafür zu treffen (vgl. die Kammerger.-Entsch. i. d. D.G.V.Ztg. 1887 S. 54 und 120).

[4]) Der Verkauf und die Hinterlegung des Erlöses kann auch von Amtswegen angeordnet werden. Der bez. Beschluß ist dem Schuldner von Amtswegen zuzustellen; der Gläubiger ist dabei nicht interessiert und bedarf keiner Nachricht (Struckm.-Koch, C.P.O. Anm. 8 zu §. 885).

[5]) Als vollstreckbarer Schuldtitel dient eine Ausfertigung des Zuschlagsbescheides, die mit der Vollstreckungsklausel zu versehen ist (R.Z.V.G. §. 93).

[6]) In diesem Falle liegt ein amtlicher Auftrag vor (J.M.Vfg. v. 11./7. 98 I 2988).

5. Zwangsvollstreckung zur Erwirkung der Herausgabe von Personen.

§. 81.

Hat der Schuldner auf Grund einer vollstreckbaren gerichtlichen Entscheidung ein Kind oder eine andere unselbständige Person herauszugeben, so ist die Zwangsvollstreckung unter entsprechender Anwendung der Vorschriften zu bewirken, welche für die Herausgabe beweglicher Sachen gelten (§. 79 der Anw.).

Die Frage, ob die Herausgabe von Personen nach Analogie der Vorschriften des §. 883 C.P.O. durch den G.V. erzwungen werden könne, ist streitig. Die G.A. regelt die Frage im bejahenden Sinne nach den Vorschriften über die Herausgabe beweglicher Sachen (§. 79 d. Anw.) und damit ist dem G.V. die Direktive für sein Verfahren gegeben. (Vgl. hierzu Ztschr. f. V.R. 1891 S. 61 und 100).

Die G.V.-Gebühren bestimmen sich nach §. 6 Geb.-O. (s. d.).

6. Beseitigung des Widerstandes, den der Schuldner gegen die Vornahme einer von ihm zu duldenden Handlung leistet.

§. 82.

1. Leistet der Schuldner Widerstand gegen die Vornahme einer Handlung, die er nach dem Inhalte des Schuldtitels zu dulden verpflichtet ist oder zu deren Vornahme an Stelle des Schuldners der Gläubiger durch einen Beschluß des Prozeßgerichts erster Instanz ermächtigt ist (C.P.O. §. 887 Abs. 1), so kann der Gläubiger zur Beseitigung des Widerstandes einen Gerichtsvollzieher zuziehen.

2. Zur Beseitigung des Widerstandes wird der Gerichtsvollzieher durch den Besitz des Schuldtitels und einer Ausfertigung des etwa erlassenen Be-

schlusses ermächtigt. Er hat nach dem Inhalte dieser Urkunden selbständig zu prüfen, ob und inwieweit das Verlangen des Gläubigers oder der Widerspruch des Schuldners gerechtfertigt erscheinen. Der Gerichtsvollzieher hat einen unberechtigten Widerstand des Schuldners unter Beachtung der §§. 758, 759 der Civilprozeßordnung, nötigenfalls mit Gewalt, jedoch unter Vermeidung unnötiger Härte, zu überwinden.

3. Das über die Vollstreckung aufzunehmende Protokoll muß die vorzunehmende Handlung, die bei der Vollstreckung anwesenden Personen und die von dem Gerichtsvollzieher angewendeten Zwangsmaßregeln bezeichnen.

Der Gläubiger darf den Widerstand des Schuldners nicht selbst mit Gewalt brechen; R.Str.G.B. §. 240. Wo ein solcher ihm entgegentritt, ist die Zuziehung des G.V. unentbehrlich (Struckm.-Koch, C.P.O. Anm. 1 zu §. 892). — Die Tätigkeit des G.V. bei der Vollstreckung beschränkt sich auf seine Anwesenheit am Orte der Handlung und die Beseitigung etwaigen Widerstandes. Wie §. 82 d. Anw. vorschreibt, hat er dabei nach den Bestimmungen der §§. 758, 759 C.P.O. zu verfahren. Er kann also nötigenfalls Gewalt anwenden, zu seiner Unterstützung polizeiliche Hilfe requirieren und bei fortgesetztem Widerstande den Schuldner verhaften und — aber nur bis zur Beendigung des Geschäfts — einsperren lassen. Auf die Herbeischaffung der nötigen Arbeiter und die Leitung und Beaufsichtigung der vorzunehmenden Arbeiten erstreckt sich die Tätigkeit des G.V. nicht; dies ist vielmehr Sache des Gläubigers.

Die allgemeinen Vorschriften für das Verhalten des G.V. bei der Z.V. (§§. 45 ff. d. Anw.) sind auch hier zu beachten. Findet der G.V. seinerseits Widerstand, so muß er Zeugen oder Polizeibeamte zuziehen (§. 50 Nr. 5 d. Anw.).

Wie bei allen anderen Realexekutionen sind auch in diesem Falle die Kosten der Z.V. mit beizutreiben.

7. Zwangsvollstreckung durch Haft.

§. 83.

1. Ist gegen den Schuldner die Haft angeordnet, um ihn zur Leistung des in den §§. 807, 883 der Civilprozeßordnung bezeichneten Offenbarungseids zu zwingen (C.P.O. §. 901) oder um die Vornahme einer Handlung, zu der der Schuldner verurteilt ist, herbeizuführen (C.P.O. §§. 888, 889), so ist die Verhaftung im Auftrage des Gläubigers nach den folgenden Vorschriften zu bewirken.[1]) Zur Vornahme der Verhaftung wird der Gerichtsvollzieher durch den Besitz des Schuldtitels und einer Ausfertigung des gerichtlichen Haftbefehls ermächtigt, in dem der Gläubiger, der Schuldner und der Grund der Verhaftung bezeichnet sind (C.P.O. §. 908).[2]) Der Haftbefehl ist dem Schuldner vorzulegen und auf Verlangen abschriftlich mitzuteilen.

2. Ist die Haft aus einem der in den §§. 904, 905 der Civilprozeßordnung bezeichneten Gründe unstatthaft oder ist der Schuldner eine dem aktiven Heere oder der aktiven Marine angehörende Militärperson, so darf sich der Gerichtsvollzieher mit der Verhaftung nicht befassen. Bei der Verhaftung von

Beamten, Geistlichen oder Lehrern an öffentlichen Unterrichtsanstalten ist die Vorschrift im §. 910 der Civilprozeßordnung zu beachten.

3. Die Verhaftung unterbleibt, wenn der Schuldner infolge der Aufforderung des Gerichtsvollziehers die ihm nach dem Schuldtitel obliegende Leistung bewirkt (§. 50 Abs. 2 der Anw.)[3]) oder wenn der Gerichtsvollzieher auf Grund eines ärztlichen Zeugnisses oder durch eigene Wahrnehmung die Überzeugung erlangt, daß die Gesundheit des Schuldners durch die Vollstreckung der Haft einer nahen und erheblichen Gefahr ausgesetzt werden würde.[4])

4. Die Verhaftung ist nötigenfalls mit Gewalt unter Beachtung der §§. 758, 759 der Civilprozeßordnung, aber unter Vermeidung unnötigen Aufsehens und jeder durch den Zweck der Vollstreckung nicht gebotenen Härte,[5]) durchzuführen; der Verhaftete ist in das nächste zur Aufnahme von Schuldgefangenen bestimmte Gefängnis des Bezirkes abzuliefern.[6]) Der Haftbefehl ist dem zuständigen Gefängnisbeamten zu übergeben; eines besonderen Annahmebefehls bedarf es nicht.[7]) Bei der Ablieferung des Schuldners hat der Gerichtsvollzieher zugleich den Betrag der Haftkosten für einen Monat einzuzahlen, die dazu erforderlichen Geldmittel hat er sich von dem Gläubiger aushändigen zu lassen. Ohne diese Zahlung wird der Schuldner in das Gefängnis nicht aufgenommen.[8])

5. Das Protokoll muß die genaue Bezeichnung des Haftbefehls und die Bemerkung enthalten, daß dieser dem Schuldner vorgezeigt ist, es muß ferner ergeben, ob und zu welcher Zeit der Schuldner verhaftet oder aus welchem Grunde die Verhaftung unterblieben ist. Die Ablieferung des Schuldners in das Gefängnis ist unter Angabe der Stunde von dem zuständigen Beamten unter dem Protokolle zu bescheinigen.[2])

6. Ist der Schuldner zur Eidesleistung bereit, so kann der Gerichtsvollzieher ihn, wenn es tunlich ist, sogleich dem Vollstreckungsgerichte vorführen. In dem Protokoll ist anzugeben, daß der Schuldner dem Gerichte vorgeführt ist und zutreffendenfalls, daß das Gericht seine Freilassung angeordnet hat.

7. Ist der Schuldner gemäß §. 890 der Civilprozeßordnung zu einer Haftstrafe verurteilt, so finden die vorstehenden Vorschriften keine Anwendung. Die Verhaftung erfolgt im Auftrage des Gerichts nach den im §. 88 der Anw. enthaltenen Vorschriften.

C.P.O. §§. 888, 889, 901—912.

---

1) Entsprechende Anwendung finden diese Vorschriften bei der Haft gegen den Gemeinschuldner (Konk.O. §§. 63, 65) und bei der Strafhaft des §. 890 (vgl. §. 85 d. Anw.). — Wegen der „Behandlung von Gefangenen und vorzuführenden Personen auf dem Transporte" vgl. die Allg. Vfg. v. 4./12. 02, J.M.Bl. 1902 S. 291.

2) Der Haftbefehl bildet die Grundlage für das

Vorgehen des G.V. bei der Verhaftung des Schuldners. Da aber der letztere vor der Vollstreckung zur Zahlung aufzufordern ist (Nr. 8 vorst.), angebotene Zahlungen überhaupt vom G.V. entgegenzunehmen sind, so muß sich der G.V. auch die vollstreckbare Ausfertigung des Schuldtitels vom Gläubiger, in dessen Auftrage er handelt, aushändigen lassen und sie bei sich führen.

[3]) Die im §. 50 Abs. 2 d. Anw. vorgeschriebene Aufforderung zur freiwilligen Leistung ist auch vor dem Übergange zur Vollziehung des Haftbefehls an den Schuldner zu richten.

In den Fällen der §§. 904, 905 C.P.O. ist die Verhaftung also überhaupt unstatthaft, im Falle des §. 910 nur bedingt statthaft.

[4]) Der G.V., der von der Vollstreckung nur Abstand nehmen darf, wenn wirkliche Krankheit vorliegt, solche nicht nur simuliert wird, muß mit Vorsicht handeln. Ihm steht zunächst die Entscheidung zu. Die Krankheit muß eine solche sein, daß durch die Haftvollstreckung „die Gesundheit des Schuldners einer nahen und erheblichen Gefahr" ausgesetzt würde (C.P.O. §. 906). Ein ärztliches Zeugnis muß nicht vorliegen; der G.V. kann sich auch aus eigener Wahrnehmung überzeugen. Das Zeugnis braucht auch nicht von einem beamteten Arzte oder dem Bezirksarzte ausgestellt sein. Daß mit ansteckenden Krankheiten behaftete Personen nicht in die Gefängnisse aufgenommen werden dürfen, wird bekannt sein. Schwangerschaft dagegen bildet ein Hindernis dafür an sich nicht. Immerhin wird im einzelnen Falle zu erwägen sein, ob nicht Leben und Gesundheit von dergl. Personen schon durch die Verhaftung einer „nahen und erheblichen Gefahr" ausgesetzt werden würden.

[5]) In den Nachmittag- und Abendstunden der Tage vor den Sonn- u. Festtagen sollen Verhaftungen von Schuldnern behufs Ableistung des Offenbarungseides nur aus ganz besonderen Gründen vorgenommen werden;

einerseits, um dem Schuldner das ihm durch §. 902 C.P.O. gewährleistete Recht nicht zu verkümmern, andererseits um ein chikanöses Vorgehen des Gläubigers zu verhindern (Vfg. des Kammerger.Präs. v. 28./5. 95 i. d. Ztschr. f. B.R. 2c. 1895 S. 168).

Anläßlich eines Falles, in dem der G.V. den Führer eines Flußdampfers, während dieser sich auf der Fahrt zu seinem Ziele befand, verhaftet hatte, ist in einer J.M.Vfg. v. 25./5. 03, I 8842 (Amtl. Vorschr. S. 216) darauf hingewiesen worden, daß die G.V. bei ihren Amtshandlungen auch die für das Handeln jedes Beamten im öffentlichen Interesse geltenden allgemeinen Vorschriften zu beobachten haben. Dazu gehöre, daß nicht durch eine Amtshandlung das öffentliche Wohl gefährdet, die öffentliche Ordnung gestört oder eine Gefahr für das Publikum herbeigeführt werde 2c.

6) Das „nächste" Gefängnis ist nicht das am Wohnorte des Schuldners oder am Amtssitze des G.V. belegene, sondern das dem „Verhaftungsorte zunächst liegende".

7) In allen anderen Fällen erfolgt die Aufnahme der Gefangenen nur auf Grund eines schriftlichen Annahmebefehls des Richters oder des Staatsanwalts (§. 26 Gefängn.Ordn.).

8) Die Dauer der gegen den Schuldner im Höchstbetrage von sechs Monaten (C.P.O. §. 918) zulässigen Haft wird nach der Kalenderzeit berechnet. Es müssen deshalb die Haftkosten, da sie für den einzelnen Tag berechnet werden, auf mindestens 81 Tage im voraus eingezahlt werden, falls der Monat, in dem die Haft beginnt, so viel Tage hat. Die Bestimmung des §. 222 Abs. 2 C.P.O., wonach, wenn das Ende einer Frist auf einen Sonntag oder allgemeinen Feiertag fällt, die Frist mit dem Ablaufe des nächstfolgenden Werktags endet, findet bei Bestimmung der Dauer der Haft des Schuldners keine Anwendung. Bei Freiheitsstrafen wird

der Tag zu 24 Stunden, die Woche zu 7 Tagen, der Monat und das Jahr nach der Kalenderzeit berechnet (R.Str.G.B. §. 19, Helf, Erläut. zu §. 98 d. fr. G.A.). — Erst bei der Ablieferung des Schuldners in das Gefängnis ist der Haftkostenvorschuß (zur Gerichtskasse) einzuzahlen. Wenn der Schuldner sofort dem Vollstreckungsgericht vorgeführt und (nach Leistung des Offenbarungseides z. B.) dann alsbald entlassen wird (Nr. 6 des vorst. Paragraphen) erübrigt sich die Einzahlung des Vorschusses. — Die Bewilligung des Armenrechts entbindet von der Zahlung des Haftkosten-Vorschusses. — Die Staatskasse, wenn sie als Gläubiger auftritt, ist von der Zahlung des Vorschusses befreit. Ebenso steht öffentlichen Behörden, für welche im Verwaltungszwangsverfahren die Vollstreckung von Haftbefehlen erfolgt, auf Grund des §. 21 d. Verordn. v. 15./11. 99 (s. §. 108 d. Anw.) die Befreiung von der Vorschußpflicht zu. Auch bei der Vornahme von Verhaftungen sind die Kosten der Z.V. mit beizutreiben (vgl S. 88, Anm. 2 zu §. 51). Zu diesen Kosten gehören auch die vom Gläubiger vorgeschossenen Haftkosten, deren Höhe sich nach der Maßgabe der für die Strafhaft geltenden Vorschrift bestimmt. Die Strafhaftkosten betragen gegenwärtig 80 Pfg. auf den Tag.

9) Diese Zeitangabe darf nicht fehlen, sie ist wichtig wegen Berechnung der Haftfrist.

§. 84.

Nachverhaftung.

1. Ist der Schuldner bereits gemäß §. 83 der Anw. in Zwangshaft genommen, so ist ein fernerer Haftbefehl gegen ihn dadurch zu vollstrecken, daß der Gerichtsvollzieher sich in das Gefängnis zu dem

Schuldner begibt und unter Vorzeigung des Haftbefehls den Schuldner für nachverhaftet erklärt. Der Haftbefehl ist dem zuständigen Gefängnisbeamten mit dem Ersuchen auszuhändigen, die fernere Haft nach Beendigung der zuerst verhängten Haft an dem Schuldner zu vollstrecken. Die rechtzeitige Einzahlung der Haftkosten bleibt in diesem Falle dem Gläubiger überlassen.[1])

2. Das Protokoll muß die Bezeichnung des Haftbefehls und die von dem Gerichtsvollzieher abgegebenen Erklärungen enthalten. Die Aushändigung des Haftbefehls ist von dem Gefängnisbeamten unter dem Protokolle zu bescheinigen. Im Übrigen finden die Vorschriften des §. 83 der Anw. entsprechende Anwendung.

3. Die Vollziehung der Schuldhaft gegen eine in Untersuchungshaft oder in Strafhaft befindliche Person kann erst nach Beendigung der Untersuchungshaft oder der Strafhaft erfolgen. Der Gerichtsvollzieher hat sich nötigenfalls mit dem Vorstande des Gefängnisses in Verbindung zu setzen.[2])

[1]) Der G.V. hat also in diesem Falle für die Einzahlung des Haftkostenvorschusses nicht zu sorgen.

[2]) Eine Nachverhaftung ist hier unzulässig; es muß vielmehr eine neue Verhaftung erfolgen, die sich natürlich am einfachsten und zweckmäßigsten an die Entlassung des Schuldners aus der Zwangshaft anschließen wird. Der G.V. wird sich deshalb über den Augenblick der Entlassung genau informieren müssen. Gefängnisvorsteher ist an denjenigen Orten, welche Sitz eines Land-

gerichts oder einer auswärtigen Strafkammer und eines Staatsanwalts sind, der erste Staatsanwalt, an anderen Orten der Amtsrichter bezw. der aufsichtführende Richter.

§. 85.

Vollziehung eines Haftbefehls gegen einen Zeugen.

1. Ist gegen einen Zeugen zur Erzwingung des Zeugnisses die Haft angeordnet (C.P.O. §. 390 Abs. 2), so finden die Vorschriften über die Zwangshaft im Vollstreckungsverfahren (§. 83 der Anw.) entsprechende Anwendung. Der Auftrag zur Verhaftung des Zeugen wird von der Partei erteilt, die den Antrag auf Erlaß des Haftbefehls gestellt hat. Der Gerichtsvollzieher wird zu der Verhaftung durch den Besitz des gerichtlichen Haftbefehls ermächtigt.[1])

2. Ist ein Zeuge wegen unentschuldigten Ausbleibens oder unberechtigter Verweigerung des Zeugnisses für den Fall, daß die ihm auferlegte Geldstrafe nicht beigetrieben werden kann, zu einer Haftstrafe verurteilt (C.P.O. §. 380 Abs. 1, §. 390 Abs. 1), so geschieht deren Vollstreckung von Amtswegen nach den für Strafsachen geltenden Vorschriften.[2])

Vgl. C.P.O. §. 380 Abs. 1, §. 390 Abs. 1 u. 2.

---

[1]) Die „Haft" hat hier den Charakter der Erzwingung einer Handlung, C.P.O. §§. 888, 901 (Struckm.-Koch)

C.P.O., Anm. 3 zu §. 390). Daher erfolgt die Verhaftung im Auftrage der Partei und deshalb sollen die Vorschriften des §. 83 d. Anw. entsprechende Anwendung finden. Legitimiert wird der G.V. lediglich durch den Haftbefehl.

[2]) Hiervon verschieden ist der Fall, daß in einem Zivilprozesse ein Zeuge wegen Verweigerung des Zeugnisses oder der Eidesleistung zur Strafe der Haft verurteilt ist (C.P.O. §. 380 Abs. 1). Die Vollstreckung einer solchen Haft erfolgt nach den Bestimmungen der Str.P.O. über die Vollstreckung von Freiheitsstrafen und die Vollziehung des Haftbefehls im Auftrage des Gerichts (von Amtswegen).

8. Vollziehung von Arrestbefehlen und einstweiligen Verfügungen.

§. 86.

1. Arrestbefehle und einstweilige Verfügungen sind Schuldtitel, die nicht eine Befriedigung des Gläubigers, sondern nur eine Sicherung seines Anspruchs oder die einstweilige Regelung eines rechtlichen Zustandes bezwecken. Der dingliche Arrest wird durch Beschlagnahme des gesamten Vermögens oder der in dem Befehle bezeichneten Vermögensstücke des Schuldners, der persönliche Sicherheitsarrest je nach dem Inhalte des Befehls durch Verhaftung des Schuldners oder eine sonstige Beschränkung seiner persönlichen Freiheit vollzogen. Bei der einstweiligen Verfügung trifft das Gericht in dem Befehle die zur Erreichung des Zweckes erforderlichen Anordnungen, die z. B. auch darin be-

stehen können, daß dem Schuldner eine Handlung geboten oder verboten, unter Umständen auch die Herausgabe einer beweglichen Sache oder eines Grundstücks oder eine Leistung an den Gläubiger aufgegeben wird.[1])

2. Der Arrestbefehl oder die einstweilige Verfügung wird dem Gläubiger von dem Gerichte durch Verkündung oder durch Zustellung von Amts wegen bekannt gemacht. Dem Schuldner ist hingegen der Befehl auf Betreiben und im Auftrage des Gläubigers durch einen Gerichtsvollzieher zuzustellen (C.P.O. §. 922). Die Vollziehung des Arrestes oder der einstweiligen Verfügung ist aber nur innerhalb einer zweiwöchigen Ausschlußfrist zulässig, die mit der Verkündung des Befehls oder dessen von Amtswegen bewirkter Zustellung an den Gläubiger beginnt (C.P.O. §. 929 Abs. 2). Eine Vollstreckungsklausel ist bei Arrestbefehlen und einstweiligen Verfügungen nur ausnahmsweise erforderlich, nämlich nur dann, wenn die Vollziehung für einen anderen als den in dem Befehle bezeichneten Gläubiger oder gegen einen anderen als den in dem Befehle bezeichneten Schuldner erfolgen soll (C.P.O. §. 929 Abs. 1; vergl. §. 46 Abs. 8 der Anw.).[2])

3. Abweichend von der Regel des §. 49 der Anw. ist jedoch die Vollziehung des Arrestes oder der einstweiligen Verfügung auch zulässig, bevor der Befehl oder, falls eine Vollstreckungsklausel erteilt ist, bevor die Klausel und die in ihr erwähnten, die

Rechtsnachfolge beweisenden Urkunden dem Schuldner zugestellt sind. Die Wirksamkeit der Vollziehung ist aber dadurch bedingt, daß die Zustellung innerhalb einer Woche nach der Vollziehung und zugleich vor dem Ablaufe der zweiwöchigen Ausschlußfrist (Abs. 2 Satz 2) nachgeholt wird (C.P.O. §. 929 Abs. 3). Die Berechnung der Fristen richtet sich nach §. 188 Abs. 2 in Verbindung mit §. 187 Abs. 1 des Bürgerlichen Gesetzbuchs. Ist z. B. der Arrest am Montag den 20. November vollzogen, so muß die Zustellung des Befehls spätestens am Montag den 27. November nachgeholt sein.

4. Bei der Vollziehung des dinglichen Sicherheitsarrestes hat der Gerichtsvollzieher in der gleichen Weise mitzuwirken, wie bei einer sonstigen Zwangsvollstreckung. In bewegliche körperliche Sachen wird der Arrest durch Pfändung nach den für die Zwangsvollstreckung geltenden Vorschriften (C.P.O. §. 928) vollzogen. Der Gerichtsvollzieher hat so viele Vermögensstücke des Schuldners zu pfänden, daß durch ihren Schätzungswert die in dem Befehle bezeichneten Beträge der Hauptforderung sowie der Zinsen und Kosten gedeckt erscheinen. Ist jedoch der Arrest auf das im Bezirke des Gerichts befindliche Vermögen oder auf einzelne bestimmt bezeichnete Vermögensstücke des Schuldners beschränkt, so ist die Pfändung nur innerhalb der hierdurch gezogenen Grenzen zulässig.

5. Die Unterbringung der Pfandstücke geschieht

nach den für gepfändete Sachen geltenden Vorschriften; jedoch ist gepfändetes Geld und der in einem etwaigen Verteilungsverfahren auf den Arrestgläubiger entfallende Betrag zu hinterlegen. Eine Veräußerung der Pfandstücke findet auf Grund des Arrestbefehls nicht statt. Das Vollstreckungsgericht kann jedoch die Versteigerung und die Hinterlegung des Erlöses anordnen, wenn eine im Arrestwege gepfändete Sache der Gefahr einer beträchtlichen Wertminderung ausgesetzt ist oder wenn ihre Aufbewahrung unverhältnismäßige Kosten verursachen würde (C.P.O. §. 930). Erscheint die Stellung eines dahin gerichteten Antrags erforderlich, so hat der Gerichtsvollzieher den Gläubiger darauf aufmerksam zu machen.[3])

6. Die Vollziehung des Arrestes unterbleibt, wenn der Schuldner dem Gerichtsvollzieher die Hinterlegung des Geldbetrags nachweist, durch die nach dem Inhalte des Befehls die Vollziehung des Arrestes abgewendet werden kann (C.P.O. §. 923). Geschieht die Hinterlegung erst nach der Vollziehung des Arrestes, so ist der Schuldner mit dem Antrag auf dessen Wiederaufhebung an das Gericht zu verweisen.[4])

7. Die Vollziehung des persönlichen Sicherheitsarrestes richtet sich, wenn die Verhaftung des Schuldners angeordnet ist, nach den für die Haft im Zwangsvollstreckungsverfahren geltenden Vorschriften (§§. 83, 84 der Anw.). Ist der Arrestbefehl

noch nicht zugestellt, so wird der Gerichtsvollzieher durch den Besitz des Haftbefehls zu der Verhaftung des Schuldners ermächtigt. Die Verhaftung ist unzulässig, wenn der Schuldner die Hinterlegung des in dem Haftbefehle bezeichneten Geldbetrags dem Gerichtsvollzieher nachweist. Besteht die in dem Befehl angeordnete Sicherungsmaßregel in einer anderen Beschränkung der persönlichen Freiheit, so sind die in dem Befehle getroffenen besonderen Anordnungen des Arrestgerichts maßgebend; die für die Haft geltenden gesetzlichen Beschränkungen (§. 83 der Anw.) finden Anwendung.[5])

8. Die Vollziehung einer einstweiligen Verfügung geschieht nach den in dem Befehle getroffenen Anordnungen und unter Anwendung derjenigen Art des Vollstreckungsverfahrens, welche zur Durchführung dieser Anordnungen erforderlich ist, z. B. durch Wegnahme beweglicher Sachen, Entsetzung aus dem Besitz eines Grundstücks, unter Umständen durch Beitreibung eines Geldbetrags, etwa von Unterhaltsgeldern, deren Leistung dem Schuldner aufgegeben ist.[6])

9. Wegen der Gebühren und Auslagen, die durch die Vollziehung eines Arrestes oder einer einstweiligen Verfügung entstehen, hat sich der Gerichtsvollzieher an seinen Auftraggeber zu halten; ihre Beitreibung von dem Schuldner ist auf Grund des Befehls nicht zulässig.[7])

Vgl. C.P.O. §§. 916—945.

[1]) Der vorst. §. 90 d. Anw. behandelt die Vollziehung von „Arrestbefehlen und einstweiligen Verfügungen". Über den Unterschied dieser beiden Vollstreckungsmaßregeln bemerken die Motive (zu C.P.O. §. 916): „Der Arrest dient zur Sicherung von Werten, zur Sicherung der Z.V. wegen einer Geldforderung; die einstweilige Verfügung zur Sicherung einer Individualleistung oder zur Regelung eines einstweiligen Zustandes in Bezug auf ein streitiges Rechtsverhältnis". Der Arrest ist stets, die einstweilige Verfügung in der Mehrzahl der Fälle eine antizipierte Zwangsvollstreckung, welche auf Grund eines summarischen Verfahrens angeordnet wird, aber nicht zur Befriedigung, sondern nur zur Sicherstellung des Gläubigers führt (vgl. Struckm.-Koch C.P.O. Anm. 1 zu §. 916).

[2]) Wegen Zustellung des Arrestbeschlusses an den Arrestsucher vgl. R.G., Entsch. v. 8./3. 84, Bd. 16 S. 402, wegen der von einstweiligen Verfügungen desgl., Entsch. v. 1./5. 88 Bd. 11 S. 416, s. a. Struckm.-Koch C.P.O. Anm. 1 Abs. 2 zu §. 936.

[3]) Bei der Vollziehung des dinglichen Arrestes in bewegliches Vermögen hat der G.V. ganz wie bei der Z.V. aus vollstreckbaren Schuldtiteln zu verfahren. Die Aufforderung zur freiwilligen Leistung muß natürlich unterbleiben. — Nach erfolgter Pfändung ruht das Vollstreckungsverfahren bis zum Erlaß eines vollstreckbaren Schuldtitels; eine Ausnahme bilden jedoch die in C.P.O. §. 930 Abs. 3 vorgesehenen Fälle. — Mit der Hinterlegung des Erlöses hört die Tätigkeit des G.V. auf; die Auszahlung des hinterlegten Betrages herbeizuführen liegt dem betr. Berechtigten ob.

Die Vollziehung des Arrestes in Schiffe, die im Schiffsregister eingetragen sind, erfolgt (im Gegensatz zu §. 44 Nr. 2 d. Anw.) gleichfalls nach den Vorschriften der C.P.O. über die Z.V. in bewegliche körperliche Sachen. Auf Antrag des Gläubigers veranlaßt das Gericht die zur Bewachung und Verwahrung des Schiffes erforderlichen Maßregeln. — Ist zur Zeit der Arrestvollziehung die Z.-Versteigerung des Schiffes (im Wege der Immobiliar-Z.V.) bereits eingeleitet, so gilt die in diesem Verfahren erfolgte Beschlagnahme des Schiffes als erste Pfändung, die vom G.V. bewirkte Arrestvollziehung als Nachpfändung im Sinne des §. 826 C.P.O. Die Abschrift des Pfändungsprotokolls (Abs. 2 das.) ist dem Vollstreckungsgericht einzureichen (C.P.O. §. 981).

4) Mit Annahme vom Schuldner zur Hinterlegung angebotener Geldbeträge und ihrer Ablieferung an die Hinterlegungsstelle hat sich der G.V. nicht zu befassen. Die Hinterlegung ist vielmehr Sache des Schuldners, der auf Grund der Hinterlegungsquittung die Abwendung der Arrestvollziehung oder die Aufhebung des vollzogenen Arrests herbeiführen muß.

5) Die Vollziehung des persönlichen Sicherheitsarrestes richtet sich, wenn sie durch Haft erfolgt, nach den Vorschriften der §§. 904—913 C.P.O. (§§. 83, 84 der Anw.), und wenn sie durch sonstige Beschränkung der persönlichen Freiheit erfolgt, nach den vom Arrestgericht zu treffenden besonderen Anordnungen, für welche die Beschränkungen der Haft maßgebend sind. In den Haftbefehl ist der nach §. 923 festgestellte Geldbetrag aufzunehmen (C.P.O. §. 933).

„Sonstige Beschränkungen der persönlichen Freiheit“ können auch in der Beschlagnahme von Legitimationspapieren, welche als solche nicht einen Gegenstand eines Vermögensrechts und eines dinglichen Arrestes bilden, bestehen (Mot.). Andere Maßregeln zählt das preuß. Recht auf. Danach sollten gegen Fremde, vornehmlich solche höheren Ranges, „die gelinderen Wege der Ankündigung des Stadt- oder Hausarrestes, Observation, Beschlagnahme der Reisepässe, Inhibition an den

Gastwirt wegen Verabfolgung von Pferden, Wagen, Reisegerätschaften und anderen Effekten gewählt werden" (Anhang §. 26 zur Pr.Allg.Ger.Ordn. I 29 §. 90). Die Auswahl und nähere Anordnung solcher Maßregeln gebührt dem Arrestgerichte (C.P.O. §. 919), die Ausführung dem G.V. (das. §. 934 Abs. 2). In allen diesen Fällen gelten auch die allgemeinen und persönlichen Beschränkungen der Haft (Struckm.-Koch C.P.O., Anm. **2** zu §. 933).

[6]) Hiernach gilt für die Vollziehung einstweiliger Verfügungen im allgemeinen alles das, was betr. der Arrestbefehle angeordnet ist (vgl. Anm. 3 vorst.).

An die zweiwöchige Frist des §. 929 Abs. 2 C.P.O. ist jedoch die Vollziehung der einstweiligen Verfügung nicht gebunden. Es ist vielmehr nur erforderlich, daß sie innerhalb der ged. Frist demjenigen, gegen den sie gerichtet ist, zugestellt wird; die tatsächliche Durchführung desjenigen, was in der einstweiligen Verfügung angeordnet ist, braucht dagegen nicht innerhalb der Frist, sondern kann — die rechtzeitige Zustellung vorausgesetzt — zu jeder Zeit erfolgen (**R.G.**, 1./5. 88, Bd. 21 S. 416).

[7]) Vgl. Anm. 1 lit. a. vorst. a. Schl.)

9. Hinterlegung.

§. 87.

1. Der Gerichtsvollzieher hat das gepfändete Geld sowie den durch die Verwertung der Pfandstücke erzielten Erlös in den folgenden Fällen zu hinterlegen:

a) wenn dem Schuldner im Urteile nachgelassen ist, die Zwangsvollstreckung durch Sicherheitsleistung oder durch Hinterlegung abzuwenden (C.P.O. §. 720);

b) wenn ein gerichtliches Verteilungsverfahren erforderlich wird (C.P.O. §. 827 Abs. 2, 3, §. 854 Abs. 2, 3, §. 872; §§. 69, 70, 77 der Anw.);

c) wenn dem Gerichtsvollzieher glaubhaft gemacht wird, daß an dem gepfändeten Gelde ein die Veräußerung hinderndes Recht eines Dritten bestehe (C.P.O. §. 815 Abs. 2; §. 61 Abs. 3 der Anw.);

d) wenn auf Grund eines Arrestbefehls Geld gepfändet oder in einem anhängig gewordenen Verteilungsverfahren auf den Arrestgläubiger ein Betrag von dem Erlöse der Pfandstücke entfallen ist (C.P.O. §. 930 Abs. 2; §. 86 der Anw.);

e) wenn das Gericht die Hinterlegung angeordnet hat;

f) wenn die Auszahlung aus Gründen, die in der Person des Empfangsberechtigten liegen, nicht bewirkt werden kann (B.G.B. §. 372).

2. Die Hinterlegung ist nach der Hinterlegungsordnung und den zu ihrer Ergänzung ergangenen Vorschriften bei der zuständigen Hinterlegungsstelle, und zwar entweder durch Einzahlung bei der Hinterlegungskasse oder mittels portofreier Einsendung durch die Post zu bewirken. In dem zu c bezeichneten Falle ist jedoch das Geld bei der Verwahrungsstelle des als Vollstreckungsgericht zu-

ständigen Amtsgerichts in vorläufige Verwahrung zu geben (§ 61 Abs. 3 der Anw.). Die Hinterlegung ist, sobald ihre Notwendigkeit feststeht, ohne Aufschub zu bewirken.

3. Ist die Hinterlegung behufs Herbeiführung eines gerichtlichen Verteilungsverfahrens erfolgt, so hat der Gerichtsvollzieher unter Beifügung seiner Handakten, der Schuldtitel und der sonstigen das Verfahren betreffenden Urkunden dem Vollstreckungsgericht Anzeige zu erstatten (C.P.O. §. 827 Abs. 2, §. 854 Abs. 2).

C.P.O. §§. 718, 720, 827, 854, 930. — Hinterleg.-Ordn. v. 14./3. 79 (G.S. S. 249) §§. 1, 2, 5, 11—14, 16, 39, 73—78.

III. Mitwirkung im Strafverfahren. Beitreibung von Geldstrafen.

1. Verhaftung und Festnahme.

§. 88.

1. Wird der Gerichtsvollzieher von dem Richter oder von der Staatsanwaltschaft beauftragt,[1]) eine Person zu verhaften, vorzuführen oder vorläufig festzunehmen (festzuhalten),[2]) so genügt ein mündlicher Befehl, wenn er dem Gerichtsvollzieher in Gegenwart der zu verhaftenden oder festzunehmenden Person erteilt wird. In allen anderen Fällen darf die Verhaftung oder die Festnahme nur bewirkt

werden, wenn sie durch einen schriftlichen, dem Gerichtsvollzieher ausgehändigten Befehl angeordnet ist. Der Befehl ist der Person, gegen die er sich richtet, von dem Gerichtsvollzieher vorzuzeigen und auf Verlangen vorzulesen.

2. Der Befehl ist sobald als möglich nach den dem Gerichtsvollzieher etwa erteilten Weisungen, nötigenfalls mit Gewalt, auszuführen, wobei jedoch ein überflüssiges Aufsehen und jede unnötige Härte zu vermeiden sind. Vor der Verhaftung oder Festnahme hat der Gerichtsvollzieher festzustellen, daß die betroffene Person die in dem Befehle bezeichnete ist. Zur Überwindung von Widerstand kann er polizeiliche Hülfe in Anspruch nehmen.[3])

3. Die verhaftete oder festgenommene Person ist in das Gefängnis abzuliefern oder dem in dem Befehle bezeichneten Richter vorzuführen. Der Befehl ist nach der Erledigung mit einem darauf zu setzenden kurzen Bericht an die Behörde zurückzureichen. Kann der Befehl nicht alsbald ausgeführt werden, z. B. weil die in ihm bezeichnete Person abwesend oder nicht reisefähig ist oder sich in einem Zustande befindet, der ihre Aufnahme in das Gefängnis unstatthaft macht (§§. 26, 28 der Gefängnisordnung v. 21. Dezember 1898), so ist ein vorläufiger Bericht zu erstatten, der Befehl aber bis zu der Erledigung oder einer anderweitigen Anordnung der Behörde zurückzubehalten.[4])

Str.P.O. §§. 114, 85.

[1]) Die hier in Betracht kommenden Amtshandlungen erfolgen im amtlichen Auftrage (G.V.O. §. 24).

[2]) Der Auftrag zur Verhaftung oder Vorführung kann sich richten:

gegen Zeugen, die trotz gehöriger Ladung im Termine nicht erschienen sind (Str.P.O. §. 50 Abs. 1, C.P.O. §. 380 Abs. 1 u. 2, vgl. §. 85 Nr. 2 d. Anw.);

gegen die in Ehesachen im Termine nicht erschienene Partei (C.P.O. §. 619 Abs. 3);

gegen den Angeklagten behufs Erzwingung seines persönlichen Erscheinens in dem Termine zur Hauptverhandlung (Str.P.O. §. 229 Abs. 2, §. 285);

gegen den Gemeinschuldner im Konkurse zur Erzwingung der ihm gesetzlich obliegenden Pflichten oder behufs Sicherung der Masse (Konk.O. §§. 101, 106).

Der Befehl zur vorläufigen Festnahme (Festhaltung) ist zulässig:

gegen Personen, die auf frischer Straftat betroffen werden oder die fluchtverdächtig sind (Str.P.O. §§. 127, 128);

gegen Personen, welche bei Amtshandlungen an Ort und Stelle die Amtstätigkeit des die ersteren leitenden Beamten vorsätzlich stören oder sich dessen Anordnungen widersetzen (Str.P.O. §. 162);

gegen den Angeklagten, um seine Entfernung während der Dauer des Termins zur Hauptverhandlung zu verhindern (Str.P.O. §. 230 Abs. 1);

gegen Parteien, Beschuldigte, Zeugen und Sachverständige oder bei der Verhandlung nicht beteiligte Personen, welche den zur Aufrechterhaltung der Ordnung erlassenen Befehlen nicht gehorchen oder gegen solche, welche in einer Gerichtssitzung eine strafbare Handlung begehen (G.V.G. §§. 178, 179, 185).

[3]) Bei der Erledigung des Auftrags muß der G.V.

zunächst mit Vorsicht feststellen, ob die betroffene Person auch wirklich die in dem Befehle bezeichnete ist. Mißgriffe in dieser Beziehung können sehr unangenehme Folgen für den ausführenden Beamten haben. Demnächst ist der Auftrag bei aller Rücksichtnahme auf den Betroffenen und Vermeidung jeder unnötigen Härte mit Festigkeit und Entschiedenheit durchzuführen: nötigenfalls ist Gewalt anzuwenden, wozu die Unterstützung der Polizeibeamten und Gensdarmen in Anspruch genommen werden kann. Wegen Vornahme von Verhaftungen ꝛc. zur Nachtzeit und an Sonn- und Feiertagen vgl. §§. 7, 8 d. Anw.

Wegen der „Behandlung von Gefangenen und vorzuführenden Personen auf dem Transporte" vgl. Abs. 2 der Anm. 1 zu §. 88 vorst.

⁴) Als Hinderungsgründe für die Aufnahme von Gefangenen in die gerichtlichen Gefängnisse bezeichnet die Gefängnisordn. v. 21./12. 98 in den §§. 26, 28: Trunkenheit, Unreinlichkeit, Krankheit, im besonderen das Vorliegen ansteckender Krankheiten. Diese für die Verwaltung der Gefängnisse gegebenen Vorschriften hindern aber eine Verhaftung an sich nicht. Eventl. muß zuständigen Orts für die anderweite Unterbringung der betroffenen Personen (in Krankenanstalten ꝛc.) Sorge getragen werden. Trunkene Personen sind nötigenfalls der Polizeibehörde zuzuführen.

2. Durchsuchung und Beschlagnahme.

§. 89.

1. Eine Durchsuchung darf der Gerichtsvollzieher nur auf Grund einer schriftlichen Anordnung des Richters oder der Staatsanwaltschaft vornehmen. Bezweckt die Durchsuchung die Verhaftung oder die Vorführung einer Person oder die Vollziehung einer

Beschlagnahme (Str.P.O. §§. 94, 103), so hat sich der Gerichtsvollzieher auch den Haftbefehl, den Vorführungsbefehl oder die Beschlagnahmeverfügung aushändigen zu lassen.

2. Die Durchsuchung ist unter Beachtung der §§. 105 bis 110 der Strafprozeßordnung und der etwa erteilten Weisungen zu bewirken. Wird der Durchsuchung Widerstand entgegengesetzt, so kann der Gerichtsvollzieher polizeiliche Hülfe in Anspruch nehmen.

3. Über die Durchsuchung ist ein Protokoll aufzunehmen. Das Protokoll soll außer einer Darstellung des Herganges insbesondere enthalten:

a) die Bezugnahme auf die schriftliche Anordnung des Gerichts oder der Staatsanwaltschaft;
b) die Namen der bei der Durchsuchung beteiligten oder zugezogenen Personen;
c) die Angabe, in welcher Weise die Durchsuchung vorgenommen ist und welche Ergebnisse sie gehabt hat.

Insbesondere sind die vorgefundenen Spuren der strafbaren Handlung und die in Verwahrung oder in Beschlag genommenen Gegenstände mit Angabe ihrer Merkmale genau zu verzeichnen. Sind Gegenstände oder Räume, um eine Verdunkelung des Tatbestandes zu verhüten, unter Verschluß, insbesondere unter Siegel gebracht, so ist die Art des Verschlusses im Protokoll anzugeben.

4. Das Protokoll sowie die in Verwahrung oder in Beschlag genommenen Gegenstände sind der auftraggebenden Behörde unter Rückreichung des Durchsuchungsbefehls zu übergeben.

Str.P.O. §§. 94 ff., 103, 105—110.

3. Vollstreckung von Geldstrafen.

§. 90.

1. Die Vollstreckung einer Geldstrafe erfolgt im amtlichen Auftrage des Gerichts oder der Staatsanwaltschaft nach den Vorschriften der Civilprozeßordnung über die Zwangsvollstreckung wegen Geldforderungen. Jedoch wird die vollstreckbare Ausfertigung der die Strafe festsetzenden Entscheidung hier durch den schriftlichen Vollstreckungsauftrag der Behörde ersetzt; einer vorgängigen Zustellung der Entscheidung bedarf es nicht.

2. Diese Vorschriften gelten, soweit das Verfahren des Gerichtsvollziehers in Frage kommt, sowohl für diejenigen Geldstrafen, die in einem förmlichen Strafverfahren durch Urteil oder durch richterlichen Strafbefehl verhängt sind, wie auch für alle anderen Arten von Geldstrafen, die im Laufe eines gerichtlichen Verfahrens (Strafprozesses, Civilprozesses, Ordnungsstrafverfahrens oder sonstigen Verfahrens der freiwilligen Gerichtsbarkeit, Disziplinaruntersuchung u. s. w.) gegen eine Partei, einen Rechtsanwalt, Verteidiger, Zeugen, Sachverständigen,

Schöffen, Geschworenen oder im Falle des §. 179 des Gerichtsverfassungsgesetzes gegen eine unbeteiligte Person festgesetzt werden.[1])

3. Insbesondere ist auch eine Geldstrafe, die gegen den Schuldner im Zwangsvollstreckungsverfahren zur Erzwingung einer Handlung festgesetzt ist (C.P.O. §. 888 Abs. 1), ingleichen eine Geldstrafe, die gemäß §. 890 Abs. 1 der Civilprozeßordnung aus dem Grunde verhängt ist, weil der Schuldner die Verpflichtung, eine Handlung zu unterlassen oder die Vornahme einer Handlung zu dulden, zuwidergehandelt hat, nicht im Auftrage des Gläubigers, sondern auf Grund eines von dem Prozeßgerichte zu erteilenden amtlichen Auftrags zu vollstrecken. Der Gerichtsvollzieher hat nicht zu prüfen, ob der im Falle des §. 888 Abs. 1 der Civilprozeßordnung erforderliche Antrag des Gläubigers zur Beitreibung der Strafe bei dem Prozeßgerichte gestellt ist.[2])

4. Über die Beitreibung, Ablieferung und Verrechnung der Strafgelder sowie über den zu erstattenden Bericht ist in den für die Verwaltung der Gerichtskassen geltenden Vorschriften das Nähere bestimmt.[3])

5. Bei der Beitreibung einer Geldstrafe, welche gegen einen Rechtsanwalt im ehrengerichtlichen Verfahren erkannt ist, sind die Vorschriften des §. 97 der Rechtsanwaltsordnung zu beachten.[4])

---

[1]) a) Außer den in einem förmlichen Strafverfahren

durch Urteil oder durch richterlichen Strafbefehl verhängten Geldstrafen können solche durch richterliche Entscheidung verfügt werden: gegen Parteien, Beschuldigte, Zeugen, Sachverständige oder bei der Verhandlung nicht beteiligte Personen, Rechtsanwälte und Verteidiger, welche sich einer Ungebühr schuldig machen: gegen im Termine nicht erschienene Zeugen, Sachverständige, Schöffen, Geschworene, Vertrauensmänner des Wahlausschusses (C.P.O. §§. 380, 890, Str.P.O. §. 50, G.V.G. §§. 56, 96); gegen Personen, die ihr Zeugnis oder ihr Gutachten ohne Grund verweigern (C.P.O. §. 390, Str.P.O. §§. 69, 77); im Konkurse gegen den Massenverwalter, im Verfahren betr. die Zwangsverwaltung von Grundstücken gegen den Zwangsverwalter, in Vormundschaftssachen gegen den Vormund, wegen Pflichtwidrigkeiten (Konk.O. §. 84, R.Z.V.G. §. 153, B.G.B. §. 1837); gegen den zum Vormund Ausgewählten behufs Erzwingung der Übernahme der Vormundschaft (B.G.B. §. 1788); gegen denjenigen, der seiner Verpflichtung, eine Anmeldung, eine Zeichnung der Unterschrift oder eine Einreichung von Schriftstücken zum Handelsregister vorzunehmen, nicht nachkommt (H.G.B. §. 14).

b) Die Vollstreckung wegen der bei a vorst. bezeichneten Geldstrafen erfolgt gemäß §. 495 Str.P.O. nach den Vorschriften der C.P.O. für die Z.V. wegen Geldforderungen. Sie ist daher ein gerichtliches Verfahren und hat mit dem Verwaltungszwangsverfahren (s. §. 108 d. Anw.) nichts zu tun (s. jedoch unten). Auftraggeber ist die Strafvollstreckungsbehörde oder das Gericht, deren schriftlicher Auftrag die vollstreckbare Ausfertigung des Schuldtitels vertritt. Die Ansicht des Reichsgerichts, daß nach §. 495 Str.P.O. bei der Vollstreckung von Vermögensstrafen und Bußen s ä m t l i c h e Bestimmungen der C.P.O. über die Z.V. gelten und der schriftliche Auftrag der Behörde an den G.V. die Stelle einer vollstreckbaren Ausfertigung des Urteils nicht vertrete (**R.G.**,

20./8. 80, Bd. 1 S. 283), ist von zahlreichen Rechtslehrern (auch von Löwe, Str.P.O.) als unhaltbar bezeichnet worden.

Die zwangsweise Beitreibung einer Ordnungsstrafe, die auf Grund des Art. 15 d. Pr.F.G.G. gegen jemanden verfügt wird, der verpflichtet ist, eine Handlung vorzunehmen oder zu unterlassen oder die Vornahme zu dulden, erfolgt dagegen im Wege des Verwaltungszwangsverfahrens. In den Nachlaß des Verurteilten kann aber eine solche Ordnungsstrafe nicht vollstreckt werden (§. 16 Abs. 2, 3 a. a. O.).

c) Der Auftrag an den G.V. zur Beitreibung von Geldstrafen ergeht durch die von dem Gerichtsschreiber periodisch anzufertigende Vollstreckungsliste. Wegen ihrer Erledigung, der Ablieferung der beigetriebenen Gelder 2c. vgl. Kass.O. §§. 48 ff.

d) Wird ein Amtsgericht von einer Preußischen Strafvollstreckungsbehörde oder von der Behörde eines anderen Bundesstaats um Beitreibung von Geldstrafen ersucht, so ist die Aufnahme der beizutreibenden Beträge in die Vollstreckungsliste des Amtsgerichts anzuordnen (Kass.O. §. 44). Die Beitreibung durch den G.V. geschieht also im amtlichen Auftrage.

Wird aber auf Grund der §§. 161, 162 G.V.G. von der Justizbehörde eines anderen Bundesstaats der Gerichtsvollzieher unmittelbar oder durch Vermittelung des Gerichtsschreibers mit der Beitreibung einer Geldstrafe beauftragt, so sind in solchem Falle die tarifmäßigen Gebühren und Auslagen des G.V. von der auftraggebenden Behörde zu zahlen. Der Auftrag ist also dann als Parteiauftrag zu behandeln (Allg. Vfg. v. 23./10. 85, J.M.Bl. S. 355).

2) Die auf Grund des §. 888 Abs. 1 C.P.O. erkannte Geldstrafe dient zwar zunächst als Zwangsmittel gegen den Schuldner. Die Vollstreckung geschieht aber von Amtswegen, weil die Geldstrafe der Staatskasse ver-

fallen ist. Im Falle des §. 890 Abs. 1 (das.) hat dagegen die Geldstrafe den Charakter einer wirklichen Strafe, deren Vollstreckung gleichfalls im amtlichen Auftrage zu erfolgen hat (Struckm.-Koch C.P.O., Anm. 3 zu §. 888, Anm. 2 zu §. 890).

[3]) Vgl. Kass.O. §§. 42 ff.

[4]) In diesem Falle erfolgt die Vollstreckung der Geldstrafe nicht von Amtswegen. Sie wird von dem Schriftführer des Vorstandes der Anwaltskammer betrieben (Rechtsanw.Ordn. §. 97). Wegen des Schuldtitels vgl. Anm. 1, II Nr. 13 zu §. 46 d. Anw.).

4. Vollstreckung von Bußen.

§. 91.

1. Die Beitreibung einer Buße, die im Strafurteile dem Verletzten als Entschädigung für die ihm durch die Straftat erwachsenen Nachteile zugesprochen ist, geschieht auf Betreiben des Berechtigten nach den Vorschriften der Civilprozeßordnung, welche für die Beitreibung einer Geldforderung im Auftrage des Gläubigers gelten. Der Auftrag ist dem Gerichtsvollzieher von dem Berechtigten unmittelbar oder durch Vermittelung des Gerichtsschreibers zu erteilen.[1])

2. Die vollstreckbare Ausfertigung des Schuldtitels wird durch eine von dem Gerichtsschreiber erteilte, mit der Bescheinigung der Vollstreckbarkeit versehene beglaubigte Abschrift der Urteilsformel ersetzt. Der Zustellung der Entscheidung vor dem Beginne der Zwangsvollstreckung bedarf es nicht.[2])

[1]) Die Beitreibung einer dem Verletzten strafrechtlich zuerkannten Buße erfolgt wie die der Geldstrafen auf Grund des §. 495 Str.P.O. (vgl. Anm. 1 lit. b zu §. 90 vorst.) nach den Vorschriften der C.P.O. (§§. 56 bis 78 d. Anw.), jedoch nicht von Amtswegen, sondern im Auftrage des Berechtigten, weil sich die Buße als eine dem letzteren zustehende Entschädigung charakterisiert.

[2]) Str.P.O. §. 483.

5. Wegnahme von Sachen, auf deren Einziehung erkannt ist.

§. 92.

1. Ist in einer Strafsache auf Einziehung von Sachen erkannt,[1]) so ist die Entscheidung im amtlichen Auftrage des Gerichts oder der Staatsanwaltschaft zu vollstrecken. Die Vorschriften im §. 90 der Anw. finden entsprechende Anwendung; die Wegnahme der Sachen geschieht jedoch nach den Vorschriften über die Erzwingung der Herausgabe bestimmter beweglicher Sachen (§. 79 der Anw.)[2])

2. Die eingezogenen Sachen sind an die Behörde abzuliefern, die den Auftrag erteilt hat, es sei denn, daß diese ein Anderes bestimmt.

---

[1]) R.Str.G.B. §§. 40—42, Str.P.O. §§. 477—479.

[2]) Die Gebühr dafür ist nach Geb.O. §. 6 zu berechnen und mit zur Kasse abzuliefern. — Rücksichtlich der Beauftragung sowie der Entbehrlichkeit der Zustellung der Entscheidung vor dem Beginne der Vollstreckung gilt dasselbe, was in dieser Beziehung über die Beitreibung von Geldstrafen im §. 91 vorst. bemerkt ist.

IV. Vollstreckung gerichtlicher Anordnungen in Angelegenheiten der freiwilligen Gerichtsbarkeit.

§ 93.

Dem Gerichtsvollzieher kann von dem Gerichte der Auftrag erteilt werden, die Herausgabe einer Sache oder einer Person, die Vorlegung einer Sache oder die Durchführung einer gerichtlichen Anordnung mit Gewalt zu erzwingen. Er muß in diesem Falle durch eine besondere Verfügung des Gerichts zur Anwendung von Gewalt ermächtigt oder angewiesen werden (Pr.F.G.G. Artikel 17). Die gerichtliche Verfügung ist der von der Amtshandlung betroffenen Person vorzuzeigen. Richtet sich die Amtshandlung gegen eine dem aktiven Heere oder der aktiven Marine angehörende Militärperson, so finden die §§. 752, 790 der Civilprozeßordnung (vergl. §. 47 Abs. 4, 5 der Anw.) entsprechende Anwendung.

V. Wechselproteste.

§. 94.

Allgemeine Vorschriften.

1. Außer dem Notar, dem Amtsrichter und dem Gerichtsschreiber ist auch der Gerichtsvollzieher zuständig, Wechselproteste aufzunehmen (Ausf.G. z. G.V.G. §. 74).[1]) Bei der Aufnahme sind die Vor-

schriften der Artikel 87—93 der Wechselordnung und die besonderen Vorschriften der für die einzelnen Landesteile ergangenen Einführungsgesetze zur Wechselordnung zu beachten[2])

2. Der Auftrag zur Protesterhebung wird dem Gerichtsvollzieher von dem Berechtigten oder dessen Vertreter unmittelbar oder durch Vermittelung einer Postanstalt (§. 18 der Postordnung vom 20. März 1900) erteilt. Die Protesterhebung kann indessen dem Gerichtsvollzieher auch durch das Amtsgericht übertragen werden, bei dem der Berechtigte die Erhebung des Protestes beantragt hat (Pr.F.G.G. Artikel 38).[3])

3. Nach den Vorschriften der Wechselordnung können folgende Arten von Protesten vorkommen:

a) der Protest mangels Zahlung, wenn der Bezogene, der Domiziliat, der Notadressat, der Akzeptant, der Ehrenakzeptant, oder beim eigenen Wechsel der Aussteller bei der Vorlegung des Wechsels die Zahlung nicht bewirkt (W.O. Artikel 41, 43, 98 Nr. 6, Artikel 99);

b) der Protest mangels Annahme, wenn von dem Bezogenen die Annahme des Wechsels (der Akzeptvermerk) oder bei einem auf bestimmte Zeit nach Sicht gestellten Wechsel die Datierung des Akzepts nicht zu erlangen ist (W.O. Artikel 18, 20);

c) der Protest mangels Sicherheitsleistung, wenn der Akzeptant oder beim eigenen Wechsel der

Aussteller der ihm wegen Vermögensverfalls obliegenden Verpflichtung zur Sicherheitsleistung nicht nachkommt (W.O. Artikel 29, 98 Nr. 4);

d) der Protest mangels Herausgabe des Originalwechsels oder des zum Akzept versandten Wechselexemplars, wenn sie verweigert wird und der Berechtigte auf das in seinen Händen befindliche Wechselduplikat oder auf eine Wechselkopie die Annahme oder die Zahlung nicht erlangen kann (W.O. Artikel 69, 72, 98 Nr. 8).

4. Befinden sich Notadressen oder ein Ehrenakzept auf dem nicht eingelösten Wechsel oder auf dessen Kopie, so muß der Protest mangels Zahlung oder ein Anhang zu ihm auch ergeben, daß der Wechsel den sämtlichen Notadressaten und dem Ehrenakzeptanten, soweit sie sich an dem Protestorte befinden, zur Zahlung vorgelegt ist und welchen Erfolg die Vorlegung gehabt hat (W.O. Artikel 62).

5. Der Protest liefert den urkundlichen und unter Umständen ausschließlich zulässigen Beweis für die in ihm bezeugten Tatsachen, welche für die Erhaltung oder die Geltendmachung des Wechselrechts, insbesondere für den Rückgriff des Wechselinhabers gegen seine Vormänner, erheblich sind. Jeder formelle Verstoß wie jede Verzögerung bei der Aufnahme des Protestes können zu Rechtsnachteilen für den Auftraggeber führen und den Gerichtsvollzieher zum Schadenersatze verpflichten.

6. In den folgenden Fällen ist für die Erhebung

des Protestes eine gesetzliche Ausschlußfrist (Protestfrist) bestimmt:

a) der Protest mangels Zahlung ist am Zahlungstage oder spätestens am zweiten Werktage nach dem Zahlungstage zu erheben, widrigenfalls der Inhaber des Wechsels den wechselmäßigen Anspruch gegen die Indossanten, beim gezogenen Wechsel und beim domizilierten eigenen Wechsel auch gegen den Aussteller und beim gezogenen domizilierten Wechsel auch gegen den Akzeptanten verliert (W.O. Artikel 41, 43, 98 Nr. 6, Artikel 99);

b) in der gleichen Frist ist der Protest mangels Zahlung gegen die Notadressaten und den Ehrenacceptanten, die sich am Protestorte befinden, zu erheben, widrigenfalls der Wechselinhaber den wechselmäßigen Anspruch gegen die im Artikel 62 der Wechselordnung bezeichneten Personen verliert;

c) der Protest mangels Annahme ist bei einem Wechsel, der auf eine bestimmte Zeit nach Sicht lautet, nach den besonderen im Wechsel enthaltenen Bestimmungen, in Ermangelung solcher binnen zwei Jahren nach der Ausstellung, zu erheben, widrigenfalls der Wechselinhaber den wechselmäßigen Anspruch gegen die Indossanten und den Aussteller verliert (W.O. Artikel 19).

7. Proteste dürfen nur in den Stunden von 9 Uhr vormittags bis 6 Uhr nachmittags (im Ge-

biete der vormals freien Stadt Frankfurt a. M. jedoch nur in den Stunden von 9 bis 12 Uhr vormittags und von 2 bis 5 Uhr nachmittags) aufgenommen werden. Zu einer früheren oder späteren Tageszeit ist die Aufnahme nur mit der ausdücklichen Zustimmung der Person, gegen welche der Protest erhoben wird, zulässig.

8. Der Gerichtsvollzieher ist verpflichtet, von Amts wegen zu prüfen, ob zu den bei ihm vorkommenden Wechseln der erforderliche Stempel ordnungsmäßig verwendet ist, und die zu seiner Kenntnis kommenden Zuwiderhandlungen gegen die Stempelpflicht der zuständigen Behörde anzuzeigen; er hat in dem Protest und in jeder Abschrift des Wechsels anzugeben, mit welchem Stempel der Wechsel versehen oder daß ein Stempel zu ihm nicht verwendet ist (§. 21 des Gesetzes über die Wechselstempelsteuer vom 10. Juni 1869).[4]

---

1) A.G. z. G.V.G. §. 74: „Die Gerichtsvollzieher sind zuständig, Wechselproteste aufzunehmen."

Darauf beschränkt sich aber die Zuständigkeit des G.V. — Zur Protestierung „kaufmännischer Anweisungen und Verpflichtungsscheine, von Konnossementen der Seeschiffer, Ladescheinen, Lagerscheinen, Bodmereibriefen und dergl. Papieren, welche an Order lauten und dann durch Indossament übertragen werden können" (H.G.B. §§. 363, 364), ist der G.V. nicht berechtigt.

Auch der Auftrag zur Erhebung eines Wechselprotestes darf vom G.V. nur abgelehnt werden, wenn die Voraussetzungen des §. 156 G.V.G., §. 76 A.G. z. G.V.G. im einzelnen Falle gegeben sind (vgl. G.V.O. §. 80 Nr. 1).

Der G.V. muß aber örtlich zuständig sein. Die in den §§. 17, 18 G.V.O. bestimmte örtliche Zuständigkeit bezieht sich auf alle Amtsgeschäfte, also auch auf die Aufnahme von Wechselprotesten. Zwar wird eine Beurkundung nicht deshalb ungültig, weil der beurkundende Beamte sie außerhalb der Grenzen seines Bezirks vorgenommen hat (Pr.F.G.G. Art. 89). Aber dieser Grundsatz, der lediglich der rechtlichen Auffassung der hier in Betracht kommenden Frage Ausdruck gibt, berechtigt den G.V. nicht, die ihm für seine Zuständigkeit gezogenen örtlichen Grenzen zu überschreiten. Nach §. 17 Nr. 1, §. 18 G.V.O. ist der G.V. für seine gesamte amtliche Tätigkeit auf den Amtsgerichtsbezirk beschränkt. Innerhalb dieses Bezirks können die Geschäfte unter mehrere G.V. nach örtlichen Grenzen oder nach Geschäftsgattungen verteilt werden und von dieser Geschäftsverteilung bleiben die Aufträge zur Erhebung von Wechselprotesten unberührt (Nr. 2 und 4 d. vorzit. §. 17 G.V.O.). Auch §. 18 Nr. 4 G.V.O. hat zweifellos nur diese Geschäftsverteilung im Auge. Wie aus Nr. 1 daselbst klar erhellt, beschränkt sich die Zuständigkeit des G.V. ganz allgemein und ohne Ausnahme „auf den ihm zugewiesenen Gerichtsvollzieherbezirk", d. i. der Amtsgerichtsbezirk bezw. ein Teil von diesem (§. 17 Nr. 1, 2 das.). Jede außerhalb dieser Grenzen vorzunehmende Tätigkeit hat der nicht zuständige G.V. zu unterlassen. Die früher zugelassene Zuständigkeit im ganzen Landgerichtsbezirk hat mit dem Inkrafttreten der neuen G.V.O. aufgehört.

²) „Das Verfahren der Protestbeamten bei der Aufnahme von Wechselprotesten" ist von dem Verf. zum Gegenstande einer besonderen (in seinem Selbstverlage 1901 erschienenen) Abhandlung gemacht worden, auf welche hiermit verwiesen sei.

[3]) Der Auftrag ist natürlich, auch wenn er von dem Amtsgericht erteilt wird, nichtsdestoweniger Parteiauftrag und als solcher in Bezug auf die Gebührenerhebung zu behandeln. Die „Übertragung" der Protesterhebung durch das Amtsgericht an den G.V. kann nach Sinn und Wortlaut des §. 88 Pr.F.G.G. nur als „Vermittelung" des Auftrags, nicht als „amtlicher" Auftrag im Sinne des §. 24 Nr. 1 lit. a G.V.O., aufgefaßt werden. Dies ergibt sich auch aus der Vorschrift im letzten Satze der Nr. 10 des §. 95 der Anw., wonach „der aufgenommene Protest dem Berechtigten unmittelbar auszuhändigen ist, sofern nicht das Gericht sich die Vermittelung der Aushändigung vorbehalten hat".

Im übrigen ist nur der gemäß Art. 36 W.O. legitimierte Inhaber zu Zahlungsaufforderung und Protest berechtigt; darauf beruht die Vorschrift in Art. 88 Nr. 2 das. (vgl. §. 95 Nr. 8 lit. b der Anw.), daß aus dem Protest erhellen muß, für wen die Protestaufnahme erfolgt ist. Protest durch den nicht legitimierten Inhaber ist kein gültiger Protest und zur Erhaltung des Regresses nicht geeignet (vgl. Rehbein W.O. S. 72 Nr. 4).

[4]) Wegen der in Betracht kommenden Bestimmungen des Ges. v 10./6. 69 (B.G.Bl. S. 193) vgl. Anhang Nr. 2.

§. 95.

Verfahren.[1])

1. Der Gerichtsvollzieher hat sich an den Ort zu begeben, an welchem der Protest erhoben werden muß. Dies ist bei einem Proteste mangels Zahlung der Zahlungsort, bei Protesten mangels Annahme oder mangels Sicherheitsleistung der Wohnort des Bezogenen oder beim eigenen Wechsel der Wohnort

des Ausstellers, bei einem Proteste mangels Herausgabe des Originalwechsels oder des versandten Wechselexemplars der Wohnort des Beteiligten, der die herauszugebende Urkunde in den Händen haben soll. Dabei gilt, wenn der Wechsel nicht ein Anderes ergibt, der bei dem Namen oder bei der Firma des Bezogenen angegebene Ort als Zahlungsort und zugleich als Wohnort des Bezogenen, ingleichen gilt beim eigenen Wechsel der Ort der Ausstellung als Zahlungsort und zugleich als Wohnort des Ausstellers (W.O. Artikel 4 Nr. 8, Artikel 97). Der Umstand, daß über das Vermögen des Bezogenen oder des Ausstellers der Konkurs eröffnet ist, macht die Protesterhebung gegenüber diesem selbst nicht entbehrlich.

2. Ist in dem Wechsel ein von dem Wohnorte des Bezogenen oder von dem Wohnorte des Ausstellers eines eigenen Wechsels verschiedener Zahlungsort angegeben (eigentlicher Domizilwechsel, W.O. Artikel 24), so ist der Protest gegen den in dem Wechsel benannten Domiziliaten, wenn aber ein Domiziliat nicht benannt ist, an dem Domizilorte gegen den Bezogenen (Akzeptanten), beim eigenen Wechsel gegen den Aussteller zu erheben.

3. An dem bezeichneten Orte (Abs. 1, 2) hat der Gerichtsvollzieher den Protestaten (Akzeptanten, Aussteller, Domiziliaten, Bezogenen, Notadressaten u. s. w.) in seinem Geschäftslokal oder, wenn ein solches nicht vorhanden ist, in seiner Wohnung auf-

zusuchen und ihm den Wechsel je nach dem Inhalte des Auftrags zur Zahlung, Annahme, Sicherheitsleistung u. s. w. vorzulegen.

4. Außerhalb des Geschäftslokals oder der Wohnung kann der Wechsel dem Protestaten zum Zwecke der Protesterhebung nur mit dessen Einwilligung vorgelegt werden. Wird in dem Geschäftslokal oder in der Wohnung anstatt des Protestaten eine andere Person angetroffen, so hat der Gerichtsvollzieher deren Namen und Beruf zu erfragen und die erforderliche Aufforderung unter Vorlegung des Wechsels an diese zu richten. Wird Niemand angetroffen, so wird der Protest durch die Feststellung dieser Tatsache erhoben.

5. Hat nach dem Inhalte des Wechsels der Protestat zwar an seinem Wohnorte, aber an einer von seiner Wohnung oder seinem Geschäftslokale verschiedenen Stelle die Zahlung zu leisten (uneigentlicher Domizilwechsel), so ist ihm der Wechsel an der bezeichneten Zahlstelle zum Zwecke der Protesterhebung vorzulegen. Wird der Protestat dort nicht angetroffen, so genügt es, diese Tatsache in dem Proteste festzustellen.

6. Läßt sich in den Fällen der Abs. 1, 2, 3 das Geschäftslokal oder die Wohnung des Protestaten oder in den Fällen des Abs. 5 die angegebene besondere Zahlstelle an dem Orte, an welchem der Protest zu erheben ist, nicht ermitteln, so muß der Protest die Feststellung enthalten, daß eine deswegen

bei der Polizeibehörde des Protestorts gehaltene Nachfrage fruchtlos geblieben ist (W.O. Artikel 91). Diese Nachfrage darf auch dann nicht unterbleiben, wenn der Gerichtsvollzieher weiß, daß der Protestat am Orte der Protesterhebung weder eine Wohnung noch ein Geschäftslokal hat.

7. Ist die Zahlung, Annahme, Sicherheitsleistung u. s. w. teilweise bewirkt, so ist der Protest wegen des Restes zu erheben. Hat der Gerichtsvollzieher mit Ermächtigung des Auftraggebers eine ihm angebotene Wechselzahlung angenommen, so hat er gegen Empfang der vollständigen Leistung und der Kosten den Wechsel auszuhändigen. Eine Teilzahlung ist im Protest und auf dem Wechsel zu vermerken; dem Wechselschuldner ist über sie auf einer Abschrift des Wechsels Quittung zu erteilen (W.O. Artikel 39)[2]. Das empfangene Geld ist ohne Verzug an den Berechtigten abzuführen.

8. Die Erfordernisse der über den Hergang bei der Protesterhebung aufzunehmenden Urkunde sind in den Artikeln 88, 91 der Wechselordnung genau bestimmt. Nach dieser Vorschrift muß der Protest enthalten:

a) eine wörtliche Abschrift des Wechsels oder der Kopie und aller darauf befindlichen Indossamente und Bemerkungen (vgl. §. 94 Abs. 8);

b) den Namen oder die Firma der Personen, für welche und gegen welche der Protest erhoben wird, ferner, wenn der Protestat nicht angetroffen wird, die Feststellung dieses Umstandes und die Bezeichnung der an Stelle des Protestaten etwa angetroffenen Person;

c) das an den Protestaten oder an die statt seiner angetroffene Person gestellte Begehren, ihre Antwort oder die Bemerkung, daß keine Antwort gegeben ist, oder die Feststellung, daß in dem Geschäftslokal oder in der Wohnung des Protestaten Niemand anzutreffen oder daß das Geschäftslokal, die Wohnung oder die angegebene Zahlstelle durch die Nachfrage bei der Polizeibehörde des Protestorts (Abs. 4) nicht zu ermitteln gewesen ist;

d) die Angabe des Ortes sowie des Kalendertags, Monats und Jahres, an welchem die Aufforderung (c) geschehen oder erfolglos versucht worden ist;

e) im Falle einer Ehrenannahme oder einer Ehrenzahlung die Erwähnung, von wem, für wen und wie sie angeboten und geleistet wird;

f) die Tageszeit der Protesterhebung;[3])

g) die Unterschrift des Gerichtsvollziehers unter Beifügung des Dienstsiegels.

9. Wird mit Zustimmung des Protestaten der Protest außerhalb der vorgeschriebenen Stunden oder außerhalb des Geschäftslokals oder der Wohnung erhoben, so ist diese Zustimmung in die Protesturkunde aufzunehmen und außerdem anzugeben, wie der Gerichtsvollzieher die Identität der Person

festgestellt hat. Muß der Protest gleichzeitig gegen mehrere Personen erhoben werden, so ist gleichwohl nur eine Protesturkunde erforderlich (W.O. Artikel 89).

10. Die Urkunde ist tunlichst im unmittelbaren Anschluß an den zu beurkundenden Vorgang, jedenfalls aber noch vor Ablauf der gesetzlichen Protestfrist, fertigzustellen.[4]) Der Protest ist nach der Eintragung in das Wechselprotestregister (§. 96 der Anw.) mit dem Wechsel dem Auftraggeber in Urschrift auszuhändigen oder mittels eingeschriebenen Briefes zu übersenden, auch wenn der Auftrag durch eine Postanstalt vermittelt war. Hatte das Amtsgericht dem Gerichtsvollzieher die Aufnahme des Protestes übertragen, so ist der Protest dem Berechtigten gleichfalls unmittelbar auszuhändigen, sofern nicht das Gericht sich die Vermittelung der Aushändigung vorbehalten hat. Für die Abschrift des Wechsels im Proteste werden Schreibgebühren nicht erhoben.[5])

11. Wird der Auftrag ohne Protesterhebung erledigt, so ist ein Protokoll aufzunehmen.[6]) Eine Abschrift dieses Protokolls ist dem Auftraggeber zu übersenden, oder, wenn dem Gerichtsvollzieher die Protesterhebung durch das Amtsgericht übertragen war, unter Beifügung aller entstandenen Schriftstücke dem Gericht einzureichen.[7])

---

[1]) Vgl. Anm. 2 zu §. 94.

[2]) W.O. §. 89: „Der Wechselschuldner ist nur gegen Aushändigung des quittierten Wechsels zu zahlen verpflichtet. Hat der Wechselschuldner eine Teilzahlung geleistet, so kann

derselbe nur verlangen, daß die Zahlung auf dem Wechsel abgeschrieben und ihm Quittung auf einer Abschrift des Wechsels erteilt werde."

[3]) Vgl. §. 94 Nr. 7.

[4]) Damit hat nicht gesagt werden sollen, daß die Ausfertigung der Protesturkunde auch innerhalb der Proteststunden (Anw. §. 94 Nr. 7) erfolgt sein müsse. Das würde ja auch in sehr vielen Fällen praktisch undurchführbar sein. Aber innerhalb der Protestfrist muß die Fertigstellung jedenfalls bewirkt werden (vgl. Rehbein W.O. S. 141 Nr. 12).

[5]) Daß die Aushändigung bezw. die Übersendung des Protestes sich an dessen Fertigstellung unmittelbar anzuschließen hat, also zu beschleunigen ist, ist selbstverständlich. — Die direkte Übermittelung an den Berechtigten entspricht gleichfalls dem Prinzipe größter Eile, welche bei der Tätigkeit des Protestbeamten allgemein zu beobachten ist.

[6]) Die Aufnahme eines besonderen Protokolls ist nur erforderlich, wenn es zu einem Protestakte überhaupt nicht gekommen, also wenn vor der Protesterhebung volle Zahlung geleistet oder der Auftrag zurückgenommen worden ist. Die Leistung einer Zahlung bei der Protesterhebung ist im Proteste zu beurkunden.

[7]) Warum hier die Einreichung der Protokollsabschrift an das den Auftrag übertragene Amtsgericht gefordert wird, während der Protest selbst auch in diesem Falle im allgemeinen dem Berechtigten unmittelbar ausgehändigt werden soll (vgl. Nr. 10 d. vorst. §. a. Schl., auch Anm. 8 zu §. 94), ist nicht recht ersichtlich.

§. 96.

Wechselprotestregister.

1. Der Gerichtsvollzieher hat alle von ihm aufgenommenen Wechselproteste nach ihrem ganzen

Inhalte Tag für Tag und nach Ordnung des Datums in das Wechselprotestregister einzutragen (W.O. Artikel 90). Die Eintragung geschieht in der Form einer beglaubigten Abschrift, in die insbesondere auch die Bemerkung über die Verwendung des Wechselstempels (§. 21 des Gesetzes, betreffend die Wechselstempelsteuer, vom 10. Juni 1869 — Bundes-Gesetzbl. S. 193) mit aufzunehmen ist. Diese Abschrift ist stempelfrei (Pr.F.G.G. Artikel 62).[1])

2. Das Register ist von starkem Papier und mit dauerhaftem Einbande herzustellen, es erhält von Blatt zu Blatt fortlaufende Zahlen. Das Register darf erst in Gebrauch genommen werden, nachdem der aufsichtführende Amtsrichter die Zahl der Blätter beglaubigt hat.[2])

---

1) Die Vorschrift in Satz 1 entspricht dem Wortlaute des Art. 90 W.O.

Art. 62 Pr.F.G.G.: „Wechselproteste werden den Auftraggebern in Urschrift ausgehändigt. Die beglaubigten Abschriften der Wechselproteste sind stempelfrei."

Damit ist der bisherige Streit, ob die Urschrift oder eine Ausfertigung des Protestes dem Berechtigten auszuhändigen sei, beseitigt. Die Aushändigung in Urschrift ist übrigens noch in §. 95 Nr. 10 ausdrücklich angeordnet.

J.M.Vfg. v. 13./2. 88, I 271 (D.G.V.Ztg. 1888 S. 66): „Die Eintragung der Wechselproteste in ein besonderes Register ist durch Art. 90 W.O. zu dem Zwecke angeordnet worden, bei einem Verluste des Originalprotestes den Nachweis zu ermöglichen, daß eine dem Art. 88 W.O. entsprechende Protesturkunde vorhanden gewesen ist. Das Protestregister selbst soll öffentlichen Glauben beanspruchen dürfen, und die Eintragungen, welche darin unter Verantwortlichkeit der Beamten und kraft ihres Amtes erfolgen, sollen als öffentliche Urkunden gelten. Hiermit steht es nicht im Einklange, wenn das Protestregister nur aus einfachen Abschriften, welche keine Sicherheit für die getreue Wiedergabe des Inhalts der Originalproteste gewähren, hergestellt wird. Vielmehr erscheint es geboten, daß **eine jede Abschrift nicht nur den ganzen Inhalt des Protestes und des Wechsels, einschließlich der Bemerkungen über die Stempelverwendung des Amtssiegels und der Unterschrift des Beamten vollständig wiedergibt, sondern auch mit einem durch den Beamten eigenhändig vollzogenen Beglaubigungsvermerk versehen wird"** (2c. folgt die Anordnung, daß die Befolgung dieser Vorschriften bei den Revisionen überwacht werden soll).

Die Urschriften der Wechselproteste erfordern, wenn es sich um ein Wertsobjekt von mehr als 150 M. handelt, einen Stempel von 1,50 M., der von dem G.V. vorschriftsmäßig zu verwenden und zu kassieren ist. Die beglaubigten Abschriften der Proteste sind dagegen stempelfrei.

2) Es wird zweckmäßig sein, das Register für einen längeren Zeitraum einzurichten, die Nummernfolge aber mit jedem Geschäftsjahre neu zu beginnen.

Um den Übelständen abzuhelfen, welche sich bei starker Häufung der Protestaufträge ergeben können, wenn nur ein Protestregister geführt wird, ist den Notaren durch J.M.Vfg. nachgelassen, das Register gleichzeitig in mehreren Bänden zu führen. Dieses Verfahren wird eventl. auch von dem G.V. angewendet werden können. Wegen der Einrichtung dieser mehreren Register vgl. D.G.V.Ztg. 1900 S. 93.

VI. Öffentliche Versteigerung und freihändiger Verkauf außerhalb der Zwangsvollstreckung.

§. 97.

Allgemeine Vorschriften.

1. Eine Versteigerung von beweglichen Sachen oder von Wertpapieren, die der Gerichtsvollzieher innerhalb des Bezirkes, für den er angestellt ist, öffentlich bewirkt, hat auch dann die Kraft einer öffentlichen Versteigerung, wenn sie außerhalb eines Zwangsvollstreckungsverfahrens erfolgt (B.G.B. §. 383 Abs. 3 Satz 1). Die Zuständigkeit des Gerichtsvollziehers ist mithin in allen denjenigen Fällen begründet, in denen das Gesetz einen Berechtigten ermächtigt, bewegliche Sachen oder Wertpapiere zum Zwecke seiner Befriedigung oder sonst für Rechnung eines Anderen öffentlich versteigern oder durch eine zu öffentlichen Versteigerungen befugte Person aus freier Hand verkaufen zu lassen (§§. 98, 99 der Anw.). Außerdem ist der Gerichtsvollzieher nach landesgesetzlicher Vorschrift zuständig, freiwillige Versteigerungen von beweglichen Sachen sowie von Früchten, die von dem Boden noch nicht getrennt sind (von Früchten auf dem Halme und von Holz auf dem Stamme), für Rechnung des Auftraggebers auszuführen (A.G. z. G.V.G. §. 74 Nr. 2; vgl. §. 100 der Anw.).[1])

2. Die Versteigerung oder der freihändige Verkauf geschieht in diesen Fällen auf Betreiben des

Berechtigten, ohne daß es eines Schuldtitels oder einer gerichtlichen Ermächtigung bedarf. Der Auftrag wird dem Gerichtsvollzieher von dem Auftraggeber unmittelbar erteilt, jedoch kann auch das Amtsgericht dem Gerichtsvollzieher eine Versteigerung übertragen, um deren Vornahme das Gericht von den Beteiligten ersucht worden ist (Pr.F.G.G. Artikel 38). Im Auftrage des Gerichts, nicht aber im unmittelbaren Auftrag eines Beteiligten, ist der Gerichtsvollzieher ferner befugt, eine öffentliche Verpachtung an den Meistbietenden vorzunehmen (A.G. z. G.V.G. §. 74 Nr. 5; vgl. §. 101 der Anw.).[2])

3. Der Gerichtsvollzieher und die von ihm zugezogenen Gehilfen (Ausrufer, Schreiber, Protokollführer usw.) dürfen weder für sich persönlich oder durch einen anderen noch als Vertreter eines anderen bieten oder kaufen; auch seinen Angehörigen (§. 3) darf der Gerichtsvollzieher das Mitbieten nicht gestatten. Bei der Versteigerung hat er sich jedes unlauteren Geschäftsgebarens, insbesondere jedes Anpreisens der zu versteigernden Sachen oder der Verleitung zum Überbieten, zu enthalten. Weiß er oder muß er den Umständen nach annehmen, daß Verabredungen getroffen sind, auf Grund deren andere vom Mitbieten oder Weiterbieten abgehalten oder Sachen (durch vorgeschobene Personen) angesteigert werden sollen, um unter den Teilnehmern sodann zu gemeinsamem Vorteile veräußert zu werden, so hat er die an solchen Verabredungen Beteiligten,

nötigenfalls mit polizeilicher Hilfe, zu entfernen. Er kann die Versteigerung auch abbrechen.[3])

4. Der Gerichtsvollzieher darf weder eine Gewähr für den Eingang der Kaufgelder übernehmen noch sich für den Empfang des Erlöses und dessen Ablieferung eine Vergütung ausbedingen.

5. In Wirtshäusern dürfen Versteigerungen nur dann stattfinden, wenn ein anderer geeigneter Raum nicht vorhanden ist. Der Gerichtsvollzieher hat darauf zu sehen, daß während des Versteigerungsgeschäfts geistige Getränke nicht verabfolgt werden. Betrunkene Personen dürfen zum Mitbieten nicht zugelassen werden.[4])

6. Das in Absatz 3 bis 5 hinsichtlich der Versteigerungen Bestimmte gilt auch von den öffentlichen Verpachtungen an den Meistbietenden.

---

[1]) A.G. z. G.V.G. §. 74: „Die Gerichtsvollzieher sind zuständig:

1. ꝛc.;
2. freiwillige Versteigerungen von Mobilien, von Früchten auf dem Halm und von Holz auf dem Stamme vorzunehmen;

3., 4. ꝛc.;

5. öffentliche Verpachtungen an den Meistbietenden im Auftrage des Gerichts vorzunehmen."

Zu den Versteigerungen (Nr. 2) gehören die Verkäufe von Pfändern, aus denen der Pfandgläubiger sich ohne gerichtliches Verfahren befriedigen kann (§. 98 der Anw.), ferner die Versteigerungen, die kraft gesetzlicher Ermächtigung für Rechnung eines anderen erfolgen (§. 99 der Anw.) und die gewöhnlichen freiwilligen Versteigerungen beweglicher Sachen für Rechnung des Auftraggebers (§. 100 der Anw.).

Die näheren Bestimmungen über eine „öffentliche Verpachtung an den Meistbietenden“ sind in §. 101 der Anw. geregelt.

[2]) Der Auftrag zur Vornahme öffentlicher Versteigerungen in sämtlichen Fällen (s. Anm. 1 vorst.) ist Parteiauftrag und als solcher auch dann zu behandeln, wenn die Versteigerung dem G.V. von dem Gericht, welches von dem Beteiligten um deren Vornahme ersucht worden ist, übertragen wird (vgl. Anm. 3 zu §. 94 der Anw.).

Die öffentliche Verpachtung an den Meistbietenden ist dagegen überhaupt nur im „amtlichen“ Auftrage des Gerichts zulässig.

[3]) Vgl. §. 64 Nr. 3 der Anw. — Die für den Ausschluß des G.V. und seiner Gehilfen von dem Erwerbe von Verkaufsgegenständen maßgebend gewesenen Gründe führen zur entsprechenden Anwendung der bezgl. Vorschriften bei der öffentlichen Verpachtung.

[4]) In Städten wird sich die Abhaltung von Versteigerungen an anderen Orten, als in Wirtshäusern, ohne besondere Schwierigkeiten ermöglichen lassen; auf dem Lande dagegen bildet das Wirtshaus der Regel nach die einzige lokale Gelegenheit dafür. Besondere Mißstände sind im allgemeinen dabei nicht zu beobachten. Ausschreitungen dürften zu den Ausnahmen gehören, bei denen der Beamte seiner Autorität Ausdruck zu geben haben wird.

§. 98.

Pfandverkauf.

1. Aus einem Pfande, das in beweglichen Sachen oder in Inhaberpapieren besteht, kann sich der Pfandgläubiger ohne gerichtliches Verfahren nach den

Vorschriften der §§. 1228—1248 des Bürgerlichen Gesetzbuchs im Wege des Pfandverkaufs befriedigen.[1]) Für den Verkauf ist die Anweisung des Auftraggebers maßgebend. Dieser ist dem Eigentümer des Pfandes dafür verantwortlich, daß das Pfand unter den gesetzlichen Voraussetzungen und in den gesetzlichen Formen veräußert wird. Der Gerichtsvollzieher soll jedoch den Auftraggeber auf die Folgen aufmerksam machen, wenn dieser ohne die erforderliche Einwilligung des Eigentümers und der Personen, denen sonstige Rechte an dem Pfande zustehen, oder ohne die erforderliche Anordnung des Gerichts einen Pfandverkauf unter anderen als den gesetzlichen Formen verlangt.[2])

2. Der Verkauf darf nicht vor dem Ablauf eines Monats nach der Androhung oder, wenn die Androhung als untunlich unterblieben ist, nach dem Eintritte der Verkaufsberechtigung erfolgen. Er ist durch öffentliche Versteigerung oder, wenn das Pfand einen Markt- oder Börsenpreis hat, aus freier Hand zum laufenden Preise zu bewirken. Bei der Versteigerung oder bei dem freihändigen Verkauf ist der zu veräußernde Gegenstand ausdrücklich als Pfand zu bezeichnen.[3])

3. Der Gerichtsvollzieher hat die zum Verkaufe gestellten Gegenstände unter laufender Nummer, geeignetenfalls auch unter Angabe des Maßes, des Gewichts oder der Zahl, in ein Verzeichnis einzutragen. Das Verzeichnis ist dem Auftraggeber zur

Anerkennung vorzulegen und von diesem zu unterschreiben. Hat der Auftraggeber ein solches Verzeichnis bereits übergeben, so hat es der Gerichtsvollzieher zu prüfen und durch Namensunterschrift als richtig zu bestätigen. Nimmt der Gerichtsvollzieher auf Verlangen die Pfänder bis zum Versteigerungstermin in Verwahrung, so ist das Übernahmeprotokoll mit dem Verzeichnisse zu verbinden.[4]) Schätzungswerte sind nur auf besonderes Verlangen in das Verzeichnis aufzunehmen; bei Gold- und Silbersachen muß das Verzeichnis den Gold- oder Silberwert, erforderlichenfalls nach der Schätzung eines Sachverständigen, ergeben.[5]) Der Beeidigung des Sachverständigen bedarf es nicht.[6])

4. Die Versteigerung erfolgt an dem Orte, an dem das Pfand aufbewahrt wird oder, wenn dort ein angemessener Erfolg nicht zu erwarten ist, an einem geeigneten anderen Orte. Die Zeit und der Ort der Versteigerung werden unter allgemeiner Bezeichnung des Pfandes in ortsüblicher Weise (durch Ausruf, Anschlag, Einrücken in Zeitungen) unter Berücksichtigung der größeren oder geringeren Wichtigkeit des Gegenstandes öffentlich bekannt gemacht. In der Bekanntmachung ist ersichtlich zu machen, daß es sich um einen Pfandverkauf handelt. Die Namen des Pfandgläubigers und des Verpfänders sind wegzulassen. Die Bekanntmachung ist aktenkundig zu machen, war sie in öffentliche Blätter eingerückt, so ist ein Abdruck beizubringen.[7])

5. Der Eigentümer des Pfandes und die von dem Pfandgläubiger etwa bezeichneten dritten Personen, denen Rechte an dem Pfande zustehen, sind, wenn es tunlich ist, von dem Versteigerungstermine besonders zu benachrichtigen; die Benachrichtigung des Eigentümers kann mit der Androhung des Pfandverkaufs verbunden werden.[8]) Die erforderlichen Benachrichtigungen sind durch eingeschriebene Briefe zu bewirken, sofern nicht der Auftraggeber ein Anderes bestimmt.[9])

6. Vor dem Beginne des Versteigerungstermins sind die zu versteigernden Sachen bereit zu stellen und mit dem Verzeichnisse zu vergleichen. Sollten Sachen fehlen oder beschädigt sein, so ist dies unter dem Verzeichnisse zu bemerken.[10])

7. Die Versteigerungsbedingungen müssen dem §. 1238 des Bürgerlichen Gesetzbuchs entsprechen; verlangt der Pfandgläubiger die Versteigerung unter anderen Bedingungen, so soll er darauf hingewiesen werden, daß er den daraus für den Eigentümer des Pfandes entstehenden Schaden zu vertreten hat.[11])

8. Im Termine sind zunächst die Kaufbedingungen bekannt zu machen. Demnächst ist zum Bieten aufzufordern; die einzelnen Stücke sind tunlichst in der Reihenfolge des Verzeichnisses auszurufen und den Kaufslustigen zur Besichtigung vorzuzeigen. Dem Auftraggeber und dem Eigentümer des Pfandes ist das Mitbieten zu gestatten. Das Gebot des

Eigentümers, ingleichen, wenn das Pfand für eine fremde Schuld haftet, das Gebot des Schuldners, ist, sofern nicht der Auftraggeber ein Anderes bestimmt, zurückzuweisen, wenn nicht der gebotene Betrag sogleich bar erlegt wird. Dem Zuschlag an den Meistbietenden soll ein dreimaliger Aufruf vorangehen. Gold- und Silbersachen dürfen nicht unter dem Gold- oder Silberwerte zugeschlagen werden.[12])

9. Wenn die Versteigerungsbedingungen nicht ein Anderes ergeben oder der anwesende Auftraggeber nicht ein Anderes bestimmt, hat der Ersteher den zugeschlagenen Gegenstand gegen Zahlung des Kaufgeldes sogleich in Empfang zu nehmen. Unterbleibt die Zahlung bis zum Schlusse des Termins oder bis zu dem in den Versteigerungsbedingungen bestimmten Zeitpunkte, so kann die Wiederversteigerung zu Lasten des Erstehers sofort vorgenommen werden.

10. Die Zahlung des Kaufgeldes unterbleibt, wenn der Zuschlag dem Pfandgläubiger erteilt ist; der Gerichtsvollzieher ist zur Herausgabe der Sachen an ihn nur verpflichtet, wenn der Betrag seiner Gebühren und Auslagen einschließlich des erforderlichen Stempels bar erlegt wird.

11. Die Versteigerung ist einzustellen, sobald der Erlös zur Befriedigung des Gläubigers und zur Deckung der Kosten hinreicht. Der Gerichtsvollzieher

hat deshalb die bereits erzielten Erlöse von Zeit zu Zeit zusammenzurechnen.[13])

12. Über die Versteigerung ist ein Protokoll aufzunehmen. Das Protokoll muß insbesondere enthalten:

a) den Namen des Pfandgläubigers und des Eigentümers der Pfänder; wenn das Pfand für eine fremde Schuld haftet, auch den Namen des Schuldners;
b) den Betrag der Forderung und der Kosten, wegen deren der Gläubiger aus dem Pfande seine Befriedigung sucht;
c) den Hinweis auf die gesetzlichen Versteigerungsbedingungen oder den Wortlaut der Bedingungen, insoweit sie von den gesetzlichen abweichen, und die Bemerkung, daß die Gegenstände als Pfand verkauft werden;
d) die Bezeichnung der ausgebotenen Gegenstände, die abgegebenen Meistgebote und die Namen der Bieter, denen der Zuschlag erteilt ist;
e) die Angabe, daß der Kaufpreis gezahlt oder daß die Zahlung und die Übergabe der Sache unterblieben ist.

Ein zurückgewiesenes Gebot ist im Protokolle gleichfalls zu vermerken, aber nicht in die für das Meistgebot bestimmte Spalte aufzunehmen. Bei Gold- und Silbersachen ist zutreffendenfalls zu beurkunden, daß des wiederholten Aufrufs ungeachtet ein genügendes Gebot nicht abgegeben worden ist.

13. Das Protokoll braucht nicht im Ganzen vorgelesen zu werden. Von den Bietern brauchen nur diejenigen, welche den Zuschlag erhalten, und in dem Falle, daß der Zuschlag im Termine nicht erteilt ist, diejenigen, welche an ihr Gebot gebunden bleiben, in oder unter dem Protokolle zu unterzeichnen oder ihr Handzeichen beizufügen. Entfernt sich ein Beteiligter, bevor er unterschrieben oder ein Handzeichen gemacht hat, oder kann ein Beteiligter nicht schreiben und auch kein Handzeichen beifügen oder wird die Unterzeichnung verweigert, so ist der Grund anzugeben, aus welchem die Unterzeichnung unterblieben ist.[14])

14. Ein freihändiger Verkauf findet statt:

a) bei Wertpapieren, Waren und anderen Pfändern, die einen Börsen- oder Marktpreis haben;

b) bei Gold- und Silbersachen, deren Versteigerung fruchtlos versucht worden ist;

c) bei Sachen anderer Art auf Anordnung des Amtsgerichts.

Der Verkauf ist unter entsprechender Anwendung der Vorschriften im §. 66 der Anw., bei den zu a bezeichneten Sachen jedoch zum laufenden Preise und unter Bezeichnung der Sache als Pfand vorzunehmen. Der Pfandgläubiger kann solche Pfänder, die einen Börsen- oder Marktpreis haben, statt durch freihändigen Verkauf auch durch Versteigerung veräußern lassen, sofern es sich nicht um die im §. 1295 des Bürgerlichen Gesetzbuchs bezeichneten indossablen Papiere handelt.[15])

15. Der Erlös der Versteigerung oder des freihändigen Verkaufs ist nach Abzug der Gebühren und Auslagen des Gerichtsvollziehers unverzüglich an den Auftraggeber abzuführen. Dies gilt auch dann, wenn der Erlös den Betrag der Forderung und der Kosten übersteigt, es sei denn, daß der Gläubiger den Gerichtsvollzieher beauftragt hat, den verbleibenden Überschuß an den Eigentümer des Pfandes abzuführen oder für diesen zu hinterlegen. Die Benachrichtigung des Eigentümers über das Ergebnis des Pfandverkaufs ist dem Pfandgläubiger zu überlassen.

16. Ist der Pfandgläubiger ein gewerbsmäßiger Pfandleiher, so sind die zum Teil abweichenden Vorschriften der §§. 9—16 des Gesetzes über das Pfandleihgewerbe vom 17. März 1881 (vgl. A.G. z. B.G.B. Artikel 41) zu beachten.[16])

17. Die Vorschriften über den Pfandverkauf finden nach gesetzlicher Vorschrift auch Anwendung auf eine Versteigerung, die zwecks Auseinandersetzung unter den Teilnehmern an einer Gemeinschaft oder unter Miterben vorgenommen wird, oder die der Besitzer einer beweglichen Sache veranlaßt, um sich wegen seiner Verwendungen aus der Sache zu befriedigen. (B.G.B. §§. 753, 2042, 1003.)

18. Hat der Pfandgläubiger einen vollstreckbaren Titel gegen den Eigentümer erlangt, aus dem sein

Recht zum Verkaufe des Pfandes hervorgeht, so kann er seine Befriedigung aus dem Pfande statt durch Pfandverkauf auch durch die Veräußerung des Pfandes nach den für gepfändete Sachen geltenden Vorschriften betreiben (B.G.B. §. 1233 Abs. 2). Er hat alsdann das Pfand an einen von ihm zu beauftragenden Gerichtsvollzieher herauszugeben. In dem Übernahmeprotokolle sind die einzelnen Stücke in der für das Pfändungsprotokoll vorgeschriebenen Art aufzuführen. Die Unterbringung und Verwertung der Gegenstände sowie die Verrechnung und Abführung des Erlöses geschieht nach den Regeln des Zwangsvollstreckungsverfahrens.[17])

19. Bei der Geltendmachung des kaufmännischen Zurückbehaltungsrechts bedarf der Gläubiger eines vollstreckbaren Titels über sein Recht zur Befriedigung aus den zurückbehaltenen Gegenständen auch dann, wenn die Geltendmachung im Wege des Pfandverkaufs erfolgen soll (H.G.B. §. 371). Bei einem Pfandverkaufe, der auf Grund eines kaufmännischen Zurückbehaltungsrechts oder auf Grund eines Pfandrechts der im §. 368 des Handelsgesetzbuchs bezeichneten Art vorgenommen wird, verkürzt sich die nach der Androhung des Verkaufs zu beobachtende Frist auf eine Woche. Bei einem Pfandverkauf im Auftrage eines Frachtführers oder Verfrachters sind die Androhung und die Benachrichtigungen an den Empfänger des Gutes und nur, wenn dieser die Annahme des Gutes verweigert oder wenn er nicht

zu ermitteln ist, an den Absender zu richten (H.G.B. §§. 440, 623). Der Kommissionär kann auch dann in Ansehung des Kommissionsguts zum Pfandverkaufe schreiten, wenn er dessen Eigentümer ist; der Pfandverkauf geschieht alsdann für Rechnung des Kommittenten.[18])

---

[1]) Zu beachten ist, daß der Verkauf von Pfändern, aus denen der Pfandgläubiger seine Befriedigung suchen will, für gewöhnlich im Wege der freiwilligen Versteigerung zu erfolgen hat. Einen Schuldtitel braucht der Gläubiger daher nicht, vgl. jedoch B.G.B. §. 1288 Abs. 2 und Anm. 17 unten.

[2]) Den G.V. trifft also keine Verantwortung dafür, wenn der Verkauf auf Anweisung des Gläubigers in einer andern als der gesetzlich vorgeschriebenen Weise erfolgt. Er soll aber den Gläubiger über die gesetzlichen Bestimmungen aufklären und ihm ratend dabei zur Hand gehen. Abweichende Verkaufsvorschriften sind nach Vereinbarung zwischen dem Gläubiger und dem Schuldner zulässig (B.G.B. §. 1245).

[3]) Vgl. B.G.B. §§. 1284, 1235. — Der Regel nach ist der Verkauf der Pfänder im Wege der öffentlichen Versteigerung zu bewirken. Wegen der Ausnahme bei Wertpapieren ꝛc. s. Anm. 15. — Voraussetzung für die Zulässigkeit der Versteigerung ist, daß die zu versteigernden Gegenstände nicht dem freien Verkehr entzogen sind (vgl. §§. 64, 100 der Anw.). — Die Anordnung, daß der zu veräußernde Gegenstand „ausdrücklich als Pfand zu bezeichnen ist", berücksichtigt die Bestimmungen im §. 1244 B.G.B.

[4]) Die Übernahme der Pfänder in die Verwahrung des G.V. wird besser zu vermeiden sein.

[5]) Im allgemeinen hat die Angabe des Schätzungswertes bei Pfändern gewöhnlicher Beschaffenheit keinen

Zweck. Der Schätzungswert hat bei solchen keinen Einfluß auf den Verkaufspreis. Nur Gold- und Silbersachen dürfen nicht unter dem Gold- und Silberwerte zugeschlagen werden (B.G.B. §. 1240); vgl. §. 65 der Anw.

6) Hat der Pfandgläubiger die Abschätzung nicht selbst bewirken lassen, so liegt die Pflicht dazu dem G.V. ob. Zur Beeidigung eines Sachverständigen ist er nicht befugt.

7) Vgl. B.G.B §§. 1236, 1237, wegen der Bekanntmachung auch §. 65 Nr. 4 der Anw. und Anm. dazu.

8) Die Androhung des Pfandverkaufs ist aber Sache des Pfandgläubigers, während die Benachrichtigung vom Versteigerungstermine dem G.V. obliegt. Eine Verbindung dieser beiden Erfordernisse erscheint deshalb untunlich; sie ist auch sonst aus praktischen Gründen nicht zu empfehlen.

9) Die Benachrichtigung durch eingeschriebenen Brief entspricht der Wichtigkeit der Sache.

10) Dem vollzähligen Vorhandensein der Verkaufsobjekte und ihrer Beschaffenheit hat der G.V. zur Vermeidung von Weiterungen seine besondere Aufmerksamkeit zuzuwenden.

11) Zu beachten bleiben aber B.G.B. §§. 1245, 1246.

12) Bei der Versteigerung selbst ist nach den Vorschriften in §. 65 Nr. 7, 8 und 9 der Anw. zu verfahren.

13) Zu Nr. 9 bis 11. — Vgl. §. 65 Nr. 10 bis 12 der Anw. u. Anm. dazu.

14) Zu Nr. 12 und 13. — Vgl. daselbst Nr. 13 bis 15 und Anm. dazu.

15) Vgl. Anm. 8 vorst. — Abweichend von der Regel, daß der Verkauf der Pfänder im Wege der öffentlichen Versteigerung stattzufinden hat, ist bei den in Nr. 14 lit. a bis c verzeichneten Gegenständen ein freihändiger Verkauf zulässig. Dazu ist folgendes zu bemerken: 1. Der Verkauf ist unter entsprechender

Anwendung der Vorschriften im §. 66 der Anw. zu bewirken. 2. Bei Wertpapieren, Waren und anderen Pfändern, die einen Börsen- oder Marktpreis haben, hat der Gläubiger die Wahl, ob er sie öffentlich versteigern oder freihändig verkaufen lassen will. Der freihändige Verkauf hängt also nicht etwa davon ab, daß die Versteigerung ergebnislos verlaufen ist. Nur muß in jedem Falle der „laufende Preis" (Börsen- oder Marktpreis) erzielt werden. 3. Dagegen dürfen Papiere, welche durch Indossament übertragen werden können, wenn sie einen Börsen- oder Marktpreis haben, nur im Wege des freihändigen Verkaufs veräußert werden (B.G.B. §. 1295). 4. Bei Gold- und Silbersachen ist der freihändige Verkauf erst zulässig, wenn ihre Versteigerung fruchtlos versucht worden ist. 5. Bei Sachen anderer Art ist der freihändige Verkauf von einer Anordnung des zuständigen Amtsgerichts abhängig. Zuständig ist hier das Gericht des Ortes, an welchem das Pfand sich befindet (D.F.G.G. §. 166).

[16]) Das Pr. Ges. betr. das Pfandleihgewerbe v. 17./8. 81 ist abgedruckt in der Pr.G.S. f. 1881 S. 265 ff.

[17]) Vgl. Anm. 1 oben. — Es handelt sich hier nicht um einen vollstreckbaren Titel, aus welchem der Pfandgläubiger seine Befriedigung aus dem Vermögen des Schuldners in gewöhnlicher Weise suchen könnte, sondern um einen Schuldtitel, in welchem dem Pfandgläubiger das Recht zugesprochen ist, seine Befriedigung aus dem von ihm verwahrten Pfande zu nehmen. Das kann z. B. notwendig werden, wenn der Schuldner oder andere Personen dagegen Einsprache erhoben hatten. In diesem Falle kann der Gläubiger seine Befriedigung statt durch Pfandverkauf auch durch die Veräußerung des Pfandes nach den für gepfändete Sachen geltenden Vorschriften betreiben (B.G.B. §. 1288 Abs. 2) und hat zu dem Zwecke das Pfand an den G.V. herauszugeben. Wegen der Versteigerung ꝛc. vgl. §§. 64 ff. der Anw.

[18]) Ein Kaufmann hat wegen der fälligen Forderungen, welche ihm gegen einen andern Kaufmann aus den zwischen ihnen geschlossenen beiderseitigen Handelsgeschäften zustehen, ein Zurückbehaltungsrecht an den beweglichen Sachen und Wertpapieren des Schuldners, welche mit dessen Willen auf Grund von Handelsgeschäften in seinen Besitz gelangt sind, sofern er sie noch im Besitze hat, insbesondere mittelst Konnossements, Ladescheins oder Lagerscheins darüber verfügen kann (H.G.B. §. 869). Die Befriedigung, welche ein Gläubiger in Ausübung seines Zurückbehaltungsrechts aus den zurückbehaltenen Gegenständen nehmen will, ist aber erst zulässig, nachdem er einen vollstreckbaren Titel gegen den Eigentümer oder, wenn der Gegenstand ihm selbst gehört, gegen den Schuldner erlangt hat (H.G.B. §. 871). Er kann dann die Veräußerung des Pfandes nach den für gepfändete Sachen geltenden Vorschriften (Nr. 18 d. vorst. Paragraphen) betreiben, wenn er den gewöhnlichen Pfandverkauf nicht vorzieht.

Ein (gesetzliches) Pfandrecht haben: der Kommissionär an dem Kommissionsgute, der Spediteur, der Lagerhalter, der Frachtführer und der Verfrachter an dem ihnen anvertrauten und noch in ihrem Besitze befindlichen Gute wegen ihrer Provision, Fracht, Auslagen und sonstigen Verwendungen (H.G.B. §§. 397, 410, 421, 440, 628). Diese Personen sind an einschränkende Bestimmungen bei dem Pfandverkaufe nicht gebunden, brauchen insbesondere keinen vollstreckbaren Titel. Auf ihr Pfandrecht finden die Vorschriften über das durch Rechtsgeschäft bestellte Pfandrecht und damit diejenigen über den Pfandverkauf (B.G.B. §§. 1228 ff.) entsprechende Anwendung (das. §. 1257) mit der einzigen Ausnahme, daß an die Stelle der für die Androhung des Verkaufs in B.G.B. §. 1234 bestimmten Frist von einem Monat eine solche von einer Woche tritt (H.B.G. §. 868 Abs. 1).

§. 99.

Sonstige Versteigerungen, die kraft gesetzlicher Ermächtigung für Rechnung eines Anderen erfolgen.

1. Gründet der Auftraggeber seine gesetzliche Ermächtigung zur Versteigerung auf andere als die im §. 98 der Anw. bezeichneten Vorschriften, läßt er insbesondere Sachen versteigern, weil sie dem Verderben ausgesetzt sind (B.G.B. §§. 966, 1219; H.G.B. §§. 379, 388, 391, 437), weil er sich durch Hinterlegung des Erlöses von einer Schuld befreien will (B.G.B. §. 383), weil er als Pfandgläubiger durch eine zu besorgende Wertminderung des Pfandes seine Sicherheit für gefährdet erachtet (B.G.B. §§. 1219, 1220) oder weil er gemäß §. 373 des Handelsgesetzbuchs zum Selbsthülfeverkaufe schreitet,[1]) so finden die Vorschriften über den Pfandverkauf keine Anwendung. Die nach den gesetzlichen Vorschriften etwa erforderliche Androhung des Verkaufs, ingleichen die im Falle des §. 966 des Bürgerlichen Gesetzbuchs erforderliche Anzeige bei der Polizeibehörde bleibt dem Auftraggeber überlassen.[2])

2. Die zum Verkaufe gestellten Sachen sind in ein dem §. 98 Abs. 3 der Anw. entsprechendes Verzeichnis einzutragen. Die Versteigerungsbedingungen, die Zeit und den Ort der Versteigerung sowie die Art der Bekanntmachung hat der Auftraggeber zu bestimmen. Der Gerichtsvollzieher hat den Auftrag-

geber nötigenfalls darauf hinzuweisen, daß der Gegner den Verkauf als für seine Rechnung geschehen nicht anzuerkennen brauche, wenn er zu ungewöhnlichen oder den Umständen des Falles nicht angemessenen Bedingungen, z. B. unter Ausschluß der Gewährleistung, vorgenommen worden ist. Bleibt die Bestimmung dem Gerichtsvollzieher überlassen, so erfolgt die Versteigerung ohne besondere Bedingungen nach den für den Kauf geltenden Vorschriften des Bürgerlichen Gesetzbuchs und die Bekanntmachung, wenn sie erforderlich oder ohne Gefährdung des Versteigerungszwecks ausführbar ist, in der üblichen und der Wichtigkeit der Gegenstände entsprechenden Art.[3])

3. Von dem Versteigerungstermine sind der Auftraggeber und nach dessen näherer Bestimmung die Personen, für deren Rechnung der Verkauf erfolgt, zu benachrichtigen. Bei Gold- und Silbersachen findet die Vorschrift des §. 1240 des Bürgerlichen Gesetzbuchs keine Anwendung.[4]) Die Versteigerung ist so lange fortzusetzen, bis alle zum Verkaufe stehenden Sachen ausgeboten sind, wenn nicht der Auftraggeber den früheren Schluß verlangt.

4. Das Protokoll muß den gesetzlichen Grund der Versteigerung angeben. Die Vorschriften des §. 98 Abs. 12 zu a bis e finden entsprechende Anwendung. Die Bemerkung, daß die Sache als Pfand ausgeboten werde, ist nur aufzunehmen, wenn der Fall des §. 1219 des Bürgerlichen Gesetzbuchs vor-

liegt.[5]) Der Erlös ist nach Abzug der Gebühren und Auslagen des Gerichtsvollziehers an den Auftraggeber abzuführen oder auf sein Verlangen für die von ihm bestimmten Personen zu hinterlegen.

5. Wird der Gerichtsvollzieher in den vorbezeichneten Fällen beauftragt, Sachen, die einen Börsen- oder Marktpreis haben, aus freier Hand zu veräußern, so ist der Verkauf unter entsprechender Anwendung des §. 66 der Anw., jedoch, wenn der Auftraggeber nicht ein Anderes bestimmt hat, zum laufenden Preise vorzunehmen.[6])

6. Nach den vorstehenden Vorschriften ist auch die Veräußerung einer Aktie oder eines Anteilrechts im Auftrag einer Aktiengesellschaft in den Fällen der §§. 290, 220 des Handelsgesetzbuchs zu bewirken. Dagegen geschieht die Veräußerung eines Bergwerksanteils im Auftrage der Gewerkschaft im Falle des §. 131 des Preußischen Berggesetzes ausschließlich im Wege der Zwangsvollstreckung.

---

[1]) H.G.B. §. 373 ermächtigt den Verkäufer einer Ware, wenn der Käufer mit deren Annahme im Verzuge, die Ware dem Verderb ausgesetzt und Gefahr vorhanden ist, die Ware ohne vorgängige Androhung öffentlich versteigern oder, wenn sie einen Börsen- oder Marktpreis hat, aus freier Hand verkaufen zu lassen. **Dieser Selbsthilfeverkauf erfolgt auf Gefahr und für Rechnung des säumigen Käufers.** Der Verkäufer und der Käufer können bei der öffentlichen Versteigerung mitbieten. Im Falle der öffentlichen Versteigerung hat der Verkäufer den Käufer von der Zeit

und dem Orte der Versteigerung zu benachrichtigen; von dem vollzogenen Verkaufe hat er dem Käufer unverzüglich Nachricht zu geben. Die Benachrichtigungen dürfen jedoch unterbleiben, wenn sie untunlich sind.

H.G.B. §. 388 (auch 391) handelt von dem Kommissionsgute, der §. 487 von dem Frachtgute. In beiden Fällen findet §. 878 das. entsprechende Anwendung.

Nach dem **B.G.B.** darf zum sofortigen Verkaufe geschritten werden bei beweglichen Sachen, deren Verderb zu besorgen oder deren Aufbewahrung mit unverhältnismäßigen Kosten verbunden ist: wenn der Auftraggeber zur Hinterlegung berechtigt, die geschuldete Sache aber zur Hinterlegung nicht geeignet ist (§§. 872, 883 Abs. 1); wenn er als Finder sich von seiner Pflicht zur Aufbewahrung der gefundenen Sache befreien will (§. 966); wenn seine Sicherheit als Pfandgläubiger gefährdet ist (§§. 1219, 1220).

[2]) In diesen Fällen (Anm. 1) finden die Vorschriften über den Pfandverkauf (§. 98 der Anw.) keine Anwendung. Im Falle des §. 966 B.G.B. hat der Finder vor der Versteigerung der Polizeibehörde Anzeige zu machen. Nach §. 967 das. ist er berechtigt und auf Anordnung der Polizeibehörde verpflichtet, die Sache oder den Versteigerungserlös an die Polizeibehörde abzuliefern.

[3]) Die Gerichtsvollzieher sollen, sofern nicht ein ausdrückliches gegenteiliges Verlangen des Auftraggebers vorliegt, bei freiwilligen Versteigerungen in den Fällen der Artikel [348 und 354] des Handelsgesetzbuchs den Ausschluß der Gewährleistung nicht als Versteigerungsbedingung aufstellen (Allg. Vfg. v. 2./12. 95 J.M.Bl. S. 417).

Im übrigen verbleibt dem Auftraggeber unter allen Umständen die Haftbarkeit für von ihm vorgeschriebene „ungewöhnliche oder den Umständen des Falles nicht angemessene Bedingungen.“ Erfolgt die Versteigerung ohne besondere Bedingungen nach den „für den Kauf“ geltenden Vorschriften des B.G.B. (§§. 438 ff.), so ist dies im Termine bekannt zu machen und im Protokolle zu bemerken. Wegen der Art der Bekanntmachung der Versteigerung vgl. §. 65 der Anw.

4) Es ist also hier nicht notwendig, daß mindestens der Gold- oder Silberwert erreicht wird.

5) Vgl. Anm. 1 oben.

6) Verkauft also in diesem Falle der G.V. ohne weitere Bestimmung des Auftraggebers aus freier Hand, so muß mindestens der laufende Preis erzielt werden. Anders, wenn er von dem Auftraggeber zu einem Abgehen davon ausdrücklich ermächtigt wird. Dann bleibt diesem die Verantwortung dafür. — Vgl. auch Anm. 15 zu §. 98.

7) Wird ein Aktionär, weil er den auf ihn entfallenden Beitrag zu den Verbindlichkeiten der Gesellschaft nicht gezahlt hat, seines Anteilsrechts an der letzteren für verlustig erklärt (H.G.B. §. 219 Abs. 3), so kann die Gesellschaft das Anteilsrecht zum Börsenpreis und in Ermangelung eines solchen durch öffentliche Versteigerung verkaufen (das. §. 220 Abs. 3).

Werden im Falle der Herabsetzung des Grundkapitals einer Aktiengesellschaft Aktien, welche trotz gehöriger Aufforderung von den Aktionären nicht eingereicht sind, für kraftlos erklärt, so sind die an deren Stelle auszugebenden neuen Aktien durch die Gesellschaft zum Börsenpreis und in Ermangelung eines solchen durch öffentliche Versteigerung zu verkaufen (H.G.B. §. 290).

Im Falle des §. 181 des Berggesetzes v. 24./6. 65 ist wegen rückständiger Zuschußleistung des Gewerken die Versteigerung seines Kux-Anteils zulässig.

§. 100.

Freiwillige Versteigerung beweglicher Sachen für Rechnung des Auftraggebers.[1])

1. Der Gerichtsvollzieher soll Aufträge zu freiwilligen Versteigerungen nicht aufsuchen; er ist zu deren Ablehnung ohne Angabe von Gründen befugt. Er ist zur Ablehnung solcher Versteigerungsaufträge verpflichtet, die gegen gesetzliche oder polizeiliche Vorschriften verstoßen oder von denen er weiß oder den Umständen nach annehmen muß, daß eine Täuschung oder Schädigung des Publikums beabsichtigt wird. Insbesondere ist der Auftrag abzulehnen, wenn gegen die Befugnis des Auftraggebers, über die zu versteigernden Sachen zu verfügen, Bedenken obwalten, wenn der Verdacht besteht, daß die Form der Versteigerung zur Verdeckung unlauterer Absichten, insbesondere zur Umgehung der den Gewerbebetrieb oder die Gewerbesteuer betreffenden Vorschriften, z. B. des §. 33 der Gewerbeordnung und des Gesetzes vom 27. Februar 1880 (Gesetz-Samml. S. 174), benutzt werden soll, sowie wenn bei Ausverkäufen der Verdacht einer unrichtigen Angabe über den Anlaß und den Zweck des Verkaufs besteht (§. 1 Abs. 1 des Reichsgesetzes zur Bekämpfung des unlauteren Wettbewerbs vom 27. Mai 1896).[2]) Die Gerichtsvollzieher dürfen Sachen, von denen sie wissen oder den Umständen nach annehmen müssen, daß die Fabrikbezeichnung (Firmenzeichen,

Schutzmarke usw.) der Sachen beseitigt oder unkenntlich gemacht oder das Aussehen der Sachen zum Zwecke der Täuschung des Publikums verändert worden ist, nicht versteigern. Die Versteigerung von Sachen, welche zum Zwecke der Versteigerung angefertigt oder aufgekauft sind — mit Ausnahme von Vieh — hat der Gerichtsvollzieher grundsätzlich abzulehnen.

2. Bei der Bekanntmachung, der Versteigerung und den mit ihr zusammenhängenden Verrichtungen ist deutlich erkennbar zu machen, daß es sich um eine freiwillige Versteigerung handelt (vgl. Abs. 7 Buchstabe d, Abs. 10 Satz 2).[3])

3. Der Auftrag zur Versteigerung beweglicher Sachen muß den Namen und den Wohnort des Auftraggebers, den Anlaß der Versteigerung, den Namen und den Wohnort des Eigentümers, sowie eine Angabe darüber enthalten, ob die Sachen gebraucht sind und wo sie sich befinden. Der Gerichtsvollzieher hat, soweit nicht der Auftrag schriftlich erteilt wird, einen entsprechenden Vermerk zu den Akten zu machen.

4. Der Auftraggeber soll die Versteigerungsbedingungen und die Art der Bekanntmachung bestimmen. Bleibt die Bestimmung dem Gerichtsvollzieher überlassen, so hat er die Versteigerungsbedingungen nach seinem Ermessen festzusetzen und die Bekanntmachung in ortsüblicher Weise zu bewirken. In diesem Falle ist in die Versteigerungs-

bedingungen namentlich aufzunehmen, daß die Übergabe der zugeschlagenen Sache gegen sofortige bare Zahlung geschehe und daß der Meistbietende, wenn er nicht zu der in den Kaufbedingungen bestimmten Zeit oder in Ermangelung einer solchen Bestimmung vor dem Schlusse des Versteigerungstermins die Übergabe gegen bare Zahlung verlangt, seiner Rechte aus dem Zuschlage verlustig gehe und bei einer anderweitigen Versteigerung der Sache zum Mitbieten nicht zugelassen werde, jedoch für den Ausfall zu haften habe. In die Versteigerungsbedingungen ist, sofern nicht der Auftraggeber ein anderes bestimmt, ferner aufzunehmen, daß, wenn zwei oder mehrere Personen zugleich ein und dasselbe Gebot abgeben und die Aufforderung zur Abgabe eines höheren Gebots erfolglos bleibt, das Los entscheidet. Hat der Auftraggeber ein Mindestgebot festgesetzt, so darf der Gerichtsvollzieher den Auftrag nur annehmen, wenn er ermächtigt wird, den Zuschlag zu erteilen, sobald ein Übergebot abgegeben wird. Der Gerichtsvollzieher hat den Auftrag auf seine Richtigkeit und Vollständigkeit zu prüfen und die Beseitigung etwaiger Unrichtigkeiten und Mängel zu veranlassen.

5. Der Gerichtsvollzieher hat auf Verlangen des Auftraggebers die zur Versteigerung bestimmten Sachen, erforderlichenfalls durch Sachverständige, abzuschätzen. In diesem Falle hat er, sofern nicht der Auftraggeber ein Verzeichnis der abzuschätzenden

Sachen beifügt, ein solches Verzeichnis anzufertigen. Die Schätzungswerte sind in das Verzeichnis aufzunehmen und, sofern nicht das Gutachten schriftlich zu den Akten gegeben wird, von dem Schätzer durch seine Unterschrift als richtig zu bestätigen. Bei Gold- und Silbersachen ist der Gold- oder Silberwert in gleicher Weise festzustellen, soweit nicht die Sachen unter diesem Werte zugeschlagen werden dürfen.[4]) Auch sonst soll der Gerichtsvollzieher die zum Verkaufe gestellten Sachen in ein dem §. 98 Abs. 3 Satz 1 bis 3 entsprechendes Verzeichnis eintragen, falls nicht der Auftraggeber ein solches Verzeichnis überreicht hat oder auf die Anfertigung des Verzeichnisses verzichtet und bis zur Versteigerung die Sachen im Besitze behält. Der Verzicht ist aktenkundig zu machen.

6. Die Abhaltung von Versteigerungen während der Stunden, wo offene Verkaufsstellen, nach den §§. 139e, 139f der Gewerbeordnung geschlossen sein müssen, ist verboten. Das gleiche gilt für Sonn- und Festtage, sofern nicht nach der Polizeiverordnung über die äußere Heilighaltung der Sonn- und Festtage die Abhaltung von Versteigerungen gestattet ist.

7. Die Versteigerung ist in ortsüblicher Weise durch Ausruf, Anschlag, Einrücken in Zeitungen, unter Berücksichtigung ihrer größeren oder geringeren Wichtigkeit öffentlich bekannt zu machen.

Die Bekanntmachung hat namentlich zu enthalten:

a) die allgemeine Bezeichnung der zur Versteigerung bestimmten Sachen und, wenn es sich um gebrauchte Sachen handelt, die Angabe, daß die Sachen gebraucht sind;

b) Ort und Zeit der Versteigerung;

c) die Angabe des Ortes und der Zeit für die Besichtigung der Sachen;

d) die Angabe, daß es sich um eine freiwillige Versteigerung handelt;

e) den Namen und den Wohnort des Gerichtsvollziehers.

Die Bekanntmachung ist aktenkundig zu machen; war sie in öffentliche Blätter eingerückt, so ist ein Abdruck zu beschaffen.

8. Die Versteigerungsbedingungen sind dem Auftraggeber, wenn er es verlangt, vor dem Termine mitzuteilen; auch von dem Versteigerungstermin und von dessen Ergebnis ist der Auftraggeber rechtzeitig in Kenntnis zu setzen.

9. Bei der Versteigerung beweglicher Sachen in einem geschlossenen Raume sind die Verkaufsbedingungen während der Versteigerung in deutlich lesbarer Schrift an einem leicht zugänglichen Orte zum Aushange zu bringen; in den übrigen Fällen ist dafür zu sorgen, daß sie von den Beteiligten während der Versteigerung eingesehen werden können.

10. Die Versteigerung darf nur beginnen oder fortgesetzt werden, wenn mindestens zwei zum Mitbieten befugte Personen anwesend sind. Sie be-

ginnt mit dem lauten und deutlichen Verlesen der Versteigerungsbedingungen; sodann ist zum Bieten aufzufordern. Andere zum Verkauf oder zu einer späteren Versteigerung bestimmte Sachen müssen, sofern die Versteigerung in einem geschlossenen Raume stattfindet, von den zu versteigernden Gegenständen getrennt aufgestellt oder gelagert und durch Überdeckung oder in sonst geeigneter Weise den Augen des Publikums entzogen sein, oder durch eine Aufschrift als zur Versteigerung nicht bestimmt kenntlich gemacht werden.

11. Der Auftraggeber kann sich den Zuschlag vorbehalten. Hat der Auftraggeber ein Mindestgebot festgesetzt, so hat der Gerichtsvollzieher den Zuschlag zu erteilen, wenn ein Übergebot abgegeben wird. Der Zuschlag darf erst erteilt werden, wenn nach dreimaligem Wiederholen des Höchstgebotes ein Übergebot nicht abgegeben wird.[5]) Bevor der Zuschlag erfolgt oder die zur Versteigerung gestellte Sache von der Versteigerung zurückgezogen ist, darf eine andere Sache nicht zur Versteigerung gestellt werden.

12. Gold- und Silbersachen dürfen nicht unter ihrem Gold- und Silberwerte, Wertpapiere, die einen Börsen- oder Marktpreis haben, nicht unter dem laufenden Preise (Tageskurs für den Ort des Verkaufs) zugeschlagen werden. Wird ein hiernach zulässiges Gebot nicht abgegeben, so können diese Wertsachen nach Schluß der Versteigerung aus freier

Hand zu einem dem zulässigen Gebot entsprechenden Preise verkauft werden. Diese Vorschriften gelten nur, soweit der Auftraggeber nicht ein anderes bestimmt.[6])

13. Der Gerichtsvollzieher darf die versteigerte Sache an keinen anderen als denjenigen, welchem der Zuschlag erteilt ist, oder dessen Bevollmächtigten und, sofern nicht der Kaufpreis gestundet ist, nur gegen Empfang des Kaufgeldes aushändigen.

14. Der Gerichtsvollzieher hat, soweit nicht der Auftraggeber ein anderes bestimmt, den Versteigerungserlös anzunehmen, aufzubewahren und nach Abzug der Kosten unverzüglich nach Beendigung der Versteigerung unter Beifügung einer mit der Bescheinigung der Richtigkeit versehenen Abschrift des Protokolls über die Versteigerung und der Rechnung über seine Gebühren und baren Auslagen dem Auftraggeber auszuhändigen. Das gleiche findet entsprechende Anwendung, soweit hinsichtlich der zur Versteigerung gestellten Sachen ein Zuschlag nicht erteilt ist.

15. Das Protokoll über die freiwillige Versteigerung muß außer der Angabe des Ortes und der Zeit enthalten:

a) den Namen des Auftraggebers;

b) eine genaue Bezeichnung der zum Verkaufe gestellten Gegenstände und den Wortlaut der Versteigerungsbedingungen, soweit sie von den Vorschriften des Bürgerlichen Gesetzbuchs über den Kauf abweichen;

c) den Betrag des Meistgebots und den Namen des Meistbietenden, ferner dessen Unterschrift oder die Bemerkung, aus welchem Grunde sie fehlt;

d) die Angabe, ob die Übergabe der Sache und die Zahlung geschehen oder der Zuschlag nicht erteilt ist;

e) die Maßnahmen, die beim Ausbleiben der Zahlung getroffen sind.

Ist der Zuschlag an einen anderen als den Meistbietenden erteilt, so ist das Gebot sowie der Name desjenigen zu verzeichnen, der den Zuschlag erhält. Wird der Zuschlag nicht im Termin erteilt, so ist das Gebot sowie der Name desjenigen anzugeben, welcher an sein Gebot gebunden bleibt. Ein zurückgewiesenes Gebot ist nachrichtlich zu vermerken. Bei Gold- und Silbersachen ist zutreffendenfalls zu beurkunden, daß des wiederholten Aufrufs ungeachtet, ein genügendes Gebot nicht abgegeben worden ist.[7])

16. Bei der Versteigerung neuer Sachen gelten noch die folgenden besonderen Vorschriften:

a) Die Versteigerung darf nur vorgenommen werden, wenn der Auftraggeber eine Bescheinigung der Ortspolizeibehörde darüber beibringt, daß der Versteigerung Bedenken nicht entgegenstehen. Dem Auftrag ist entweder ein vollständiges Verzeichnis der zu versteigernden Sachen (Abs. 5) oder eine Bescheinigung der Ortspolizeibehörde beizufügen, daß der Versteigerung ohne ein Verzeichnis Bedenken nicht entgegenstehen.

b) Die Bekanntmachung soll auch die Angabe des Eigentümers der Sachen und des Auftraggebers der Versteigerung enthalten, es sei denn, daß der Auftraggeber eine Bescheinigung der Ortspolizeibehörde vorlegt, nach der von der Angabe abgesehen werden kann.

c) Das Verzeichnis (Buchstabe a) ist während der Dauer der Versteigerung im Versteigerungsraum an einer leicht zugänglichen Stelle zu jedermanns Einsicht in Urschrift oder Abschrift auszuhängen. Die einzelnen zur Versteigerung gestellten Sachen sind tunlichst in der Reihenfolge des Verzeichnisses auszurufen, wobei die laufende Nummer des Verzeichnisses laut und deutlich bekannt zu geben ist. Nach Beendigung der Versteigerung ist das Verzeichnis dem Protokolle beizufügen.

d) Neue Sachen dürfen, sofern es sich nicht um die Versteigerung einer Konkurs- oder Nachlaßmasse handelt, nicht mit anderen Sachen in einer Versteigerung versteigert werden. Bei der Versteigerung von Sachen einer Konkursmasse oder eines Nachlasses oder einer städtischen Wohnungseinrichtung sollen Sachen, welche nicht zur Konkursmasse, zum Nachlaß oder zur Wohnungseinrichtung gehören, im Versteigerungsraum oder in Räumen, welche mit dem Versteigerungsraum im Zusammenhange stehen, nicht versteigert werden. Ausnahmen sind zulässig, wenn der Auftraggeber eine Bescheinigung der Ortspolizeibehörde beibringt, daß Bedenken nicht entgegenstehen.

e) Hat der Auftraggeber ein Mindestgebot festgesetzt, so hat dies der Gerichtsvollzieher vor der Aufforderung zum Bieten anzugeben.

f) Neue Sachen im Sinne der vorstehenden Vorschriften sind Waren, welche in offenen Verkaufsstellen feilgeboten zu werden pflegen, sofern sie ungebraucht sind oder sofern ihr bestimmungsmäßiger Gebrauch im Verbrauche besteht.

17. In einem Rechtsstreite, der zwischen dem Auftraggeber und dem Ersteher einer versteigerten Sache anhängig wird, darf der Gerichtsvollzieher, der die freiwillige Versteigerung vorgenommen hat, amtliche Verrichtungen (Zustellungen, Zwangsvollstreckungen usw.), nicht vornehmen.

---

[1]) Vgl. Anm. 1 zu §. 97 und die J.M.Rdvfg. v. 12./8. 01, I 5061 a. S. 248 d. Amtl. Vorschr.

[2]) Zur Prüfung der Legitimation des Auftraggebers ist der G.V. verpflichtet. Nötigenfalls muß er sich

diese durch ein Attest der Ortspolizeibehörde nachweisen lassen. Insbesondere sind die polizeilichen Vorschriften in Bezug auf die Veräußerung gewisser Gegenstände, z. B. von Nachlaßsachen solcher Personen, welche an ansteckenden Krankheiten verstorben sind, zu beachten.

Von der Versteigerung sind ferner alle diejenigen Gegenstände auszuschließen, welche dem freien Verkehr überhaupt entzogen sind oder nur mit besonderen Einschränkungen in den Verkehr gebracht werden dürfen (Reichsgewerbeordn. v. 26./7. 00, R.G.Bl. S. 871, §§. **42a**, 56). — Handfeuerwaffen ohne das vorgeschriebene Prüfungszeichen dürfen auch freiwillig nicht versteigert werden (vgl. Anm. 1 zu §. **64** der Anw.).

Der G.V. fällt dagegen nicht unter den Begriff der gewerbsmäßigen Auktionatoren und kann deshalb auch nicht zur Gewerbesteuer herangezogen werden (Erk. d. Kammerger. v. 29./11. 97 i. d. D.G.V.Ztg. 1898 S. 46).

Wegen der Versteigerungen im Auftrage der Justizbehörden vgl. J.M.Vfg. v. 27./6. 87, I 2211 (i. d. Zschr. f. V.R. 1891 S. 89).

3) Vgl. Allg. Vfg. v. 29./9. 89 (J.M.Bl. S. 212).

4) Bei freiwilligen Versteigerungen von Gold- und Silbersachen ist nicht erforderlich, daß das Gebot mindestens den Gold- oder Silberwert erreicht (wie bei §. 65 Nr. **8** der Anw. für die Zw.Vollstr. vorgeschrieben). Die Anordnung des Auftraggebers ist auch in dieser Beziehung maßgebend. (Vgl. Nr. 12 d. vorst. Paragraphen a. Schl.)

5) Dann muß aber der Zuschlag erfolgen.

6) Vgl. Anm. 4 vorst.

7) Zu dem Protokolle ist, wenn es sich um ein Wertobjekt von über 150 Mk. handelt, der gesetzliche Stempel zu verwenden.

§. 101.

Öffentliche Verpachtung an den Meistbietenden.[1])

1. Wird dem Gerichtsvollzieher vom Amtsgerichte die öffentliche Verpachtung eines Grundstücks, einer Fruchtnutzung, eines nutzbaren Rechtes u. s. w. übertragen, so hat er sich wegen Festsetzung der Pachtbedingungen mit dem Verpächter in Verbindung zu setzen, wenn nicht das Gericht ihm die Pachtbedingungen bereits mitgeteilt hat. Für die Erledigung des Auftrags, insbesondere die Zeit und den Ort sowie die Bekanntmachung des Termins und das in dem Termine zu beobachtende Verfahren sind die Weisungen des Verpächters maßgebend. Bleibt die Bestimmung dem Gerichtsvollzieher überlassen, so hat er nach seinem Ermessen zu verfahren, jedoch die örtlichen Gewohnheiten, z. B. bei der Bekanntgabe des Pachttermins, tunlichst zu berücksichtigen. Es empfiehlt sich, den Zuschlag in der Regel dem Verpächter vorzubehalten, diesem auch die Einweisung des Meistbietenden in die Pachtung sowie die Erhebung des Pachtzinses zu überlassen.[2])

2. Über den Hergang bei der Verpachtung ist ein Protokoll aufzunehmen; dieses muß insbesondere enthalten:

a) den Namen des Verpächters und einen Hinweis auf den gerichtlichen Auftrag;

b) eine genaue Bezeichnung des zu verpachtenden

Gegenstandes und den Wortlaut der Pachtbedingungen, falls diese nicht dem Protokoll als Anlage beigefügt werden;

c) den Betrag des Meistgebots und den Namen des Meistbietenden, ferner dessen Unterschrift oder die Bemerkung, aus welchem Grunde sie fehlt;

d) die Bemerkung, ob der Zuschlag erteilt oder die Entscheidung über den Zuschlag dem Verpächter vorbehalten worden ist.

Bleiben nach den Pachtbedingungen außer dem Meistbietenden noch andere Bieter bis zur Entscheidung des Verpächters an ihre Gebote gebunden, so muß das Protokoll auch die Namen dieser Bieter und den Betrag ihrer Gebote ergeben.

3. Von dem Termin und von dessen Ergebnis ist der Verpächter rechtzeitig in Kenntnis zu setzen.

4. Wenn der Auftrag vollständig erledigt ist, insbesondere die von den Beteiligten erbetenen Abschriften erteilt sind, hat der Gerichtsvollzieher das Protokoll nebst allen entstandenen Schriftstücken mit einem kurzen Bericht über die Erledigung dem Amtsgericht einzureichen.

---

[1]) Vgl. Anm. 1 zu §. 97.

[2]) Wie bereits bei Anm. 2 zu §. 97 erwähnt, erfolgt die „öffentliche Verpachtung“ ausschließlich im Auftrage des Amtsgerichts.

VII. Siegelungen. Entsiegelungen. Vermögensverzeichnisse.

§. 102.

Allgemeine Vorschriften.

1. Der Gerichtsvollzieher ist zuständig, im Auftrage des Gerichts oder bei einem Konkurse im Auftrage des Konkursverwalters Siegelungen und Entsiegelungen zu bewirken sowie Vermögensverzeichnisse, insbesondere Nachlaßinventare (B.G.B. §. 1993), aufzunehmen. Zur Aufnahme eines Inventars ist der Gerichtsvollzieher auch im Auftrage der Generalkommission zuständig (vgl. Gesetz, betreffend das Anerbenrecht bei Renten- und Ansiedelungsgütern, vom 8. Juni 1895 §. 20).

2. Aufträge der Beteiligten zu einem der im Abs. 1 bezeichneten Geschäfte darf der Gerichtsvollzieher nicht entgegennehmen.[1]) Der Antragsteller ist an das Gericht zu verweisen.[2])

---

[1]) Natürlich mit Ausnahme der Fälle, wo der Auftrag vom Konkursverwalter erteilt wird, vgl. Nr. 1 d. vorst. Paragraphen.

[2]) Soweit der Auftrag vom Gericht erteilt wird, ist er Auftrag „von Amtswegen“, im übrigen „Parteiauftrag“ (vgl. G.V.O. §. 28).

§. 103.

Siegelung.[1])

1. Insoweit von dem Gerichte nicht ein Anderes bestimmt ist, hat der Gerichtsvollzieher nach den Vorschriften der Abs. 2 bis 15 zu verfahren.[2])

2. Bei der Siegelung zur Sicherung eines Nachlasses sind die am Orte anwesenden Erben und Verwandten des Erblassers und, falls keine Verwandten oder Erben anwesend sind, andere geeignete Auskunftspersonen zuzuziehen.

3. Verfügungen von Todes wegen, die im Nachlasse vorgefunden werden, hat der Gerichtsvollzieher in jedem Falle an sich zu nehmen und unverzüglich an das Amtsgericht abzuliefern.

4. In gleicher Weise ist mit vorgefundenem Gelde, mit Wertpapieren und anderen wertvollen oder wichtigen Urkunden sowie mit Kostbarkeiten zu verfahren. Nur aus besonderen Gründen und wenn die Sicherheit eine genügende ist, können sie unter gehöriger Aufsicht in der Sterbewohnung belassen werden.

5. Die in den Abs. 3, 4 bezeichneten Urkunden und Gegenstände sind in dem Protokoll einzeln zu verzeichnen, die Wertpapiere mit Angabe des Nennwerts. Sind die Wertpapiere mit Buchstaben und Nummern versehen, so sind auch diese zu vermerken. Sind Erneuerungsscheine vorhanden, so ist dies anzugeben. Auch ist anzugeben,

von welcher Zeit an die vorhandenen Zins- und Gewinnanteilscheine laufen.

6. Bewegliche leblose Sachen sind, soweit sie nicht unter die Abs. 2 bis 4 fallen, tunlichst in verschließbaren Räumen oder Behältnissen unterzubringen. Die Türen dieser Räume sowie die Behältnisse sind zu verschließen und unter Verwendung von Papierstreifen, Leinwandstreifen, Bindfaden oder in anderer Weise mit dem Dienstsiegel so zu versiegeln, daß sie ohne Verletzung des Verschlusses nicht eröffnet werden können;[3]) Fenster sind zu schließen und nötigenfalls in gleicher Weise zu versiegeln. Die Zahl der Siegel und die Stellen, wo sie angelegt sind, sind im Protokoll anzugeben. Die Schlüssel hat der Gerichtsvollzieher mit Merkzeichen zu versehen und entweder an sich zu nehmen oder sonst sicher unterzubringen; ihre Zahl sowie die Art ihrer Verwahrung ist im Protokolle zu vermerken. Die Anwesenden sind darauf hinzuweisen, daß sie sich jeder Beschädigung und der Ablösung der Siegel bei Vermeidung der gesetzlichen Strafen zu enthalten haben.[4]) Räume, deren Weiterbenutzung nicht entbehrt werden kann, sind offen zu halten.

7. Den Erben, den Verwandten des Erblassers oder einer geeigneten anderen Person kann vorgefundenes Geld zur Besorgung des Begräbnisses und zur einstweiligen Fortführung des Haushalts, der Landwirtschaft oder des Gewerbes gegen Empfangsbescheinigung ausgehändigt werden. Auch können

ihnen sonstige zu diesen Zwecken notwendige Sachen übergeben werden.

8. Hat der Erblasser Landwirthschaft oder ein Gewerbe betrieben, so ist die Siegelung insoweit zu beschränken, daß der weitere Betrieb stattfinden kann, es sei denn, daß die Schließung des Betriebs von dem Amtsgericht angeordnet worden ist.[5])

9. Die außer Siegelung gelassenen Gegenstände sind zu verzeichnen, es sei denn, daß bei einzelnen von ihnen eine Sicherung aus besonderen Gründen entbehrlich ist. In dem Verzeichnisse ist der Wert der einzelnen Gegenstände anzugeben, soweit dies zur Feststellung angemessen erscheint.

10. Einzelne Nachlaßsachen, insbesondere Tiere, können einem Dritten zur Obhut anvertraut oder bei dringender Gefahr des Verderbens veräußert werden; der Erlös ist unverzüglich an das Amtsgericht abzuliefern.

11. Nötigenfalls ist zur Sicherung des Nachlasses ein Aufseher zu bestellen.

12. Werden in dem Nachlaß eines Beamten bei der Ausführung der Siegelung amtliche Akten oder sonstige Sachen, deren Herausgabe auf Grund des Dienstverhältnisses verlangt werden kann, vorgefunden, so ist dies im Protokolle besonders zu vermerken. Der Gerichtsvollzieher hat für die sichere Verwahrung dieser Sachen zu sorgen, wenn nicht die Behörde, welcher der Verstorbene angehörte, oder die Aufsichtsbehörde für die Sicherung der

Sachen sorgt. Die Vorschriften über den Nachlaß von Beamten finden auch Anwendung auf den Nachlaß von Offizieren des Heeres und der Marine.

13. Das Protokoll soll den Hergang bei der Siegelung beschreiben. Es soll außer den Angaben, die in den vorhergehenden Absätzen vorgeschrieben sind, namentlich enthalten:

a) den Ort und die Zeit der Verhandlung;
b) die Bezeichnung des Erblassers und der bei der Verhandlung zugegen gewesenen Personen;
c) die Bezeichnung des Auftrags;
d) die Unterschrift des bestellten Aufsehers und derjenigen Personen, welchen Nachlaßsachen, die außer Siegelung geblieben sind, anvertraut sind, sowie die Angabe, in welcher Weise der Gerichtsvollzieher deren Persönlichkeit festgestellt hat;
e) die Unterschrift des Gerichtsvollziehers.

14. Das Protokoll ist unverzüglich dem Amtsgericht einzureichen.

15. Die Vorschriften dieses Paragraphen finden entsprechende Anwendung, wenn der Gerichtsvollzieher von dem Konkursverwalter mit der Siegelung einer Konkursmasse beauftragt ist. Statt der im Abs. 1 bezeichneten Personen ist der Gemeinschuldner und, wenn er es verlangt, der Konkursverwalter zuzuziehen. Das Protokoll ist dem Konkursverwalter zu übersenden.

[1]) In Nachlaßangelegenheiten hat bis zur Annahme der Erbschaft das Nachlaßgericht für die Sicherung des Nachlasses zu sorgen, soweit ein Bedürfnis besteht. Das gleiche gilt, wenn der Erbe unbekannt oder wenn ungewiß ist, ob er die Erbschaft angenommen hat (vgl. B.G.B. §. 1960).

Im Konkurse kann der Verwalter zur Sicherung der zur Konkursmasse gehörigen Sachen durch eine zur Vornahme solcher Handlungen gesetzlich ermächtigte Person siegeln lassen (Konk.O. §. 122).

[2]) Die Nummern 2—14 des vorst. Paragraphen regeln das Verfahren bei der Siegelung eines Nachlasses; Nr. 15 schreibt die entsprechende Anwendung dieser Vorschriften bei der Siegelung einer Konkursmasse vor.

[3]) Es ist aber auch darauf zu sehen, daß durch das Siegeln die Gegenstände selbst nicht beschädigt werden. Wo dies bei Anwendung von Siegellack zu befürchten, ist grünes Wachs zu verwenden (§. 84 T. II Tit. 5 d. Pr. Allg. Ger.Ordn.).

[4]) Die Strafbestimmungen enthält §. 136 R.Str.G.B.

[5]) War der Erblasser Landwirt, Kaufmann, Professionist, Handwerker oder sonstiger Gewerbetreibender, so sind erforderlichenfalls Maßregeln zu treffen, daß der Wirtschafts- oder Geschäftsbetrieb fortgeführt werden kann. Eventl. muß ein Aufseher bestellt und diesem ein Teil der Bestände, Vorräte, Materialien und Gerätschaften überlassen werden (§§. 26 ff. T. II Tit. 5 d. Pr. Allg. Ger.Ordn.).

§. 104.

Entsiegelung.[1])

1. Die Abnahme der Siegel geschieht auf Anordnung des Amtsgerichts oder im Auftrage des

Konkursverwalters, der die Siegelung veranlaßt hatte.[2])

2. Bei der Abnahme der Siegel ist zu untersuchen, ob die in dem Siegelungsprotokoll angegebenen Siegel noch vorhanden und unverletzt sind. Der Befund ist in einem Protokolle festzustellen. Das Protokoll ist unverzüglich dem Amtsgericht oder dem Konkursverwalter zu übersenden.[2])

---

[1]) Die Entsiegelung findet statt, wenn die Ursache der angelegten Sperre beseitigt ist.

[2]) Vgl. Anm. zu §. 102.

§. 105.

Aufnahme von Vermögensverzeichnissen.[1])

1. Bei der Erteilung des Auftrags zur Aufnahme eines Vermögensverzeichnisses, insbesondere eines Nachlaßinventars, bestimmt das Gericht, bei der Aufzeichnung einer Konkursmasse der Konkursverwalter, in welcher Art und in welchem Umfange das Verzeichniß aufzunehmen ist und welche Personen bei der Aufnahme zuzuziehen sind.[2]) Im Uebrigen sind, sofern nicht in dem Auftrag, insbesondere in Bezug auf die Angabe des Wertes und der Verbindlichkeiten, abweichende Bestimmungen getroffen sind, die nachstehenden Vorschriften zu beobachten.[3])

2. Der Gerichtsvollzieher hat die Vermögensgegenstände und die Verbindlichkeiten nach folgenden Titeln zu verzeichnen:

1. Grundstücke;
2. Geld, mit Einschluß des Papiergeldes, Banknoten;
3. Wertpapiere;
4. Forderungen, mit Einschluß der Hypotheken-, Grundschuld- und Rentenschuldforderungen;
5. Gegenstände aus Edelmetall, Juwelen und sonstige Kostbarkeiten;
6. Kunstgegenstände, soweit sie nicht unter Titel 5 fallen, Bilder, Uhren;
7. Möbel, Vorhänge, Teppiche, Decken;
8. Porzellan, Steingut, Glassachen;
9. zur Hauswirtschaft bestimmte Geräte aus unedlem Metall, Holz, Stein und anderen Stoffen;
10. Leinen, Wäsche mit Ausnahme der Leibwäsche, und Betten;
11. Leibwäsche und Kleidungsstücke;
12. Bücher, Landkarten, Schriften;
13. Instrumente, Waffen;
14. Handwerkszeug, Maschinen und sonstige zu landwirtschaftlichem oder gewerblichem Betriebe bestimmte Geräte;
15. Fahrzeuge und Geschirr;
16. Tiere;
17. Vorräte zum Verbrauch in der Hauswirtschaft;
18. Warenvorräte, landwirtschaftliche oder gewerbliche Vorräte;

19. sonstige Sachen und Rechte;
20. Verbindlichkeiten.

3. Ob in Ansehung der Titel 1, 2, 3, 4 und 20 etwas vorhanden ist oder nicht, ist immer zu vermerken. Im Übrigen können die Titel, bei denen nichts zu verzeichnen ist, ausgelassen werden.[4])

4. Die Verzeichnung der Wertpapiere erfolgt nach Maßgabe des §. 103 Abs. 4 der Anw.[5]) Bei verzinslichen Forderungen sind der Zinssatz, die Zinstermine und der Betrag der Zinsrückstände anzugeben.[6]) Urkunden, durch welche Vermögensrechte nachgewiesen werden, z. B. Sparkassenbücher, Schuldscheine, Versicherungspolizen, Pfandscheine, sind bei dem Posten aufzuführen, zu welchem sie gehören.

5. In einer besonderen Spalte ist der Wert der Gegenstände anzugeben. Soweit es zur Bestimmung des Wertes erforderlich ist, sind die Gegenstände zu beschreiben. Ist eine besondere Taxe aufgenommen, so ist der Taxwert anzugeben.[7])

6. Die Gesammtsumme der einzelnen Titel 1 bis 19 sind zusammenzuzählen; von dem Betrage ist die Gesammtsumme der Verbindlichkeiten (Titel 20) abzuziehen.

7. Der Gerichtsvollzieher hat bei der Aufnahme des Verzeichnisses darauf hinzuwirken, daß die Beteiligten über das Vermögen, insbesondere über die Forderungen und Verbindlichkeiten, richtige und

vollständige Erklärungen abgeben. Die beweglichen Sachen hat er sich vorzeigen zu lassen.

8. Wird von den Beteiligten eine Versicherung der Richtigkeit und Vollständigkeit des Verzeichnisses abgegeben,[8]) so ist diese Erklärung in dem Protokoll (Abs. 9) zu beurkunden.

9. Über die Aufnahme des Verzeichnisses ist ein Protokoll zu errichten. Ein etwa beschaffter Auszug aus den öffentlichen Büchern und, falls ein Beteiligter den Zustand oder den Wert einer Sache durch Sachverständige hat feststellen lassen, die darüber aufgenommene Urkunde ist dem Protokoll als Anlage beizufügen.

10. Im Protokolle brauchen die vorgefundenen Vermögensgegenstände nicht nach den im Abs. 2 angegebenen Titeln aufgeführt zu werden. Es genügt die Angabe, welche Gegenstände in den einzelnen Räumen und Behältnissen vorgefunden sind; auf Grund des Protokolls ist alsdann das Verzeichniß gemäß Abs. 2 aufzustellen.

11. Das Protokoll sowie das Verzeichniß ist unverzüglich dem Gericht oder dem Konkursverwalter, falls dieser den Auftrag erteilt hatte, einzureichen.

12. Wird ein Nachlaßinventar aufgenommen, so ist für die Verzeichnung der Bestand sowie der Wert zur Zeit des Todes des Erblassers maßgebend.[9]) Inzwischen eingetretene Veränderungen sind nachrichtlich zu vermerken.[10])

[1]) Vgl. B.G.B. §§. 1993, 2001, 2002, 2003.

[2]) Vgl. Anm. zu §. 102.

[3]) Vgl. Anm. 2 zu §. 103.

[4]) Auch solche Gegenstände, von denen es zweifelhaft ist, ob sie zur Erbschaft gehören, sind — unter Angabe des Sachverhalts — in das Protokoll (mit der Wertsangabe vor der Linie) aufzunehmen. — Bewegliche Zubehörstücke eines Grundstücks sind besonders zu verzeichnen und diese Verzeichnisse dem Hauptinventar beizufügen. — Bücher brauchen nicht taxiert werden, es genügt vielmehr die Angabe des Titels und der Anzahl der Bände. — Häuser, Landgüter und andere unbewegliche Sachen werden nur nach ihrem Namen, ihrer Qualität, Lage und Beschaffenheit, in das Inventarium eingetragen. Die Angabe des Wertes ist nicht unbedingt erforderlich. — Urkunden und Briefschaften, welche auf den Nachlaß Bezug haben, sind vor den übrigen Papieren zu sondern (Pr. Allg. Ger.Ordn.).

[5]) Vgl. Anm. 3 zu §. 103.

[6]) Die Zinsrückstände sind bis zum Todestage zu berechnen (vgl. Nr. 12 des vorst. Paragraphen). Der so ermittelte Betrag ist in der Wertspalte auszuwerfen.

[7]) Soweit der G.V. die Abschätzung der Sachen nicht selbst bewirkt oder bewirken kann, hat er einen der bei dem Gericht beeidigten besonderen Sachverständigen zuzuziehen.

[8]) Dies braucht keine eidesstattliche Versicherung zu sein. Zur Entgegennahme einer solchen ist der G.V. auch nicht zuständig.

[9]) Vgl. vorst. Anm. 6.

[10]) Es kann z. B. in der Zeit zwischen dem Tode des Erblassers und der Inventuraufnahme eine Darlehnsforderung zurückgezahlt, ein Wertpapier ausgelost sein und der Barbetrag dafür in den Händen des oder der Erben sich befinden. Dies würde bei der betr. Post vor der Wertspalte zu bemerken sein.

VIII. Beurkundung des tatsächlichen Angebots einer Leistung.

§. 106.

1. Der Gerichtsvollzieher ist zuständig, im Auftrag eines Beteiligten das tatsächliche Angebot einer Leistung zu beurkunden (A.G. zu G.V.G. §. 74 Nr. 4).[1]) Wird das Angebot der Leistung in Gegenwart des Gerichtsvollziehers von dem Schuldner oder einem Anderen bewirkt, so hat sich der Gerichtsvollzieher auf die Feststellung des Herganges zu beschränken. Der Gerichtsvollzieher kann jedoch an Stelle seines Auftraggebers und nach dessen Weisungen das zu beurkundende Angebot selbst vornehmen.[2])

2. Nimmt der Gläubiger die Leistung so, wie sie angeboten ist, an, so hat sie der Gerichtsvollzieher gegen Empfangsbescheinigung auszuliefern.[3]) Nimmt der Gläubiger die Leistung nicht an, unterläßt er es, die etwa verlangte Gegenleistung anzubieten, oder wird er nicht angetroffen, so hat der Gerichtsvollzieher diese Tatsache festzustellen.

3. Das aufzunehmende Protokoll muß enthalten:

a) den Namen des Auftraggebers und der Person, der die Leistung angeboten werden soll;

b) eine genaue Bezeichnung der angebotenen Leistung und der etwa verlangten Gegenleistung;

c) die Angabe, an welchem Orte, zu welcher Zeit und in welcher Art das Angebot geschehen ist;

d) die Erklärungen des Schuldners oder des Gerichtsvollziehers und die Antwort des Gläubigers oder die Feststellung, daß der Gläubiger nicht angetroffen ist. Im letzten Falle ist, wenn der Schuldner vor dem Angebote die Leistung angekündigt hatte, auf die Ankündigung und die sie beweisenden Urkunden Bezug zu nehmen.

4. Das Protokoll ist dem Auftraggeber in der Urschrift auszuhändigen, eine Abschrift ist bei den Handakten des Gerichtsvollziehers zu verwahren.

---

[1]) Vgl. Anm. 1 zu §. 97.

[2]) Im ersteren Falle (Satz 2) hat der G.V. also lediglich den Hergang zu beurkunden und keine weitere Tätigkeit dabei zu entwickeln. Im zweiten Falle (Satz 3) ist er selber der Anbietende.

[3]) Hier ist der Fall vorausgesetzt, daß der G.V. selbst das Angebot bewirkt.

[4]) Für den Fall der Nichtannahme der Leistung ist das oben zu Nr. 8 vorgeschriebene Protokoll aufzunehmen. — Der unterschriftlichen Vollziehung desselben durch die dabei beteiligten Personen bedarf es nicht.

IX. Beurkundung einer Hinterlegung.

§. 107.

1. Der Gerichtsvollzieher ist zuständig, zu beurkunden, daß Geld, Wertpapiere oder Kostbarkeiten behufs Einsendung an die Hinterlegungskasse zur Post gegeben sind (§§. 17, 39 der Hinterlegungsordnung). Er hat die abzusendenden Gegen-

stände mit der Hinterlegungserklärung genau zu vergleichen und sich durch eigene Wahrnehmung zu überzeugen, daß die verzeichneten Gegenstände verpackt und der Post übergeben werden.[1])

2. Die Form und der Inhalt der aufzunehmenden Urkunde sind in den §§. 17, 39 der Hinterlegungsordnung bestimmt. Der Unterschrift ist das Dienstsiegel hinzuzufügen. Die Urkunde ist dem Auftraggeber in der Urschrift auszuhändigen.[2])

---

[1]) Nur die Beurkundung der Hinterlegung liegt dem Gerichtsvollzieher ob; die Hinterlegung selbst ist Sache des Auftraggebers, dem die Beschaffung der erforderlichen Hinterlegungserklärungen, die Verpackung und Absendung des Geldes zu überlassen ist. Der G.V. muß aber dabei und bei der Übergabe des Geldbriefs an die Postanstalt zugegen sein und sich von der Übereinstimmung des eingesiegelten Geldbetrages mit der Wertsdeklaration überzeugt haben.

[2]) Zu der Urkunde ist, wenn es sich um ein Wertobjekt von über 150 Mk. handelt, ein Stempel von 50 Pf. zu verwenden (Nr. 77 d. Stempeltarifs z. St.G. v. 31./7. 95).

X. Verwaltungszwangsverfahren.

§. 108.

1. Nach §. 6 der Königlichen Verordnung vom 15. November 1899, betreffend das Verwaltungszwangsverfahren wegen Beitreibung von Geldbeträgen, findet die Ausführung der Zwangsvollstreckung wegen der in Angelegenheiten der Justiz-

verwaltung beizutreibenden Geldbeträge durch die Gerichtsvollzieher statt; den Gerichtsvollziehern kann ferner nach Maßgabe der Anordnungen der Ressortminister die Ausführung einer Zwangsvollstreckung im Verwaltungszwangsverfahren auch in anderen Fällen übertragen werden.[1]) Bei der Ausführung der Zwangsvollstreckung hat der Gerichtsvollzieher nach den für das ordentliche Zwangsvollstreckungsverfahren geltenden Vorschriften dieser Geschäftsanweisung zu verfahren. Die Voraussetzungen für die Zulässigkeit der Zwangsvollstreckung bestimmen sich aber nicht nach der Civilprozeßordnung, sondern nach der Verordnung vom 15. November 1899.

2. Für das Verfahren des Gerichtsvollziehers bei der Beitreibung von Gerichtskosten sind die für die Verwaltung der Gerichtskassen geltenden Vorschriften maßgebend. Im Uebrigen hat der Gerichtsvollzieher bei Zwangsvollstreckungen im Verwaltungszwangsverfahren nachstehende Vorschriften zu beachten.

3. Im Verwaltungszwangsverfahren wird der vollstreckbare Schuldtitel durch den von der Vollstreckungsbehörde erteilten Auftrag zur Zwangsvollstreckung ersetzt; dem Schuldner und Dritten gegenüber wird der Gerichtsvollzieher zur Vornahme der Zwangsvollstreckung durch den ihm erteilten und auf Verlangen einer beteiligten Person vorzuzeigenden schriftlichen Auftrag der Vollstreckungsbehörde ermächtigt (§. 13 der Verordnung

vom 15. November 1899). Welche Behörde als Vollstreckungsbehörde anzusehen ist, bestimmt sich nach den Vorschriften der Verordnung vom 15. November 1899 und den dazu erlassenen Ausführungsvorschriften. Aufträge, welche dem Gerichtsvollzieher durch den Rendanten der Gerichtskasse erteilt werden, sind im Verwaltungszwangsverfahren auszuführen, sofern nicht in dem Auftrag ersichtlich gemacht ist, daß die Zwangsvollstreckung nicht im Verwaltungszwangsverfahren erfolgt. Andere Justizbehörden müssen bei der Anordnung von Zwangsvollstreckungen, welche im Verwaltungszwangsverfahren auszuführen sind, in dem Auftrag ersichtlich machen, daß er im Verwaltungszwangsverfahren zu erledigen ist.

4. Der Zwangsvollstreckung soll in der Regel eine Mahnung desjenigen, gegen welchen die Zwangsvollstreckung vorzunehmen ist, mit dreitägiger Zahlungsfrist vorhergehen (§. 7 der Verordnung vom 15. November 1899).[3]) Ob hiernach die Zwangsvollstreckung zulässig ist, hat lediglich die Vollstreckungsbehörde bei Erteilung des Auftrags zur Zwangsvollstreckung, nicht der Gerichtsvollzieher zu prüfen.[2])

5. Soweit es nach §. 48 der Anw. eines vollstreckbaren Titels gegen einen an einer Vermögensmasse Beteiligten bedarf, ist im Verwaltungszwangsverfahren ein gegen diesen Beteiligten erteilter

Auftrag zur Zwangsvollstreckung erforderlich (§. 3 der Verordnung vom 15. November 1899).

6. Zu den bei der Zwangsvollstreckung mitein-zuziehenden Kosten gehören auch die Kosten der Mahnung (§. 15 der Verordnung vom 15. November 1899).

7. Gegen die Pfändung kann sich der Schuldner nur schützen, wenn er entweder eine Fristbewilligung vorzeigt oder die vollständige Berichtigung des bei-zutreibenden Geldbetrags durch Quittung oder durch Vorlegung eines Postscheins nachweist, aus welchem sich ergiebt, daß der beizutreibende Geldbetrag an die für die Einziehung zuständige Stelle eingezahlt ist. Zur Empfangnahme von Geldbeträgen ist der Gerichtsvollzieher nur nach Maßgabe des ihm er-teilten schriftlichen Auftrags ermächtigt (§. 17 der Verordnung vom 15. November 1899).[3])

8. Auf die Abnahme des Offenbarungseids im Verwaltungszwangsverfahren finden nach §. 21 der Verordnung vom 15. November 1899 die Vor-schriften der Civilprozeßordnung Anwendung.[4]) Der Gerichtsvollzieher hat demgemäß bei Verhaftungen nach den Vorschriften der §§. 83, 84 der Anw. zu verfahren. Die Vorauszahlung von Verpflegungs-kosten ist nicht erforderlich, wenn die Leistung des Offenbarungseids wegen solcher Geldbeträge bean-tragt ist, welche an den Staat zu entrichten sind (§. 21 der Verordnung vom 15. November 1899.)[5])

[1]) In Angelegenheiten der Justizverwaltung handelt der G.V. im amtlichen Auftrage, in anderen Angelegenheiten ist er wie der Beauftragte einer Partei zu betrachten.

Soweit der Auftrag zur Z.V. von einer Preußischen Justizbehörde oder einer anderen Preußischen Staatsbehörde (insbesondere einem Verwaltungsgericht oder einer Auseinandersetzungsbehörde) erteilt wird, ist für die Gebühren der G.V. der Tarif zu der Verordnung maßgebend. Dagegen finden bei Aufträgen anderer (als staatlicher) Vollstreckungsbehörden sowie bei den im V.Z.V. durch G.V. bewirkten Ladungen zur Leistung des Offenbarungseides und den Verhaftungen zum Zwecke der Erzwingung dieses Eides ausschließlich die Vorschriften der Deutschen Gebührenordnung für G.V. Anwendung (vgl. Gebührenvorschriften im Abschn. II). Welche Abgaben, Gefälle und sonstige Geldbeträge im übrigen der Beitreibung im V.Z.V. unterliegen, bestimmt sich nach den hierüber ergangenen allgemeinen und nach den in den einzelnen Landesteilen bestehenden besonderen Vorschriften (§. 1 der Verordn. v. 15./11. 99, Art. 1 d. Ausführungs-Anweisung dazu v. 28./11. 99). Hierzu gibt die amtliche Ausgabe der „Gesetze und Verordnungen betr. das Verwaltungszwangsverfahren") in den Anm 5. und 6 eine Zusammenstellung, welche bei Exner (Dienst- ꝛc. Verh. d. Pr. G.V. S. 248 ff.) abgedruckt ist. Vgl. dort auch S. 246 ff. die Anmerkungen über „Auftraggeber", „Zulässigkeit der Z.V.", „Schuldtitel", „Auftrag", „Verfahren bei der Z.V." ꝛc.

[2]) Im V.Z.V. wegen Beitreibung von Gerichtskosten und anderen Geldbeträgen in Angelegenheiten der Justizverwaltung findet eine Mahnung nicht statt (§. 79 Verordn.).

[3]) Fristbewilligungen, infolge deren die Pfändung auszusetzen ist, müssen von der Vollstreckungsbehörde ausgestellt sein; andere Fristbewilligungen hat der Voll-

streckungsbeamte nicht zu beachten. — Aus Postscheinen muß sich die Einzahlung des Geldes bei der Postanstalt ergeben; die Vorzeigung eines Postscheins über die Absendung eines Geldbriefs ist zur Abwendung der Pfändung nicht geeignet (Ausf.Anw. Art. 87). — Zur Empfangnahme von Geldbeträgen ist der G.V. nur nach Maßgabe des ihm erteilten schriftlichen Auftrags ermächtigt (§. 18 d. Verordn.). In dem letzteren ist stets anzugeben, ob bezw. bis zu welchem Betrage der Vollziehungsbeamte bei Ausführung der Pfändung zur Empfangnahme von Zahlungen ermächtigt ist (Ausf.-Anw. Art. 86).

4) Wegen der Zustellungen in diesem Verfahren behufs Beitreibung von Gerichtskosten vgl. die J.M.Vfg. v. 9./7. 00 I 4078 (im Bür.Bl. 1901 S. 4). — In anderen Fällen erfolgen die Zustellungen in gewöhnlicher Weise durch den G.V.

5) Ist der Auftrag von einer anderen Behörde (als einer Preußischen Staatsbehörde) erteilt, fließen die beizutreibenden Geldbeträge in eine andere als die Staatskasse, so ist der Auftraggeber von der Pflicht zur Vorschußleistung nicht frei.

II.

Gerichtsvollzieherordnung

vom 31. März 1900.

in der am 1. Juli 1903 geltenden Fassung.

Erster Teil.

Amt des Gerichtsvollziehers.

Erster Abschnitt.

Gerichtsvollzieher.

§. 1.

Vorbedingungen der Ernennung.

1. Zum Gerichtsvollzieher kann nur ernannt werden, wer
   a) das fünfundzwanzigste Lebensjahr vollendet hat;
   b) die aktive Dienstpflicht im stehenden Heer oder in der Flotte erfüllt hat oder von ihr für die Friedenszeit endgültig befreit ist;
   c) die für den Gerichtsvollzieherdienst erforderliche körperliche Rüstigkeit besitzt;
   d) sich in geordneten Vermögensverhältnissen befindet und
   e) eine Prüfung bestanden hat.

2. Von der Ablegung der Prüfung sind diejenigen befreit, welche die Gerichtsschreiberprüfung bestanden haben.

§. 2.

Vorbereitungsdienst.

1. Der Prüfung muß ein mindestens sechsmonatiger Vorbereitungsdienst[1]) bei einem von dem Oberlandesgerichtspräsidenten zu bestimmenden Amtsgerichte vorangehen. Während dieses Zeitraums ist der Anwärter vorzugsweise bei einem Gerichtsvollzieher, nebenbei auch bei einem Gerichtsschreiber zu beschäftigen. Der Gerichtsvollzieher und der Gerichtsschreiber, bei welchem die Beschäftigung zu erfolgen hat, werden von dem aufsichtführenden Amtsrichter bestimmt.

2. Bei dem Antritte des Vorbereitungsdienstes hat der Anwärter den allgemeinen Diensteid zu leisten.[2]) Der Anwärter ist von der Vereidigung ab den allgemeinen Beamtenpflichten (§. 15) unterworfen.

3. Dem aufsichtführenden Amtsrichter liegt die allgemeine, dem Gerichtsvollzieher und dem Gerichtsschreiber die besondere Leitung des Vorbereitungsdienstes ob.[3])

---

[1]) Dieser kann eventl. angemessen verlängert werden.

[2]) Wegen der Form des Diensteides vgl. Verordn. v. 6./5. 67 (G.S. S. 715).

[3]) Vgl. §. 5 Abs. 1 nachst.

§. 3.

Zulassung zum Vorbereitungsdienste.

1. Zum Vorbereitungsdienste dürfen nur Militäranwärter[1]) mit einer guten Elementarschulbildung zugelassen werden.[2]) Über die Zulassung entscheidet der Oberlandesgerichtspräsident.[3]) Anwärter, welche das 35. Lebensjahr überschritten haben, sind in der Regel nicht mehr zuzulassen. Dem Gesuch um Zulassung sind die Geburtsurkunde, eine kurze selbstverfaßte und selbstgeschriebene Darstellung des Lebenslaufs sowie der Ausweis über die Militärverhältnisse und über die erlangte Schulbildung beizufügen. Ferner hat der Gesuchsteller eine Erklärung abzugeben, ob er Schulden hat, und bejahendenfalls, worin diese bestehen.[4])

2. Im Falle eines dienstlichen Interesses können auch bereits etatsmäßig angestellte Beamte, soweit sie ehemalige Militäranwärter sind, zum Vorbereitungsdienste zugelassen werden. Die Vorschriften im Abs. 1 Satz 3, 4 finden auf diese Anwärter keine Anwendung.[5])

---

[1]) Wegen der Anstellungsberechtigung der Militärpersonen vgl. die „Grundsätze für die Besetzung der Subaltern- und Unterbeamtenstellen bei den Reichs- und Staatsbehörden mit Militäranwärtern" bei Müller V. Bd. 1 S. 360 ff.

Danach sind im Bereiche der Justizverwaltung die Stellen der Gerichtsvollzieher, Gerichtsvollzieher kr. A, und Hilfsgerichtsvollzieher*) ausschließlich den Militäranwärtern vorbehalten. — Militäranwärter im Sinne der „Grundsätze" ist jeder Inhaber des Zivilversorgungsscheins.

[2]) Eventl. kann eine Vorprüfung angeordnet werden (J.M.Vfg. v. 29./11. 79 I 7827 bei Müller V Bd. 1 S. 278).

[3]) Die Annahme von Anwärtern ist beschränkt; vgl. J.M.Vfg. v. 3./3. 94 I 1010 bei Müller V Bd. 1 S. 170.

[4]) Eventl. ist die Aufnahme zu versagen (J.M.Vfg. v. 16./4. 91 I 1607 bei Müller V Bd. 1 S. 471).

[5]) Wegen der Entschädigung etatsmäßig angestellter Beamter während der Ausbildungszeit für das G.V.-Amt vgl. allg. Vfg. v. 18./2. 86. J.M.Bl. S. 36 (a. Müller V Bd. 1 S. 273).

§. 4.

Abkürzung des Vorbereitungsdienstes.

1. Der Zeitraum, während dessen der Anwärter mit der einstweiligen selbständigen Wahrnehmung des Gerichtsvollzieherdienstes in sämtlichen oder in einzelnen Zweigen beauftragt war, kann auf den Vorbereitungsdienst ganz oder teilweise angerechnet werden.

2. Im übrigen ist eine Abkürzung des Vorbereitungsdienstes nur unter besonderen Umständen nach dem Ermessen des Oberlandesgerichtspräsidenten zulässig.

Bei Anwärtern, welche in den Reichslanden für den G.V.-Dienst bereits vollständig ausgebildet

*) Vgl. §§. 35 ff. nachst.

worden, kann der Vorbereitungsdienst in den Preußischen Landesteilen auf diejenigen Geschäfte beschränkt werden, welche in Preußen anders geregelt sind (J.M.Vfg. v. 10./4. 93 II 888, s. Müller V Bd. 1 S. 274).

§. 5.

Zulassung zur Prüfung.

1. Über den Erfolg des Vorbereitungsdienstes in den einzelnen Dienstzweigen und über das dienstliche und außerdienstliche Verhalten des Anwärters hat der aufsichtführende Amtsrichter nach Anhörung des Gerichtsvollziehers und des Gerichtsschreibers, welche mit der besonderen Leitung des Vorbereitungsdienstes beauftragt waren, ein Zeugnis auszustellen und durch Vermittelung des Landgerichtspräsidenten*) dem Oberlandesgerichtspräsidenten vorzulegen.

2. Über die Zulassung zur Prüfung entscheidet der Oberlandesgerichtspräsident. Die Zulassung darf nur erfolgen, wenn der Anwärter für genügend vorbereitet zur Ablegung der Prüfung zu erachten ist.

§. 6.

Prüfungskommission.

1. Die Gerichtsvollzieherprüfung wird bei Landgerichten, welche hierzu vom Oberlandesgerichtspräsidenten bestimmt werden, abgelegt.

---

*) An dessen Stelle tritt in Berlin I der Amtsgerichtspräsident (Nr. 16 d. allg. Vfg. v. 4/9. 00, J.M.Bl. S. 559).

2. Die Mitglieder der Prüfungskommission werden auf die Dauer des Geschäftsjahrs aus richterlichen Beamten, welche am Sitze des Landgerichts ihren Wohnsitz haben, von dem Oberlandesgerichtspräsidenten ernannt; ihnen tritt der Rechnungsrevisor des Landgerichts hinzu.

3. Die einzelnen Prüfungen sind von einem richterlichen Beamten uud dem Rechnungsrevisor des Landgerichts abzunehmen.

4. Der Oberlandesgerichtspräsident kann an Stelle des Rechnungsrevisors einen am Sitze der Prüfungskommission angestellten Gerichtsschreiber oder den Rendanten der Gerichtskasse zum Mitgliede der Prüfungskommission ernennen.

5. Die geschäftliche Leitung der Prüfungskommission steht dem Landgerichtspräsidenten zu.

Für die Prüfung sind von jedem Prüfungskandidaten 6 M zu erheben und zwar auch dann, wenn wegen des Mißlingens der schriftlichen Arbeiten eine mündliche Prüfung nicht stattgefunden hat. — Wegen der Prüfungskommission bei den Amtsgericht I Berlin vgl. Nr. 17 d. allg. Vfg. v. 4./9. 00, J.M.Bl. S. 559.

§. 7.

Prüfung.

1. Die Prüfung ist eine schriftliche und eine mündliche. Sie ist darauf zu richten, ob der Anwärter die für sämtliche Zweige des Gerichtsvollzieherdienstes erforderliche Kenntnis und praktische Gewandtheit sich erworben hat.

2. Die schriftliche Prüfung geht der mündlichen voraus. Die Aufgaben zur schriftlichen Bearbeitung sind vorzugsweise dem Gebiete der von den Gerichtsvollziehern aufzunehmenden Urkunden zu entnehmen, die einschlagenden Bestimmungen der Gebühren- und Stempelgesetze sind gleichfalls zu berücksichtigen.

§. 8.

Prüfungsarbeiten.

1. Die schriftliche Bearbeitung der gestellten Aufgaben erfolgt am Sitze der Prüfungskommission unter Aufsicht eines Beamten.

2. Der Landgerichtspräsident*) kann dem Anwärter auf Antrag gestatten, die schriftlichen Arbeiten am Sitze eines Amtsgerichts anzufertigen.

*) Bei dem Amtsgericht Berlin I der „Amtsgerichtspräsident" (Nr. 18 d. allg. Vfg. v. 4./9. 00, J.M.Bl. S. 559).

§. 9.

Beurteilung der Prüfungsarbeiten.

1. Die Beurteilung der schriftlichen Arbeiten erfolgt von denjenigen Mitgliedern der Kommission, vor welchen die mündliche Prüfung abgelegt werden soll.

2. Erachten beide Mitglieder die Arbeiten für völlig mißlungen, so gilt die Prüfung als nicht bestanden.

§. 10.

Mündliche Prüfung.

1. Die mündliche Prüfung ist nicht öffentlich. Zu einem Prüfungstermine können mehrere, jedoch nicht mehr als sechs Anwärter zugelassen werden.

2. Der Gang der mündlichen Prüfung im allgemeinen und das Gesamtergebnis der Prüfung sind zu den Akten zu vermerken.

§. 11.

Prüfungsergebnis.

1. Die Entscheidung darüber, ob die Prüfung überhaupt bestanden, und bejahendenfalls, ob sie „ausreichend" oder „gut" bestanden sei, erfolgt nach dem Gesamtergebnisse der schriftlichen und der mündlichen Prüfung. Als bestanden oder als gut bestanden gilt die Prüfung nur, wenn beide Mitglieder der Prüfungskommission darin übereinstimmen.

2. Über das Ergebnis der bestandenen Prüfung erhält der Anwärter ein von dem Oberlandesgerichtspräsidenten auszustellendes Zeugnis.

3. Hat der Anwärter die Prüfung nicht bestanden, so kann er nach Zurücklegung eines weiteren Vorbereitungsdienstes zu einer zweiten und letzten Prüfung zugelassen werden. Die Dauer des weiteren Vorbereitungsdienstes wird von dem Oberlandesgerichtspräsidenten bestimmt.

Geprüfte Anwärter sollen zur „unentgeltlichen Beschäftigung" einem Amtsgerichte nicht überwiesen werden (J.M.Vfg. v. 12./6. 81 II 57 bei Müller V Bd. 1 S. 275).

§. 12.

Ernennung.

Der Ernennung des Anwärters zum Gerichtsvollzieher soll in der Regel die einstweilige selbständige Wahrnehmung der Geschäfte eines Gerichtsvollziehers während der Dauer von mindestens drei Monaten vorangehen.

§. 13.

Anstellungsbehörde.

Die Gerichtsvollzieher werden von dem Oberlandesgerichtspräsidenten ernannt. Die Ernennung erfolgt auf Lebenszeit.*)

*) Vgl. Nr. 5. d. allg. Vfg. v. 2./3. 85, J.M.Bl. S. 96.

§. 14.

Dienstliche Stellung.

1. Die Gerichtsvollzieher gehören zu den Subalternbeamten II. Klasse bei den Lokalbehörden.[1])

2. Die Gerichtsvollzieher haben vor der Einführung in ihr Amt eine Amtskaution von 600 Mk. zu bestellen.[2]) Sie werden nach Bestellung der Kaution von dem aufsichtführenden Richter unter Aushändigung der Bestallung, des Dienstsiegels und des Dienststempels (§. 25) in ihr Amt eingeführt und, sofern sie den Diensteid nicht bereits geleistet haben, vereidigt.

3. Wird die Amtskaution trotz einer wiederholten Aufforderung nicht bestellt, so ist die Ernennung zurückzunehmen.[3])

---

[1]) Bezüglich der dienstlichen Verhältnisse der G.V. ist folgendes zu erwähnen:

a. Die etatsmäßigen Subalternbeamten bei den Justizbehörden zerfallen in **zwei Klassen**, nämlich in: „Sekretäre", welche die erste, und in „Assistenten" welche die zweite Klasse bilden.

b. Die **Dienst- und Geschäftsverhältnisse** der G.V. werden durch den Justizminister bestimmt (§. 78 A.G. z. G.V.G.).

c. Für die Gehaltsverhältnisse kommt das Besoldungsdienstalter in Betracht; dieses wird im allgemeinen durch den Tag bestimmt, von welchem ab der Angestellte das Diensteinkommen der Stelle zu beziehen hat.

d. **Versetzungen** erfolgen entweder auf Antrag oder unfreiwillig; sie sollen, namentlich da, wo Kosten für die Staatskasse hierdurch entstehen, nach Möglichkeit vermieden und in der Regel nur dann berücksichtigt werden, wenn dadurch neben den persönlichen Wünschen der Antragsteller auch gleichzeitig den dienstlichen Interessen entsprochen wird.

e. Bei Versetzungen erhalten die G.V. **Umzugskosten** nach Maßgabe des Ges. v. 24./2. 77 (G.S. S. 15). Der Anspruch auf Umzugskosten steht nur den etatsmäßig angestellten Beamten, wenn sie definitiv aus einer Stelle in die andere versetzt werden, zu. Die nicht etatsmäßig angestellten Beamten erhalten bei Versetzungen nur Tagegelder und Reisekosten. Beamte ohne Familien erhalten nur die Hälfte der in §. 1 b. oben zit. Ges. festgesetzten Vergütung. — **Bei Reise- in Staatsdienstangelegenheiten** werden den etatsmäßigen wie nicht etatsmäßigen Beamten Reisekosten und Tagegelder gewährt nach den Vorschriften der Ges. v. 4./8. 73, 28./6. 75, 21./6. 97 u. d. Verordn. v. 15./4. 76. Bei der Berechnung der Entfernung für die Reisekosten wird die dienstlich zurückgelegte Wegestrecke von der Ortsgrenze ab gerechnet. Für einzelne Orte (Berlin, Köln u. a.) bestehen besondere Bestimmungen (vgl. desw. Müller V Bd. 1 S. 476 ff.). Militäranwärter, sofern sie zu einer nur vorübergehenden Beschäftigung im G.V.-Dienste einberufen werden, erhalten in jedem Falle die gesetzlichen Tagegelder und Reisekosten nach ihrem Dienstrange als Subalternbeamte ꝛc. (J.M.Vfg. v. 28./2. 82, I 518). Wegen der Reisekompetenzen in Vertretungsfällen vgl. Anm. . . . . zu §. 17 nachst.

f. Die Bestimmungen über die **Militärinvalidenpensionen** sind enthalten in den Ges. v. 27./6. 71 (R.G.Bl. S. 275), v. 4./4. 74 (R.G.Bl. S. 25), v. 21./4. 86 (R.G.Bl. S. 78) u. v. 22./5. 93 (R.G.Bl. S. 171).

g. Für die **Civilpensionen** ist in erster Reihe das Pensionsgesetz v. 27./3. 72 (G.S. S. 268) maßgebend, welches allerdings in mehrfacher Beziehung Abänderungen erlitten hat, so durch die Ges. v. 31./3. 82 (G.S. S. 133), v. 30./4. 84 (G.S. S. 126), v. 20./3. 90 (G.S. S. 43), v. 25./4. 96 (G.S. S. 87). Für die Pensionierung der vor dem 1./10. 00 etatsmäßig angestellten Gerichtsvollzieher bestehen besondere Bestimmungen (vgl. §. 22 nachst. u. Anm. dazu).

h. **Außerordentliche Bestimmungen** können auch den G.V. im Falle eines außerordentlichen Bedürfnisses bewilligt werden. Gesuche darum sind an den Oberlandesgerichtspräsidenten zu richten und dem aufsichtführenden Amtsrichter zu übergeben.

i. **Sterbe- und Gnadengehälter** werden den etatsmäßigen Beamten nach d. Ges. v. 6./2. 81 (G.S. S. 17) gewährt. Bei den vor dem 1./10. 00 angestellt gewesenen G.V. sind die Gnadenbezüge von dem jeweiligen Gehalt, mindestens aber von dem Betrage v. 1800 Mk. und außerdem von dem Wohnungsgeldzuschusse zu berechnen (vgl. Nr. 17 d. allg. Vfg. v. 31./2. 00 J.M.Bl. S. 885 und Nr. 8 d. J.M.Rdvfg. v. 30/4. 00, I 868 bei Müller V Bd. 1 S. 935 zu 11).

k. Die Vorschriften für Gewährung der **gesetzlichen Witwen- und Waisengelder** sind geregelt in den Ges. v. 20./5. 82 (G.S. S. 298), v. 28./3. 88 (G.S. S. 48) und v. 1./6. 97 (G.S. S. 169). Witwen- und Waisengeldbeiträge werden nicht mehr erhoben. Wegen der Berechnung des Witwen- und Waisengeldes der Hinterbliebenen eines G.V. vgl. Anm. 1 zu § 22 nachst.

l. In bezug auf **die Besteuerung** der Staatsbürger (also auch der Beamten) ist zu unterscheiden zwischen Staatssteuern und Gemeindeabgaben. Die ersteren regelt das Einkommensteuergesetz v. 24./6. 91 (G.S. S. 175) mit der dazu erlassenen Ausführungsanweisung des Finanzministers vom 6./7. 00 und das Ges. betr. die Ergänzungssteuer v. 14./7. 93 (G.S. S. 134); die Heranziehung der unmittelbaren Staatsbeamten zu den Gemeindeabgaben wird durch besonderes Gesetz geregelt. Die Staatsbeamten-Eigenschaft der G.V. steht seit dem 1./10. 00 zweifellos fest: sie ist auch schon früher vom R.G. als bestehend angenommen worden (**R.G.** 17./11. 83, Bd. 10 S. 238). Der Besteuerung unterliegt das gesamte Diensteinkommen, und zwar nicht nur das vom Staate gewährleistete, sondern auch das darüber hinausgehende Einkommen der G.V., insbesondere auch die von den Parteien erhobenen Gebühren bezw. die davon gewährten Anteile. Der Gemeindebesteuerung ist dieses Einkommen indessen nur nach Maßgabe (der §§. 1 und 8 d. Ges. v. 12./7. 22) unterworfen (Erk. d. Ob.Verw.Ger. v. 24./9. 89 J.M.Bl. S. 259), auch wird dieses Diensteinkommen für diese Besteuerung nur halb so hoch als anderes gleich hohes persönliches Einkommen der übrigen Steuerpflichtigen veranlagt (§. 4 d. gcd. Verordn.). Was bei den Staatssteuern im allgemeinen von der Einnahme in Abzug gebracht werden darf, ergibt sich aus den obenalleg. E.St. Gesetz. Bei Ermittelung der abzugsfähigen Unkosten eines G.V. ist in der Regel der tatsächliche Aufwand in Betracht zu ziehen. Die Schreibgebühren ebenso wie der einem G.V. gewährte Reisekostenzuschuß sind bei Berechnung des Bruttoeinkommens grundsätzlich außer Acht zu lassen (vgl. bei Müller V Bd. 1 S. 616 ff. Die Zusätze zu §§ 21, 22 d. Ausf.-Anw.).

m. Wird der G.V. in bürgerlichen Rechtsstreitigkeiten oder bei anderen gerichtlichen Angelegenheiten als Zeuge vernommen, so **stehen ihm Zeugengebühren** nach Maßgabe des Ges. v. 30./6. 78 (R.G.Bl. S. 173) zu. Davon ändert auch der Umstand nichts, daß der G.V. gegenwärtig in der Hauptsache auf festes Gehalt angewiesen ist (vgl. Exner, Dienst- rc. Verh. d. Pr. G.V. S. 851 Nr. 12).

Wegen der Besoldungen und sonstigen Dienstbezüge vgl. §. 22 nächst. u. Anm. dazu.

[2]) Durch d. Ges. vom 7./3. 98 (G.S. S. 19) ist die Verpflichtung der übrigen Preuß. Staatsbeamten zur Bestellung von Dienstkautionen aufgehoben und nur bezügl. der G.V. aufrecht erhalten worden. Für die Kautionsbestellung sind die Vorschriften d. Ges. v. 25./3. 73 (G.S. S. 125) maßgebend (Müller V Bd. 1 S. 276). — Die Kaution haftet für alle von dem Beamten aus der Amtsführung zu vertretenden Schäden, deshalb kann sie zu Gunsten eines einzelnen Gläubigers während der Dauer des kautionspflichtigen Dienstverhältnisses überhaupt nicht verwendet werden. (J.M.Vfg. v. 28./11. 82 bei Müller IV Bd. 2 S. 988 Zus. f. zu Nr. 29).

Wegen der Kautionen der G.V. kr. A. vgl. nächst. § 87 Nr. 2.

[3]) Die Bestellung ist dem neu ernannten Beamten erst auszuhändigen, wenn die Kaution bestellt ist (vgl. a. Nr. 29 d. allg. Vfg. v. 26./7. 41, J.M.Bl. S. 250).

§. 15.

Amtspflichten im allgemeinen.

1. Die Gerichtsvollzieher unterliegen den allgemeinen für die dienstlichen Pflichten der Staatsbeamten geltenden Vorschriften.[1]) Sie sind insbesondere zur Amtsverschwiegenheit verpflichtet[2]) und dürfen von dem Orte ihres amtlichen Wohnsitzes über Nacht nicht entfernt bleiben, es sei denn, daß die Ausrichtung eines Dienstgeschäfts dies erfordert. Sie haben nach näherer Bestimmung der Aufsichtsbehörde sich gegenseitig zu vertreten[3]) und sich der einstweiligen Wahrnehmung des Gerichtsvollzieherdienstes bei einem anderen Amtsgerichte sowie der Ausbildung der Anwärter für den Gerichtsschreiber- und den Gerichtsvollzieherdienst in den Gerichtsvollziehergeschäften zu unterziehen.

2. In Ansehung der Übernahme von Nebenämtern und Nebenbeschäftigungen sowie des Betriebs von Gewerben unterliegen die Gerichtsvollzieher den allgemeinen für die Justizbeamten bestehenden Einschränkungen. Der Gewerbebetrieb eines Agenten darf ihnen nicht gestattet werden.[4])

3. Die Gerichtsvollzieher dürfen als Prozeßbevollmächtigte oder Beistände in bürgerlichen Rechtsstreitigkeiten nur für nahe Angehörige (Civilprozeßordnung § 41 Nr. 2, 3; G.V.G. §. 156 Nr. 2, 3) vor Gericht auftreten.[5])

---

[1]) Der Diensteid verpflichtet den Beamten insbesondere zur Treue und zum Gehorsam gegen seinen

Landesherrn, zur gewissenhaften Beobachtung der Verfassung, zu treuer Wahrnehmung seines Amtes und strenger Erfüllung der ihm obliegenden Dienstverrichtungen.

Das politische Verhalten des Beamten darf sich nicht in Widerspruch mit der von der königlichen Staatsregierung vertretenen Richtung setzen. Die Beteiligung an öffentlichen Demonstrationen und Agitationen gegen die bestehende Regierung enthält eine Verletzung der beschworenen Dienstpflicht (Ob.-Trib.-Erk. v. 14./9. 68, J.M.Bl. S. 248) vgl. auch Müller V Bd. 1 S. 481 und die dort mitget. Entscheidungen und J.M.Vfgg.).

Daß der G.V. sich wie bei der Annahme (§ 1 vorst.) auch fortgesetzt in geordneten Vermögensverhältnissen befinden muß, ergibt sich aus seiner Stellung, die ihn auf die gleiche Stufe mit den Kassenbeamten verweist (Allerh. Order v. 80./12. 26 b. Müller V Bd. 1 S. 471 Nr. 2).

Wegen der Pflicht zur Zurückweisung von Sondervergütungen 2c. vgl. §. 82 nachst.

Wegen der Annahme und Beschäftigung von Privatgehilfen sind in der Allg. Vfg. v. 18./7. 98 (J.M.Bl. S. 199) und der J.M.Vfg. v. 29./7. 98 I 8758 (s. b. Müller V Bd. 1 S. 818, 814) besondere Bestimmungen ergangen.

Verletzung der beschworenen Dienstpflichten, unwürdiges Verhalten in und außer dem Amte werden nach den Vorschriften des Diszipl.Ges. v. 21./7. 52 (G.S. S. 465) mit den dort vorgesehenen Disziplinarstrafen (Warnung, Verweis, Geldbuße, je nach den Umständen aber auch mit gänzlicher Entfernung aus dem Amte) geahndet.

[2]) Besonders eingeschärft durch die Allerh. Orders v. 21./11. 85 (G.S. S. 287) und v. 22./8. 45 sowie die J.M.Vfg. v. 8./4. 45 I 1418 (s. b. Müller V Bd. 1 S. 467). — Wegen Mitteilung amtlicher Verfügungen

an Zeitungen und Privatpersonen vgl. J.M.Vfg. v. 20./4. 98, I 1702, das. S. 468), wegen Verweigerung des Zeugnisses bei Vernehmungen über Umstände, auf welche sich die Pflicht zur Amtsverschwiegenheit bezieht, C.P.O. §. 376, Str.P.O. §. 53, R.G. 24./5. 95, Str.S. Bd. 18 S. 154).

[3]) Vgl. §. 17 Nr. 1 nachst.

[4]) Wegen der Übernahme von Nebenbeschäftigungen vgl. Nr. 1, 2 d. Zusammenst. im nichtamtl. Teile d. J.M.Bl. 1898 S. 8. — Unzulässig ist die Bestellung des G.V. zum Konkursverwalter, zum Amtsanwalt, zum Zustellungsbevollmächtigten (vgl. den Zus. zu G.V.O. §. 15 Nr. 8 bei Müller V Bd. 1 S. 277).

[5]) Die Besorgung der Privat- und außergerichtlichen Angelegenheiten der Parteien, alles Konsulieren in Prozeßsachen, selbst wenn diese bei anderen Gerichten schweben, rc. ist den G.V. ebenso wie ihren Privatgehilfen untersagt (Pr.Allg.Ger.Ordn. T. III Tit. 3 §. 19 und Tit. 8 §. 8, Müller V Bd. 1 S. 488 Abschn. 30 Nr. 1).

Die Gelegenheit zur Erteilung und Zuwendung von amtlichen Aufträgen darf nicht aufgesucht werden. Die Zahlung von Vergütungen dafür an die Bureauvorsteher der Rechtsanwälte ist bei Vermeidung von Disziplinarstrafen verboten (vgl. D.G.V.Ztg. 1891 S. 57, 99, 106, 129; Zschr. f. V.R. rc. 1895 S. 85, 1896 S. 50).

§. 16.

Wohnsitz.

1. Die Gerichtsvollzieher werden bei den Amtsgerichten angestellt. Sie haben ihren amtlichen Wohnsitz am Sitze des Amtsgerichts. Mit Genehmigung des Justizministers kann ihnen der amtliche Wohnsitz an einem anderen Orte des Amtsgerichtsbezirkes angewiesen werden.[1]) [2])

2. Die Befugnis der Anstellungsbehörde, unter besonderen Umständen einem Gerichtsvollzieher zu gestatten, außerhalb des amtlichen Wohnsitzes Wohnung zu nehmen, bleibt unberührt.[3])

---

[1]) „Wohnsitz" und „Wohnung" ist zweierlei. Ersterer ist der den Beamten für sein Domizil behördlich vorgeschriebene Ort (d. i. Ortschaft); die Wohnung der wirkliche Platz des Wohnens.

[2]) Die G.V.-Stellen benachbarter Amtsgerichte können auch ferner zusammengelegt und einem G.V. übertragen werden, wenn sich daraus Bedenken in bezug auf den mündlichen Verkehr der Parteien und Anwälte mit dem G.V. nicht ergeben.

Für Reisen in Parteiangelegenheiten gilt aber stets der dem G.V. angewiesene Wohnsitz (s. Anm. 1) als Anfangspunkt (J.M.Vfg. v. 17./6. 00. II 1840 bei Müller V Bd. 1 S. 277).

Bei derartigen kombinierten Stellen fällt das durch den Geschäftsverkehr des G.V. mit dem Amtsgerichte außerhalb seines Wohnortes entstehende Porto der Staatskasse zur Last (J.M.Vfg. v. 5./3. 81 I 948 bei Müller IV Bd. 2 S. 1202).

[3]) Die Genehmigung dazu erfolgt aber stets nur auf Widerruf und unter der Bedingung, daß durch diese Verlegung des Wohnsitzes weder der Staatskasse noch den Parteien besondere bezw. Mehrkosten erwachsen (J.M.Vfg. v. 30./8. 89 II 3397 bei Müller V Bd. 1 S. 277).

§. 17.

Gerichtsvollzieherbezirke; Geschäftsverteilung.

1. Ist bei einem Amtsgerichte nur ein Gerichtsvollzieher bestellt, so bildet der Amtsgerichtsbezirk

den Gerichtsvollzieherbezirk.[1]) Als ständigen Vertreter eines solchen Gerichtsvollziehers hat der Oberlandesgerichtspräsident einen Gerichtsvollzieher eines benachbarten Amtsgerichts im voraus zu bestimmen Für die Fälle der Vertretung gilt der Gerichtsvollzieherbezirk des behinderten Gerichtsvollziehers als erweiterter Gerichtsvollzieherbezirk des Vertreters. Bezüglich der Erledigung von Aufträgen, die ohne Gefährdung der Parteirechte keinen Aufschub gestatten, regelt sich die Vertretung des behinderten Gerichtsvollziehers nach Maßgabe der Vorschriften im §. 44.[2])

2. Sind bei einem Amtsgerichte mehrere Gerichtsvollzieher angestellt, so wird einem jeden Gerichtsvollzieher ein örtlich abgegrenzter Bezirk (Gerichtsvollzieherbezirk) zugewiesen. Die Bildung der Bezirke und ihre Verteilung unter die Gerichtsvollzieher (Geschäftsverteilung) liegt dem aufsichtführenden Amtsrichter ob. Dieser hat für jeden Gerichtsvollzieher im voraus einen oder, soweit dies nach den örtlichen Verhältnissen geboten erscheint, mehrere Gerichtsvollzieher als Vertreter zu bestimmen.[3])

3. Zustellungsaufträge sind von dem Gerichtsvollzieher des Bezirkes, in dem die Übergabe des Schriftstücks stattfinden soll, auch dann zu erledigen, wenn sie durch die Post ausgeführt werden. Diejenigen Zustellungsaufträge der bezeichneten Art, bei denen der Ort der Übergabe außerhalb des

Amtsgerichtsbezirkes belegen ist, sowie sämtliche Aufträge zu Zustellungen durch Aufgabe zur Post, werden von dem aufsichtführenden Amtsrichter im voraus verteilt.[4])

4. Die Aufträge zur Erhebung von Wechselprotesten (§. 94 der Geschäftsanweisung für die Gerichtsvollzieher) bleiben von der Geschäftsverteilung unberührt.[5]) Im übrigen kann mit Genehmigung des Landgerichtspräsidenten*) eine andere Art der Geschäftsverteilung als nach örtlichen Bezirken, insbesondere auch für einzelne Geschäftsgattungen, erfolgen.[6])

5. Die Ausführung solcher Aufträge, welche ohne Gefährdung der Parteirechte keinen Aufschub gestatten, ist an die Geschäftsverteilung nicht gebunden. Der Grund für die Dringlichkeit ist in Spalte 13 des Dienstregisters ersichtlich zu machen.[7])

6. Die Geschäftsverteilung (Abs. 2 bis 4) ist, erforderlichenfalls unter Beifügung eines alphabetischen Straßenverzeichnisses, durch Aushang an der Gerichtsstelle und in den Geschäftslokalen aller Gerichtsvollzieher des Amtsgerichts bekannt zu machen; sie ist den an demselben Orte befindlichen Justizbehörden, der örtlichen Postanstalt sowie den sämtlichen Rechtsanwälten, Gerichtsvollziehern und

*) An Stelle des L.G.-Präsidenten ist für das Amtsgericht I Berlin der Amtsgerichtspräsident zuständig (Nr. 21 d. Allg.Vfg. v. 4./9. 00, J.M.Bl. S. 559).

Amtsgerichten des Landgerichtsbezirkes, auf Antrag auch anderen Behörden, öffentlichen Instituten und dergl., zur Kenntnisnahme mitzuteilen. Die Mitteilung an die Rechtsanwälte und die Gerichtsvollzieher im Landgerichtsbezirke hat durch Vermittelung der betreffenden Amtsgerichte zu erfolgen. Im Laufe des Jahres eintretende Änderungen der Geschäftsverteilung sind in gleicher Weise bekannt zu machen und mitzuteilen.[3])

---

[1]) Der Bezirk des Amtsgerichts, bei welchem der G.V. seinen amtlichen Wohnsitz hat (angestellt ist), bildet allgemein die örtliche und räumliche Grenze, innerhalb deren er seine amtlichen Funktionen ausüben darf. Jedes Darüberhinausgehen entzieht der Amtshandlung mangels der Zuständigkeit des Beamten den Charakter der Rechtmäßigkeit. Im speziellen wird die Beschränkung noch weiter ausgedehnt, indem sie den G.V. auf den ihm innerhalb des Amtsgerichtsbezirks zugeteilten G.V.-Bezirk verweist, wenn mehrere G.V. bei einem Amtsgericht angestellt sind (§. 18 Nr. 1). Der Vertreter eines G.V. ist, wenn eine Vertretung erforderlich wird, in dem Bezirke des vertretenen G.V. ohne weiteres ebenso zuständig wie in seinem eigenen.

[2]) a. Wegen der Berechnung der Reisekosten in denjenigen Fällen, in denen einem G.V. neben seinen sonstigen Dienstgeschäften die zeitweilige Vertretung des bei einem benachbarten anderen Amtsgericht angestellten Gerichtsvollziehers oder die vorübergehende Wahrnehmung der bei einem solchen Amtsgericht erledigten G.V.-Stelle übertragen wird, vgl. die Allg.Vfg. v. 2./11. 01 (J.M.Bl. S. 259) in den „Amtl. Vorschr." S. 12 Zus. a zu §. 17 G.V.O.

b. Die Vertretung eines **während der Gerichtsferien** beurlaubten G.V. soll regelmäßig auf Staatskosten erfolgen (J.M. Erlaß v. 13./12. 01 I 8004). Die Abrechnung mit dem G.V.-Stellvertreter hat aber nur schriftlich zu geschehen. Der Stellvertreter erhält die Aufträge durch die Post und bewirkt die Rücksendung, wenn nicht ein unmittelbarer Verkehr mit der Partei nötig ist, in gleicher Weise. Ebenso hat auch die Abrechnung mit der Gerichtskasse zu erfolgen.

Der G.V. übersendet dieser sonach zu dem Abrechnungstage und bei Beendigung der Vertretung das besonders zu führende Buchwerk (Dienstregister, Ablieferungsbuch) sowie die Beitreibungs- ꝛc.-Listen nebst Zubehör als Brief oder Paket und gleichzeitig mit Postanweisung unter Erläuterung auf dem Abschnitte den abzuliefernden Geldbetrag.

Die Vereinnahmung der Gelder erfolgt bei der Gerichtskasse erst nach Prüfung der eingegangenen Register ꝛc. Der das festgestellte Soll etwa übersteigende Geldbetrag ist bis zur Aufklärung der Differenz in Asservation zu nehmen. Die Rücksendung des Buchwerks ist, soweit erforderlich, ohne Verzug zu bewirken.

Der G.V.-Stellvertreter hat die Frankierung seiner Sendungen durch Postwertzeichen zu bewirken. Der Betrag ist als bare Auslage für amtliche Aufträge zu behandeln.

(J.M.Rdvfg. v. 30./6. 08, I 4600 in den „Amtl. Vorschr." S. 18 Zus. b zu §. 17).

[3]) Bei der Geschäftsverteilung unter mehrere bei einem Amtsgericht angestellte G.V. ist auf eine dem voraussichtlichen Geschäftsumfang entsprechende, möglichst gleichmäßige Verteilung Bedacht zu nehmen (J.M.Rdvfg. v. 2./2. 00 I 675 bei Müller V Bd. 1 S. 278 a. Schl.).

[4]) Zustellungsaufträge der im §. 17 Nr. 8 G.V.O. bezeichneten Art, bei denen der Ort der Übergabe außer-

halb des Amtsgerichtsbezirks belegen ist, sind ohne jede Einschränkung durch die hierzu im voraus bestimmten G.V. zu erledigen und solche Aufträge insbesondere nicht aus dem Grunde zurückzuweisen, weil die bezügl. Rechtsangelegenheit nicht bei den Gerichten schwebt, wo der betr. G.V. seinen amtlichen Wohnsitz hat (Vfg. d. Ob.L.Ger.Präs. zu Breslau s. bei Exner „Dienst- rc. Verh. d. Pr. G.V." S. 858 Anm. 8 zu §. 17 G.V.O.).

5) Der G.V. ist also nach dieser Richtung hin unbeschränkt im ganzen Amtsgerichtsbezirk, darüber hinaus aber nur im Falle des §. 18 Nr. 2 zuständig (s. Anm. 1 vorst. a. Schl.).

6) a. Die früher übliche Übertragung aller Proteste eines großen Instituts wie der Reichsbank auf einen einzigen G.V. ist mit der jetzigen Organisation des G.V.-Instituts unverträglich. Andererseits kann aber weder die Übertragung auf sämtliche G.V. einer größeren Stadt noch auch — schon wegen der Eilbedürftigkeit der Aufträge — die regelmäßige Benutzung der Verteilungsstelle solchen Instituten zugemutet werden. Es sind daher Einrichtungen zu treffen, welche den Bedürfnissen des Geschäftsverkehrs entgegenkommen. Beispielsweise können G.V., denen Protestaufträge größerer Institute vorzugsweise zugewendet werden, einen kleineren Bezirk zugewiesen erhalten, um ihnen die Erledigung einer größeren Zahl von Protesten zu ermöglichen.

Die Verantwortung für die rechtzeitige Ablieferung der Proteste dürfen die G.V. nicht ablehnen. Eine solche Ablehnung würde sie auch der Ersatzpflicht für die aus der verzögerten Erledigung des Auftrags erwachsenden Schäden nicht entheben. Eine gleiche Ersatzpflicht liegt ihnen auch im Falle ungerechtfertigter Weigerung der Protestaufnahme ob. Im Falle der Verhinderung hat der G.V. gemäß §. 81 G.V.O. zu verfahren.

(J.M.Vfg. v. 9./1. 01, I 7781 in d. „Amtl. Vorschr." S. 15, Zus. a zu §. 17 Nr. 4 G.V.O.).

b. Die aufsichtführenden Richter bei den Amtsgerichten sollen überall der prompten Ausführung der Postprotestaufträge der G.V. und der Bereitwilligkeit der letzteren zur Übernahme dieser Aufträge ihr besonderes Augenmerk zuwenden. (J.M.Rdvfg. v. 15./4. 02, I 2617).

Ebenso wird es bei zweckentsprechender, den Wünschen der Banken und der größeren Gewerbetreibenden tunlichst angepaßter Ausgestaltung der Geschäftsverteilung und der Einrichtungen bei der Verteilungsstelle innerhalb des Rahmens der geltenden Vorschriften durch die aufsichtführenden Amtsrichter zu ermöglichen sein, den Auftraggebern bei Wechselprotesten die unbedingte Wahrung der Protestfrist und eine ordnungsmäßige Ausführung der Protestaufträge durch die G.V. zu gewährleisten. Eventl. sind den Banken ꝛc. bestimmte G.V., welche die Zuweisung der Protestaufträge besonders erstreben und in dieser Hinsicht auch unbedingt geschäftserfahren und zuverlässig sind, zu bezeichnen (J.M.Rdvfg. v. 11./5. 08, I 8271).

Aus den „Amtl. Vorschr.“ S. 15, 16 Zusätze b u. c zu §. 17 Nr. 4 G.V.O.

[7]) Diese Vorschrift setzt unzweifelhaft voraus, daß die Eilbedürftigkeit der Sache in gewichtigerer und nachdrücklicherer Weise, als durch den bloßen Vermerk „eilt“ begründet und klar gelegt ist (vgl. Walter i. d. Zschr. f. B.R. ꝛc. 1900 S. 118 Nr. 4 a. Schl.).

[8]) Die Geschäftsverteilung darf auch juristischen und anderen Privatpersonen auf deren Antrag gegen Erstattung der Schreibgebühren mitgeteilt werden. Der §. 17 Abs. 6 G.V.O. steht dem nicht entgegen (J.M.Rdvfg. v. 11./5. 08, I 8271).

§. 18.

Zuständigkeit.

1. Die Zuständigkeit des Gerichtsvollziehers beschränkt sich, soweit nicht ein anderes bestimmt ist,

auf den ihm zugewiesenen Gerichtsvollzieherbezirk (§. 17).

2. Für die Übernahme und Erledigung eines Auftrags, welcher eine Amtstätigkeit in mehreren Gerichtsvollzieherbezirken erfordert, ist jeder Gerichtsvollzieher eines dieser Bezirke zuständig, insoweit diese zu dem Bezirke desselben Amtsgerichts, bei Gerichtsvollzieherbezirken verschiedener Amtsgerichte zu dem Bezirke des gemeinschaftlichen Landgerichts oder in den von dem Justizminister bestimmten Fällen zu dem Bezirk eines benachbarten Landgerichts gehören. Diese Vorschrift findet entsprechende Anwendung, wenn nach Übernahme eines Auftrags sich ergibt, daß er nicht in dem Bezirke des beauftragten Gerichtsvollziehers, sondern in einem anderen Gerichtsvollzieherbezirke zu erledigen ist.[1])

3. Tritt nach Übernahme eines Auftrags und vor seiner vollständigen Erledigung ein Umstand ein, welcher die Erledigung des Auftrags durch den Gerichtsvollzieher eines anderen Bezirkes zweckdienlich erscheinen läßt (z. B. im Falle einer Wohnungsverlegung in einen anderen entfernten Gerichtsvollzieherbezirk), so kann auf den Antrag des zunächst beauftragten Gerichtsvollziehers der aufsichtführende Amtsrichter die Erledigung oder die weitere Erledigung des Auftrags einem anderen Gerichtsvollzieher übertragen. Durch diese Maß-

nahmen dürfen der Partei Mehrkosten nicht erwachsen.

4. Die Gültigkeit einer Amtshandlung wird dadurch nicht berührt, daß sie von einem anderen als dem nach der Geschäftsverteilung zuständigen Gerichtsvollzieher vorgenommen worden ist.

---

[1]) a. Unter einem „Auftrage, welcher eine Amtstätigkeit in mehreren Gerichtsvollzieherbezirken erfordert", ist im Sinne des §. 18 Abs. 2 G.V.O. jeder Auftrag zu verstehen, der eine einheitliche, zusammenhängende Tätigkeit des G.V. notwendig macht, sollte diese Tätigkeit auch in mehrere örtlich und zeitlich getrennte Akte, für welche besondere Gebühren zu berechnen sind, auseinanderfallen. Dahin gehört z. B. die Aufnahme eines sogen. Kontraprotestes neben dem eigentlichen Wechselprotest (Art. 62 W.O.), die Zustellung zur Ermöglichung der Z.V. (C.P.O. §. 750) oder in Verbindung mit der Vollziehung eines Arrestes, C.P.O. §§. 928, 929 (J.M.Rdvfg. v. 28./8. 01, II d 1095).

b. Beim Vorhandensein einer Verteilungsstelle wird die Geschäftsverteilung grundsätzlich zu bestimmen haben, wie im Falle der Zuständigkeit mehrere G.V. ein durch die Verteilungsstelle zu vermittelnder Auftrag zu behandeln ist. Es gilt dies insbesondere von Aufträgen gegen mehrere Schuldner aus einem Schuldtitel (J.M.Rdvfg. v. 11./5. 08, I 3271).

c. In Ausführung des §. 18 Nr. 2 bestimmt die Allg.Vfg. v. 9./6. 00 (J.M.Bl. S. 489), daß:

> „unter den dort bezeichneten Voraussetzungen die G.V. des Amtsger. I in Berlin zur Vornahme von Amtshandlungen in den Bezirken des Amtsger. II in Berlin und der Amtsgerichte in Charlottenburg und Rixdorf, und die G.V. der drei letzteren Amts-

gerichte zur Vornahme von Amtshandlungen in dem Bezirke des Amtsger. I in Berlin zuständig sind, diese Anordnung aber auf freiwillige Versteigerungen beweglicher Sachen für Rechnung des Auftraggebers (G.A. §. 100) keine Anwendung findet."

§. 19.

Geschäftskreis.

Der sachliche Geschäftskreis der Gerichtsvollzieher wird durch die Reichs- und Landesgesetze sowie durch die Vorschriften der §§. 20, 21 bestimmt.

§. 20.

Aufträge der Justizbehörden.

Die Gerichtsvollzieher sind verpflichtet, Aufträge jeder Art, welche ihrer dienstlichen Stellung entsprechen und ihnen von den Justizbehörden erteilt werden, auszuführen, insbesondere

a) Geldbeträge einzufordern;
b) Befehle, welche die Verhaftung, Vorführung, Festhaltung oder die vorläufige Festnahme einer Person, sowie die Vornahme von Durchsuchungen und Beschlagnahmen betreffen, auszuführen oder bei der Ausführung Hilfe zu leisten;
c) Behändigungen mit oder ohne Beurkundung vorzunehmen;
d) Erkundigungen einzuziehen und schriftliche oder mündliche Mitteilungen zu besorgen.[1—3]).

[1]) Die vorbez. Dienstverrichtungen gehören zu denjenigen, welche im „amtlichen Auftrage“ (§. 24) auszuführen sind. Eine Gebühr dafür ist nicht vorgesehen; sie gehören zu den „nicht tarifierten“ Geschäften, für welche früher schon die Vergütung nur in einer angemessenen Erhöhung des für die Erledigung amtlicher Aufträge gewährten Pauschquantums bestand.

[2]) Der Auftrag kann dem G.V. nur von den eigenen Justizbehörden erteilt werden, d. h. von denjenigen seines Amtssitzes. Fremde Justizbehörden sind zur Erteilung derartiger Aufträge nicht befugt. — Der Rendant der Gerichtskasse wird zur Beauftragung des G.V. berechtigt sein, insofern er die ihm durch §. 33 Kass.O. übertragenen Funktionen der Vollstreckungsbehörde im Verwaltungszwangsverfahren ausübt. — Daß der Auftrag von der „Behörde“ erteilt ist, muß aus diesem ersichtlich sein, der Gerichtsschreiber ist zur Beauftragung nicht berechtigt.

[3]) Die Aufführung der einzelnen Verrichtungen in §. 20 lit. a bis d ist keine erschöpfende. Bei der Beauftragung ist die dienstliche Stellung des G.V., auch nach ihrer Wichtigkeit hin, zu berücksichtigen. Daraus folgt, daß dem G.V. nicht unnötig seine Stellung herabsetzende Botengänge u. dgl. Dienstleistungen, die zu den Obliegenheiten der Gerichtsdiener gehören, zugemutet werden. Zu den einzufordernden „Geldbeträgen“ gehören in erster Reihe diejenigen, welche für die Kassenverwaltung einzuziehen sind. Wegen der bei lit. b verzeichneten Geschäfte vgl. G.A. §§. 88 bis 92.

§. 21.

Übernahme der Geschäfte eines Gerichtsschreibergehilfen, eines Kanzleigehilfen oder eines Unterbeamten.

1. Die Gerichtsvollzieher sind verpflichtet, auf

Anordnung des Oberlandesgerichtspräsidenten Geschäfte eines Gerichtsschreibergehilfen, eines Kanzleigehilfen oder eines Unterbeamten zu übernehmen.[1]) Die gröberen Verrichtungen des Gerichtsdieners (Reinigung, Heizung ꝛc.) und die Geschäfte des Gefangenenaufsehers, soweit es sich bei diesen nicht um eine vorübergehende Vertretung handelt, sind dem Gerichtsvollzieher nicht zu übertragen.[2])

2. Im Falle der Dringlichkeit ist der aufsichtführende Amtsrichter zu einer vorläufigen Anordnung unter Vorbehalt der nachträglichen Genehmigung des Oberlandesgerichtspräsidenten befugt.

---

[1]) a. Die Übertragung von Dienstleistungen eines Gerichtsschreibergehilfen, Kanzleigehilfen oder Unterbeamten auf die G.V. mit dem Gehalte II. Klasse beruht auf der Erwägung, daß gegen den Bezug des vollen Diensteinkommens ein Beamter auch seine gesamte Arbeitskraft dem Staate zu widmen hat, daß aber die Stellen mit dem niedrigeren Gehalte nur für nicht vollbeschäftigte G.V. errichtet sind. Da bei Bemessung des Arbeitspensums der voll beschäftigten G.V., d. h. der G.V. mit dem Gehalte I. Klasse, auf das Schreibwerk keine Rücksicht genommen wird, vielmehr dem G.V. überlassen bleibt, es neben seinem vollen Arbeitspensum, sei es durch Überarbeit, sei es durch fremde Hilfe zu erledigen, so kann einem nicht voll beschäftigten G.V. II. Klasse nicht verstattet werden, sich innerhalb der regelmäßigen Arbeitszeit durch Bezug der Schreibgebühren einen nicht unerheblichen Nebenverdienst zu verschaffen. Demgemäß bezweckt auch die Vorschrift im §. 28 Abs. 2 Satz 2 G.V.O. lediglich die Vermeidung einer Unbilligkeit und die Vorschriften der §§. 21, 28 Abs. 2 Satz 2 nicht nur auf die etats-

mäßig angestellten G.V. II. Klasse, sondern auch auf die mit der einstweiligen Wahrnehmung der G.V.-Geschäfte beauftragten Personen, weil auch diese die gleichen Diäten beziehen wie voll beschäftigte Hilfsarbeiter (G.V.O. §. 42). Wenn auch dem Ermessen des Oberlandesgerichts-Präsidenten überlassen ist, die Nebenbeschäftigung eines G.V.kr.A. während dessen Beschäftigung in einer G.V.-Stelle II. Klasse im Einzelfalle anders zu regeln wie gegenüber dem ordentlichen Inhaber der Stelle, so erscheint doch der Umstand, daß der G.V.kr.A. keinen Wohnungsgeldzuschuß bezieht, nicht geeignet, von der Befugnis gemäß §. 28 Abs. 2 Satz 2 grundsätzlich abzusehen (J.M.Rdvfg. v. 17./10. 01, I 5988).

b. Nach §. 22 Abs. 8 G.V.O. gebührt der Anspruch auf die Vergütungen an baren Auslagen der G.V. grundsätzlich der Staatskasse. Die aus Parteiaufträgen erwachsenen und zur Einziehung gelangenden Auslagen werden zwar den G.V. als Entschädigung ihres Aufwandes im allgemeinen überlassen (G.V.O. §. 28 Abs. 2 Satz 1), eine Ausnahme von dieser Regel ergeben jedoch die Vorschriften des §. 28 Abs. 4, des §. 89 Abs. 2 und, in betreff der Schreibgebühren, die Bestimmung im §. 28 Abs. 2 Satz 2. Nach der letztbezeichneten Vorschrift kann der Oberlandesgerichtspräsident, wenn dem G.V. neben seinen eigentlichen Dienstgeschäften die Geschäfte eines Kanzleigehilfen übertragen sind, die Anordnung treffen, daß das Schreibwerk des G.V. für Rechnung der Staatskasse herzustellen und die dafür zur Hebung gelangenden Schreibgebühren zur Staatskasse einzuziehen sind. Die Anwendung dieser Vorschrift ist nun keineswegs davon abhängig, daß der unzureichend beschäftigte G.V. II. Klasse auch zur Herstellung des eigentlichen gerichtlichen Schreibwerkes herangezogen wird, seine Nebenbeschäftigung als Kanzleigehilfe kann im Sinne des §. 21 Abs. 1 der G.V.O. auch darauf beschränkt werden, daß ihm in der Eigenschaft eines

Kanzleigehilfen lediglich die Herstellung des eigenen Schreibwerkes aus der G.V.-Tätigkeit unter Ablieferung der Schreibgebühren an die Gerichtskasse übertragen wird. Auf die Ablieferung dieser Beträge ist übrigens im §. 68 Abs. 2 durch Bezugnahme auf §. 28 Abs. 2 Satz 2 ausdrücklich hingewiesen. Eine besondere Entschädigung für diese Kanzleitätigkeit wird dem G.V. II. Klasse regelmäßig nicht gewährt. Eine Unbilligkeit kann darin um deshalb nicht erblickt werden, weil diese Arbeitsleistung innerhalb der regelmäßigen Arbeitszeit, für welche der G.V. jetzt durch festes Gehalt entschädigt wird, miterledigt werden kann.

Die bezeichneten Vorschriften der G.V.O. finden ihre gesetzliche Grundlage im §. 24 Geb.O. in Verbindung mit Artikel 28 des Preuß. Gesetzes vom 27. September 1899 (Ges.S. S. 317, 881), wonach dem Justizminister vorbehalten ist, an Stelle von Gebühren und Auslagen den G.V. eine anderweite Vergütung zu gewähren. Diese Vergütung besteht in diesem Falle in der Gewährung des vollen Gehalts, während die zur Herstellung des Schreibwerkes erforderlichen Schreibmaterialien wie auch solche Formulare über G.V.-Akte, deren Gebrauch amtlich vorgeschrieben ist, solchen G.V. aus den staatlichen Beständen unentgeltlich zu gewähren sind (J.M.Rdvfg. v. 19./8. 02, II b 688).

c. In Fällen, wo der G.V. mit der Herstellung von Schreibarbeiten im Rückstande geblieben ist, würde es, da der G.V. bei seinem unregelmäßigen Dienste sich nicht in gleicher Lage befindet, wie ein nur mit Schreibarbeiten beschäftigter Kanzleibeamter, eine Härte bedeuten, wenn vom G.V. eine Nachlieferung oder eine Vergütung der Fehlleistungen, wie sie in §. 2 Nr. 6 der Kanzleiordnung vorgeschrieben ist, verlangt würde.

Der Herr Justizminister hat daher angeordnet, daß im Falle der Festsetzung eines Schreibpensums für den G.V. von der Anwendung des §. 2 Abs. 6 Kanzl.Ordn.

abzusehen sei. Selbstverständlich soll aber dessenungeachtet die Leistung des Schreibpensums sorgfältig kontrolliert und bei unentschuldigter Säumnis des G.V. dieser zur Nachlieferung des fehlenden Schreibwerks im Wege der Dienstaufsicht (§. 80 Ausf.Ges. z. G.V.G.) angehalten werden (J.M.Rdvfg. v. 5./8. 03, I 648).

d. Die ständige Heranziehung der G.V. zur Protokollführung in den Sitzungen wird, ganz abgesehen von rechtlichen Bedenken gegen die Zulässigkeit dieser Maßregel, im dienstlichen Interesse grundsätzlich zu vermeiden sein (J.M.Vfg. v. 18./1. 03, I 957).

2) Die regelmäßige Vertretung der Gerichtsdiener und Gefangenenaufseher durch die G.V. während der den ersteren gewährten dienstfreien Zeit an bestimmten Sonntagen ist nur dann zulässig, wenn der G.V. sich ausdrücklich und freiwillig dazu bereit erklärt.

Für Ausnahmefälle, insbesondere in Fällen der Dringlichkeit, bleibt die Verpflichtung der G.V. zur Vertretung des Gerichtsdieners unberührt.

Der Verwendung des G.V. zur Vertretung des Gerichtsdieners beim Aufwartedienst in den Schöffensitzungen stehen Bedenken nicht entgegen (J.M.Vfgg. v. 5./15. 6. 01, I 8549 und 8668).

Zu 1 und 2 s. Anh. z. d. „Amtl. Vorschr." S. 81ff.

§. 22.

Dienstbezüge.

1. Die Gerichtsvollzieher beziehen ein festes Gehalt und den gesetzlichen Wohnungsgeldzuschuß.[1]) Der Berechnung der Pension sowie des Witwen- und Waisengeldes wird, unbeschadet der Vorschriften, welche in Ansehung der Pensionierung der vor dem 1. Oktober 1900 etatsmäßig angestellten Gerichtsvollzieher im Staatshaushaltsetat getroffen sind,

das Gehalt und der Durchschnittssatz des Wohnungsgeldzuschusses (§. 6 des Gesetzes vom 12. Mai 1873 — Gesetz-Samml. S. 209) zugrunde gelegt.[1])

2. Die Gebühren der Gerichtsvollzieher fließen zur Staatskasse. Sie werden für die Staatskasse von den Gerichtsvollziehern erhoben.

3. Der Anspruch auf Vergütungen an baren Auslagen der Gerichtsvollzieher gebührt der Staatskasse. Die Auslagen werden von den Gerichtsvollziehern erhoben und, soweit sie aus Parteiaufträgen erwachsen, ihnen nach Maßgabe der Vorschriften des §. 23 Abs. 2 überlassen.

---

[1]) Die Gehaltsbemessung geschieht auf Grund des Besoldungsdienstalters nach dem System der Dienstaltersstufen, welches für die mittleren Beamten, zu denen die G.V. gehören, im Jahre 1898 eingeführt worden ist. Wegen der Grundsätze dieses Systems vgl. die Vorschriften in Müller V Bd. 1 S. 641 ff.

Die Regelung der Gehälter der G.V. ist durch die Allg. Vfg. v. 15./4. 00 (J.M.Bl. S. 400) erfolgt. Danach beziehen die G.V. mit dem Gehalte von 1500 bis 2700 M in der 1. bezw. 2., 3., 4., 5., 6., 7. Gehaltsstufe ein Gehalt von 1500 bezw. 1700, 1900, 2100, 2300, 2500, 2700 M, die G.V. mit dem Gehalte von [1500 M] bis 1800 M in der 1. bezw. 2., 3., 4., 5. Gehaltsstufe ein Gehalt von bezw. 1500, 1580, 1660, 1740, 1800 M Beide Kategorien rücken von drei zu drei Jahren in die höhere Gehaltsstufe auf; die erstere erreicht also in 18 Jahren, die zweite in 15 Jahren das Höchstgehalt.

Für die Festsetzung des Besoldungsdienstalters und das Aufrücken in die höheren Gehaltsstufen kommen die allgemeinen Grundsätze zur Anwendung. Die Versetzung aus einer Stelle mit dem niedrigeren in eine Stelle mit dem höheren Gehalt ist stets als im dienstlichen Interesse erfolgt anzusehen.

Über die Gewährung von Wohnungsgeldzuschüssen an die unmittelbaren Staatsbeamten bestimmt das Gesetz v. 12./5. 73 (G.S. S. 209) das nähere. Danach steht den unmittelbaren Staatsbeamten, welche eine etatsmäßige Stelle bekleiden und ihre Besoldung aus der Staatskasse beziehen, ein Wohnungsgeldzuschuß (nicht zu verwechseln mit „Mietsentschädigung", welche nur bestimmte Beamtenklassen beziehen), nach Maßgabe des dem Gesetze beigefügten Tarifs zu. — Nach diesem Tarife beträgt der W.G.Zuschuß für die G.V. in der Servisklasse A 540 M und in den Orten der I., II., III., IV. Servisklasse bezw. 432, 360, 300, 216 M. Die früher bestandene Servisklasse V mit dem Satze von 180 M ist durch das Reichsges. v. 7./7. 02 (R.G.Bl. S. 239) beseitigt und die unter diese Servisklasse fallenden Ortschaften sind der Servisklasse IV eingereiht, so daß den an den Orten der bisherigen Servisklasse V etatsmäßig angestellten Beamten der Wohnungsgeldzuschuß nach den Sätzen für die Servisklasse IV zu zahlen ist. Bei der Bemessung der Pensionen ist dagegen der Durchschnittsatz des Wohnungsgeldzuschusses für die Servisklasse I bis V auch für die seit dem 1./10. 02 in den Ruhestand getretenen bezw. noch tretenden Beamten in Anrechnung zu bringen, da der §. 6 Abs. 2 des Wohnungsgeldzuschußgesetzes vom 12./5. 73 eine Änderung noch nicht erfahren hat (J.M.Rdvfg. v. 27./8. 02, I 6875 im Bür.Bl. 1902 S. 246). — Der W.G.Zuschuß wird nicht gewährt an Beamte, welche Dienstwohnungen inne haben. Der W.G.Zuschuß bildet einen Teil des Diensteinkommens und unter dem Ausdruck „Diensteinkommen" ist das Gehalt und der W.G.Zuschuß zusammen zu verstehen (**R.G.** v. 10./5. 81 bei Müller V Bd. 1 S. 678 Zus. a zu §. 6 d. Ges. v. 12./5. 73).

Die Besoldungen werden den etatsmäßig angestellten

Beamten vierteljährlich im voraus gezahlt. In denjenigen Fällen, in welchen der Fälligkeitstag auf einen Sonntag oder Festtag fällt, kann die Zahlung schon am vorhergehenden Werktage geleistet werden. Der Ort, wo die Zahlung zu erfolgen hat, ist der Amtssitz des Beamten

Bezüglich der zu einem früheren Zeitpunkte als dem 1. Oktober 1900 etatsmäßig angestellten Gerichtsvollzieher ist im Abschnitt II der Allg. Vfg. v. 31./8. 00 (J.M.Bl. S. 385) unter Nr. 11 bis 14 das nähere bestimmt. Erläuterungen zur Auslegung dieser Bestimmungen sind in der J.M.Rdvfg. v. 5./3. 01, I 1413 gegeben. — Eine weitere J.M.Rdvfg. v. 14./1. 03, I 9530 ordnet die Anfertigung von Übersichten über die Diensttätigkeit, die Einnahmen und die Bezüge der Zuschußberechtigten G.V. an und die J.M.Rdvfg. v. 4./5. 03 I 3168 (s. Bür.Bl. 1903 S. 235) bestimmt, daß in diese Übersichten lediglich die Einnahmen und Bezüge des betreffenden G.V., nicht auch diejenigen eines etwaigen Vertreters (also der Stelle) in jenen Spalten einzustellen sind.*)

²) a. In bezug auf diejenigen G.V., welche vor dem 1. Oktober 1900 etatsmäßig angestellt waren und die bis zum 1. Oktober 1905 pensioniert werden, enthält die J.M.Rdvfg. v. 5./4. 81, I 1484 besondere Vorschriften, aus denen hier nur folgendes erwähnt werden soll:

„Die Einnahmen der G.V. an anrechnungsfähigem Diensteinkommen (einschließlich der aus der Staatskasse zur Erfüllung des Mindesteinkommens gezahlten Zuschüsse, jedoch mit Ausschluß des Wohnungsgeldzuschusses) kommen nach dem dreijährigen Durchschnittsbetrage während der drei letzten Etatsjahre vor dem Jahre, in welchem die Pensionierung fest-

*) Vgl. hierzu die Berechnungsbeispiele im Bür.Bl. 1901 S. 26.

gesetzt wird, (nicht nach dem Durchschnitt der drei letzten Kalenderjahre) zur Berechnung.

Dem so ermittelten Durchschnittsbetrage wird der durchschnittliche Wohnungsgeldzuschuß hinzugerechnet. Das so ermittelte Gesamtdiensteinkommen wird, sofern dieses mehr als 3000 Mk. (das pensionsfähige Maximum) beträgt, auf den letzteren Betrag reduziert (Nr. 1 d. cit. Vfg.)."

b. Der in Nr. 12 d. Allg. Vfg. v. 31./3. CO (J.M.Bl. S. 885) vorgesehene Zuschußbetrag ist nicht ein für wirkliche Dienstleistungen des G.V. zugesicherter Dienstbezug. Deshalb kann im Falle des Todes eines zuschußberechtigten G.V. der Zuschußbetrag nur für die Zeit bis zum Todestage den Erben des G.V. zugebilligt werden.

Die Gnadenbezüge für die Hinterbliebenen eines zuschußberechtigten G.V. sind nach Nr. 10 der Rdvfg. v. 30./4. 00, I 868 nur von dem Gehalte und dem Wohnungsgeldzuschusse, nicht auch von dem Zuschußbetrage, zu berechnen (J.M.Rdvfg. v. 10./2. 02 I 882, abgedr. im Bür.Bl. 1902 S. 156).

§. 23.

Parteiaufträge.

1. Parteiaufträge sind
   a) Die Aufträge von Privatpersonen, auch wenn sie durch Vermittelung des Gerichtsschreibers erteilt sind;
   b) Die Aufträge von Behörden, mit Ausnahme der im §. 24 Abs. 1 bezeichneten Aufträge;
   c) die Aufträge zu Zustellungen der Notare oder der Gerichtsschreiber nicht staatlicher Gewerbegerichte (§. 41 Abs. 2, 3 der Geschäftsanweisung für die Gerichtsvollzieher).[1])

2. Als Entschädigung ihres Aufwandes bei Erledigung von Parteiaufträgen erhalten die Gerichtsvollzieher die tarifmäßige Vergütung der baren Auslagen (§§. 13 ff. der Gebührenordnung für Gerichtsvollzieher), soweit die letzteren zur Einziehung gelangen.[2]) Wenn dem Gerichtsvollzieher die Geschäfte eines Kanzleigehilfen übertragen sind (§. 21 Abs. 1), so kann der Oberlandesgerichtspräsident die Anordnung treffen, daß das Schreibwerk des Gerichtsvollziehers für Rechnung der Staatskasse herzustellen und die dafür zu erhebenden Schreibgebühren zur Staatskasse einzuziehen sind.[3])

3. Die Gerichtsvollzieher erhalten von den Gebühren aus Parteiaufträgen, welche für die von ihnen erledigten Geschäfte zur Staatskasse vereinnahmt werden, einen Gebührenanteil, der für die Orte der Servisklasse A auf 29 vom Hundert, für die Orte der Servisklasse I auf 27 vom Hundert, für die übrigen Orte auf 24 vom Hundert bestimmt wird.*) Für die Höhe des Anteils ist der amtliche Wohnsitz des Gerichtsvollziehers (§. 16 Abs. 1) maßgebend.[4])

4. Die Vorschriften der beiden vorhergehenden Absätze finden in Armensachen nur insoweit Anwendung, als nicht im §. 64 etwas anderes bestimmt ist.

---

*) Vgl. Anm. 1 Abs. 4 zu §. 22.

[1]) a. Je nach der Person des Auftraggebers zerfallen die von dem G.V. zu erledigenden Aufträge in Parteiaufträge (§. 28) und amtliche Aufträge (§. 24). Der Unterschied macht sich hauptsächlich bemerkbar beim Gebührenbezuge. Die Gebühren aus Parteiaufträgen werden zwar zur Staatskasse eingezogen, die G.V. erhalten aber einen bestimmten Prozentsatz davon als Gewinnanteil (Nr. 8 d. vorst. Paragraphen), während ihnen die zur Deckung der baren Auslagen bestimmten Beträge ganz überlassen werden. Dagegen wird ihnen für die Erledigung der amtlichen Aufträge eine besondere Vergütung nicht gewährt, was bei dem jetzigen Besoldungssystem selbstverständlich ist und nur zum Ersatze barer Auslagen ist die in §. 24 Nr. 2 näher geregelte Entschädigung bestimmt. Daneben wird noch für die erfolgreiche Einziehung von Kosten und anderen dem Staate gebührenden Geldbeträgen eine besondere Vergütung zugebilligt.

b. Zu den von „Privatpersonen" (Nr. 1 lit. a) erteilten Aufträgen gehören in erster Reihe diejenigen zur **Zustellung** und **Zwangsvollstreckung** (G.A. §§. 17 bis 40, 42 bis 87); zur **Vollstreckung von Bußen** (G.A. §. 91); zur **Aufnahme von Wechselprotesten** (G.A. §§. 94 bis 96); zu **öffentlichen Versteigerungen** und den diesen verwandten Verkäufen außerhalb der Z.V.; **Verpachtungen** 2c. (G.A. §§. 97 bis 101); **zur Vornahme von Siegelungen** und **Entsiegelungen** sowie **zur Aufnahme von Vermögensverzeichnissen** im Auftrage des Konkursverwalters und anderer Beteiligter (G.A. §§. 102 bis 105); zu den **Beurkundungen** (G.A. §§. 106, 107).

Zu den Aufträgen von Behörden (Nr. 1 lit. b) gehören auch die von den Behörden anderer Deutscher Bundesstaaten — gleichviel ob direkt oder unter Vermittelung des Gerichtsschreibers — zur Vornahme von Zustellungen und Zwangsvollstreckungen (vgl. d. G.V.Ztg. 1889 S. 62 u. Bür.Bl. 1889 S. 46).

Wegen der Aufträge der Notare und der Gerichtsschreiber von Gewerbegerichten vgl. S. 65 Anm. 8 zu §. 41 G.A.

²) Für einen Ausfall kann also ein Ersatzanspruch nicht geltend gemacht werden.

³) Vgl. die J.M.Vfgg. bei Anm. 1 zu § 21 vorst.

⁴) a. Bezügl. einer Erhöhung des Gebührenanteils in gewissen Fällen, namentlich bei der Aufnahme von Wechselprotesten in solchen Ortschaften, für welche durch besondere Anordnungen die Erstattung der von den Gerichtsbeamten bei Dienstgeschäften außerhalb des Gerichtsgebäudes verauslagten Fuhrkosten zugelassen ist. (§ 8 Abs. 2 d. Verordn. v. 24./12. 73. G.S. 1874 S. 2)*) sind in der Allg. Vfg. v. 26./9. 00 (J.M.Bl. S. 579) besondere Bestimmungen erlassen worden.

Diese bezwecken, in Ansehung der bez. Ortschaften auch dem G.V. für die Erledigung von Aufträgen zur Erhebung von Wechselprotesten eine besondere Entschädigung für die Benutzung von Verkehrsmitteln zu gewähren, welche bei der Natur der Aufträge und bei ihrer Häufung in einer Hand notwendig wird (Nr. 1 d. J.M.Rdvfg. v. 26. 9. 00 I 5681, J.M.Bl. S. 679 und bei Müller V Bd. 1 S. 281 a. Schl. ff.).

b. Der nach Maßgabe der vorbez. Vfg. v. Oberlandesgerichtspräsidenten bestimmte erhöhte Anteil an den Wegegebühren wird in **Frankfurt** a. M. den Gerichtsvollziehern auch für die im inneren Stadtbezirke vor-

---

*) Es waren dies zur Zeit des Erlasses der Allg. Vfg. v. 26./9. 00 die Orte Berlin, Charlottenburg, Breslau, Reichenbach i. Schl., Cassel, Hannover (mit Linden), Papenburg, Cöln, Frankfurt a. M., Wiesbaden, Altona, Kiel, Königsberg i. Pr., Erfurt, Halle a. S., Magdeburg (mit Buckau), Posen und Stettin; jetzt auch Essen (J.M.Bl. 1908 S. 10, s. Fußnote a. S. 84 d. „Amtl. Vorschr.“).

genommenen Protesthandlungen gewährt (Allg. Vfg. v. 18./12. 00, J.M.Bl. S. 650).

Und auch auf die G.V. in Düsseldorf findet die Allg. Vfg. v. 26./9. 00 Anwendung, sofern die Aufnahme von Wechselprotesten in der Stadt Düsseldorf oder außerhalb der Stadt in einer Entfernung bis zu zwei Kilometern erfolgt (Allg. Vfg. v. 27./9. 00. J.M.Bl. S. 579).

§. 24.

Amtliche Aufträge.

1. Amtliche Aufträge sind

a) alle Aufträge Preußischer Justizbehörden;

b) die Aufträge anderer Preußischer staatlicher Behörden, insbesondere der Verwaltungsgerichte oder Auseinandersetzungsbehörden, zur Zwangsvollstreckung nach Maßgabe der Verordnung vom 15. November 1899 (vgl. §. 108 der Geschäftsanweisung für die Gerichtsvollzieher);

c) die Aufträge der unter b bezeichneten Behörden, welche den Offenbarungseid eines Schuldners betreffen, in denjenigen Fällen, in welchen die beizutreibenden Beträge der Staatskasse gebühren.[1])

2. Für die Erledigung von amtlichen Aufträgen erhalten die Gerichtsvollzieher zum Ersatz ihrer baren Auslagen eine Entschädigung, welche den tatsächlich gemachten Aufwand deckt, soweit dieser Aufwand erforderlich war.[2]) Für die Erhebung von Kosten, Geldstrafen und anderen dem Staate gebührenden

Geldbeträgen wird den Gerichtsvollziehern eine besondere Vergütung nach Maßgabe der hierüber ergangenen weiteren Bestimmungen gewährt.[3])

---

[1]) Wegen des allgemeinen Unterschiedes zwischen Partei- und amtlichen Aufträgen vgl. Anm. 1 zu §. 23.

Im Auftrage Preußischer Justizbehörden (Nr. 1 lit. a vorst.) erfolgen speziell die Amtshandlungen in G.A. §§. 41, 88 bis 90, 92, 98, die Siegelungen (G.A. §§. 102 bis 105), soweit sie nicht vom Konkursverwalter aufgetragen werden, die Zwangsvollstreckungen nach dem Verwaltungszwangsverfahren (G.A. §. 108). Auch die Übergabe von Grundstücken an den Zwangsverwalter oder den Ersteher erfolgt im amtlichen Auftrage (J.M.Vfg. v. 11./7. 98, I 2988 i. d. D.G.V.Ztg. 1898 S. 122), ebenso die Bewirkung von Zustellungen und Behändigungen auf das im diplomatischen Wege übermittelte Ersuchen einer ausländischen Behörde (J.M.Vfg. v. 27./8. 88, I 842 i. d. D.G.V.Ztg. 1888 S. 92). Auch wenn eine gerichtliche Kassenverwaltung als Prozeßpartei auftritt, sind die vom Rendanten erteilten Aufträge zur Zustellung und zur Z.V. gleichwohl als amtliche anzusehen und zu behandeln (Entsch. d. Ob.R.Kammer, i. d. Bür.Bl. 1899 S. 152). Auch die Zustellung der Ladung des Schuldners zur Ableistung des Offenbarungseides in den Fällen, wo die beizutreibenden Gelder der Staatskasse gebühren, geschieht im amtlichen Auftrage (J.M.Vfg. v 9./7. 00, I 4078 i. d. Bür.Bl. 1901 S. 4).

Dagegen findet die Vorschrift in Abs. 1 lit. b keine Anwendung auf die Aufträge von Gemeindebehörden, welche die Einziehung von Staats- oder Gemeindesteuern betreffen (J.M.Vfg. v. 27./10. 84, I 8666 bei Müller V Bd. 1 S. 288 Zus. a).

Die Aufträge anderer Pr. Staatsbehörden sind nur, soweit sie die **Z.V.**, und zwar die im V.Z.V., betreffen, amtliche Aufträge im Sinne des §. 24. — Aufträge zu anderen Dienstgeschäften (Zustellungen 2c.) sind als Parteiaufträge zu behandeln.

Wegen der Ablieferung der Gebühren und Auslagen für solche Amtshandlungen, welche den Offenbarungseid eines Schuldners betreffen, vgl. Allg. Vfg. v. 12./2. 01, J.M.Bl. S. 85 (auch „Amtl. Vorschr." S. 21 Zus. lit. a zu §. 24 G.V.O.); Allg. Vfg. v. 19./11. 82, J.M.Bl. S. 376, Müller V Bd. 1 S. 288 Zus. e.

Die Beitreibung von Geldbeträgen aus dem Bereiche der Verwaltung der indirekten Steuern durch die G.V. ist durch die Allg. Vfg. v. 12./12. 00, J.M.Bl. S. 649, s. Anh. z. d. „Amtl. Vorschr." S. 85 Nr. III) geregelt.

Vgl. auch die bei Müller V Bd. 1 S. 288 unter Zus. lit. a bis g mitget. Verfügungen u. Entscheidungen.

²) Bezüglich der nach §. 71 Nr. 2 G.V.O. zu bemessenden Entschädigung zur Deckung der entstandenen Reisekosten vgl. Exner „Dienst" 2c. Verh. d. Pr.G.V. S. 370 Anm. 2a und Bür.Bl. 1901 S. 25 u. 46.

³) Über die Festsetzung und Anweisung der den Gerichtsvollziehern zu gewährenden Gebührenanteile und Entschädigungen, sowie über die Verrechnung dieser Bezüge und der Vergütungen für bare Auslagen aus Parteiaufträgen und für die Erhebung von Kosten 2c. sind in der Allg. Vfg. v. 31./8. 00 (J.M.Bl. S. 835) besondere Vorschriften erlassen, welche im Anhang zu den „Amtl. Vorschr." S. 87 unter Nr. IV mitgeteilt sind.

§. 25.

Dienstsiegel und Dienststempel.

1. Die Gerichtsvollzieher führen ein Dienstsiegel und einen Dienststempel. Siegel und Stempel zeigen den Königlichen Adler mit der Umschrift „Gerichts-

vollzieher bei dem Königlich Preußischen Amtsgericht in .... (Ortsname)".

Das Dienstsiegel und der Dienststempel werden auf Staatskosten beschafft.

3. Das Siegel ist anzuwenden, wo die Benutzung von Siegellack oder eines ähnlichen Stoffs vorgeschrieben ist, z. B. bei Siegelungen (Geschäftsanweisung §. 103) oder beim Verschlusse von Geldbriefen. In anderen Fällen, insbesondere zum Verschlusse gewöhnlicher Briefe oder von Briefen mit Zustellungsurkunde, genügt die Verwendung des Stempels (Schwarzdrucksiegels).

Der Unterschied zwischen „Siegel" und „Stempel" ist darin zu finden, daß das erstere in dem Abdruck des Siegelzeichens in einem mit der Urkunde verbundenen weichen Stoffe (Lack, Oblaten rc.), der letztere in dem mittels Farbstoff oder mittels einer Presse auf der in das Urkundenpapier gedrückten Abdrucks des Siegels besteht (Beschl. d. Kamm.Ger. v. 2./4. 00, 1 A 14 Nr. 4 i. d. Zschr. d. D. Notarvereins 1901 S. 545).

§. 26.

Dienstkleidung.

Die Gerichtsvollzieher haben nach Maßgabe der hierüber getroffenen besonderen Vorschriften eine Dienstkleidung zu tragen und auf eigene Kosten zu beschaffen.[1] [2])

---

[1]) Vgl. Anm. 2 zu G.A. §. 16. — Auch das R.G. hat in diesem Sinne entschieden (vgl. Erk. v. 20./9. 86 bei Müller V Bd. 1 S. 598 Nr. 18 Zus. b). — Wegen der G.B. kr. A. und der HilfsG.B. s. §§. 41, 48 nachst.

²) Die Art und Beschaffenheit der Uniform ist in Nr. 2 d. J.M.Rdvfg. v. 30./4. 00, I 868 (vgl. bei Müller V Bd. 1 S. 593 Nr. 14) vorgeschrieben.

§. 27.

Geschäftslokal.

1. Die Gerichtsvollzieher müssen an ihrem amtlichen Wohnsitz (§. 16 Abs. 1) ein Geschäftslokal halten und auf eigene Kosten beschaffen.

2. In Städten von mehr als hunderttausend Einwohnern kann dem Gerichtsvollzieher durch den aufsichtsführenden Amtsrichter eine bestimmt begrenzte Gegend der Stadt für das Geschäftslokal angewiesen werden, wenn besondere Umstände dies erforderlich erscheinen lassen und die Maßnahme ohne Härte für den Gerichtsvollzieher durchführbar ist.

3. Das Geschäftslokal ist durch ein an der Außenseite des Hauses in der Nähe des Hauseinganges anzubringendes Schild kenntlich zu machen. Das Schild hat in der Aufschrift den Namen des Gerichtsvollziehers und die Nummer des Bezirks zu enthalten.

Wegen der Herbeiführung geeigneter Maßregeln, um zu jeder Zeit — auch bei Abwesenheit des G.V. — einen Auftrag oder eine Mitteilung an den letzteren übermitteln zu können, vgl. d. J.M.Rdvfg. v. 11./5. 03, I 8271 in den „Amtl. Vorschr." S. 28 Zus. zu §. 27.

§. 28.

Dienstbedürfnisse.

Die zur Ausführung von amtlichen Aufträgen erforderlichen Formulare[1]) sowie die Kassenformulare[2]) werden auf Staatskosten beschafft, die Ausgaben für alle übrigen Dienstbedürfnisse, einschließlich der sonstigen Formulare, haben die Gerichtsvollzieher zu bestreiten.

---

[1]) Einem G.V., dessen Schreibwerk von ihm für Rechnung der Staatskasse, unter Vereinnahmung der Schreibgebühren zu dieser, hergestellt wird, sind auch — als Folge der Vorschr. in §. 23 Nr. 2 vorst. — die hierzu erforderlichen Schreibmaterialien aus den staatlichen Beständen unentgeltlich zu überlassen. — Diese Vergünstigung ist auch auf solche Formulare über G.V.-Akte, deren Gebrauch amtlich vorgeschrieben ist, wie z. B. zu Zustellungsurkunden, auszudehnen (J.M.Rdvfg. v. 27./12. 00, I 7603 in d. „Amtl. Vorschr." S. 20, Zus. a zu §. 28 G.V.O.).

[2]) Die Formulare Nr. 2, 4 zur G.V.O. sind als Kassenformulare im Sinne des §. 28 anzusehen, die Formulare Nr. 1, 3, 5 dagegen vom G.V. auf eigene Kosten zu beschaffen (J.M.Rdvfg. v. 10./5. 00, I 2874 bei Müller V Bd. 1 S. 284, auch „Amtl. Vorschr." S. 28 Zus. lit. a zu §. 28).

§. 29.

Pfandkammer.

Die Gerichtsvollzieher haben, soweit es nach Lage der Verhältnisse erforderlich ist, zur Unterbringung gepfändeter Sachen eine Pfandkammer auf eigene Kosten zu halten.[1])[2])

[1]) Die G.V. können im Aufsichtswege angehalten werden, ein zur ordnungsmäßigen und sicheren Aufbewahrung der gepfändeten Gegenstände geeignetes Lokal zu beschaffen, für die Versicherung der eingestellten Gegenstände gegen Feuersgefahr Sorge zu tragen und darauf Bedacht zu nehmen, daß die dadurch veranlaßten Unkosten sich in angemessenen Grenzen halten 2c. (J.M.Vfg. v. 15./12. 92, I 4269 bei Müller V Bd. 1 S. 284).

Dagegen geht eine Vfg. d. Ldger.Präs. zu Altona v. 30./8. 82 (s. D.G.V.Ztg. 1888 S. 148) von der Ansicht aus, daß eine Verpflichtung des G.V. zur Versicherung der in seinem Pfandlokale untergebrachten Sachen nicht bestehe, es vielmehr den Parteien überlassen bleiben müsse, eine solche Versicherung, falls sie von ihnen gewünscht wird, selbst herbeizuführen.

S. auch bei Exner „Dienst- 2c. Verh. d. Pr.G.V." S. 126 die Anm. 3 bis 6 zu G.A. §. 62.

[2]) Die G.V. bei den Amtsgerichten I und II in Berlin haben eine gemeinschaftliche Pfandkammer zu benutzen (J.M.Vfg. v. 27./8. 99, I 1119 und v. 3./6. 99, I 3341 bei Müller V Bd. 1 S. 335).

§. 30.

Ablehnung von Aufträgen.

1. Der Gerichtsvollzieher darf, unbeschadet der Vorschrift im §. 18 der Gebührenordnung für Gerichtsvollzieher, Aufträge, für deren Erledigung er zuständig ist (§§. 17, 18), nur dann ablehnen, wenn er im einzelnen Falle von der Ausübung seines Amtes kraft Gesetzes ausgeschlossen ist (G.V.G. §. 156; A.G.z.G.V.G. §. 76).

2. Aufträge zu freiwilligen Versteigerungen für Rechnung des Auftraggebers dürfen ohne Angabe

von Gründen abgelehnt werden (vgl. §. 100 Abs. 1 der Geschäftsanweisung für die Gerichtsvollzieher). Desgleichen ist der Gerichtsvollzieher berechtigt, den Auftrag zur Zustellung eines Schriftstücks mit offensichtlich strafbarem Inhalt abzulehnen.

3. Wendet sich die Partei an einen Gerichtsvollzieher, um ihm einen Auftrag zu erteilen, für dessen Erledigung er nicht zuständig ist (§§. 17, 18), so hat er, sofern nicht der Fall des §. 17 Abs. 5 vorliegt, bei mündlichen Aufträgen die Partei an den zuständigen Gerichtsvollzieher zu verweisen, in anderen Fällen den Auftrag an die Verteilungsstelle weiterzugeben oder, falls eine solche bei dem Amtsgerichte nicht besteht, dem Auftraggeber zurückzusenden.

Die Übernahme von Aufträgen anderer Preuß. Staatsbehörden (als der Justizbehörden) darf nicht von der Zahlung eines Vorschusses abhängig gemacht werden (Nr. 1 d. Allg. Vfg. v. 6./8. 85, J.M.Bl. S. 99).

§. 31.

Vertretung.

1. Der Gerichtsvollzieher ist nicht befugt, die Ausführung eines Dienstgeschäfts einer anderen Person zu übertragen.

2. Ist der Gerichtsvollzieher an der Erledigung eines Auftrags rechtlich (Geschäftsanweisung §. 3) oder tatsächlich behindert, so hat er den Auftrag unter Angabe des Grundes seiner Behinderung an

den für ihn bestellten regelmäßigen Vertreter (§. 17 Abs. 1. 2) abzugeben oder wenn Gefahr im Verzug obwaltet und der Vertreter nicht bei demselben Amtsgericht angestellt ist, dem aufsichtführenden Amtsrichter unter Vorlegung des Auftrags Anzeige zu machen.

3. Ist auch der Vertreter behindert, so hat dieser die Sachlage unverzüglich dem aufsichtführenden Amtsrichter anzuzeigen. Dem letzteren liegt es alsdann ob, an Stelle des behinderten Gerichtsvollziehers für die zu erledigenden Amtshandlungen einen besonderen Vertreter zu bestellen. Dieser hat dem Auftraggeber von seiner Bestellung Mitteilung zu machen, wenn nicht diese Mitteilung erst zu demselben Zeitpunkte bei dem Auftraggeber eintreffen würde wie die Benachrichtigung über die Ausführung des Geschäfts.

§. 32.

Annahme von Vergütungen.

Die Gerichtsvollzieher dürfen für ihre Amtshandlungen keine besonderen Vergütungen annehmen, fordern oder sich versprechen lassen.[1]—[7])

[1]) Vgl. die Strafbestimmungen in §. 852 R.Str.G.B.

[2]) Durch Annahme eines Rabatts für die in öffentlichen Blättern inserierten Bekanntmachungen macht der G.V. sich strafbar im Sinne des §. 331 R.Str.G.B. (Allg. Vfg. v. 18./5. 80, J.M.Bl. S. 120 und **R.G.**, IV Str.Sen. v. 10./7. 88, mitget. i. d. D.G.V.Ztg. 1888 S. 164).

3) Eine strafbare Gebührenüberhebung eines Beamten rc. (R.Str.G.B.) liegt nicht vor, wenn der übermäßige Betrag freiwillig und mit Kenntnis des Mangels jeder Verpflichtung geleistet worden ist. Auch in der Annahme von Speisen und Getränken ist bei dem Vorhandensein gewisser Voraussetzungen eine strafbare Handlung nicht zu erblicken (**R.G.**, I. Str.Sen. v. 25./2. 89, s. D.G.B.Ztg. 1889 S. 85).

4) Wegen der Überschreitung der Vorschriften der Gebührenordnungen vgl. **R.G.**, Civ.S., Bd. 16 S. 396, Bd. 18 S. 332, Bd. 18 S. 389, Bd. 20 S. 389, Str.S. Erk. v. 21./5. 89 i. d. D.G.B.Ztg. 1889 S. 182. S. Exner „Dienst- rc. Verh. d. Pr. G.B." S. 375 Anm. 4 zu §. 32 G.B.O.).

5) Die Gebührenüberschreitung seitens eines Beamten ist aus §. 352 R.Str.G.B. auch dann zu bestrafen, wenn der Täter, im Zweifel über seine Berechtigung zur Erhebung der Gebühren, über diesen Zweifel sich hinwegsetzt (Eventualdolus) und unberechtigt Gebühren erhebt (**R.G.**, I Str.Sen. v. 24./11. 87 i. d. D.G.B.Ztg. 1888 S. 58).

6) Betr. d. Verhältnisses einer Gebührenüberhebung zum Betruge (R.Str.G.B. §§. 352, 263) vgl. **R.G.**, III Str.Sen. v. 15./11. 88 i. d. D.G.B.Ztg. 1888 S. 58.

7) Die G.B. sollen auch für die Zuwendung von Aufträgen keinerlei Vergütung an die Bureaubeamten von Rechtsanwälten zahlen (s. D.G.B.Ztg. 1891 S. 99, 106).

§. 33.

Aufsicht.

1. Das Recht der Aufsicht, einschließlich der im §. 80 des Ausführungsgesetzes zum Deutschen Gerichtsverfassungsgesetze vom 24. April 1878 er-

wähnten Befugnis, steht hinsichtlich der Gerichtsvollzieher dem aufsichtführenden Amtsrichter sowie den diesem vorgesetzten Aufsichtsbeamten zu.[1])

2. Der Amtsrichter, welchem an sich nicht das Recht der Aufsicht gebührt, ferner der Untersuchungsrichter, der beauftragte Richter, die Vorsitzenden der Kammern und Senate, der Erste Staatsanwalt und der Oberstaatsanwalt haben die im §. 80 des angeführten Gesetzes erwähnte Befugnis gegenüber den Gerichtsvollziehern des Bezirkes, sofern es sich um die Ausführung eines von ihnen angeordneten Amtsgeschäfts handelt.[2]) Die gleiche Befugnis hat der Kassenkurator, sofern es sich um die Ausführung eines von der Kassenverwaltung angeordneten Geschäfts handelt. Beschwerden über die Erteilung von Rügen oder die Festsetzung von Ordnungsstrafen werden im Aufsichtsweg erledigt.[3])

---

[1]) Für den Beamten, auch den G.V., sind lediglich die Anordnungen seiner vorgesetzten Dienstbehörde maßgebend. Auf entgegengesetzte Entscheidungen höchster Gerichtshöfe kann er sich nicht berufen (Diszipl. Erk. d. Staatsministeriums; vgl. D.G.V.Ztg. 1908 S. 8).

[2]) Selbstverständlich ist der aufsichtführende Amtsrichter von der erfolgten Erteilung einer Rüge oder Festsetzung einer Ordnungsstrafe zu benachrichtigen (Müller V Bd. 1 S. 286, Fußnote).

[3]) Betr. der Verhängung von Ordnungsstrafen und deren Höhe durch die Aufsichtsbeamten vgl. §. 18 d. Ges. v. 9./4. 79 (G.S. S. 345).

§. 34.

Ablieferung der Dienstpapiere und anderweite Sicherungsmaßnahmen.

1. Bei der Erledigung einer Dienststelle durch den Tod oder die Entlassung sowie bei der Amtssuspension oder der Verhaftung des Gerichtsvollziehers hat der aufsichtführende Amtsrichter

a) die Ablieferung des Dienstsiegels und Dienststempels, der Dienstregister, des Wechselprotestregisters und der sonstigen dienstlichen Papiere an das Amtsgericht zu veranlassen;

b) für die Sicherstellung der aus Anlaß des Dienstes in den Gewahrsam des Gerichtsvollziehers gekommenen Gelder, Pfandstücke, Schriftstücke und sonstigen Sachen, welche dem Gerichtsvollzieher nicht gehören, Sorge zu tragen.

2. Die Vorschrift im Abs. 1 findet auch bei der Versetzung eines Gerichtsvollziehers Anwendung.

Zu Nr. 2: Der G.V. ist im Falle seiner Versetzung auch dann verpflichtet, für die Ablieferung des Dienstsiegels sowie der Dienstregister ꝛc. an das Amtsgericht Sorge zu tragen, wenn er seinen amtlichen Wohnsitz nicht am Sitze des Amtsgerichts gehabt hat. Die Abholung dieser Sachen durch einen Gerichtsbeamten ist unstatthaft (J.M.Vfg. v. 28./2. 92, II 605, s. bei Müller V Bd. 1 S. 286 Zus. zu §. 34).

Zweiter Abschnitt.

Personen, welche mit der einstweiligen Wahrnehmung der Gerichtsvollziehergeschäfte beauftragt sind (Gerichtsvollzieher kraft Auftrags).

§. 35.

Allgemeines.

1. Mit der einstweiligen Wahrnehmung der Gerichtsvollziehergeschäfte können beauftragt werden

a) Personen, welche zu Gerichtsvollziehern ernannt werden können;

b) Personen, welche die Gerichtsschreibergehilfenprüfung bestanden haben;

c) Personen, welche im Vorbereitungsdienste für das Gerichtsvollzieheramt mindestens drei Monate beschäftigt gewesen sind;

d) Gerichtsdiener.

2. In Ermangelung der vorbezeichneten Personen können auch andere Personen, welche der Oberlandesgerichts-Präsident für geeignet erachtet, mit der einstweiligen Wahrnehmung der Gerichtsvollziehergeschäfte beauftragt werden.

J.M.Rdvfg. v. 18./1. 02, I 4 betr. die Verrechnung der Entschädigungen für Verwaltung von Gerichtsvollzieherstellen:

rc.

„Der allgemeine Grundsatz der Nr. 45 d. Etatsvorschriften v. 31./3. 00 hat in bezug auf die G.V.

nicht geändert werden sollen. Sofern mithin das Diensteinkommen einer verwalteten G.V.-Stelle verfügbar ist, kommen die Mehraufwandsentschädigungen ebenso wie die Zusatzdiäten eines außerordentlichen Hilfsarbeiters, zunächst bei dem Gehalt und eventl. bei dem Wohnungsgeldzuschuß und nur, wenn diese Beträge zur Deckung nicht ausreichen, bei dem Fonds Korp. 74 Tit. 22 zur Verrechnung" (siehe Bür.Bl. 1902 S. 119, Zschr. f. B.R. rc. 1902 S. 89).

§. 36.

Prüfung der Vermögensverhältnisse.

Von den zur einstweiligen Wahrnehmung des Gerichtsvollzieherdienstes an sich geeigneten Personen (§. 35) dürfen in jedem Falle nur solche beauftragt werden, welche sich in geordneten Vermögensverhältnissen befinden.

§. 37.

Dienstliche Stellung.

1. Der Auftrag (§§. 35, 36) wird von dem Oberlandesgerichts-Präsidenten erteilt.

2. Die Vorschriften des §. 14 Abs. 2, 3 finden entsprechende Anwendung; der Oberlandesgerichtspräsident kann die Amtskaution auch auf einen geringeren Betrag als sechshundert Mark festsetzen oder von der Bestellung einer Kaution entbinden.

3. Bei Gefahr im Verzuge kann der Auftrag unter Vorbehalt der Genehmigung des Oberlandesgerichts-Präsidenten von dem aufsichtführenden Amts-

richter erteilt werden. Dieser hat von dem Erfordern einer Amtskaution abzusehen.

§. 38.

Bezüge.

Die mit der einstweiligen Wahrnehmung des Gerichtsvollzieherdienstes beauftragten Personen erhalten, soweit sich nicht aus dem §. 43 ein anderes ergibt, an Stelle der im §. 22 Abs. 1 bezeichneten Bezüge eine im voraus bestimmte, in monatlichen Nachzahlungen zu gewährende Vergütung (vgl. Nr. 43 Abs. 4 der Etatsvorschriften), Gebührenanteile und Vergütungen an baren Auslagen aber nach Maßgabe der Bestimmungen der §§. 39, 40.

§. 39.

Parteiaufträge.

1. Für die Erledigung der Parteiaufträge erhalten die im §. 38 bezeichneten Personen den Gebührenanteil sowie die tarifmäßige Vergütung der baren Auslagen nach Maßgabe der Vorschriften des §. 23 Abs. 2 bis 4 und des §. 64 Abs. 5.

2. Erstreckt sich jedoch der Auftrag nur auf einen kurzen Zeitraum und ist anzunehmen, daß die während der Beschäftigung aufkommenden Gebührenanteile und Vergütungen an baren Auslagen zur Deckung der Auslagen und sonstigen Aufwendungen des Gerichtsvollziehers für allgemeine Dienstbedürfnisse nicht ausreichen werden, so hat der

Oberlandesgerichts-Präsident bei Erteilung des Auftrags zu bestimmen, daß ein Gebührenanteil nicht zu gewähren ist und die von den Parteien als Auslagen zu erhebenden Beträge zur Staatskasse einzuziehen sind. In diesem Falle erhält der Gerichtsvollzieher zum Ersatze dieser Auslagen sowie der etwaigen sonstigen Aufwendungen in den einzelnen Sachen (z. B. für die Beschaffung und Heizung des Versteigerungslokals) eine Entschädigung, welche den tatsächlichen Aufwand deckt, soweit dieser Aufwand erforderlich war. Das Gleiche gilt von den allgemeinen Dienstbedürfnissen (Geschäftslokal, Formularbedarf 2c.), soweit dem Gerichtsvollzieher die Bedürfnisse nicht von der Justizbehörde überwiesen werden. Der Bedarf an Schreibmaterialien ist regelmäßig aus den Beständen des Amtsgerichts zu gewähren.

Zu Nr. 2 vgl. Anm. 3 zu §. 24 vorst.

§. 40.
Amtliche Aufträge.

In Ansehung der amtlichen Aufträge finden die Vorschriften des §. 24 Anwendung.

§. 41.
Dienstabzeichen.

1. Die Gerichtsvollzieher kraft Auftrags, welche die Befähigung zum Gerichtsvollzieheramte besitzen, sind zum Tragen der Dienstkleidung eines Gerichts-

vollziehers berechtigt. Wird von dieser Befugnis kein Gebrauch gemacht, so haben sie, wie die übrigen mit der Wahrnehmung von Gerichtsvollziehergeschäften beauftragten Personen, ein von dem Oberlandesgerichts-Präsidenten bestimmtes Dienstabzeichen zu tragen.

2. Gerichtsdiener tragen die für sie vorgeschriebene Dienstkleidung, auch wenn sie Gerichtsvollziehergeschäfte wahrzunehmen haben.

Zu Nr. 1. Ein Dienstabzeichen nach einheitlichem Muster ist für die G.V.kr.A. nicht vorgeschrieben. Ein Brustschild erscheint nicht geeignet. Im übrigen ist die Frage in Erwägung zu ziehen, ob die Beschaffung eines Dienstabzeichens für jedes Amtsgericht auf Staatskosten erforderlich ist (J.M.Vfg. v. 10./8. 00, I 4419 bei Müller V Bd. 1 S. 594 Zus. b zu Nr. 14).

§. 42.

Anwendbare Vorschriften.

Soweit sich aus den vorstehenden Bestimmungen nicht ein anderes ergibt, finden die für den Dienst der Gerichtsvollzieher geltenden Vorschriften auf die mit der einstweiligen Wahrnehmung der Gerichtsvollziehergeschäfte beauftragten Personen entsprechende Anwendung.

Die G.V.kr.A. haben das Dienstsiegel und den Dienststempel der G.V. (§. 25) zu führen (J.M.Vfg. v. 8./12. 1879, I 7289 bei Müller V Bd. 1 S. 287).

§. 43.

Beauftragung von Beamten.

1. Etatsmäßig angestellte Beamte und ständige Hilfsarbeiter sind mit der einstweiligen Wahrnehmung des Gerichtsvollzieherdienstes, sofern es sich nicht um eine Probedienstleistung in einer offenen Stelle handelt (§. 12), in der Regel nicht zu beauftragen.

2. Ist die Beauftragung eines der im Abs. 1 bezeichneten Beamten ausnahmsweise erfolgt, so erhält dieser an Stelle der im §. 38 vorgesehenen monatlichen Vergütung die mit seiner anderen Dienststellung verbundenen Bezüge, und an Stelle des im §. 39 Abs. 1 bestimmten Gebührenanteils einen nach §. 23 Abs. 3 zu berechnenden Gebührenanteil, der für die Orte der Servisklasse A auf 19 vom Hundert, für die Orte der Servisklasse I auf 17 vom Hundert und für die übrigen Orte*) auf 14 vom Hundert bestimmt wird; im übrigen bewendet es in Ansehung der Entschädigungen für bare Auslagen und sonstige Aufwendungen bei den Vorschriften des §. 39 Abs. 1, des §. 40 und des §. 71 Abs. 2. Bei kurzzeitigen Aufträgen findet die Vorschrift des §. 39 Abs. 2 Anwendung. Nimmt der Beamte auch während der Dauer des Auftrags seine sonstigen Amtsgeschäfte ganz oder teilweise wahr, so kann nach dem Ermessen des Oberlandesgerichts-Präsidenten dem Beauftragten in den Fällen des §. 39 Abs. 2 ein

*) Vgl. Anm. 1 Abs. 4 zu § 22 vorst.

Gebührenanteil (§. 23 Abs. 3) bis zu 10 vom Hundert gewährt, in den übrigen Fällen der Gebührenanteil über 14 vom Hundert hinaus bis zu dem für den betreffenden Ort nach §. 23 Abs. 3 zulässigen Satze erhöht werden.

3. Inwieweit bei einer Beschäftigung außerhalb des amtlichen Wohnsitzes den im Abs. 1 bezeichneten Beamten eine Mehraufwandsentschädigung zu gewähren ist, bestimmt sich nach den hierüber getroffenen allgemeinen Vorschriften.

Zu Nr. 2, 3: Wegen der Vergütung für die mit der einstweiligen Wahrnehmung des G.V.=Dienstes beauftragten etatsmäßig angestellten Beamten und ständigen Hilfsarbeiter vgl. die J.M.Rdvfg. v. 15./8. 00, I 4446 (s. „Amtl. Vorschr." S. 29 Zus. zu Nr. 2, 3 des §. 43, auch abgedr. bei Müller V Bd. 1 S. 288 Zus. a, ferner i. d. D.G.V.Ztg. 1901 S. 88, d. Zschr. f. V.R. 2c. 1901 S. 2, im Bllr.Bl. 1901 S. 8).

§. 44.

Wahrnehmung einzelner Geschäfte.

1. Bei Gefahr im Verzug ist der aufsichtführende Amtsrichter ermächtigt, mit der Wahrnehmung einzelner, den Gerichtsvollziehern zugewiesener Geschäfte eine Person, welche zur einstweiligen Wahrnehmung des Gerichtsvollzieherdienstes befähigt ist, und in deren Ermangelung jede andere von ihm für geeignet erachtete Person zu beauftragen.[1])

2. Der Beauftragte ist mit einem entsprechenden Ausweise zu versehen und, sofern er nicht den allge-

meinen Diensteid geleistet hat, mittelst Handschlags an Eidesstatt dahin zu verpflichten, daß er die Obliegenheiten eines Gerichtsvollziehers getreulich erfüllen wolle.

3. Für die ihm übertragene Amtshandlung wird ihm eine Entschädigung in Höhe der für die Amtshandlungen der Gerichtsvollzieher bestimmten tarifmäßigen Gebühren und Vergütungen an baren Auslagen gewährt. Diese Vorschrift findet auch Anwendung, wenn der Beauftragte ein etatsmäßig angestellter oder ein ständig oder nicht ständig beschäftigter Justizbeamter ist, es sei denn, daß der Beamte nach Maßgabe der Nummer 1 Abs. 1 der Allgemeinen Verfügung vom 13. Februar 1886 (J.M.Bl. S. 26) behufs seiner Ausbildung im Vorbereitungsdienste beschäftigt wird. Im letzteren Falle beschränkt sich die Entschädigung auf die Vergütung der baren Auslagen.[3])

4. Für die Fälle der Wahrnehmung einzelner Geschäfte (Abs. 1) wird ein Dienstregister bei dem Amtsgerichte geführt. Die beglaubigten Abschriften etwa aufgenommener Wechselproteste sind in das Wechselprotestregister des Gerichtsvollziehers einzutragen, in dessen Bezirke der Protest aufgenommen worden ist.

---

[1]) Es ist nicht zu übersehen, daß sich die Ermächtigung des aufsichtführenden Amtsrichters zur Bestellung von Hilfspersonen nur auf den einzelnen gegebenen Fall beschränkt. Die Bestellung einer bestimmten Person

zu dauernden Vertreter des G.V. für eine gewisse Art von Geschäften (auch Wechselprotesten) ist unzulässig. Die Betrauung eines Gerichtsdieners mit der Aufnahme von Wechselprotesten wird überhaupt nicht zu empfehlen sein.

²) a. Die bisher üblich gewesene Entschädigung der zur Erledigung von Eilaufträgen herangezogenen Beamten der Verteilungsstelle entspricht nicht den Absichten der G.V.O. 2c. (J.M.Vfg. v. 22./5. 03 II 1887 als Zus. a zu §. 44 G.V.O. in den „Amtl. Vorschr." S. 81).

b. Vgl. a. Zus. zu Nr. 20 d. Allg. Vfg. v. 31./3. 00, J.M.Bl. S. 385 abgedruckt in der „Amtl. Vorschr." S. 87 ff., Anhang IV.

c. Für den Fall, daß ein G.V. an der ihm übertragenen Erledigung eines Wechselprotestes behindert ist und ein Gerichtsschreiber in Gemäßheit des §. 44 G.V.O. mit seiner Vertretung beauftragt wird, können nur die Gebühren des G.V. in Ansatz gebracht werden, da dann der Gerichtsschreiber nicht als solcher, sondern als G.V. tätig ist (J.M.Vfg. v. 15./6. 03, II 1659, s. Zus. c zu §. 44 Nr. 3 G.V.O. in d. „Amtl. Vorschr." S. 81).

Dritter Abschnitt.

Hilfsgerichtsvollzieher.

§. 45.

Allgemeines.

Zur Erledigung solcher Gerichtsvollziehergeschäfte, welche von Preußischen Justizbehörden angeordnet werden, können Gerichtsdiener und Hilfsgerichtsdiener zu Hilfsgerichtsvollziehern widerruflich bestellt werden. Die Gerichtsdiener und die Hilfsgerichtsdiener sind zur Übernahme der Geschäfte eines Hilfsgerichtsvollziehers neben den Gerichtsdienergeschäften verpflichtet. Die Hilfsgerichtsvollzieher sind von der Stellung einer Amtskaution befreit.

Die örtliche Zuständigkeit der zu Hilfsgerichtsvollziehern bestellten Gerichtsdiener soll grundsätzlich nicht über den Sitz des Amtsgerichts und die in einer Entfernung von 2 Kilometer angrenzenden Vororte hinaus ausgedehnt und ihre sachliche Zuständigkeit auf Kostenabholungen und auf die dem Verwaltungszwangsverfahren unterliegenden Vollstreckungshandlungen beschränkt bleiben. Zur Vornahme von Kostenabholungen in Landbezirken werden Hilfsgerichtsvollzieher grundsätzlich nicht bewilligt.

Über die Motive für diese Bestimmungen läßt sich die J.M.Vfg. v. 18./4. 03, I 3834 (s. Zus. zu §. 45 in den „Amtl. Vorschr." S. 82) des weiteren aus.

§. 46.

Dienstliche Stellung.

1. Die Bestellung zum Hilfsgerichtsvollzieher erfolgt durch den Oberlandesgerichtspräsidenten. Die Vorschrift des §. 37 Abs. 3 findet entsprechende Anwendung.

2. Für die Erledigung der Aufträge erhalten die Hilfsgerichtsvollzieher die im §. 24 Abs. 2 bezeichneten Vergütungen. Eine weitere Entschädigung wird ihnen nicht gewährt.

§. 47.

Dienstbedürfnisse, Siegel.

1. Die Hilfsgerichtsvollzieher sind nicht verpflichtet, besondere Geschäftsräume oder eine Pfand-

kammer zu halten. Die erforderlichen Dienstbedürfnisse, wie Formulare, Briefumschläge 2c. werden ihnen aus den Beständen der Justizbehörde, bei der sie bestellt sind, überwiesen.

2. Die Hilfsgerichtsvollzieher führen, soweit nicht ein anderes bestimmt ist, Dienstsiegel und Dienststempel der Gerichtsvollzieher.

§. 48.

Anwendbare Vorschriften.

Im übrigen finden die Vorschriften der §§. 15, 16, des §. 17 Abs. 1, 2, 5, der §§. 18, 20, des §. 22 Abs. 2, der §§. 24, 25, 30, 32, 33, 34 und des §. 41 Abs. 2 auch auf die Hilfsgerichtsvollzieher entsprechende Anwendung.

Zweiter Teil.

Geschäftsbetrieb.

I. Erteilung der Aufträge.

§. 49.

Verteilungsstelle.

1. Bei jedem Amtsgerichte, für dessen Bezirk mehrere Gerichtsvollzieher bestellt sind, wird eine Verteilungsstelle für Gerichtsvollzieheraufträge eingerichtet. Die Geschäfte der Verteilungsstelle werden einem, erforderlichenfalls mehreren, Gerichtsschreibereibeamten übertragen.

2. Der Verteilungsstelle liegt es ob, solche Aufträge in Parteisachen, bei denen eine Vermittlung des Gerichtsschreibers nicht zugelassen ist oder nicht in Anspruch genommen wird, entgegenzunehmen und an den zuständigen Gerichtsvollzieher (§§. 17, 18) zu befördern.

3. Die Befugnis der Parteien, ihre Aufträge dem zuständigen Gerichtsvollzieher unmittelbar zu erteilen, bleibt unberührt. Die Verteilungsstelle ist verpflichtet, den Rechtsuchenden auf Erfordern den zuständigen Gerichtsvollzieher zu bezeichnen.

4. Die Verteilungsstelle ist befugt, einen Auftrag zur Zwangsvollstreckung einem anderen als dem zuständigen Gerichtsvollzieher (§§. 17, 18) zur Ausführung zuzuteilen, wenn besondere Umstände dies erforderlich erscheinen lassen. Die Zuteilung hat in schriftlicher Form zu geschehen. Der beauftragte Gerichtsvollzieher hat bis zu einer etwaigen anderweitigen Entscheidung des aufsichtführenden Amtsrichters der Anordnung Folge zu leisten.

5. Aufträge zur Aufnahme von Wechselprotesten, welche bei der Verteilungsstelle eingehen, sind dem Gerichtsvollzieher zuzuteilen, zu dessen Bezirke die Örtlichkeit gehört, an welcher der Protest oder die erste von mehreren erforderlichen Protesthandlungen aufzunehmen ist.

Zu Nr. 1. Die Übertragung der Geschäfte eines Verteilungsbeamten auf einen G.V. ist unzulässig (J.M.Vfg.

v. 15./6. 00, I 8275 bei Müller V Bd. 1 S. 290, Zus. zu §. 49).

§. 50.

Geschäftszeit.

1. Die Verteilungsstelle muß während der gewöhnlichen Dienststunden (§. 3 Abs. 1 der Geschäftsordnung für die Gerichtsschreibereien der Amtsgerichte) für die Beteiligten geöffnet sein.

2. An dem Eingange zu dem Geschäftszimmer sind die Dienststunden der Verteilungsstelle sowie die Namen und Wohnungen (Geschäftslokale) der Gerichtsvollzieher und ihrer regelmäßigen Vertreter unter Bezeichnung der ihnen zugewiesenen Bezirke und der sonstigen Anordnungen hinsichtlich der Geschäftsverteilung zu vermerken, auch ist auf die Befugnis der Parteien, ihre Aufträge dem zuständigen Gerichtsvollzieher unmittelbar zu erteilen, hinzuweisen.

§. 51.

Entgegennahme der Aufträge.

1. Die mündliche oder schriftliche Erteilung des Auftrags an die Verteilungsstelle unter Aushändigung der zur Ausführung des Auftrags erforderlichen Schriftstücke hat die gleiche Wirkung, als ob der Auftrag dem zuständigen Gerichtsvollzieher unmittelbar erteilt wäre. Die Zeit der Übergabe ist von dem Beamten der Verteilungsstelle auf den übergebenen Schriftstücken zu vermerken und im Falle

des §. 169 der Civilprozeßordnung der Partei auf Verlangen zu bescheinigen.

2. Mündliche Aufträge hat der Beamte der Verteilungsstelle erforderlichenfalls auf den übergebenen Schriftstücken oder auf einem besonderen Umschlage kurz zu vermerken. Der Beamte hat den erschienenen Auftraggeber an den zuständigen Gerichtsvollzieher selbst zu verweisen, wenn der bezeichnete Vermerk nicht genügen würde, um den Gerichtsvollzieher über die Sachlage zu unterrichten, oder wenn der Auftraggeber (z. B. bei Protestierung eines Wechsels) die schleunige Erledigung verlangt.

3. Der Beamte der Verteilungsstelle soll den erschienenen Auftraggeber darauf aufmerksam machen, daß der Gerichtsvollzieher wegen der Gebühren und Auslagen Vorschuß fordern und bis zur Einzahlung des Vorschusses seine Tätigkeit verweigern darf (§. 63). Erbietet sich der Auftraggeber zur Zahlung eines Vorschusses, so hat der Beamte die Zahlung im Namen des Gerichtsvollziehers gegen Quittung in Empfang zu nehmen. Der eingezahlte Betrag ist gemäß dem Abs. 2 Satz 1 zu vermerken und dem Gerichtsvollzieher bei dessen Erscheinen an der Verteilungsstelle (§. 52 Abs. 3) gegen Empfangsbekenntnis auszuhändigen. Über die Vereinnahmung und die Verausgabung der Vorschüsse ist von der Verteilungsstelle ein Kassenbuch zu führen. Hierzu ist das Formular zur Asservatenliste der Gerichtskasse (Formular

P der Kassenordnung) zu verwenden; die Spalte 4 bleibt darin unbenutzt.

Zu Nr. 1. Im dienstlichen wie im Interesse der Gerichtseingesessenen empfiehlt es sich, um einen schnelleren Geschäftsgang zu ermöglichen, die Auftraggeber durch kostenfreien Hinweis in den Lokalblättern auf die Notwendigkeit einer möglichst genauen Angabe der Wohnung der Zustellungsempfänger oder Schuldner hinzuweisen. Wo übrigens die mangelnde Wohnungsangabe durch Einsichtnahme in den Wohnungsanzeiger oder in sonst geeigneter Weise, z. B. durch Umfrage bei den Gerichtsvollziehern oder deren Gehilfen bei ihrer Anwesenheit in der Verteilungsstelle kurzer Hand ohne besondere Schwierigkeiten ergänzt werden kann, soll dieser Weg einer Rückgabe des unvollständigen Auftrags an die Partei vorgezogen werden (J.M.Rdvfg. v. 11./5. 03, I 327 ' s. Zus. zu Nr. 1 d. §. 51 in d. „Amtl. Vorschr." S. 85).

§. 52.
Zuweisung der Aufträge.

1. Für jeden Gerichtsvollzieher wird bei der Verteilungsstelle ein Fach bestimmt; das Fach ist mit dem Namen des Gerichtsvollziehers zu bezeichnen.

2. Die eingegangenen, gemäß dem §. 51 Abs. 1 mit dem Eingangsvermerke versehenen Schriftstücke werden von der Verteilungsstelle nach Gerichtsvollzieherbezirken gesondert. Die für einen jeden der Gerichtsvollzieher bestimmten Schriftstücke werden in das mit dem Namen des Gerichtsvollziehers bezeichnete Fach gelegt.

3. Der Gerichtsvollzieher hat sich täglich zur Empfangnahme der für ihn bestimmten Schriftstücke

bei der Verteilungsstelle persönlich einzufinden, es sei denn, daß ihm der aufsichtführende Amtsrichter gestattet, diese Schriftstücke unter eigener Verantwortlichkeit durch eine zuverlässige, der Verteilungsstelle zu bezeichnende erwachsene Person abholen zu lassen. Auch im letzteren Falle hat sich der Gerichtsvollzieher regelmäßig an zwei Tagen der Woche bei der Verteilungsstelle persönlich einzufinden; doch kann bei Amtsgerichten von großen Geschäftsumfange durch Anordnung des aufsichtführenden Amtsrichters diese Pflicht auf ein einmaliges Erscheinen in der Woche beschränkt werden.

4. Durch die Post eingehende Aufträge der Parteien, welche einer besonderen Beschleunigung bedürfen, sind dem Gerichtsvollzieher alsbald, in der Regel durch den Gerichtsdiener, anderenfalls auf Kosten der Partei zuzusenden.

5. Die Verteilungsstelle hat dem Auftraggeber bei mündlichen Aufträgen mündlich, bei schriftlichen Aufträgen mittelst unfrankierter, mit entsprechendem Vordrucke für die Mitteilung versehener und als portopflichtige Dienstsache zu übersendender Postkarten den Gerichtsvollzieher zu bezeichnen, welchem der Auftrag zugeteilt worden ist.

6. Der Landgerichtspräsident*) ist befugt, die Führung einer besonderen, möglichst einfachen Kon-

---

*) Bei dem Amtsgericht I in Berlin der „Amtsgerichtspräsident" (Nr. 22 d. Allg. Vfg. v. 4./9. 00, J.M.Bl. S. 559).

trolle über die bei den Verteilungsstellen eingehenden Schriftstücke und deren Zuteilung an die Gerichtsvollzieher anzuordnen.

§. 53.

Erledigung eiliger Aufträge.

1. Bei Amtsgerichten von großem Geschäftsumfange kann von dem aufsichtführenden Amtsrichter die Anordnung getroffen werden, daß an den einzelnen Wochentagen abwechselnd in einer im voraus zu bestimmenden Reihenfolge ein oder erforderlichenfalls mehrere Gerichtsvollzieher zur Erledigung solcher Aufträge, die zur Abwendung eines unwiederbringlichen Nachteils sofort ausgeführt werden müssen, sich in ihrem Geschäftslokale ständig bereit zu halten haben. Auch können einzelne Gerichtsvollzieher der Verteilungsstelle derart zur Verfügung gestellt werden, daß diese ohne Rücksicht auf die Bezirkseinteilung, alle besonders schleunigen Aufträge zu erledigen haben. Ein bestimmter Bezirk ist ihnen nicht zuzuweisen; soweit sie durch Eilsachen nicht voll beschäftigt werden, sind ihnen die im §. 17 Abs. 3 Satz 2 bezeichneten Postzustellungen zu übertragen.

2. Die Zuständigkeit des Gerichtsvollziehers zur Erledigung der im Abs. 1 bezeichneten Aufträge unterliegt nicht der im §. 18 Abs. 1 vorgesehenen Beschränkung.

Zu Nr. 1. Die Notwendigkeit, während des ganzen Tages Beamte für eilige Aufträge in der Verteilungsstelle bereit zu halten, würde voraussichtlich wegfallen, wenn die Stunde für die Abholung der Aufträge durch die G.V. aus der Verteilungsstelle zweckmäßig auf die Mitte des Tages bestimmt wird. Dann ist fast ausnahmslos den am Morgen eingegangenen Aufträgen die Ausführbarkeit noch an demselben Tage gesichert.

Was die Charakterisierung der einzelnen Aufträge als „eilig" betrifft, so ist das Bedürfnis nach einer besonderen Feststellung dieses Begriffs im allgemeinen noch nicht hervorgetreten. Es ist bei der Frage zu erwägen, daß es wohl angezeigt ist, den Gerichtsvollzieher an die Weisungen des Auftraggebers zu binden, daß aber eine gleiche Rücksichtnahme nicht geboten ist, wenn die Beteiligung anderer amtlicher Organe (Aufsichtsrichter, Verteilungsstelle) an der Behandlung der Aufträge in Frage kommt. Die Bezeichnung als Eilsache durch den Gläubiger kann allein nicht entscheidend sein, vielmehr steht nichts im Wege, trotz jenes Vermerkes Aufträge, an deren schleuniger Erledigung kein offensichtliches Interesse besteht, als gewöhnliche Aufträge zu behandeln, wenn nicht das Verlangen der Beschleunigung besonders begründet wird. Zu beachten ist jedoch, daß gewisse Aufträge, wie namentlich zu Z.V.-Handlungen und Wechselprotesten, regelmäßig ihrer Natur nach der Beschleunigung bedürfen (J.M.Vfg. v. 5./12. 01, I 7581, s. Zus. zu Nr. 1 des §. 58 i. d. „Amtl. Vorschr." S. 87).

Vgl. übrigens auch G.A. §. 6.

§. 54.

Amtliche und vermittelte Aufträge.

1. Ist nach §. 49 bei dem Amtsgericht eine Verteilungsstelle errichtet, so liegt dieser auch die Beförderung der durch einen Gerichtsschreiber vermittelten Parteiaufträge sowie der amtlichen Aufträge

an die zuständigen Gerichtsvollzieher ob. In diesem Falle treten die bei der Verteilungsstelle befindlichen Fächer an die Stelle derjenigen Fächer, welche im §. 22 Abs. 2 der Geschäftsordnung für die Gerichtsschreibereien der Amtsgerichte vorgesehen sind.

2. In jeder Gerichtsschreiberei ist alsdann ein Fach für die an die Verteilungsstelle abzugebenden Schriftstücke einzurichten. In dieses Fach sind die für die Gerichtsvollzieher bestimmten Aufträge ohne Sonderung nach Gerichtsvollzieherbezirken niederzulegen. Die niedergelegten Schriftstücke sind zu den von dem aufsichtführenden Amtsrichter bestimmten Zeiten, mindestens aber zweimal täglich, an die Verteilungsstelle abzutragen; sie sind vor der Aushändigung an den Gerichtsdiener in eine Hülle zu legen.

§. 55.

Abholung von der Gerichtsschreiberei.

Bei den Amtsgerichten ohne Verteilungsstelle (§. 49) hat sich der Gerichtsvollzieher zur Empfangnahme der Aufträge täglich auf der Gerichtsschreiberei einzufinden oder — im Falle der Genehmigung seitens des aufsichtführenden Amtsrichters — für die Abholung gemäß §. 52 Abs. 3 Sorge zu tragen.

Vgl. auch Anm. 2 lit. b zu §. 17 vorst. (Amtl. Vorschr. Zus. b zu §. 17 Abs. 1).

§. 56.

Landgerichte und Oberlandesgerichte.

Von den Landgerichten und den Oberlandesgerichten ist für die durch den Gerichtsschreiber vermittelten und für die amtlichen Aufträge die bei dem Amtsgericht eingerichtete Verteilungsstelle mitzubenutzen, es sei denn, daß besondere Umstände, insbesondere der Geschäftsumfang oder die örtlichen Verhältnisse, nach dem Ermessen des Präsidenten die Einrichtung einer besonderen Verteilungsstelle zweckmäßig erscheinen lassen (§. 20 Abs. 2, 3 der Geschäftsordnung für die Gerichtsschreibereien der Landgerichte und der Oberlandesgerichte).

§. 57.

Staatsanwaltschaften und Oberstaatsanwaltschaften.

1. Die Sekretäre der Staatsanwaltschaft und der Oberstaatsanwaltschaft haben sich für den geschäftlichen Verkehr mit den Gerichtsvollziehern gleichfalls der an ihrem Amtssitze bestehenden Verteilungsstellen zu bedienen. Eilige Aufträge senden sie dem zuständigen Gerichtsvollzieher unmittelbar zu.

2. Die erforderlichen näheren Anordnungen bleiben dem Vorstande der Behörde überlassen.

§. 58.

Behandlung der Aufträge.

1. Der Gerichtsvollzieher hat die ihm durch die Verteilungsstelle zugehenden Aufträge in der gleichen Weise wie die ihm unmittelbar erteilten Aufträge

zu behandeln. Er hat sie insbesondere mit dem Eingangsvermerke (§. 21 Abs. 1 der Geschäftsanweisung für die Gerichtsvollzieher) zu versehen und auf ihre Zulässigkeit zu prüfen.

2. Wegen Behebung etwa vorgefundener Anstände und wegen des etwa einzufordernden Vorschusses hat er sich mit dem Auftraggeber unmittelbar in Verbindung zu setzen.

II. Erhebung der Gebühren.

§. 59.

Gebührenvorschriften.

1. Die Berechnung der dem Zahlungspflichtigen in Ansatz zu bringenden Gebühren und Auslagen erfolgt

a) in dem Verwaltungszwangsverfahren wegen Beitreibung von Geldbeträgen nach dem §. 54 der Verordnung vom 15. November 1899 (G.S. S. 545) und dem dieser Verordnung beigefügten Tarife in Verbindung mit der Allgemeinen Verfügung vom 8. Dezember 1899 (J.M.Bl. S. 721);

b) in anderen Angelegenheiten nach der Gebührenordnung für Gerichtsvollzieher in der Fassung der Bekanntmachung vom 20. Mai 1898 (R.G.Bl. S. 683) und nach dem Preußischen Gesetz, enthaltend die landesgesetzlichen Vorschriften über die Gebühren der Rechtsanwälte und der Gerichtsvollzieher, in der Fassung der Bekanntmachung vom 6. Oktober 1899 (G.S. S. 381) in Verbindung mit der Allgemeinen Verfügung vom 8. Dezember 1899 (J.M.Bl. S. 721).[1])

2. Zu den Geldbeträgen, welche auf Anordnung der zuständigen Justizverwaltungsbehörde im Verwaltungszwangsverfahren einzuziehen sind, gehören insbesondere

a) die Gerichtskosten (Pr. G.K.G. §§. 16, 119);

b) die an Justizbeamte, Zeugen oder Sachverständige oder an die Empfänger von Transportkosten sowie die an Angeschuldigte bei der Erstattung von Auslagen (Str.P.O. §§. 499, 505) zuviel gezahlten und wieder einzuziehenden Beträge (Pr. G.K.G. §. 141);

c) die auf Grund eines Defektenbeschlusses einzuziehenden Beträge (§. 9 der Verordnung vom 24. Januar 1844 — G.S. S. 52);

d) die durch Entscheidungen der Aufsichts- und Disziplinarbehörden gegen Beamte festgesetzten Geldstrafen;

e) die Ordnungsstrafen (Pr. F.G.G. Artikel 16);

f) die nach §. 11 des Gesetzes vom 25. März 1873, betreffend die Amtskautionen der Staatsbeamten (G.S. S. 125), von dem Kautionsbesteller einzuziehenden Beträge;

g) die Kosten des Verwaltungszwangsverfahrens.[2])

3. Für die mit der Einziehung der Geldstrafe verbundene Beitreibung der Kosten sind die Gebühren und Auslagen des Gerichtsvollziehers nach der Gebührenordnung für Gerichtsvollzieher in der Fassung der Bekanntmachung vom 20. Mai 1898 zu berechnen; als beizutreibende Forderung gilt der zusammenzurechnende Betrag an Strafe und Kosten. Ist die Beitreibung der Kosten des Strafverfahrens nicht mit der Beitreibung der Geldstrafe verbunden (§. 45 der Kassenordnung), so werden für die Beitreibung der Kosten Gebühren nach dem Tarife für das Verwaltungszwangsverfahren berechnet.[3])

4. Das Verfahren, betreffend die Abnahme des Offenbarungseids von einem Schuldner, von welchem Geldbeträge im Verwaltungszwangsverfahren beizutreiben sind, ist nach §. 21 der Verordnung vom 15. November 1899 ein gerichtliches Verfahren. Die Gebühren für die in diesem Verfahren von dem Gerichtsvollzieher vorzunehmenden Geschäfte sind daher nach der Gebührenordnung für Gerichtsvollzieher in Ansatz zu bringen.

5. Aufträge, welche dem Gerichtsvollzieher von gerichtlichen Kassenverwaltungen erteilt werden, sind in der Regel (Abs. 2 a, b, g) im Verwaltungszwangsverfahren auszuführen (§. 108 der Geschäftsanweisung für die Gerichtsvollzieher). Eine Ausnahme von dieser Regel bilden nur die Fälle, in welchen die Kassenverwaltung Prozeßpartei ist oder als Prozeßpartei behandelt wird (Abs. 4). Die

Kassenverwaltungen haben, sofern eine Zustellung oder Zwangsvollstreckung nicht im Verwaltungszwangsverfahren erfolgt, dies in dem Auftrag an den Gerichtsvollzieher ersichtlich zu machen.[4]) Andere Justizbehörden müssen dagegen bei der Anordnung von Zustellungen und Zwangsvollstreckungen, welche im Verwaltungszwangsverfahren auszuführen sind, in dem Auftrag ersichtlich machen, daß er im Verwaltungszwangsverfahren zu erledigen ist.

---

[1]) Wegen der im V.Z.V. einzuziehenden bezw. beizutreibenden Geldbeträge vgl. G.A. §. 108 u. die Anm. dazu in „Exner, Dienst- ꝛc. Verh. d. Pr. G.V.", S. 242 ff.

[2]) Hier sind nur die „insbesondere" im V.Z.V. einzuziehenden Geldbeträge genannt. Der Umfang der letzteren ist damit also nicht erschöpfend bestimmt. Es können auch noch andere Geldbeträge im V.Z.V. eingezogen werden. Die Bestimmung darüber steht der zuständigen Justizverwaltungsbehörde zu.

Die unter lit. d bezeichneten Geldstrafen sind Ordnungsstrafen, ebenso wie diejenigen Strafen, welche auf Grund des Art. 16 Pr.F.G.G. festgesetzt werden (lit. c).

[3]) Dagegen erfolgt die zwangsweise Beitreibung gerichtlich erkannter Geld- und Ordnungsstrafen ꝛc. in Gemäßheit des §. 495 Str.P.O. nach den Vorschriften der C.P.O. für die Z.V. wegen Geldforderungen. Auftraggeber ist die Strafvollstreckungsbehörde, also die Staatsanwaltschaft oder das Amtsgericht (letzteres jedoch nur in den Fällen des §. 88 d. Ges. v. 15./4. 78, G.S. S. 222, des §. 488 Abs. 3 Str.P.O., Allg. Vfg. v. 14./8. 79, I 3928 J.M.Bl. S. 287 zu 1).

Der schriftliche Auftrag der Strafvollstreckungsbehörde vertritt die vollstreckbare Ausfertigung des Schuldtitels. Vgl. a. G.A. §. 90.

[4]) Auch wenn die Kassenverwaltung Prozeßpartei ist, oder als solche behandelt wird, sind die von ihr erteilten Aufträge zur Zustellung oder zur Z.V. als **amtliche** Aufträge im Sinne des §. 24 vorst. anzusehen und zu behandeln (Entsch. d. Ob.-Rechn.-Kammer, vgl. Bur.Bl. 1899, S. 152).

§ 60.

Gemeinsame Bestimmungen.

1. Die Gerichtsvollzieher haben unter den Urschriften und Abschriften der von ihnen aufgenommenen Urkunden eine Berechnung der tarifmäßigen Gebühren und Auslagen (§. 59) aufzustellen. In der Berechnung sind unter Bezeichnung der zur Anwendung gebrachten Vorschrift die Gebühren und Auslagen nach den einzelnen Posten und, sofern die Höhe der Gebühr davon abhängt, der Wert des Gegenstandes und die Zeitdauer des Vollstreckungsgeschäfts anzugeben.[1])

2. Neben der Berechnung ist die Nummer des Dienstregisters zu vermerken. Auf jede Abschrift der Urkunde ist auch eine Abschrift der Gebührenrechnung zu übertragen.

3. Wenn eine besondere Gebührenrechnung zu erteilen ist, weil der Schuldner weder die Urschrift noch eine Abschrift der Urkunde erhält, so muß die Rechnung außer den im Abs. 1 Satz 2 bestimmten Angaben eine kurze Bezeichnung der Sache und des vorgenommenen Geschäfts sowie Ort und Zeit der Ausstellung enthalten.

4. Sofern die Kosten nicht bei der Aushändigung der Schriftstücke an den Gerichtsvollzieher gezahlt oder durch Vorschuß gedeckt oder durch Postnachnahme erhoben werden, hat die dem Schuldner mitzuteilende Rechnung (Abs. 3) die Aufforderung zu enthalten, die Kostenschuld binnen einer Woche nach dem Empfange der Rechnung an den Gerichtsvollzieher unter Angabe der Dienstregisternummer zu zahlen oder mit Angabe dieser Nummer portofrei einzusenden, andernfalls ohne weitere Mahnung die Beitreibung im Zwangsverfahren eintreten werde. Erhält der Schuldner nicht eine besondere Rechnung, sondern die mit der Kostenrechnung versehene Urschrift oder Abschrift der Urkunde, so ist im Falle der Voraussetzungen im Satze 1 die Zahlungsaufforderung unter Bezugnahme auf die aus der Urkunde ersichtliche Berechnung dem Kostenschuldner zuzufertigen. Die Zahlungsaufforderung und die Kostenrechnung sind von dem Gerichtsvollzieher zu unterschreiben. Erfolgt gleichwohl Zahlung nicht, so richtet sich das weitere Verfahren nach §. 66 Abs. 6.[2])

5. Wird der Kostenansatz auf Erinnerung des Zahlungspflichtigen durch gerichtliche Entscheidung ermäßigt, so hat der Gerichtsvollzieher die Entscheidung dem Landgerichtspräsidenten*) zur Prüfung

*) Bei dem Amtsgericht I in Berlin dem „Amtsgerichtspräsidenten" (Nr. 28 d. Allg. Vfg. v. 4./9. 00, J.M.Bl. S. 559).

vorzulegen. Dieser hat, sofern das Ergebnis hierzu Anlaß bietet, den Gerichtsvollzieher zur Erhebung der Beschwerde anzuweisen.[3])

6. Sind Kosten vom Gerichtsvollzieher irrig in Ansatz gebracht oder einer nicht zahlungspflichtigen Person in Rechnung gestellt, so hat er eine anderweitige Berechnung aufzustellen und im Falle bereits geleisteter Zahlung die überhobenen Beträge zurückzuzahlen. In dem Dienstregister und in dem Ablieferungsbuche sind diese Beträge unter einer besonderen Nummer als negative Zahl (rot) einzustellen und demgemäß von der Summe zu kürzen. Sind jedoch die Kosten in einem früheren als dem laufenden Vierteljahre (§. 67 Abs. 1) verrechnet worden, so hat die Zurückzahlung durch die Gerichtskasse nach Maßgabe der Vorschriften der Kassenordnung zu erfolgen.[4])

---

[1]) Unter den hier in Rede stehenden „Urkunden" sind alle gebührenpflichtigen Akte des G.V. zu verstehen.

Wegen der Aufstellung der Gebührenberechnung vgl. nachst. §. 66 Nr. 4.

[2]) Wegen Einforderung eines Vorschusses und Erhebung der Kosten durch Postnachnahme (vgl. §. 62 Nr. 2, §. 68 nachst.). — S. a. bei „Exner, Dienst- rc. Verh. d. Pr. G.V., S. 391. Zus. zu Nr. 4 d. §. 60, wo das Verfahren speziell erläutert ist.

[3]) a. Nur wenn auf „Erinnerung des Zahlungspflichtigen" der Kostenansatz durch gerichtliche Entscheidung ermäßigt wird, hat der G.V. diese dem Landgerichtspräsidenten zur Entschließung über die dagegen etwa zu erhebende Beschwerde vorzulegen. Überzeugt sich da-

gegen der G.V. nachträglich selbst von der Unrichtigkeit der von ihm aufgestellten Gebührennote, so hat er ohne weiteres deren Richtigstellung und die Nachforderung zu wenig erhobener Gebühren zu betreiben oder die Rückzahlung zuviel erhobener Gebühren nach den Vorschriften der Nr. 6 vorst. zu veranlassen.

b. Für die Kosten der Entscheidung in der Beschwerdeinstanz haftet der **G.V.** nicht persönlich. Nach §. 22 G.V.O. fließen die Gebühren des G.V. zur Staatskasse; sie werden für diese vom G.V. erhoben. Ebenso stehen die Auslagenforderungen des G.V. der Staatskasse zu. Gegner des die Erinnerung erhebenden Auftraggebers ist also nicht der G.V. persönlich, sondern die insoweit von ihm vertretene Staatskasse (Ldg.-Entsch. i. d. Rundschau der Juristischen Gesellschaft Frankfurt a. M. S. 208 v. 1901, mitget. im Bür.Bl. 1902 S. 89).

[4]) Für das Verfahren bei der Zurückzahlung von Kosten, die in einem früheren als dem laufenden Vierteljahre verrechnet worden sind, sind in der J.M.Rdvfg. v. 11./5. 08, I 8271 (s. „Amtl. Vorschr." S. 48 Zus. zu Nr. 6) besondere Vorschriften erlassen, welche die Billigung der Ob.-Rechn.-Kammer gefunden haben.

§. 61.

Gebühren im Verwaltungszwangsverfahren.

1. Bei der Berechnung der Gebühren und Auslagen im Verwaltungszwangsverfahren ist zu beachten, daß der der Verordnung vom 15. November 1899 beigefügte Tarif[1]) auf anderen Grundsätzen beruht, als die Gebührenordnung für Gerichtsvollzieher, und daß daher die Bestimmungen der Ge-

bührenordnung auch nicht entsprechend angewendet werden dürfen.

2. Als bare Auslagen des Gerichtsvollziehers sind der Partei gegenüber die im Tarife für diese festgesetzten Beträge (z. B. Nr. 3, 5, 7, 8 des Gebührentarifs), sofern jedoch der Tarif keine Sätze festsetzt, die tatsächlich gezahlten Beträge in Ansatz zu bringen.

Zu beachten bleibt insbesondere folgendes:

a) Zu Nr. 3 des Tarifs. Erfolgt die öffentliche Bekanntmachung der Versteigerung durch Aushang und Ausruf, so sind der Partei gegenüber lediglich die Beträge des Tarifs, erfolgt sie dagegen auf andere Weise, die tatsächlich entstandenen Auslagen anzusetzen.

b) Zu Nr. 5 des Tarifs. Schreibgebühren kommen nur für Protokollabschriften in Ansatz; sie betragen ohne Rücksicht auf den Umfang des Schriftstücks 10 Pfennig.

c) Zu Nr. 8 des Tarifs. Wenn Vieh gepfändet und einer Person zur Pflege übergeben, oder wenn zur Aufsicht über gepfändete, von dem Boden noch nicht getrennte Früchte ein Wächter bestellt ist, so sind nicht die Sätze des Tarifs, sondern die tatsächlich entstandenen Auslagen zu erheben. Für die Aufbewahrung anderer aus dem Gewahrsam des Schuldners entfernter Sachen hat dagegen der Schuldner ohne Rücksicht auf die wirklich entstandenen

Kosten stets den unter Nr. 8 des Tarifs bestimmten Betrag zu zahlen.

3. Reise- und Zehrungskosten kommen nach §. 54 Buchst. e der Verordnung nicht in Ansatz.

4. Auslagen für Beschaffung, Heizung oder Beleuchtung des Versteigerungslokals werden durch den Tarifsatz für die Versteigerung mit abgegolten und dürfen dem Schuldner nicht in Rechnung gestellt werden.

5. Gebühren für Zustellungen (Nr. 6 des Tarifs) sind nur zu erheben, soweit es sich um andere als die unter Nr. 2, 4 des Tarifs bezeichneten Zustellungen handelt. Postgebühren kommen neben den Zustellungsgebühren (Nr. 6 des Tarifs) nicht in Ansatz.[2])

6. Ist der Auftrag nicht von einer Preußischen Justizbehörde oder einer anderen Preußischen Staatsbehörde erteilt, so kommen auch im Verwaltungszwangsverfahren die für gerichtliche Zwangsvollstreckungen geltenden Gebührenvorschriften zur Anwendung. Auf die im Verwaltungszwangsverfahren durch Gerichtsvollzieher bewirkten Ladungen zur Leistung des Offenbarungseids und die Verhaftungen zum Zwecke der Erzwingung dieses Eides finden die Vorschriften der Gebührenordnung für Gerichtsvollzieher in allen Fällen Anwendung (§. 6 Satz 2, 3 der Allgemeinen Verfügung vom 8. Dezember 1899 — J.M.Bl. S. 721).[3])

[1]) Vgl. diesen Tarif und die Anmerkungen dazu bei Abschn. 8.

[2]) Zu Nr. 2 bis 5 s. die Erläuterungen bei „Exner, Dienst- 2c.-Verh. d. Pr. G.V." S. 893, 894.

[3]) Bei den im V.Z.V. bewirkten Ladungen zur Ableistung des Offenbarungseides und den Verhaftungen zum Zwecke der Erzwingung dieses Eides sind in allen Fällen die Bestimmungen der **Geb.O.** maßgebend; doch sind derartige Aufträge, wenn sie von anderen Preuß. Staatsbehörden (als den Justizbehörden) ausgehen, als amtliche zu behandeln in allen denjenigen Fällen, in welchen die beizutreibenden Geldbeträge der Staatskasse gebühren.

§. 62.

Gebühren in anderen Angelegenheiten.

1. Für Geschäfte, welche nicht dem Gebührentarife für das Verwaltungszwangsverfahren unterliegen (vgl. §. 6 der allgemeinen Verfügung vom 8. Dezember 1899 — J.M.Bl. S. 721), erfolgt die Berechnung der den Zahlungspflichtigen in Rechnung zu stellenden Reisekosten, Schreibgebühren und sonstigen baren Auslagen in allen Fällen nach den Vorschriften der Gebührenordnung für Gerichtsvollzieher ohne Rücksicht darauf, ob die Gebühr für den Akt selbst durch die Gebührenordnung oder anderweit bestimmt ist. Bei Reisekosten ist die Gesamtzahl der Kilometer des Hinwegs und des Rückwegs anzugeben.

2. Der Gerichtsvollzieher hat die Gebühren und Auslagen für Parteiaufträge (§. 23) sogleich nach

der Erledigung des Auftrags unter Mitteilung der Gebührenrechnung (§. 60 Abs. 3, 4) von dem Auftraggeber zu erheben, soweit sie nicht durch Vorschuß gedeckt oder bei der Zwangsvollstreckung gegen den Schuldner von diesem erhoben oder beigetrieben sind. Die Erhebung durch Postnachnahme ist nur bei der Einforderung vom Auftraggeber selbst statthaft.

Zu Nr. 2. **a.** Der Anregung, den Schlußsatz in §. 62 Nr. 2 G.V.O. zu streichen, kann nicht entsprochen werden, weil durch diesen Satz lediglich beabsichtigt war, die gesetzliche Vorschrift in §. 20 Satz 2 Geb.O. in einer dem Verständnisse dieser Beamten angepaßten Form wiederzugeben ꝛc. (J.M.Rdvfg. v. 20./6. 01, I 4192 in d. Bur.Bl. 1902 S. 2, auch Zschr. f. V.R. ꝛc. 1901 S. 135).

b. Das Wort „Auftraggeber" im §. 20 Geb.O. bedeutet nicht diejenige Person, zu welcher der G.V. in ein zivilrechtliches Verhältnis tritt, sondern diejenige, welche dem G.V. tatsächlich den Auftrag erteilt. Den Gegensatz zum Auftraggeber bildet eine dritte Person, die dem G.V. für die Gebühren haftet, wie z. B. der in die Prozeßkosten verurteilte Gegner einer armen Partei, für welche der G.V. tätig war (C.P.O. §. 124).

Die Unterscheidung, daß die Postnachnahme zwar gegenüber einem gesetzlichen, aber nicht gegenüber einem rechtsgeschäftlichen Vertreter zulässig sei, entbehrt jedes Anhalts im Gesetze. Sonach steht der Anwendung des Postnachnahmeverfahrens gegen den auftraggebenden Rechtsanwalt kein Bedenken entgegen (J.M.Rdvfg. vom 20./6. 01, I 4192, s. Zus. zu §. 62 Nr. 2 i. d. „Amtl. Vorschr." S. 45).

§. 63.

Vorschuß.

Der Gerichtsvollzieher hat der Regel nach die Übernahme eines Geschäfts von der Zahlung eines zu Deckung der baren Auslagen und des vermutlichen Betrags der Gebühren hinreichenden Vorschusses abhängig zu machen, sofern es sich nicht um amtliche Aufträge (§. 24 Abs. 1) oder um einen Auftrag für eine zum Armenrechte zugelassene Person (Geb.O. für G.V. §. 18) oder um einen solchen Auftrag handelt, dessen Verzögerung dem Antragsteller einen unersetzlichen Nachteil bringen würde (Pr. G.K.G. §. 6). Von der Erhebung des Vorschusses ist ferner abzusehen, wenn mit Sicherheit anzunehmen ist, daß die Kostenzahlung nach Vornahme des Geschäfts erfolgen wird. Die Einforderung des Vorschusses hat unter dem Eröffnen zu geschehen, daß erst nach seiner Erlegung der Auftrag zur Ausführung gelangen werde. Wird der Vorschuß nicht binnen vierzehn Tagen erlegt, so sind die etwa übergebenen Schriftstücke dem Auftraggeber zurückzugeben oder portopflichtig zurückzusenden.

Die Rdvfg. v. 18./11. 00, I 6921*) wird insoweit aufgehoben, als sie [gegenüber den Auftraggebern am Wohnorte des G.V.] die Erhebung von Gebühren und

---

*) Abgedr. bei Exner „Dienst- rc. Verh. d. Pr. G.V.“, S. 896 Anm. 2 und bei Müller V Bd. 1 S. 296.

Auslagen durch Postnachnahme allgemein untersagt. Überall, wo die Zahlung der Gebühren auf Schwierigkeiten stößt und den G.V. die Gebühren und namentlich die Auslagen nicht alsbald von den Parteien, insbesondere von den Anwälten, erstattet zu werden pflegen, kann der Landgerichtspräsident die Einziehung durch Postnachnahme bei allen Aufträgen, auch bei Zustellungsaufträgen, gestatten.

Dagegen bewendet es dabei, daß die Erledigung von Zustellungsaufträgen von der Erhebung eines Vorschusses in der Regel nicht abhängig zu machen ist. Das Gleiche gilt von Aufträgen zur Protestierung von Wechseln (J.M.Rdvfg. v. 2./5. 01, I 8029 f. Zuf. zu §. 68 Nr. 2 i. d. „Amtl. Vorschr." S. 46).

§. 64.

Armensachen.

1. Wird einer armen Partei durch das Prozeßgericht das Armenrecht bewilligt, so erlangt sie dadurch das Recht, daß ihr zur vorläufig unentgeltlichen Bewirkung von Zustellungen und Vollstreckungshandlungen ein Gerichtsvollzieher beigeordnet werde (C.P.O. §. 115 Nr. 3). Die Bewilligung des Armenrechts erfolgt für jede Instanz besonders, für die erste Instanz einschließlich der Zwangsvollstreckung (C.P.O. §. 119 Abs. 1).

2. Als beigeordnet gilt derjenige Gerichtsvollzieher, zu dessen Zuständigkeit (§§. 17, 18) die im Auftrage der armen Partei vorzunehmende Amtshandlung gehört, auch wenn er bei einem anderen Gericht als dem Prozeßgericht angestellt ist. Die

Partei kann sich unmittelbar an den zuständigen Gerichtsvollzieher oder an die bei dem Amtsgericht eingerichtete Verteilungsstelle wenden oder in den gesetzlich zulässigen Fällen die Vermittelung des Gerichtsschreibers in Anspruch nehmen. Die Urkunden über Zustellungen, die der Gerichtsvollzieher im Auftrage der armen Partei oder des ihr beigeordneten Anwalts vorgenommen hat, sind dem Auftraggeber portofrei zu übersenden.[1])

3. Der Gerichtsvollzieher kann zum Nachweise des Armenrechts die Vorlegung der darüber ergangenen gerichtlichen Entscheidung verlangen. Wird jedoch der Auftrag von einem Rechtsanwalt erteilt, oder durch den Gerichtsschreiber vermittelt, so hat sich der Gerichtsvollzieher mit dessen Erklärung, daß der Partei das Armenrecht bewilligt sei, zu begnügen.

4. Auch ohne vorgängige Bewilligung des Armenrechts hat der zuständige Gerichtsvollzieher Zustellungsaufträge, welche ihm von einem Rechtsanwalt erteilt werden, auf Verlangen vorläufig unentgeltlich zu erledigen, falls der Rechtsanwalt sich bereit erklärt, die Gebühren und baren Auslagen aus eigenen Mitteln zu zahlen, wenn das Armenrecht nicht bewilligt werden sollte.

5. Insoweit die Gebühren und Auslagen des Gerichtsvollziehers zugleich mit dem zur Vollstreckung stehenden Anspruche der armen Partei beizutreiben sind und hierbei zur Einziehung gelangen (C.P.O.

§. 788, Geschäftsanweisung für die Gerichtsvollzieher §. 51), bewendet es in Ansehung des Gebührenanteils und der baren Auslagen bei den allgemeinen Bestimmungen im §. 23 Abs. 2, 3. Im übrigen werden die baren Auslagen, welche dem Gerichtsvollzieher bei den von ihm vorläufig unentgeltlich zu bewirkenden Amtshandlungen erwachsen (C.P.O. §. 115 Nr. 3 R.F.G.G. §. 14, Pr. F.G.G. Artikel 1), diesem aus der Staatskasse ersetzt. In solchen Fällen bleiben die Spalten 7, 8 des Dienstregisters (§. 65) unausgefüllt, der Ansatz der Gebühren und Auslagen erfolgt in der Spalte 13 des Dienstregisters, die baren Auslagen (§. 13 der Geb.O. für G.V.) werden außerdem in die Spalte 10 daselbst eingestellt. Dabei sind die unter den Auslagen einbegriffenen gesetzlichen Reisekosten sowohl bei der Einstellung wie auch bei der Aufrechnung der Spalte 10 besonders ersichtlich zu machen, damit ihre Berücksichtigung gemäß §. 71 Abs. 2 möglich ist. Auf die Zahlbarmachung dieser Auslagen findet der §. 71 Anwendung. Eine Berechnung der Gebühren und Auslagen ist vom G.V. nach Formular 6*) zu den Akten mitzuteilen, in welchen die Bewilligung des Armenrechts erfolgt ist. Von der Mitteilung der Kostenrechnung kann im Falle der erfolglosen

*) Das Formular ist abgedruckt i. d. „Amtl. Vorschr." S. 80. Es gilt als Kassenformular im Sinne des §. 28 der Gerichtsvollzieherordnung (Nr. 5 der Allg. Verf. v. 16./12. 1901, J.M.Bl. S. 302).

Zwangsvollstreckung gegen den Gegner der armen Partei abgesehen werden, wenn eine Aussicht auf spätere Einziehbarkeit nicht vorhanden ist. Die Mitteilung der Kostenrechnung wie auch die Abstandnahme ist in der Spalte 13 des Dienstregisters kurz zu vermerken. Bei den monatlichen Revisionen (§. 69) ist der Eingang der Kostenrechnungen bei den Gerichtsakten probeweise festzustellen. Von den etwa später einziehbaren Gebühren wird dem Gerichtsvollzieher ein Gebührenanteil nicht gewährt, die Auslagen werden zur Staatskasse eingezogen.[2])

---

[1]) Es hat fern gelegen, die Zustellungen durch die Post nach einem außerhalb des Amtsgerichtsbezirkes, in dem das Prozeßgericht seinen Sitz hat, belegenen Orte in Armensachen einem anderen Gerichtsvollzieher zu überweisen als demjenigen, welcher in allen bei dem Prozeßgericht anhängigen Sachen hierfür zuständig ist. Der §. 64 Abs. 1 der G.V.O. hat keine Ausnahme von den §§. 17, 18, insbesondere auch nicht von dem §. 17 Abs. 8 a. a. O., begründen, sondern nur den Fall berücksichtigen wollen, daß der nach den §§. 17, 18 zuständige Gerichtsvollzieher bei einem anderen als dem Prozeßgerichte zuständig ist. Daher ist in Armensachen für die Vornahme von Zustellungen der bezeichneten Art derjenige G.V. beigeordnet, welcher auch in den anderen Sachen diese Zustellungen zu besorgen hat. (J.M.Vfg. v. 21./8. 01, I 1835 s. Zus. zu Nr. 2 d. §. 64 i. d. „Amtl. Vorschr." S. 47).

[2]) a. Nach dem §. 26 des Gewerbegerichtsgesetzes in der Fassung der Bekanntmachung vom 29. September 1901 (R.G.Bl. S. 858) finden auf die Bewilligung des Armenrechts in den zur Zuständigkeit

der Gewerbegerichte gehörigen Streitigkeiten die betreffenden Vorschriften der C.P.O. (§§. 114 bis 127) entsprechende Anwendung. Die Bewilligung des Armenrechts für die erste Instanz einschließlich der Zwangsvollstreckung erfolgt hiernach ausschließlich durch das Gewerbegericht (C.P.O. §§. 118, 119 Abs. 1.)

Der besonderen Beiordnung eines G.V. bedarf es nicht, vielmehr bewendet es auch in den Gewerbegerichtssachen bei den allgemeinen Vorschriften des §. 64 Abs. 2, 3 G.V.O.

Was indes die Gebühren und Auslagen des G.V. anlangt, so finden die Vorschriften des §. 64 Nr. 5 G.V.O. in der Fassung der Allg. Vfg. v. 16./12. 01 (J.M.Bl. S. 301) keine Anwendung, denn das durch diese Bestimmungen geregelte Verfahren ist auf die Fälle beschränkt, in denen die preußische Staatskasse für die baren Auslagen des G.V. ersatzpflichtig ist" ꝛc. (folgen Vorschriften über das Verfahren bei der Einziehung und Beitreibung bezw. Erstattung der Gebühren ꝛc. — J.M.Rdvfg. vom 31./10. 02, I 6936 s. Zus. lit. a zu §. 64 Nr. 5 i. d. „Amtl. Vorschr." S. 48, auch abgedr. Bür.Bl. 1903 S. 19).

b. Wegen des Verfahrens des G.V. im Falle der Armenrechtsbewilligung durch die Gerichte eines anderen Bundesstaats vgl. die J.M.Rdvfg. v. 31./10. 02, I 6204 i. d. Zus. b zu §. 64 Nr. 5 i. d. „Amtl. Vorschr." S. 49, 50, auch abgedr. im Bür.Bl. 1903 S. 8, i. d. D.G.V.Ztg. 1903 S. 17).

Danach sollen auf dieses Verfahren im allgemeinen ähnliche Grundsätze Anwendung finden, wie sie für den Fall der Armenrechtsbewilligung durch ein Gewerbegericht in der vorst. zu lit. a mitgeteilten Vfg. als maßgebend bezeichnet worden sind.

— Vgl. im übrigen auch die Erläuterungen zu §. 64 in „Exner, Dienst- ꝛc. Verh. d. Pr.G.V.", S. 398 ff. —

III. Register.*) †)

§. 65.

Dienstregister.

1. Der Gerichtsvollzieher ist verpflichtet, außer dem im §. 96 der Geschäftsanweisung für die Gerichtsvollzieher bezeichneten Wechselprotestregister ein Dienstregister nach dem Formular 1 in Monatsheften zu führen. Dem Oberlandesgerichtspräsidenten bleibt überlassen, weitere Anordnungen über die Größe des Papiers, die Zahl der Eintragungen auf den gegenüberstehenden Seiten ꝛc. zu erlassen.[1])

2. Durch das Dienstregister werden die dem Gerichtsvollzieher erteilten Aufträge, mit Einschluß der amtlichen Aufträge, die Art und Zeit ihrer Erledigung, die anzusetzenden und eingezogenen Gebühren und Auslagen sowie der Geldverkehr des Gerichtsvollziehers mit dem Auftraggeber nachgewiesen. Von der Eintragung sind jedoch ausgeschlossen mündliche Bestellungen und Erkundigungen sowie Behändigungen ohne Beurkundung, es sei

---

*) Die Formulare zu den Registern sind, weil amtlich vorgeschrieben, nicht mit abgedruckt.

†) Wenn die Dienstregister Eintragungen beweiserheblichen Inhalts aufweisen, so sind sie als amtlich anvertraute Urkunden im Sinne des §. 348 Abs. 2 R.Str.G.B. anzusehen (Erk. d. R.G. v. 14./6. 81 und v. 25./11. 82, Entsch. i. Str.S. Bd. 4 S. 288 und Bd. 7 S. 252 bei Müller V S. 297 Fußnote).

denn, daß eine Reise ausgeführt werden muß, die nach §. 70 Abs. 2 in das Reisetagebuch einzutragen ist.[2])

3. Um den Jahresabschluß zu erleichtern, sind Aufträge zur Vornahme von Vollstreckungen und von öffentlichen Versteigerungen, welche dem Gerichtsvollzieher in der Zeit vom 15. bis 31. März zugehen, in das Register für den Monat April einzustellen, sofern nach den Umständen anzunehmen ist, daß der Auftrag im Monat März nicht mehr erledigt werden kann. Ergibt sich diese Annahme nachträglich als unzutreffend, so ist die Sache in dem Register für den Monat April zu streichen und in das Register für den Monat März vor dem Abschlusse dieses Registers nachzutragen. Die Übertragung ist in beiden Registern unter Hinweis auf die Nummer des anderen Registers in Spalte 13 zu bemerken.[3])

4. Die Aufträge sind am Tage des Einganges in fortlaufender, durch die Zeit des Einganges bestimmter Reihenfolge einzutragen. Auf allen Schriftstücken ist der Tag des Einganges und die Registernummer zu bemerken. In Spalte 2 ist bei den aus den Registern der vorhergehenden Monate übertragenen Nummern (§. 67 Abs. 3) nicht nur der Kalendertag, sondern auch der Monat, erforderlichenfalls auch das Jahr anzugeben.[4])

5. Jedes Register muß mit fortlaufenden Blattzahlen versehen und dauerhaft geheftet sein. Das

Register darf erst in Gebrauch genommen werden, nachdem der aufsichtführende Amtsrichter die Zahl der Blätter beglaubigt hat. Vollständig erledigte Register sind nach der Zeit geordnet aufzubewahren.[5])

6. In dem Register dürfen allgemein verständliche Abkürzungen gebraucht werden.

7. Die Registerführung hat durch den Gerichtsvollzieher selbst zu erfolgen. Der aufsichtführende Amtsrichter ist ermächtigt, unter besonderen Umständen die Registerführung durch einen Privatgehilfen des Gerichtsvollziehers zu gestatten; der Gerichtsvollzieher bleibt aber auch in diesem Falle für die Führung verantwortlich.

---

[1]) Die Spalten 9b bis 9e des Dienstregisters sind durch eine einzige Spalte (9b) mit der Aufschrift: „Schreibgebühren, Reisekosten und sonstige bare Auslagen" zu ersetzen. Der hierdurch frei werdende Raum ist zur Verbreiterung der Spalten 4, 5 und 13 zu verwenden (J.M.Rdvfg. v. 11./5. 08, I 8271 f. Zuf. a zu §. 65 Nr. 1 i. d. „Amtl. Vorschr." S. 50 a. Schl.).

Vgl. auch Zusatz lit. b bei §. 68 Nr. 1.

[2]) In den Fällen, wo dem unzureichend beschäftigten G.V. II. Klasse die Tätigkeit des Gerichtsdieners bei Zustellungen von Amts wegen (§§. 11 bis 16 d. Allg. Vfg. v. 10./12. 99, J.M.Bl. S. 728) übertragen worden ist, darf das Dienstregister mit der im §. 65 Nr. 2 vorst. vorgesehenen weiteren Einschränkung nur für solche Aufträge benutzt werden, welche zu dem Geschäftskreise des **G.V.** als solchen gehören, so daß danach die Einstellung der Zustellungen von Amts wegen in das Dienstregister unzulässig ist, da die G.V. bei diesen Zustellungen nur die Verrichtungen eines Gerichtsdieners wahr-

nehmen, die ihnen gemäß §. 21 G.B.O. übertragen sind. Dies gilt sowohl dann, wenn die G.B. allgemein, als auch wenn sie nur in einem Einzelfalle mit solchen Verrichtungen betraut sind (J.M.Rdvfg. v. 12./12. 01, I 7861 f. Zus. zu §. 65 Nr. 2 i. d. „Amtl. Vorschr.“ S. 51).

[3]) Wegen der Einstellung der Gebühren für einzelne bis 31. März erledigte (besonders tarifierte) Vollstreckungshandlungen in das Dienstregister vgl. Nr. 1 d. J.M.Rdvfg. v. 4./7. 94, I 3424 (bei Müller V Bd. 1 S. 298 Zus. lit. a zu Nr. 8). — Nach Nr. 2 ders. Vfg. (das.) dürfen die nach dem 31. März fällig gewordenen Gebühren nicht mehr in den Abschluß des abgelaufenen Etatsjahrs aufgenommen werden, auch wenn die Aufträge aus der Zeit vor dem 1. April herrühren und die Fälligkeit der Gebühren noch bis zum Jahresabschluß (6. April) eingetreten ist.

Vgl. bezgl. der rechnungsmäßigen Behandlung beim Abschlusse §. 67 Nr. 3, 4.

[4]) Diese Vorschrift ist lediglich zum Zwecke der Geschäftskontrolle erlassen. Falsche Präsentationsvermerke bilden mithin keine öffentlichen Urkunden im Sinne des §. 348 R.Str.G.B. (R.G., Str.S. Bd. 20 S. 175 f. bei Müller V Bd. 1 S. 298 Zus. zu Nr. 4).

Vgl. jedoch C.P.O. §. 169 Abs. 2.

[5]) Das Dienstregister ist mit Schnur und Siegel des Amtsgerichts derart zu heften, daß ein Auslösen von Blättern ohne Verletzung von Schnur und Siegel nicht möglich ist (J.M.Rdvfg. v. 11./5. 08, I 8271, das. S. 52, Zus. zu Nr. 5).

— Vgl. auch die Erläuterungen zu §. 65 in „Exner, Dienst- 2c. Verh. d. Pr. G.B.“ S. 402. —

§. 66.

Ausfüllung der Spalten.

1. Der Auftrag ist in Spalte 4 durch Bezeichnung der Sache und des aufgetragenen Geschäfts (Zustellung, Pfändung, Pfandverkauf ꝛc. ersichtlich zu machen; bei Zustellungsaufträgen sind zutreffendenfalls die für die Begründung der höheren Zustellungsgebühr erforderlichen Voraussetzungen zu vermerken, der Name des Auftraggebers ist bei Parteiaufträgen zu unterstreichen. Bei amtlichen Aufträgen ist in Spalte 3 die Behörde, welche den Auftrag veranlaßt hat, sowie ihre Geschäftsnummer anzugeben.

2. In Spalte 5 sind die einzelnen Dienstverrichtungen unter Beifügung des Tages in Bruchform anzugeben. Bei Zustellungen durch die Post und durch Aufgabe zur Post ist der Bestimmungsort ersichtlich zu machen. Wird die Amtshandlung nicht am Wohnsitze des Gerichtsvollziehers vorgenommen, so ist auch der Name des Ortes zu vermerken. Die Zeitdauer (ausschließlich der Hin- und Rückreise) ist nur anzugeben, wenn mehr als die für die geringste Zeitdauer bestimmte Gebühr berechnet wird. Die Spalte 5 muß in Verbindung mit den in Spalte 13 aufgenommenen Bemerkungen eine vollständige Übersicht über den Stand und den Verlauf der einzelnen Sachen ergeben. In Spalte 13 ist, wenn bei einer Zustellung durch die Post oder durch Aufgabe zur Post nach Orten außerhalb des

Postbestellbezirkes des Aufgabeorts mehr als 10 Pfennige Absendungsporto aufgewendet worden sind, der Grund der höheren Aufwendung zu erläutern.

3. Der Wert des Gegenstandes ist, sofern die Höhe der Gebühr davon abhängt, in Spalte 6 anzugeben. Läßt sich ausnahmsweise (z. B. bei Siegelungen und Entsiegelungen) der Wert des Gegenstandes nicht sogleich mit Sicherheit bestimmen, so ist in Spalte 6 der vorläufig ermittelte Wert anzugeben und, daß dies geschehen, in Spalte 13 besonders ersichtlich zu machen. Wird der Wert des Gegenstandes demnächst genauer festgestellt, so ist der Vermerk in Spalte 6 zu berichtigen und die Gebührenrechnung nötigenfalls zu ändern.

4. Die in Spalte 7 eingetragenen Gebühren und Auslagen müssen sich stets in Übereinstimmung mit den Berechnungen befinden, welche unter den Urschriften der aufgenommenen Urkunden aufgestellt sind. Die bei Erhebung der Kosten durch Postnachnahme entstehende Übermittelungs- und Postbestellgebühr kommt im Dienstregister nicht zur Darstellung.

5. Die auf Gebühren oder Auslagen eingegangenen Beträge sind alsbald in die Spalten 8, 9 einzustellen. Dem Schuldner ist unaufgefordert Quittung zu erteilen, es sei denn, daß die Zahlung durch Vermittelung der Post erfolgt ist. Die Abschnitte der Postanweisungen sind mit der Nummer des Dienstregisters zu versehen und nach der Zeit-

folge aufzubewahren. Beträgt der auf Kosten erhobene Vorschuß mehr als dem Zahlungspflichtigen in Rechnung zu stellen ist, so ist der mehr erhobene Betrag alsbald an den Einzahler zurückzuzahlen. Bei Übersendung mittelst Postanweisung ist das aufzuwendende Übersendungsporto aus dem Betrage der Zurückzahlung zu entnehmen.[1])

6. Sind die Kosten innerhalb der in der Zahlungsaufforderung gestellten Frist nicht entrichtet, so hat der Gerichtsvollzieher unter Benutzung des Formulars 2 die zwangsweise Beitreibung bei dem Rendanten der Gerichtskasse in Antrag zu bringen. In Spalte 13 ist ein entsprechender Vermerk zu machen.

7. In Spalte 10 sind diejenigen Beträge aufzunehmen, welche in den Fällen des §. 24 Abs. 2 Satz 1, des §. 39 Abs. 2, der §§. 40, 46 Abs. 2 dem Gerichtsvollzieher in den einzelnen Sachen zur Deckung des wirklich erwachsenden Aufwandes an Stelle der Auslagen zu gewähren sind. Reise- und Zehrungskosten sind hierbei nicht zu berücksichtigen (§. 71 Abs. 2). Soweit nach den Vorschriften des §. 61 Abs. 2 bis 5 der Partei gegenüber die Gebührensätze der Nr. 2, 3, 4, 6, 7 und 8 des Gebührentarifs zur Verordnung vom 15. November 1899 zur Anwendung gelangen, sind diese Beträge, sofern sie eingegangen sind, in die Spalten 9a und 9d des Dienstregisters, und zwar die Tarifsätze Nr. 2, 4, 6 in Spalte 9a, die Tarifsätze 3, 7, 8 in Spalte 9d

einzustellen. Die eingegangenen Schreibgebühren sind in demjenigen Betrag in Spalte 9b einzustellen, in welchem sie dem Zahlungspflichtigen in Rechnung gestellt werden. Dagegen sind die durch die Vornahme einer Dienstverrichtung im Verwaltungszwangsverfahren in den Fällen des §. 61 Abs. 1 bis 5 entstandenen und dem Gerichtsvollzieher aus der Staatskasse zu erstattenden notwendigen Auslagen, soweit sie nicht in Reise und Zehrungskosten bestehen (§. 61 Abs. 3 – vgl. auch §. 70 Abs. 2) in dem tatsächlich vom Gerichtsvollzieher gezahlten, die Schreibgebühren in dem nach Nr. 5 des Gebührentarifs zulässigen Betrag in Spalte 10 einzustellen, Es macht hierbei keinen Unterschied, ob die Vollstreckungshandlung erfolglos gewesen ist oder die Auslagen vom Schuldner eingezogen sind. Die tatsächlich entstandenen notwendigen Auslagen sind auch für diejenigen amtlichen Aufträge in Ansatz zu bringen, für welche weder durch Gesetz noch durch Anordnungen des Justizministers Gebühren bestimmt sind. Für Benutzung der Pfandkammer kann ein angemessener Betrag als Aufwendung eingestellt werden, sofern dem Gerichtsvollzieher durch Haltung der Pfandkammer Unkosten erwachsen. Soweit eine nähere Erläuterung des in Spalte 10 eingestellten Betrags erforderlich ist, wird dazu die Spalte 13 benutzt.[2])

8. In Spalte 11a sind die Geldbeträge einzustellen, welche der Gerichtsvollzieher als Vorschuß

von dem Auftraggeber erhalten hat, oder welche infolge der Erledigung des Auftrags (vom Schuldner gezahlte oder beigetriebene Gelder, Erlös aus freiwilligen Versteigerungen) in seine Hände gelangt sind. Aus den Spalten 11a, b, c muß sich jederzeit der Gesamtbetrag der infolge von dienstlichen Aufträgen und deren Erledigung in seinem Gewahrsame befindlichen, den Auftraggebern gebührenden Gelder ergeben.

9. Zur Eintragung von Geldbeträgen bestimmte Spalten, in welche nach Lage der Sache ein solcher Betrag nicht einzustellen ist, sind durch einen wagerechten Strich auszufüllen.

10. In Spalte 13 sind alle diejenigen Vermerke aufzunehmen, welche nach ausdrücklicher Vorschrift in diese Spalte verwiesen sind oder zur Klarstellung des Sachverhalts zweckmäßig erscheinen.

11. Für die nach einer Liste (Abholungsliste, Beitreibungsliste, Vollstreckungsliste 2c.) zu erledigenden Aufträge gelten folgende besondere Bestimmungen:

a) die Eintragung in dem Register erfolgt nur unter einer Nummer;

b) zur Bezeichnung des Auftrags in Spalte 4 genügt die Bezeichnung der Liste;

c) in Spalte 5 sind nur die Tage der Dienstverrichtungen zu verzeichnen;

d) die Spalten 7, 8 und 11 bleiben unbenutzt, in die Spalten 9a, 9b, 10 sind nur die Gesamtbeträge einzutragen;

e) die Spalten 9a, 9b, 10 sind erst auszufüllen, nachdem der Gerichtsschreiber oder der Rendant die Listen geprüft und die Eintragung der Gebühren und Auslagen in den Listen als richtig bescheinigt hat.[3])

12. Wird eine Stellvertretung des Gerichtsvollziehers angeordnet, so hat der Vertreter ein besonderes Dienstregister zu führen. In dieses sind auch diejenigen Aufträge des Vertretenen aufs neue einzutragen, zu deren Erledigung der Vertreter Amtshandlungen vorzunehmen hat. In den Registern des Vertretenen und des Vertreters ist auf die Eintragung in dem anderen Register hinzuweisen. Das Gleiche gilt von denjenigen Aufträgen des Vertreters, zu deren Erledigung der Vertretene nach dem Ablaufe der Vertretung Amtshandlungen vorzunehmen hat.[4])

---

[1]) Der Betrag der vollen Reisekosten ist in jedem Falle in die Spalten [7c, 8c], ein etwaiger Mehrbetrag aber in die Spalten [7a, 8a] des Dienstregisters einzustellen (Allg. Vfg. v. 27./4. 96, J.M.Bl. S. 187, abgedr. als Zus. zu Nr. 5 i. d. „Amtl. Vorschr." S. 54).

[2]) In Spalte 10 des Dienstregisters sind auch einzutragen die durch den Schriftverkehr mit der Steuerbehörde und den Parteien in Stempelangelegenheiten entstehenden Portoauslagen (vgl. Müller V Bd. 1 S. 8a, Zus. zu Nr. 7).

³) Die in Betracht kommenden Bestimmungen aus der Kassenordnung v. 31./8. 1900 (J.M.Bl. S. 108) sind mitget. im Anhang V zu d. „Amtl. Vorschr." S. 93 ff. das.).

⁴) Wird im Falle einer kürzeren oder längeren dienstlichen Behinderung eines Gerichtsvollziehers ein anderer Gerichtsvollzieher desselben Amtsgerichts mit der Wahrnehmung der Geschäfte des behinderten Gerichtsvollziehers neben seinen eigenen Dienstgeschäften betraut, so bedarf es der Führung besonderer Register usw. für den zugeteilten Bezirk seitens des Vertreters nicht. Das Gleiche gilt für die Fälle der Vertretung durch einen Gerichtsvollzieher eines anderen (benachbarten) Gerichts, wenn es sich nicht um eine allgemeine kürzere oder längere Vertretung, sondern nur um die Ausführung eines Einzelgeschäfts handelt (J.M.Rdvfg. v. 5./8. 01, I 1418, s. Zus. zu 12 i. d. „Amtl. Vorschr." S. 56).

§. 67.

Abschluß des Dienstregisters.

1. Der Abschluß des Dienstregisters erfolgt vierteljährlich für die drei ersten Vierteljahre des Etatsjahres am 21. des ersten Monats des folgenden Vierteljahres, für das letzte Vierteljahr am 6. April.

2. Der Abschluß des Dienstregisters wird durch Aufrechnung der Spalten 7 bis 10 bewirkt. Die Aufrechnung erfolgt seitenweise; in jedem Monatshefte sind die Summen der Seiten zusammenzustellen und aufzurechnen. In dem Register für den dritten Monat werden die Schlußsummen der Monatshefte zusammengestellt und aufgerechnet. Die Zusammenstellungen und die Abschlüsse der einzelnen Register

sind von dem Gerichtsvollzieher unter Beifügung des Datums zu unterschreiben.

3. Aufträge, welche zur Zeit des Vierteljahrs-Abschlusses noch nicht vollständig erledigt sind, und bei denen auch die Spalten 8, 9 noch nicht vollständig ausgefüllt werden können, hat der Gerichtsvollzieher alsbald in das Register des laufenden Monats unter einer neuen Nummer zu übertragen. Die Übertragung ist sowohl in dem Register des früheren als des laufenden Monats unter Hinweis auf die Nummer des anderen Registers in Spalte 13 zu bemerken. Vor Übertragung sind zunächst die erhobenen Vorschüsse auf die bis dahin entstandenen Kostin (Spalte 7) durch Einstellung der Beträge in Spalte 8 zu verrechnen. Reichen die Vorschüsse zur Deckung der Beträge in Spalte 7 nicht aus, so erfolgt die Verrechnung zunächst auf die Auslagen in der Reihenfolge der Spalten 7d, 7b, 7c und zuletzt auf die Gebühren. Die hiernach nicht gedeckten Beträge sind nach Spalte 7 des Registers des laufenden Monats mit zu übertragen, im bisherigen Register aber von der Solleinnahme abzusetzen. Die Absetzung erfolgt durch Einstellung der nicht gedeckten Beträge in roten Ziffern unter dem entsprechenden Betrage der Spalte 7. Bei der Aufrechnung der Spalte 7 werden die auf derselben Seite rot gebuchten Beträge für sich besonders aufgerechnet und von der Summe der auf dieser Seite schwarz gebuchten Beträge in Abzug

gebracht. Der Rest oder die sich ergebende negative Zahl wird in die Monatszusammenstellung (Abs. 2) übernommen.

4. Im übrigen sind die bis zum Vierteljahrsabschlusse nicht einziehbar gewesenen Beträge aus Spalte 7 in das in Vierteljahrsheften zu führende Restenbuch (Formular 3) und zwar in das Heft für das neue Vierteljahr zu übertragen. Bei Aufrechnung des Registers und der Spalten 5 des Restenbuchs müssen hiernach die Gesamtbeträge aus den Spalten 8 des Dienstregisters und 5 des Restenbuchs mit den Summen der Spalten 7 des Dienstregisters übereinstimmen. Ist keine Aussicht auf Einziehung der Kosten vorhanden, so hat der Gerichtsvollzieher die Löschung der Beträge im Restenbuche bei dem Kassenkurator in Antrag zu bringen. Zum Vierteljahresabschlusse sind auch die Spalten 7, 9, 10 des Restenbuchs für das abgelaufene Vierteljahr abzuschließen. Die bei der Aufrechnung der Spalten 7a bis 7d sich ergebenden Beträge sind den bei dem Abschlusse für das gleiche Vierteljahr ermittelten Summen der Spalten 8a bis 8d des Dienstregisters ersichtlich zuzusetzen und bei der Festsetzung der Gebührenanteile für dieses Vierteljahr zu berücksichtigen. Die bis zum Vierteljahrsabschlusse weder durch Eingang noch durch Löschung erledigten Kostenposten sind in das Restenbuch des folgenden Vierteljahrs zu übertragen und in einem besonderen Abschnitte „Reste aus dem vorigen Vierteljahre“ darzustellen.

5. Die Aufrechnungen sind von einem dazu bestimmten Beamten zu prüfen und als richtig zu bescheinigen. Die abgeschlossenen und bescheinigten Register sind dem aufsichtführenden Amtsrichter vorzulegen.

6. Für den Monat März ist unter dem Abschlusse für das letzte Vierteljahr des Etatsjahres der Jahresabschluß aufzustellen. Er besteht in der Zusammenstellung und Aufrechnung der Abschlußsummen der vier Vierteljahre. Der Jahresabschluß ist mit dem Datum und der Unterschrift des Gerichtsvollziehers zu versehen und von einem dazu bestimmten Beamten als rechnerisch richtig zu bescheinigen.

7. Endet die amtliche Tätigkeit des Gerichtsvollziehers im Laufe eines Vierteljahrs, so ist der Abschluß des Dienstregisters alsbald herbeizuführen.

Zu Nr. 1. Mit Rücksicht auf die Vorschriften der §§. 15, 27 des Staatshaushaltsgesetzes vom 11. Mai 1898 (G.S. S. 77) sind die bis zum Abschlusse des Dienstregisters für das letzte Vierteljahr (§. 67 Abs. 1 der Gerichtsvollzieherordnung) eingegangenen, vom Gerichtsvollzieher abgelieferten Gebühren und Auslagen des abgelaufenen Etatsjahres wie auch ferner die nach der Anweisung des Landgerichtspräsidenten über die Gebührenanteile und Entschädigungen ꝛc. der Gerichtsvollzieher für das vierte Vierteljahr in Soll- und Ist-Einnahme zu stellenden Beträge (Formular A zur Allg. Verfg. v. 31. März 1900) noch im Einnahmejournal und im Kostenregister für das abgelaufene Etatsjahr zu buchen (J.M. Rdvfg. vom 5./3. 01, I 1418 i. d. „Amtl. Vorschr.“ S. 57 Zus. zu Nr. 1).

§. 68.

Ablieferungsbuch.

1. Das nach dem Formular 4 in Vierteljahrsheften zu führende Ablieferungsbuch dient zum Nachweise derjenigen Gebühren und Auslagen, welche der Gerichtsvollzieher für Rechnung der Staatskasse erhoben hat und zu deren Ablieferung an die Gerichtskasse er verpflichtet ist.

2. In Spalte 3 ist der Tag zu vermerken, an welchem der Gerichtsvollzieher den abzuliefernden Betrag empfangen hat. In den Spalten 4a und 4b sind, nach Parteiaufträgen und amtlichen Aufträgen gesondert, die reinen Beträge der vereinnahmten Gebühren (Spalten 8a, 9a des Dienstregisters) ohne Berücksichtigung der Auslagen anzugeben. In Spalte 4c sind diejenigen, von den Beteiligten eingezogenen Auslagebeträge, welche zur Staatskasse fließen (§. 22 Abs. 3, §. 24 Abs. 2 Satz 1 §. 39 Abs. 2, §. 23 Abs. 2 Satz 2, §. 64 Abs. 6) einzustellen. Auslagebeträge, welche der Gerichtsvollzieher für eigene Rechnung (§. 23 Abs. 2 Satz 1) eingezogen hat, sind in das Ablieferungsbuch nicht einzustellen.

3. In Spalte 12 des Dienstregisters ist auf die Nummer des Ablieferungsbuchs, unter der die Kostenzahlung gebucht wird, zu verweisen.

4. Die Aufrechnung des Ablieferungsbuchs (Spalten 4a bis 4d) und die Ablieferung der

Gelder erfolgt am 1. und am 15. eines jeden Monats oder an dem Abrechnungstage des Gerichtsvollziehers, welcher auf die bezeichneten Tage zunächst folgt, in Fällen, wo die Beschäftigung des Gerichtsvollziehers zu einem früheren Zeitpunkt endet, bei Beendigung der Beschäftigung. Die dem Gerichtsvollzieher an dem Betrage der Spalte 4a zustehenden Gebührenanteile sind gleichzeitig zu berechnen und in einer Summe in Spalte 4e, der Restbetrag aber in Spalte 4f einzustellen.

Der Abschluß ist von dem Gerichtsvollzieher zu unterschreiben. Der ermittelte Betrag (Spalte 4f) ist an die Gerichtskasse abzuliefern.

5. Die zuständigen Kassenbeamten haben den Abschluß des Ablieferungsbuchs rechnerisch nachzuprüfen und den Empfang des abzuliefernden Betrages im Quittungsbuche zu bescheinigen.

6. Bei der Revision des Dienstregisters und bei dem Vierteljahrsabschluß (§. 67) ist das Ablieferungsbuch mit vorzulegen; dasselbe ist demnächst bei der Gerichtskasse aufzubewahren.

Zu Nr. 1. a. Das Vierteljahrsheft des Ablieferungsbuchs des G.V. ist erst an dem im §. 67 Abs. 1 bestimmten Tage abzuschließen. Die bis zu diesem Zeitpunkte eingehenden Gebühren und etwa abzuliefernden Auslagen des G.V., soweit sie aus dem abgelaufenen Vierteljahre zum Soll stehen, sind noch durch das Ablieferungsbuch für das abgelaufene Vierteljahr an die Gerichtskasse abzuführen. Da andererseits für die im neuen Vierteljahr erwachsenen Gebühren auch das Ablieferungsbuch für dieses Vierteljahr alsbald mit dem Beginne des letzteren anzulegen ist, so findet sich nichts dagegen einzuwenden, daß die laufende Nummer (Spalte 1 des Ablieferungsbuchs) vierteljährlich, statt jährlich durchgeführt wird. Dabei bleibt jedoch zu beachten, daß bei Eintragung der Nummer des Ablieferungsbuchs in Spalte 12 des Dienstregisters auch das Vierteljahrsheft des Ablieferungsbuchs (I, II, III, IV) dann zu bezeichnen ist, wenn die Nachtragung nicht aus dem Ablieferungsbuche für das betreffende Vierteljahr erfolgt (J.M.Rdvfg. v. 21./1. 01, I 286).

b. Die aufsichtführenden Richter werden ermächtigt, versuchsweise nachzulassen, daß von vollbeschäftigten Gerichtsvollziehern das Dienstregister in zwei getrennten Heften und zwar:

I. für reine Zustellungsaufträge,

II. für alle sonstigen Amtshandlungen,

geführt wird und aus dem Heft I nicht die Gebühren und Auslagen des Einzelauftrags gesondert, sondern die seitenweise festgestellten Summen in das Ablieferungsbuch übernommen werden. Dabei muß allerdings für eine beschleunigte Einziehung der Zustellungsgebühren gesorgt werden, damit die Seitensummen der Spalten 8a bis 8d innerhalb weniger Tage festgestellt werden können. Sollte dies ausnahmsweise bei der einen oder anderen Post nicht angängig sein, so darf unter Ausschluß dieser Post die Seitensumme festgestellt werden; der spätere Eingang dieser Kosten ist dann auf der laufenden Seite unter Bezugnahme auf die Sollspalten der früheren Seite nachzuweisen oder es ist, soweit die Post auch am Vierteljahrsschlusse noch nicht eingegangen, gemäß §. 67 Abs. 4 zu verfahren.

Die Eintragungen in das Ablieferungsbuch haben täglich zu erfolgen, soweit sich nicht aus [lit. b vorstehend] etwas anderes ergibt (J.M.Rdvfg. v. 11./5. 08, I 3271).

Vgl. zu a u. b „Amtl. Vorschr." S. 59, 60, Zus. a bis c zu §. 68 Nr. 1.

§. 69.

Revision.

1. Der Gerichtsvollzieher hat in jedem Monat an den hierzu bestimmten Tagen und Stunden dem aufsichtführenden Amtsrichter das Dienstregister für den vorhergehenden Monat zur Revision vorzulegen. In den Monaten des Vierteljahrsabschlusses erfolgt die Revision bei dessen Vorlegung.

2. Die Prüfung erstreckt sich auf den gesamten Inhalt der Register, namentlich die ordnungsmäßige und rechtzeitige Erledigung der Aufträge, die Richtigkeit des Ansatzes der Gebühren und Auslagen und die ordnungsmäßige Ablieferung der vereinnahmten Kosten an die Gerichtskasse. Die in Spalte 10 des Dienstregisters eingestellten Auslagen sind einzeln nachzuprüfen. Die Eintragungen sind mit den Abholungs-, Vollstreckungs- und Beitreibungslisten, den gerichtlichen Akten und den Akten des Gerichtsvollziehers probeweise zu vergleichen. Von Zeit zu Zeit ist auch das Wechselprotestregister vorzulegen und zu prüfen, ob die Gebühren für Wechselproteste richtig berechnet und in das Dienstregister eingestellt sind. Die Revision kann auf die Kassenbestände und die Belege über die Ablieferung der für die Parteien vereinnahmten Gelder ausgedehnt werden. Die Register sind mit dem Re-

visionsvermerke zu versehen. Die Ergebnisse der Revision sind in einem Protokolle zu verzeichnen.[1])

3. Der aufsichtführende Amtsrichter kann außerordentliche Revisionen vornehmen, auch bei den ordentlichen wie außerordentlichen Revisionen die Vorprüfung der Register einem Gerichtsschreiberei- oder Kassenbeamten übertragen oder bei Revisionen einen solchen Beamten zuziehen.[2])

4. Das Dienstregister und das Ablieferungsbuch sind außerdem von Zeit zu Zeit von dem Kassenrendanten oder einem anderen Kassenbeamten zu prüfen. Die näheren Bestimmungen hierüber sind von dem Landgerichtspräsidenten*) zu erlassen.

5. Für die ordentlichen Revisionen des Dienstregisters ist mit Ausnahme der Monate des Vierteljahrsabschlusses (§. 67 Abs. 1) in der Regel der letzte Geschäftstag des folgenden Monats als Revisionstag zu bestimmen. In dem Revisionsprotokolle sind die noch unerledigten Nummern zu vermerken. Auf Grund dieser Vermerke sind beim Vierteljahrsabschlusse die bei den betreffenden Nummern erfolgten späteren Eintragungen einer nachträglichen Prüfung zu unterziehen.

---

*) Bei dem Amtsger. I in Berlin von dem Amtsgerichtspräsidenten (Nr. 20 d. Allg. Vfg. v. 4./9. 1900, J.M.Bl. S. 599).

[1]) Eine Kontrolle über die Tätigkeit der G.V. bei freiwilligen Versteigerungen wird nicht nur bei den außerordentlichen Revisionen zu üben sein, sondern es wird sich empfehlen, bei der monatlichen Revision der Dienstregister stets sämtliche Sonderakten über freiwillige Versteigerungen vorlegen zu lassen und einer Durchsicht zu unterziehen.

Ferner ist es wünschenswert, die G.V. bei jedem geeigneten Anlaß über Tragweite und Bedeutung des §. 100 Abs. 1 G.A. zu belehren (J.M.Rdvfg. v. 12./12. 01, I 7772 i. d. „Amtl. Vorschr." S. 61 Zus. zu Nr. 2 §. 69).

[2]) Nach dem Zwecke der Vorschrift ist es unbedenklich, hierzu geeignetenfalls mehrere Beamte heranzuziehen und die Vorprüfung auch auf die Akten des G.V. auszudehnen. Auf eine sachentsprechende Auswahl der Revisionsbeamten ist die gebotene Rücksicht zu nehmen (J.M.Vfg. v. 6./8. 95, I 1202 bei Müller V Bd. 1 S. 803, Zus. zu §. 69 Nr. 8).

§. 70.

Reisetagebuch.

1. Der Gerichtsvollzieher hat ein Reisetagebuch nach dem Formular 5 in Monatsheften zu führen.

2. In Spalte 2 sind nur die Orte zu verzeichnen, welche mehr als zwei Kilometer von dem Wohnsitze des Gerichtsvollziehers (§. 16 Abs. 1) entfernt sind. Reisen zur Vornahme von Zustellungen sind nur einzutragen, wenn der Gerichtsvollzieher zur Ausführung im Wege der gewöhnlichen Zustellung ermächtigt war. Um erkennbar zu machen, an welchen Orten nur Parteiaufträge oder nur amtliche Aufträge oder Aufträge jeder Art erledigt sind, ist für jeden an einem und demselben Tage besuchten Ort

in den Spalten 2, 3, 4 und 5 eine besondere Linie zu benutzen. In das Reisetagebuch sind auch die Reisen über zwei Kilometer zur Erledigung von Aufträgen im Verwaltungszwangsverfahren einzustellen.

3. Das Reisetagebuch ist am Monatsschluß in Ansehung der Spalten 4a bis 4d aufzurechnen, mit dem Datum und der Unterschrift des Gerichtsvollziehers zu versehen und gleichzeitig mit der Revision des Dienstregisters einer Prüfung zu unterziehen. Beim Vierteljahrsabschluß ist das Reisetagebuch mit dem Dienstregister einzureichen, nachdem die Ergebnisse der Spalten 4a bis 4d für das Vierteljahr zusammengestellt sind.

4. Für das Reisetagebuch der Hilfsgerichtsvollzieher kommt die Spalte 3a in Wegfall.

Zu Nr. 2. a. In die Spalten 4a bis d des Reisetagebuches sind grundsätzlich die für jede einzelne Reise dem G.V. erwachsenen baren Auslagen einzustellen, ohne Rücksicht darauf, ob die Unkosten der speziellen Reise durch die aus den erledigten Parteiaufträgen dieser Reise zum Ansatze kommenden Reisekosten etwa gedeckt werden (Bür.Bl. 1901 S. 25). Das Reisetagebuch bildet die Grundlage für die Ermittelung der Entschädigung, welche zur Deckung der bei Erledigung amtlicher Aufträge entstandenen Reisekosten dem G.V. zu gewähren ist (§. 71 Nr. 2 nachst.). Soll das Tagebuch diesen Zweck erfüllen, dann muß es (wie d. Bur.Bl. a. a. O. richtig ausführt) den gesamten Reiseaufwand veranschaulichen, gleichviel ob dieser durch Partei- oder durch amtliche Aufträge verursacht ist.

b. In dem Reisetagebuche sind die in Spalte 1 anzugebenden Reisetage, falls Nachtquartier auswärts genommen ist, zu unterstreichen (Nr. 1 d. Allg. Vfg. v. 2./12. 89, J.M.Bl. S. 287 bei Müller V Bd. 1 S. 304, Zus. zu §. 70 Nr. 2).

IV. Festsetzung der Gebührenanteile sowie der Entschädigungen für Auslagen.

§. 71.

1. Die Anweisung der dem Gerichtsvollzieher gemäß dem §. 24 Abs. 2 Satz 1 und dem nachfolgenden Abs. 2 zustehenden Entschädigungen sowie der Gebührenanteile und der aus Armensachen rückständigen Auslagen (§. 64 Abs. 5) geschieht vierteljährlich auf Vorschlag des aufsichtführenden Amtsrichters durch den Landgerichtspräsidenten.*) In dem zu erstattenden Berichte sind die bei dem Abschlusse festgestellten Schlußsummen anzugeben; die Dienstregister, das Restenbuch, das Ablieferungsbuch und das Reisetagebuch sind beizufügen. Endet die Amtstätigkeit eines Gerichtsvollziehers im Laufe eines Vierteljahrs, so ist die Festsetzung der Entschädigung alsbald in Antrag zu bringen.[1])

2. Für die Bemessung der Entschädigungen bildet in Ansehung der baren Auslagen des Gerichts-

---

*) In Ansehung der G.V. bei dem Amtsger. I in Berlin durch den Amtsgerichtspräsidenten (Nr. 19, 20 der Allg. Vfg. v. 4./9. 00. J.M.Bl. S. 559).

vollziehers die Spalte 10 des Dienstregisters, in Ansehung der Entschädigung für Reise- und Zehrungskosten das Reisetagebuch die Grundlage. Eine Reiseentschädigung wird dem Gerichtsvollzieher nur für den Fall gewährt, daß die für seine sämtlichen Reisen nach den örtlichen Verhältnissen notwendig aufzuwendenden Reise- und Zehrungskosten durch die von ihm aus Reisen zur Erledigung von Parteiaufträgen bezogenen Reisekosten nicht voll gedeckt werden. Bei der Bemessung der Entschädigung ist sonach in Betracht zu ziehen, ob in jedem einzelnen Vierteljahre der Gesamtbetrag der Reisekosten für die Erledigung von Parteiaufträgen, einschließlich der in Armensachen aus der Staatskasse vergüteten Reisekostenbeträge (§. 64 Abs. 5), zur Deckung der für sämtliche Reisen dieses Vierteljahrs notwendig aufzuwendenden Reise- und Zehrungskosten ausreicht oder nicht. Dabei begründet es keinen Unterschied, ob auf diesen Reisen amtliche Aufträge allein oder in Verbindung mit Parteiaufträgen oder nur Parteiaufträge erledigt worden sind. Der bei der Gegenüberstellung sich ergebende Fehlbetrag ist als Reiseentschädigung zu gewähren. Vor Festsetzung der Reisekosten-Entschädigung ist an der Hand der Register und der Reisetagebücher zu prüfen, ob die für die Höhe der Entschädigung maßgebenden Grundsätze vom Gerichtsvollzieher befolgt sind. Dabei ist darauf zu achten, ob eine zweckmäßige Einrichtung der einzelnen Dienstreisen nach Lage der zu erledigenden Aufträge stattgefunden hat, ob die Zahl der Reisen nach Möglichkeit eingeschränkt und insbesondere Reisen ausschließlich zur Erledigung amtlicher Aufträge tunlichst vermieden worden sind, und ob die Benutzung von Fuhrwerk auf die Fälle des tatsächlichen Bedürfnisses beschränkt worden ist. Für die Benutzung des Fahrrads, dessen ausgiebige Verwendung im dienstlichen Interesse liegt, können die der Verzinsung des Anschaffungspreises und der regelmäßigen Abnutzung entsprechenden Beträge als Dienstaufwendungen in Spalte 4 des Reisetagebuchs eingestellt werden. Für Fußreisen des Gerichtsvollziehers dürfen nur die notwendigen Zehrungskosten und sonstige tatsächliche Auslagen, wie Fähr- und Brückengelder, in Spalte 4 zugelassen werden. Eine Reiseentschädigung kann überhaupt nur für Reisen mit einer Entfernung von mehr als 2 km in Frage kommen.[2])

3. Die Vorschriften der Abs. 1, 2 finden im Falle des §. 39 Abs. 2 mit der Maßgabe entsprechende Anwendung, daß die Anweisung erforderlichenfalls auch in kürzeren als vierteljährlichen Zwischenräumen erfolgen kann.[3])

---

[1]) Vgl. die Allg. Vfg v. 31./8. 00 (J.M.Bl. S. 385) und v. 2./11. 01 (J.M.Bl. S. 259), erstere in d. „Amtl. Vorschr." S. 87 bei Anhang IV, letztere das. S. 12 als Zus. a zu §. 17 G.V.O.).

[2]) a. Lediglich zum Zwecke der Abholung von Kosten und Vorschüssen (§. 27 Kass. Ordn.) sind von den Gerichts-

vollziehern und Hilfsgerichtsvollziehern keine Reisen vorzunehmen (J.M.Vfg. v. 5./20. 5. 87, I 1428 bei Müller V Bd. 1 S. 304, Zus. lit. b zu §. 71 Nr. 2 G.V.O.).

b. Wegen der Reiseentschädigungen der G.V. vgl. die J.M.Rdvfgg. v. 11./3. 02, I 1427 u. v. 27./1. 1903, I 9445 in den „Amtl. Vorschr." S. 121, 122, Anhang VI lit. a u. b).

[3]) Unter besonderen Umständen kann bedürftigen Gerichtsvollziehern kraft Auftrags — aber nur solchen — durch die aufsichtführenden Amtsrichter ausnahmsweise beim Dienstantritt und bis zur nächsten Abrechnung mit der Gerichtskasse (§. 68 vorst.) oder bis zum Monatsschlusse, falls nicht etwa das Kommissorium früher beendet ist, ein entsprechender Diätenvorschuß bis zum Höchstbetrage von 50 Mark zur Zahlung auf die Gerichtskasse angewiesen werden. Ausnahmsweise kann auch für die Dauer des Kommissoriums die allmonatliche Bewilligung eines Diätenvorschusses bis zur angegebenen Höhe zugelassen werden, sofern nach dem Ermessen des aufsichtführenden Amtsrichters eine solche Beihilfe unter den gegebenen Verhältnissen erforderlich erscheint. In allen Fällen aber hat eine Abwickelung der Vorschüsse jedenfalls zum Jahresschlusse zu erfolgen (J.M.Rdvfg. v. 13./12. 00, I 7402 s. „Amtl. Vorschr." S. 64, Zus. zu §. 71 Nr. 3).

V. Akten.

§. 72.

Anlegung der Akten.

Die Gerichtsvollzieher haben mit ihren Dienstpapieren Generalakten, Sonderakten und Sammelakten anzulegen.

§. 73.

Generalakten.

1. Über die auf den Dienst des Gerichtsvollziehers sich beziehenden Anordnungen der Aufsichtsbehörden sind Generalakten anzulegen. Diese sind nach folgenden Gegenständen zu sondern:

a) Dienst der Gerichtsvollzieher im allgemeinen; dahin gehören auch solche Verfügungen, welche sich nicht auf eine der unter b bis g bezeichneten Geschäftsgattungen beziehen;
b) Gebührenwesen;
c) Zustellungen und Behändigungen;
d) Zwangsvollstreckungen;
e) Wechselproteste;
f) öffentliche Versteigerungen;
g) Einziehung von Geldstrafen und Gerichtskosten.

2. Die Deckel der Generalakten sind mit Aufschriften und mit Nummern zu versehen. Vor den Akten ist ein Inhaltsverzeichnis zu führen, welches das Datum und den Inhalt der Schriftstücke sowie die Aktenblätter ergibt.

3. Die zu demselben Aktenstücke gehörigen Schriften sind nach der Reihenfolge des Einganges einzuheften und mit fortlaufenden Blattzahlen zu versehen. Bezieht sich eine Verfügung auf mehrere in gesonderten Generalakten behandelte Geschäftszweige, so ist entweder ein Auszug aus der Verfügung zu den anderen Akten zu bringen oder in deren Inhaltsverzeichnisse der in Betracht kommende

Inhalt der Verfügung unter Hinweis auf die Akten, bei denen sie sich befindet, kurz anzugeben.

§. 74.
Sonderakten.

1. Über jeden einzelnen in das Dienstregister einzutragenden Auftrag zur Vornahme einer Zwangsvollstreckung, einer Beurkundung des tatsächlichen Angebots einer Leistung oder einer öffentlichen Versteigerung sind Sonderakten anzulegen.

2. Zu diesen Akten sind alle auf die Sache bezüglichen Schriften (Protokolle, Quittungen, Postscheine, Fristscheine, Briefe 2c.) zu nehmen. Die zu den Akten gehörigen Schriftstücke sind beim Eingange mit der Nummer zu versehen, unter welcher die Sache im Register eingetragen steht. Enthält ein Aktenstück außer der vollstreckbaren Ausfertigung mehr als einen Bogen, so ist es mit einem Umschlage zu versehen. Aus den Akten muß sich der Stand der Sache jederzeit vollständig ergeben.

3. Die Akten über laufende Zwangsvollstreckungen und öffentliche Versteigerungen einerseits und die Akten über erledigte Sachen dieser Art andererseits sind gesondert voneinander nach der Nummernfolge des Registers aufzubewahren.

§. 75.
Sammelakten.

1. Einzelne Schriftstücke, welche weder zu Generalakten noch zu Sonderakten gehören, sind bis

zur Erledigung des Auftrags, auf welchen sie sich beziehen, in der Nummernfolge des Dienstregisters in einem oder nötigenfalls mehreren Umschlägen aufzubewahren.

2. Nach Erledigung des Auftrags sind sie, soweit nicht ihre Aushändigung an die Partei erfolgt, in derselben Folge jahrgangsweise zu einem oder mehreren Paketen zusammenzubinden und gesondert von den Schriftstücken über laufende Sachen dieser Art aufzubewahren. Die Pakete sind mit entsprechender Aufschrift (Sammelakten Jahr . . . ., Band . . .) zu versehen.

3. Die Gerichtsvollzieher sind berechtigt, ihre Sonderakten nach dem Ablaufe von 10 Jahren seit der Erledigung der betreffenden Aufträge und ihre Sammelakten nach dem Ablaufe von 10 Jahren seit Erledigung aller in diesen erteilten Aufträge zu vernichten. Sollen die Akten zwecks Vernichtung verkauft werden, so finden die Vorschriften unter Nr. 6 der Allgemeinen Verfügung vom 21. Dezember 1883 (J.M.Bl. S. 366) Anwendung. Die Gerichtsvollzieher sind berechtigt, die betreffenden Akten und Schriftstücke dem Amtsgerichte zum Zwecke des gleichzeitigen Verkaufs mit den gerichtlichen Akten zu übergeben.

Zu Nr. 3. Durch §. 75 Abs. 3 G.V.O. sind die G.V. lediglich ermächtigt, ihre Sonderakten (§. 74) und die Sammelakten (§. 75), nicht aber auch die Register zu vernichten. Die Dienstregister einschließlich des Wechsel-

Dritter Teil.

Übergangs- und Schlußbestimmungen.

§. 79.

Zum Gerichtsvollzieher kann ohne Ablegung der im ersten Abschnitte des ersten Teiles vorgeschriebenen Prüfung ernannt werden, wer nach Maßgabe der Bestimmungen der Gerichtsvollzieherordnung vom 23. Februar 1885 die Prüfung bestanden hat oder von der Prüfung befreit war.

§. 80.

Die Oberlandesgerichts-Präsidenten sind ermächtigt, zur Ausführung und Ergänzung dieser Vorschriften allgemeine Anordnungen zu treffen. Von dem Erlaß ist dem Justizminister Kenntnis zu geben.

§. 81.

Die vorhandenen Gerichtsvollzieher-Siegel und Stempel sind weiter zu benutzen.

§. 82.

Die Gerichtsvollzieherordnung tritt am 1. Oktober 1900 in Kraft. Die bis dahin erwachsenen Gebühren und Vergütungen an baren Auslagen für die Erledigung der Parteiaufträge erwerben die Gerichtsvollzieher nach den bisherigen Vorschriften, auch wenn sie erst nach dem bezeichneten Zeitpunkt eingehen.

III.

Gebührenvorschriften.

1. Deutsche Gebührenordnung für Gerichtsvollzieher.

Vom $\frac{\text{24. Juni 1878.}}{\text{29. Juni 1881.}}$

(In der Fassung der Bekanntmachung des Reichskanzlers vom 20. Mai 1898, R.G.Bl. S. 688.)

§. 1.

In den vor die ordentlichen Gerichte gehörigen Rechtssachen, auf welche die Civilprozeßordnung, die Strafprozeßordnung oder die Konkursordnung Anwendung findet, werden Gebühren und Auslagen des Gerichtsvollziehers nur nach Maßgabe der folgenden Bestimmungen erhoben.

Zur Herbeiführung eines einheitlichen Verfahrens hat die Allg. J.M.Vfg. v. 16./2. 08 (J.M.Bl. S. 86) eine Anzahl von Grundsätzen aufgestellt, welche bei dem Ansatze der Gebühren und Auslagen der Gerichtsvollzieher in Zukunft zu beobachten sind. Die einzelnen Bestimmungen dieser Verfügung sind bei den betr. Gebührenvorschriften nachst. in entsprechender Weise berücksichtigt.

§. 2.

Die Gebühr für jede[1]) Zustellung beträgt . . . . 80 Pfennig,
in den amtsgerichtlichen und den schöffengerichtlichen Sachen, soweit diese Sachen nicht durch Einlegung eines Rechtsmittels an ein höheres Gericht gebracht sind[2—5]) . . . . 50 Pfennig,
für die Zustellung durch Aufgabe zur Post (Civilprozeßordnung §. 175), für das an die Post gerichtete Ersuchen um Bewirkung einer Zustellung (Civilprozeßordnung §. 194), sowie für die im Auftrage eines Anwalts an den Gegenanwalt[6]), bewirkte Zustellung die Hälfte jener Sätze.

Die Zustellung an den Zustellungsbevollmächtigten mehrerer Beteiligter (Civilprozeßordnung §. 189 Abs. 2)[7]) gilt als eine Zustellung.

---

[1]) Der **Anspruch auf die Gebühr** wird erst durch die tatsächlich bewirkte Zustellung begründet; für nur versuchte Zustellungen sind nur die baren Auslagen zu erstatten (vgl. die „Grundsätze" d. Allg. Vfg. v. 16./2. 08 zu A. 1 J.M.Bl. S. 86). — Da, wo die Gebühr begründet, wird sie für jede besondere Zustellung, d. i. für jede einzelne Übergabe des zuzustellenden Schriftstücks erhoben. Dies gilt auch im Falle der Zustellung an den Zustellungsbevollmächtigten mehrerer Beteiligten, wenn diesen für jeden der letzteren eine Ausfertigung oder Abschrift übergeben wird. Sind in derselben Sache mehrere Schriftstücke demselben Beteiligten zusammen zuzustellen, so kann die Zustellungsgebühr selbstverständlich nur einmal erhoben werden (Motive).

[2]) Was die **Anwendung der Sätze des §. 2** betrifft, so unterliegen amts- bezw. schöffengerichtliche Sachen, welche infolge eines eingelegten Rechtsmittels an ein Gericht höhererer Ordnung gelangen, den für letzteres maßgebenden höheren Sätzen. Ebenso bleiben letztere maßgebend, wenn z. B. infolge eines Ersuchens (G.V.G. §. 158) ein Amtsgericht in einer Sache tätig wird, welche bei einem Gerichte höher Ordnung anhängig ist. Dasselbe gilt auch in dem Falle, in welchem auf Grund des §. 188 Str.P.O. die Führung oder Voruntersuchung einem Amtsrichter übertragen wird. Andererseits läßt die mit Rücksicht auf §. 29 G.V.G. gewählte Fassung des Entwurfs erkennen, daß in den nach den Bestimmungen des fünften Titels desselben Gesetzes von den Strafkammern der Landgerichte den Schöffengerichten zur Verhandlung und Entscheidung überwiesenen Sachen dem G.V. nur die niedrigere Gebühr zusteht. Solange eine solche Überweisung nicht erfolgt ist, wird die Sache als eine landgerichtliche zu behandeln sein (Motive).

Wegen der Anwendung der Sätze des §. 2 in einzelnen besonderen Fällen vgl. Exner, Dienst- ꝛc. Verh. d. Pr.G.V., S. 255 Anm. 2 zu §. 2.

[3]) Die Gebühren für eine im Auftrage eines Notars oder des Gerichtsschreibers eines Gewerbegerichts zu bewirkende Zustellung sind in §. 1 d. Allg. Vfg. v. 8./12. 99, J.M.Bl. S. 721 (s. diese im Abschn. 2 B nachst.) geregelt.

[4]) Für die Zustellung der Benachrichtigung, daß die Pfändung bevorstehe (C.P.O. §. 845), ist die Gebühr von 50 Pf. anzusetzen" (Allg. Vfg. v. 16./2. 08 zu B. I Nr. 8, J.M.Bl. S. 86).

[5]) Für die Zustellung der Schuldtitel ꝛc. aus Anlaß der Z.V. (G.A. §. 49) ist natürlich gleichfalls die Zustellungsgebühr gerechtfertigt. — Dagegen gibt es für die Zustellung von Abschriften der Protokolle über

§. 2.

Die Gebühr für jede[1]) Zustellung beträgt . . . . 80 Pfennig,
in den amtsgerichtlichen und den schöffengerichtlichen Sachen, soweit diese Sachen nicht durch Einlegung eines Rechtsmittels an ein höheres Gericht gebracht sind[2—5]) . . . . 50 Pfennig,
für die Zustellung durch Aufgabe zur Post (Civilprozeßordnung §. 175), für das an die Post gerichtete Ersuchen um Bewirkung einer Zustellung (Civilprozeßordnung §. 194), sowie für die im Auftrage eines Anwalts an den Gegenanwalt[6]), bewirkte Zustellung die Hälfte jener Sätze.

Die Zustellung an den Zustellungsbevollmächtigten mehrerer Beteiligter (Civilprozeßordnung §. 189 Abs. 2)[7]) gilt als eine Zustellung.

---

[1]) Der **Anspruch auf die Gebühr** wird erst durch die tatsächlich bewirkte Zustellung begründet; für nur versuchte Zustellungen sind nur die baren Auslagen zu erstatten (vgl. die „Grundsätze" d. Allg. Vfg. v. 16./2. 08 zu A. 1 J.M.Bl. S. 86). — Da, wo die Gebühr begründet, wird sie für jede besondere Zustellung, d. i. für jede einzelne Übergabe des zuzustellenden Schriftstücks erhoben. Dies gilt auch im Falle der Zustellung an den Zustellungsbevollmächtigten mehrerer Beteiligten, wenn diesen für jeden der letzteren eine Ausfertigung oder Abschrift übergeben wird. Sind in derselben Sache mehrere Schriftstücke demselben Beteiligten zusammen zuzustellen, so kann die Zustellungsgebühr selbstverständlich nur einmal erhoben werden (Motive).

²) Was die **Anwendung der Sätze des §. 2** betrifft, so unterliegen amts- bezw. schöffengerichtliche Sachen, welche infolge eines eingelegten Rechtsmittels an ein Gericht höhererer Ordnung gelangen, den für letzteres maßgebenden höheren Sätzen. Ebenso bleiben letztere maßgebend, wenn z. B. infolge eines Ersuchens (G.V.G. §. 158) ein Amtsgericht in einer Sache tätig wird, welche bei einem Gerichte höher Ordnung anhängig ist. Dasselbe gilt auch in dem Falle, in welchem auf Grund des §. 183 Str.P.O. die Führung oder Voruntersuchung einem Amtsrichter übertragen wird. Andererseits läßt die mit Rücksicht auf §. 29 G.V.G. gewählte Fassung des Entwurfs erkennen, daß in den nach den Bestimmungen des fünften Titels desselben Gesetzes von den Strafkammern der Landgerichte den Schöffengerichten zur Verhandlung und Entscheidung überwiesenen Sachen dem G.V. nur die niedrigere Gebühr zusteht. Solange eine solche Überweisung nicht erfolgt ist, wird die Sache als eine landgerichtliche zu behandeln sein (Motive).

Wegen der Anwendung der Sätze des §. 2 in einzelnen besonderen Fällen vgl. Exner, Dienst- ꝛc. Verh. d. Pr.G.V., S. 255 Anm. 2 zu §. 2.

³) Die Gebühren für eine im Auftrage eines Notars oder des Gerichtsschreibers eines Gewerbegerichts zu bewirkende Zustellung sind in §. 1 d. Allg. Vfg. v. 8./12. 99, J.M.Bl. S. 721 (s. diese im Abschn. 2 B nachst.) geregelt.

⁴) Für die Zustellung der Benachrichtigung, daß die Pfändung bevorstehe (C.P.O. §. 845), ist die Gebühr von 50 Pf. anzusetzen" (Allg. Vfg. v. 16./2. 08 zu B. I Nr. 8, J.M.Bl. S. 86).

⁵) Für die Zustellung der Schuldtitel ꝛc. aus Anlaß der Z.V. (G.A. §. 49) ist natürlich gleichfalls die Zustellungsgebühr gerechtfertigt. — Dagegen gibt es für die Zustellung von Abschriften der Protokolle über

Vollstreckungshandlungen (G.A. §§. 52, 88) keine Gebühr.

[6]) Unter einer „im Auftrage eines Anwalts an den Gegenanwalt bewirkten Zustellung" im Sinne des §. 2 kann nur solche verstanden werden, welche in der erleichterten Form des §. 198 Abs. 2 C.P.O. ausgeführt worden ist. Erfolgt die Zustellung an den Gegenanwalt in der gewöhnlichen Form so kommt die Gebühr von 80 Pf. bezw. von 65 Pf. oder 50 Pf. zum Ansatze" (Allg. Vfg. v. 16./2. 08 B. I Nr. 7).

[7]) Vgl. vorst. Anm. 1.

§. 3.

Ist eine Zustellung durch den Gerichtsvollzieher bewirkt, obgleich sie mit geringeren Kosten durch die Post hätte erfolgen können, so erhält derselbe die Mehrkosten nur, wenn er zur Vornahme der Zustellung ohne Benutzung der Post ausdrücklich ermächtigt worden ist.[1–4])

---

[1]) Die Vorschrift in §. 3 trägt der Bestimmung in C.P.O. §. 197 Rechnung, wonach die zur Erstattung der Prozeßkosten verurteilte Partei die Mehrkosten nicht zu tragen hat, wenn eine Zustellung statt durch die Post durch den G.V. bewirkt worden ist. Diese Vorschrift soll „namentlich zur Vermeidung einer Verteuerung durch Reisekosten des G.V., darauf hinwirken, daß die Zustellungen durch die Post als weniger kostspielig zur Regel werden, ohne die Möglichkeit einer unter Umständen schnelleren und vorsichtigeren direkten Zustellung seitens des G.V. auszuschließen" (v. Wilm.-Levy C.P.O., Anm. 1 zu §. 180).

[2]) Allg. Verf. v. 16./2. 08 (J.M.Bl. S. 86) betr. die Gebühren und Auslagen der Gerichtsvollzieher:

a. B. I Nr. 9. „Die Anwendung der Vorschrift des §. 8 setzt voraus, daß die Zustellung nach den Umständen des Falles durch die Post erfolgen konnte. War die Zustellung durch die Post nach Abs. 4, 5 des §. 18 der Geschäftsanweisung für die Gerichtsvollzieher ausgeschlossen oder konnte sie nach den bestehenden Einrichtungen der Post nicht rechtzeitig erfolgen, so kann der G.V. die durch die persönliche Zustellung entstehenden Mehrkosten auch dann verlangen, wenn er zur Vornahme der Zustellung ohne Benutzung der Post nicht ausdrücklich ermächtigt war."

b. B. I Nr. 10. „Die Vorschrift des §. 8 findet auch Anwendung auf Zustellungen am Wohnorte des G.V. Die Gebühr für Zustellungen in anderen als amts- oder schöffengerichtlichen Sachen beträgt daher, falls die Zustellung am Wohnort erfolgt und nicht ausnahmsweise der Ansatz der Mehrkosten der persönlichen Zustellung zulässig ist, nicht 80 sondern nur 65 Pf."

c. B. I Nr. 11. „Findet in den Fällen des §. 3 eine Kürzung des Gesamtbetrages der vom G.V. nach den §§. 2, 17 zu berechnenden Gebühren und Reisekosten statt, so sind die Gebühren im vollen Betrag, als Reisekosten aber nur der nach Abzug der Gebühr verbleibende Rest des Betrages der Kosten einer Zustellung durch die Post anzusetzen. Demnach sind, wenn die Zustellung in einer amtsgerichtlichen Sache in einer Entfernung von mehr als zwei Kilometer stattfindet, von dem Gesamtbetrage von 65 Pf. im Sinne der §§. 22, 28 G.V.O. 50 Pf. als Gebühr und 15 Pf. als Reisekosten anzusehen."

Wenn es sich aber um die Erledigung eines amtlichen Auftrags handelt und eine Reiseentschädigung nach §. 71 Abs. 2 G.V.O. nicht zu gewähren ist, so hat der

G.V. nach §. 24 Nr. 2 das. nur Anspruch auf Erstattung des tatsächlich aufgewendeten Aufwands an baren Auslagen. Wenn solche nicht entstanden sind, ist die Erstattung der 15 Pf. Reisekosten nicht zulässig (Anordn. d. Ob.Rchn.Kammer s. Zschr. f. V.Recht 2c. 1903 S. 178).

[3]) Für Briefe (d. h. Sendungen im Gewichte bis zu 250 Gramm) wird nach der Postgebührentaxe erhoben: 1. das gewöhnliche Briefporto; 2. eine Zustellungsgebühr von 20 Pf.; 3. Porto für Rücksendung der Zustellungsurkunde 10 Pf. Das letztere fällt aber weg bei Zustellungen an Bewohner des Orts- oder Landbestellbezirks des Aufgabepostorts. Diese Beträge müssen sämtlich entweder vom Absender sogleich bei der Einlieferung oder vom Empfänger bei der Aushändigung entrichtet werden. Im übrigen haftet der Absender für alle Beträge, die nicht vom Empfänger erhoben werden können. Kann die Zustellung nicht ausgeführt werden, so ist bei unfrankierten Briefen nur das gewöhnliche Briefporto zu entrichten, während bei frankierten Briefen die vorausbezahlte Zustellungsgebühr von 20 Pf. und das Porto von 10 Pf. für die Rücksendung der Zustellungsurkunde erstattet werden.

[4]) Die Zustellung eines Schuldtitels, welche der Zwangsvollstreckung vorangehen muß, erfolgt zweckmäßig erst in Verbindung mit der Vollstreckung, also persönlich durch den G.V. (vgl. G.A. §. 28 Anm. 1). In diesem Falle kann aber nach der herrschenden Praxis nur die reine Zustellungsgebühr liquidiert werden, da in einer und derselben Rechtsangelegenheit nur einmal Reisekosten zum Ansatze zu bringen sind.

§. 4.

Die Gebühr für die Pfändung von beweglichen körperlichen Sachen (Civilprozeßordnung §§. 808, 809), von Früchten, welche von dem Boden noch nicht getrennt sind (Civilprozeßordnung §. 810), sowie von

Forderungen aus Wechseln oder anderen Papieren, welche durch Indossament übertragen werden können (Civilprozeßordnung §. 831), beträgt nach der Höhe der beizutreibenden Forderung:

bei	einem	Betrage	bis	50	Mk. einschließlich	1	Mk.,
=	=	=	=	100	= =	2	=
=	=	=	=	300	= =	3	=
=	=	=	=	1000	= =	4	=
=	=	=	=	5000	= =	5	=
=	=	=	über	5000	= =	6	=

Erfolgt die Pfändung zur Vollziehung eines Arrestes, so ist in dem Arrestbefehle nach §. 923 der Civilprozeßordnung festgestellte Geldbetrag maßgebend. Bei der Pfändung eines im Schiffsregister eingetragenen Schiffes (Civilprozeßordnung §. 391) ist der Mindestbetrag der Gebühr 3 Mk.

Nimmt die Pfändung einen Zeitaufwand von mehr als zwei Stunden in Anspruch, so erhöht sich die Gebühr für jede angefangene weitere Stunde um ein Viertel.

Ist eine versuchte Pfändung ohne Erfolg geblieben, weil nach Inhalt des Protokolls pfändbare Gegenstände nicht vorhanden waren oder die Pfändung nach §. 803 Abs. 2, §. 812 der Civilprozeßordnung zu unterbleiben hatte, so erhält der Gerichtsvollzieher die Hälfte der Gebühr.[1–5])

(Vgl. unter Nr. 3 dieses Abschnitts Gebührentabelle Nr. 1.)

[1]) a. Bezüglich der **Wertsberechnung** gehen die Motive von der Ansicht aus, daß die Ansprüche des G.V., welcher durch die gesetzlichen Vorschriften (vgl. C.P.O. §. 788) angewiesen sei, seine Gebühren und Auslagen zugleich mit dem zur Vollstreckung stehenden Anspruche beizutreiben, nicht von unsicheren Faktoren abhängen dürften, vielmehr derart bestimmt werden müßten, daß weder der G.V. noch die zahlungspflichtige Partei über deren Höhe im einzelnen Falle Zweifel haben könnten. Aus diesen wesentlich praktischen Rücksichten hat die Geb.O. die Dauer der auf das Geschäft verwendeten Zeit in Verbindung mit der Höhe der Forderung als Maßstab für die Abmessung der Pfändungsgebühren herangezogen.

b. Die Wertsberechnung umfaßt 1. die aus dem Schuldtitel hervorgehende vollstreckbare Hauptforderung nebst etwaigen Zinsen (§. 18 Nr. 2 D. G.K.G.) und anderen Nebenforderungen; 2. die dem Gläubiger aus Anlaß d. Z.V. erwachsenen notwendigen Kosten.

c. Bei der Vollziehung eines Arrestbefehls bildet der gemäß C.P.O. §. 928 behufs Abwendung der Vollziehung festgesetzte Geldbetrag das Objekt für die Gebührenberechnung.

d. Beim Vorliegen mehrerer Schuldtitel desselben Gläubigers gegen denselben Schuldner (z. B. Urteil und Kostenfestsetzungsbeschluß) sind die einzelnen Objekte zusammenzurechnen.

e. **Allg. Vfg. v. 16./2. 03 (J.M.Bl. S. 36)** zu A Nr. 2. „Im Falle der gleichzeitigen Erledigung mehrerer Vollstreckungsaufträge eines oder mehrerer Gläubiger sind die Gebühren und Reisekosten nur einmal anzusetzen. Dieser Grundsatz findet insbesonder Anwendung:

a) wenn auf Grund mehrerer Schuldtitel gegen denselben Schuldner gleichzeitig gepfändet oder eine Pfändung erfolglos versucht wird;

b) wenn die auf Grund mehrerer Schuldtitel bei demselben Schuldner gepfändeten Sachen gleichzeitig zur Beitreibung mehrerer Forderungen versteigert werden;

c) wenn der Auftrag zur Vollstreckung mehrerer Schuldtitel gegen denselben Schuldner gleichzeitig durch Leistung an den G.V. erledigt wird.

Die Gebühren sind zu berechnen im Falle a nach dem Gesamtbetrage der beizutreibenden Forderungen, im Falle b nach dem Gesamterlös und im Falle c nach dem Gesamtbetrage der Zahlungen.

Wird eine Verteilung der einheitlich berechneten Gebühren und Auslagen auf die einzelnen Aufträge erforderlich, so erfolgt sie nach dem Verhältnisse der Kostenbeträge, welche für jeden Auftrag bei gesondeter Ausführung der Aufträge entstanden sein würden.

Sind in den Fällen zu 2 die Vollstreckungsaufträge zum Teil nach den Vorschriften über gerichtliche Zwangsvollstreckungen, zum Teil im Verwaltungszwangsverfahren zu erledigen, so sind die Kosten für jede Gattung des Verfahrens gesondert zu berechnen. Ist die Summe der in dieser Weise berechneten Kosten höher als derjenige Betrag, welchen der G.V. bei einer unter Anwendung der Gebührenordnung vorgenommenen einheitlichen Berechnung nach dem Gesamtbetrage der Forderungen usw. zu erhalten haben würde, so ist nur der letztere Betrag in Ansatz zu bringen und es sind die für jedes Verfahren gesondert berechneten Kosten nach Verhältnis ihres Betrags zu kürzen.

Wird der G.V. mit der Vollstreckung einer Gesamtschuld gegen mehrere Gesamtschuldner in der Weise beauftragt, daß von jedem Schuldner soweit erforderlich das Ganze beizutreiben, die Vollstreckung aber einzustellen ist, sobald die bei einem oder mehreren Schuldnern gepfändeten Gegenstände zusammengenommen zur Deckung der Gesamtschuld ausreichen, so liegt nur ein einheitlicher Vollstreckungsauftrag vor nnd es sind die Gebühren der §§. 4—7, 10, 11 nur einmal zum Ansatze zu bringen, wie wenn die Vollstreckung sich gegen einen einzelnen Schuldner richtete; auch für die Berechnung der Reisekosten ist davon auszugehen, daß nur ein Geschäft vorliegt.

Wird ein Vollstreckungsauftrag in der Weise erledigt, daß mehrere Gebührenvorschriften nebeneinander zur Anwendung kommen, so darf der Gesamtbetrag der Gebühren denjenigen Betrag nicht übersteigen, welcher sich bei Berechnung einer einheitlichen Gebühr nach dem Gesamtwert ergeben würde; bei dieser Berechnung ist, sofern die Sätze der mehreren Gebührenvorschriften verschieden hoch sind, der höhere Satz zugrunde zu legen. Hiernach ist insbesondere im Falle des Zusammentreffens der Gebühren für Pfändungen und für Zahlungen (§§. 8 u. 11) die Gebühr nur einmal nach dem Gesamtwerte zu berechnen. Trifft die Gebühr des §. 7 für Versteigerungen mit der des §. 10 zusammen, so ist bei Berechnung der einheitlichen Gebühr nach dem Gesamtwerte dem Betrage des Versteigerungserlöses der Wert der nicht versteigerten Sachen hinzuzurechnen.

Die vorstehenden Grundsätze finden entsprechende Anwendung, falls auf mehrere Vollstreckungsaufträge, deren Erledigung nach den Grundsätzen unter 2 nur eine einmalige Gebühr begründen würde, mehrere Gebührenvorschriften nebeneinander anzuwenden sind.

Die Einziehung der durch die Vollstreckungstätigkeit des G.V. erwachsenden Kosten begründet den Ansatz besonderer Gebühren nur dann, wenn zum Zwecke ihrer Beitreibung besondere Vollstreckungsmaßregeln stattgefunden haben. Bei der Berechnung der Gebühren der §§. 4, 5, 11 wird der Betrag dieser Kosten dem beizutreibenden Betrage nicht hinzugerechnet.“

²) Was die **Zeitdauer** anbelangt, so ist zu beachten, daß der ganze Pfändungsakt nicht nach Ort und Zeit in einzelne Vollstreckungshandlungen zerlegt werden kann,

sondern ein zusammengehöriges Ganzes bildet, für welche nur einmal die Pfändungsgebühr des §. 4 berechnet werden kann. Bei der Berechnung der Zeit ist (nach den Motiven zu §. 12 Geb.O.) „nur die auf die betr. Vollstreckungshandlung (hier also die Pfändung) selbst verwendete Zeit zu berücksichtigen, wodurch die Mitberechnung des Zeitaufwandes für solche Akte, welche der eigentlichen Vollstreckungshandlung vorausgehen oder nachfolgen, ausgeschlossen wird. Nur soweit einzelne Akte, z. B. eine Zuziehung von Zeugen oder ein Nachsuchen polizeilicher Unterstützung im Verlaufe der Vollstreckungshandlung selbst im kontinuierlichen Zusammenhange mit dieser vorgenommen sind, werden auch sie von der Zeitberechnung mit umfaßt".

Nach der Allg. Vfg. v. 16./2. 08 (J.M.Bl. S. 86) zu B, Nr. 12 ist „bei der Berechnung des Zeitaufwands einer Pfändung (§. 4 Abs. 8) auch die Zeit für die Aufnahme des Pfändungsprotokolls miteinzurechnen; dagegen kann weder die Reisezeit, noch die Zeit, welche zur Herbeischaffung der Transportmittel vor der Pfändnng oder zum Transporte der gepfändeten Sachen nach der Inbesitznahme verwendet worden ist, in die Dauer der Pfändung miteingerechnet werden".

„Wird eine Pfändung unterbrochen und demnächst fortgesetzt, so ist die Gebühr des §. 4 nur einmal nach dem Gesamtzeitaufwande zu berechnen. Dagegen sind besondere Gebühren zu berechnen, wenn nach Erledigung eines Pfändungsauftrags ein neuer Auftrag zur Pfändung erteilt wird." (B, Nr. 13 d. vorbez. Allg. J.M.Vfg.).

3) **Fruchtlose Pfändung.** — Der Abs. 4 des §. 4 kann nur dann zur Anwendung kommen, wenn der Pfändungsakt seinem ganzen Umfange nach fruchtlos bleibt; d. h. wenn, wie die Geb.O. verlangt, „nach Inhalt des Protokolls pfändbare Gegenstände nicht vorhanden waren oder sich von der Verwertung der pfändbaren Gegenstände ein Überschuß über die Kosten der Z.V. nicht

erwarten ließ," und wenn, wie die Motive besagen, „die Erfolglosigkeit durch ein nach Maßgabe des §. 762 C.P.O. aufzunehmendes Protokoll konstatiert ist".

Hiernach kommt die Gebühr dann nicht zum Ansatz, wenn eine Pfändung nicht ausgeführt werden kann, weil die Wohnung des Schuldners von dem G.V. nicht aufgefunden wird oder weil der Dritte, bei welchem die Pfändung erfolgen soll, sich zur Herausgabe nicht bereit erklärt (vgl. die Allg. Vfg. v. 16./2. 08, J.M.Bl. S. 86 zu A Nr. 1 lit. a).

[4]) **Pfändung gegen mehrere Schuldner aus einem Schuldtitel.** Wegen der Gebühren hierfür vgl. „Exner, Dienst- rc. Verh. d. Pr.G.V., S. 265 Anm. 4 sowie die Allg. Vfg. v. 16./2. 08 (s. S. 442) zu A Nr. 4.

[5]) Die vielumstrittene Frage wegen des Gebührenansatzes bei der **gleichzeitigen Pfändung** ist durch die Vorschrift in A, Nr. 2 der vorged. Allg. Vfg. (vgl. diese a. S. 7 vorst.) nunmehr im Verwaltungswege dahin geregelt, daß im Falle der gleichzeitigen Erledigung mehrerer Pfändungsaufträge gegen denselben Schuldner die Gebühren und Reisekosten nur einmal anzusetzen sind. Ob aber damit die Frage endgültig entschieden ist, kann hier zunächst dahingestellt bleiben.

§. 5.

Für die Übernahme beweglicher Sachen zum Zwecke der Verwertung in den Fällen der §§. 790, 847, 854 der Zivilprozeßordnung, sowie im Falle des Ausscheidens des Gerichtsvollziehers, welcher die Pfändung vorgenommen hat, und für die Pfändung bereits gepfändeter Sachen (Civilprozeßordnung §. 826) erhält der Gerichtsvollzieher die Hälfte der in §. 4 bestimmten Gebühr.[1])[2])

(Vgl. Abschn. 3 Tab. 1.)

¹) Nicht dem ausscheidenden, sondern dem in die Zwangsvollstreckung „eintretenden" Gerichtsvollzieher steht die Gebühr des §. 5 zu (vgl. die Erläut. in Anm. 1 zu §. 5 bei Exner, Dienst- rc. Verh. d. Pr.G.V. S. 268).

Auf demselben Standpunkte steht die Allg. Vfg. v. 16./2. 03 (J.M.Bl. S. 36), vgl. Abschn. B I, Nr. 14 das. i. d. „amtl. Vorschr." S. 813, Zus. zu §. 5.

²) Ebendort ist unter Nr. 15 angeordnet, „daß die Gebühr des §. 5 nicht anzusetzen ist, wenn ein G.V. im Falle der Vertretung oder nach §. 18 Abs. 8 G.V.O. Sachen zum Zwecke der Verwertung übernimmt."

§. 6.

Der Gerichtsvollzieher erhält für die Wegnahme beweglicher Sachen einschließlich der Übergabe derselben (Civilprozeßordnung §. 883) eine Gebühr von 3 Mark.[1][2])

Nimmt das Geschäft einen Zeitaufwand von mehr als zwei Stunden in Anspruch, so erhöht sich die Gebühr für jede angefangene weitere Stunde um 1 Mark.

Ist eine versuchte Wegnahme ohne Erfolg geblieben, weil nach Inhalt des Protokolls die herauszugebenden Sachen nicht aufzufinden waren so erhält der Gerichtsvollzieher die Hälfte der Gebühr, jedoch nicht unter 2 Mark.[3])

(Vgl. Abschn. 8 Tab. 2.)

---

¹) „Die Tätigkeit des G.V. bei der Wegnahme beweglicher Sachen (C.P.O. §. 883) ist im wesentlichen die gleiche wie bei einer Pfändung; gleichwohl empfiehlt sich

die Festsetzung einer fixen Gebühr ohne Rücksicht auf den Wert der Sache oder der Forderung, um Streitigkeiten über den Wert abzuschneiden" (Motive).

²) a. Der §. 6 regelt die Gebühren für die in den §§. 79 und 92 G.A. behandelten Amtshandlungen. Die hier in Betracht kommende Vollstreckungstätigkeit hat sich auf bestimmte bewegliche Gegenstände zu richten, zu deren Herausgabe der Schuldner verurteilt ist. Die Übernahme von Sachen dagegen, deren Pfändung durch Pfändungsbeschluß des Vollstreckungsgerichts erfolgt ist (C.P.O.) §. 847), wird nach §. 5 vorst. abgegolten.

Auf die Wegnahme von Gegenständen, auf deren Einziehung nicht gerichtlich erkannt ist (vorläufige Beschlagnahme, G.V.O. §. 20 lit. b) bezieht sich § 6 gleichfalls nicht. Derartige Amtshandlungen gehören zu den „nicht tarifierten" Geschäften. (J.M.Vfg. v. 28./1. 85, vgl. D.G.V.Ztg. 1904 S. 112, 1897 S. 167.)

Daß zu den beweglichen Sachen des §. 6 auch Urkunden gehören, ist unbestritten.

Für die Herausgabe einer Person ist eine Gebühr nicht ausdrücklich vorgesehen. Da aber das Verfahren bei einer solchen Vollstreckung sich nach den Vorschriften über die Z.V. zur Erwirkung der Herausgabe körperlicher Sachen bestimmt (G.A. §. 81), so ist auch die Gebühr dafür unbedenklich nach §. 6 vorst. in Ansatz zu bringen (vgl. a. allg. Vfg. v. 16./2. 08, Abschn. B I, Nr. 16, Zus. zu 6 i. d. „Amtl. Vorschr." S. 813.

Wird der G.V. vom Vermieter einer Wohnung (z. B. auf Grund einer einstweiligen Verfügung) beauftragt, die von dem Mieter heimlich aus der Wohnung entfernten Sachen zum Zwecke der Wiederherstellung des Zurückbehaltungsrechts des Vermieters zurückzuholen, sie also dem Schuldner wegzunehmen, so ist dafür die Gebühr des §. 6, nicht die des §. 4 Geb.O. zu fordern.

b. Die Gebühr des §. 5 wird gewährt für die „Wegnahme beweglicher Sachen einschließlich der Übergabe." Vor dem Übergange zur Wegnahme ist zur freiwilligen Leistung aufzufordern, für welche, wenn sie erfolgt, die Gebühr des §. 11 Geb.O. anzusetzen ist.

Wegen des Verfahrens bei der Wahlschuld (B.G.B. §§. 262 ff.) s. Anm. 2 lit. b Abs. 4 bei „Exner, Dienst- ꝛc. Verh. d. Pr.G.V." S. 270.

c. Wenn zum Zwecke der Beitreibung der Kosten für die „Wegnahme" besondere Vollstreckungsmaßregeln stattgefunden haben, so ist der Ansatz besonderer Gebühren dafür nach §. 4 Geb.O. begründet (vgl. Exner a. a. O. S. 270 Abs. 3 sowie Nr. 6 d. Abschn. A d. allg. Vfg. v. 16./2. 03 i. d. „Amtl. Vorschr." S. 311).

3) Nur „wenn die herauszugebenden Sachen nach Inhalt des Protokolls nicht aufzufinden waren" ist der Ansatz der halben Gebühr gerechtfertigt. Andere Gründe, welche den Zweck der Vollstreckungshandlung vereiteln, berechtigen nicht dazu.

§. 7.

Für die Versteigerung oder den Verkauf aus freier Hand von beweglichen Sachen, Früchten, welche von dem Boden noch nicht getrennt sind, Forderungen oder anderen Vermögensrechten erhält der Gerichtsvollzieher von dem Betrage des erzielten Erlöses

	bis zu	100 Mark	5	vom	Hundert
über 100 Mark	bis	300 „	3	„	„
„ 300 „	„	1000 „	2	„	„
„ 1000 „	„	5000 „	1	„	„
„ 5000			1/2	„	„

jedoch nicht unter 2 Mark.1–5)

(Vgl. Abschn. 8 Tab. 4.)

[1]) Die Gebühr für die Versteigerung oder den Verkauf aus freier Hand hat nur solche Versteigerungen oder Verkäufe zum Gegenstande, welche der G.V. im Zwangsvollstreckungsverfahren vornimmt, und erstreckt sich nicht auf freiwillige Mobiliarversteigerungen, zu deren Abhaltung er allerdings in einzelnen Bundesstaaten befugt ist." (Motive.) — Der eigentlichen Versteigerung ist also der Verkauf aus freier Hand (§. 66 d. Anw.) gleichgestellt.

Die Versteigerungsgebühr ist ebenso wie die Pfändungsgebühr eine pauschale Entschädigung für die gesamte bei der Versteigerung in Betracht kommende Tätigkeit des G.V.

Wegen der Ausnahmen von diesem Grundsatze vgl. bei „Exner, Dienst- 2c. Verh. d. Pr.G.V." S. 271 die Anm. 2 lit. b zu §. 7 Geb.O.

Bei der Versteigerung der auf Grund mehrerer Schuldtitel bei demselben Schuldner gepfändeten Sachen sind die Gebühren und Reisekosten nur einmal anzusetzen (vgl. bei „Exner 2c." a. a. O. und Abschn. A Nr. 2 lit. a d. Allg. Vfg. v. 16./2. 08 i. d. „Amtl. Vorschr." S. 310.

[2]) Das Wertobjekt bildet der gesamte, also der Bruttoerlös. — Die Vorschrift in §. 7 d. D.G.K.G. über den Mindestbetrag und die Abrundung der Gebühren findet auf die Gebühren der G.V. keine Anwendung Nur die Bruchpfennige sind auf volle Pfennige abzurunden.

[3]) Der Anspruch auf die Gebühr wird erst durch die wirklich erfolgte Versteigerung, d. h. durch den Zuschlag an den Meistbietenden, begründet.

[4]) Die Versteigerung beschlagnahmter Gegenstände (G.A. §. 92) geschieht im amtlichen Auftrage (G.V.O. §. 24). Die beigetriebenen Kosten der G.V. sind daher mit zur Gerichtskasse abzuliefern.

[5]) Der zu dem Versteigerungsprotokolle zu verwendende Stempel ist von dem Reinerlöse zu

berechnen. (Vgl. deswegen die bei „Exner, Dienst- rc. Verh. d. Pr.G.V." S. 581 zu Nr. 9 des Stempeltarifs mitget. Entscheidungen.)

§. 8.

Der Gerichtsvollzieher erhält

1. für die Entsetzung aus dem Besitz unbeweglicher Sachen oder bewohnter Schiffe und die Einweisung in denselben (Civilprozeßordnung §. 885),
2. im Falle der Zuziehung zur Beseitigung des Widerstandes des Schuldners gegen die Vornahme einer Handlung (Civilprozeßordnung §. 892)

eine Gebühr von 3 M für jede angefangene Stunde von dem Erscheinen an Ort und Stelle bis zur Beendigung seiner Tätigkeit.

In die Dauer der unter Nr. 1 erwähnten Vollstreckungshandlungen ist auch die Zeit einzurechnen, welche der Gerichtsvollzieher zu verwenden hat, um bewegliche Sachen, welche nicht Gegenstand der Zwangsvollstreckung sind, wegzuschaffen, zu übergeben oder in Verwahrung zu bringen.[1—4])

---

[1]) Der §. 8 regelt die Gebühren für die Tätigkeit der G.V. in den beiden im ersten Absatze bestimmten Fällen.

Im ersteren Falle handelt es sich um die Entsetzung aus dem Besitze unbeweglicher Sachen und die Einweisung in diesen (vgl. G.A. §. 80). Hier hat der G.V. eine handelnde Tätigkeit auszuüben. Die Gebühr ist aber (nach den Motiven) nicht bloß dann begründet, wenn eine Entsetzung **und** Einweisung erfolgt ist, sondern auch schon, wenn nur die eine **oder** die andere Handlung stattgefunden hat.

Im zweiten Falle rechtfertigt die Zuziehung des G.V. allein schon den Anspruch auf die Gebühr; es ist also nicht nötig, daß der G.V. in seine handelnde Tätigkeit getreten ist. Natürlich muß aber auch in diesem Falle ein Protokoll über den Hergang aufgenommen werden.

[2]) Die Zeitdauer für das Geschäft ist von dem Erscheinen des G.V. an Ort und Stelle bis zur Beendigung des Geschäfts einschließlich der Protokollierung zu berechnen (vgl. Motive und Abschn. B, I Nr. 12 d. allg. Vfg. v. 16./2. 03 i. d. „Amtl. Vorschr." S. 312).

Der Ausdruck „an Ort und Stelle" kann hier natürlich nur im engsten Sinne aufgefaßt werden.

[3]) Die Kosten der Z.V. sind, wenn sie der Schuldner nicht freiwillig zahlt, wie in jedem anderen Falle durch Pfändung beizutreiben. Dafür sind eventl. die Gebühren des §. 4 anzusetzen (Abschn. A Nr. 6 d. vorst. bez. Allg. Vfg. i. d. „Amtl. Vorschr." S. 311).

Reisekosten kommen aber nur einmal zum Ansatz.

[4]) Wegen der Gebühr für die Übergabe von Grundstücken an den Zwangsverwalter oder den Ersteher im Verf. betr. d. Z.V. in das unbewegl. Vermögen s. die „landesgesetzlichen" Gebührenvorschriften im folgenden Abschnitt.

§. 9.

Der Gerichtsvollzieher erhält für die Verhaftung einer Person, einschließlich der Ablieferung derselben zur Haft, und für die zwangsweise Vorführung einer Person eine Gebühr von 15 M, für die Nachverhaftung einer bereits verhafteten Person 2 M.

Konnte eine unternommene Verhaftung nicht ausgeführt werden, weil nach Inhalt des Protokolls sich bei derselben das Vorhandensein eines der in den §§. 904, 906 Civilprozeßordnung aufgeführten Gründe herausgestellt hat, so erhält der Gerichtsvollzieher eine Gebühr von 5 M.[1—5])

---

[1]) Der §. 9 bezieht sich nur auf diejenige Verhaftung oder zwangsweise Vorführung einer Person, zu welcher die C.P.O. bezw. die Konk.O. Veranlassung geben, findet dagegen keine Anwendung auf den Vollzug von Haftbefehlen und Vorführungsbefehlen in Strafsachen. — Verhaftungen im Auftrage des Richters und der Staatsanwaltschaft gehören zu den nichttarifierten Geschäften. Rücksichtlich dieser Art Verhaftungen macht es keinen Unterschied, ob sie in einer Strafsache, oder in einer bürgerlichen Rechtsstreitigkeit oder in einer Konkurssache, und zu welchem Zwecke sie erfolgen. Die tarifmäßigen Gebühren (§§. 9, 10 Geb.O.) können nur in den bei §§. 88—85 G.A. bezeichneten Fällen der Beauftragung durch den Gläubiger (Konkursverwalter) berechnet werden. Alle anderen Verhaftungen sind dem G.V. nicht durch reichsgesetzliche, sondern durch die Vorschriften im §. 20 G.V.O. zugewiesen und deshalb (vgl. §. 25) findet die Geb.O. darauf keine Anwendung.

[2]) Der Anspruch auf die Gebühr wird in der Regel nur durch die wirkliche Ausführung der Verhaftung oder Vorführung erworben. Für die zum Zwecke des Vollzugs aufgewendete Mühe, insbesondere für die Aufsuchung der zu verhaftenden oder vorzuführenden Person wird eine Vergütung nicht gewährt, da die Gefahr mißbräuchlicher Gebührenüberhebung hier zu nahe liegt. Eine Ausnahme von dieser Regel enthält indessen §. 9 Abs. 2, welcher voraussetzt, daß der Vollzug der Verhaftung nur deshalb unterblieben ist, weil die in jenem Paragraphen

bezeichneten, dem G.V. bis dahin unbekannten Hinderungsgründe sich erst im Augenblicke des bereits unternommenen Vollzugs herausgestellt haben. (Motive.)

Danach rechtfertigt sich der Ansatz der Gebühr aus Abs. 1 also nur, wenn die Verhaftung tatsächlich vollzogen, d. h. wenn der Schuldner verhaftet und in das Gefängnis abgeliefert bezw. dem Richter vorgeführt ist. Für vergebliche Gänge wird eine Vergütung nicht gewährt (vgl. Abschn. A Nr. 1 lit. c d. Allg. Vfg. v. 16./2. 03 i. d. „Amtl. Vorschr." S. 810).

Dagegen wird die Erstattung der baren Auslagen (einschl. der Reisekosten) auch dann beansprucht werden können, wenn es zur Verhaftung nicht gekommen ist. Wegen der Auslagen für den Transport des Schuldners vgl. §. 18 Nr. 7.

Die Gebühr des Absatz 2 steht dem G.V. nur zu, wenn die Verhaftung aus den in C.P.O. §§. 904, 906 vorgesehenen Gründen unterbleiben mußte. Die analoge Heranziehung anderer Gründe ist ausgeschlossen.

³) Im Falle der gleichzeitigen Erledigung mehrerer Verhaftungsaufträge gegen denselben Schuldner wird der in Abschn. A Nr. 2 d. Allg. Vfg. v. 16./2. 08 („Amtl. Vorschr." S. 810) im Absatze 1 festgelegte Grundsatz gleichfalls zur Anwendung zu bringen sein. Besonders zum Ausdruck gebracht ist der Fall des §. 9 dort zwar nicht; die Aufführung der einzelnen Fälle in lit. a bis c das. ist aber keine erschöpfende. Es ist dort nur der Fälle Erwähnung geschehen, auf welche der Grundsatz „insbesondere" Anwendung finden soll. Dahin wird auch die gleichzeitige Erledigung mehrerer Verhaftungsaufträge zu rechnen sein.

Eine in der letzten Zeit erlassene Vfg. des Herrn Kammergerichts-Präsidenten soll sich in gleichem Sinne geäußert haben.

⁴) Bei freiwilliger Leistung des Schuldbetrages ist nur die Gebühr des §. 11 gerechtfertigt (J.M.Vffg. v.

21./12. 98, II 2876 bei Müller V S. 322 und Allg. Vfg. v. 16./2. 08, Abschn. B, I Nr. 19 i. d. „Amtl. Vorschr." S. 813).

[5]) Wegen der eventl. durch Pfändung beizutreibenden Kosten der G.V. vgl. Abschn. A Nr. 6 d. Allg. Vfg. v. 16./2. 08 i. d. „Amtl. Vorschr." S. 811).

§. 10.

Hat eine Vollstreckungshandlung, nachdem der Gerichtsvollzieher sich an Ort und Stelle[1]) begeben hatte, zufolge der Vorschrift des §. 775 der Civilprozeßordnung oder infolge der Zurücknahme des Auftrags nicht stattgefunden, so erhält derselbe[2])

in den Fällen der §§. 4, 5 die Hälfte der im §. 4 Abs. 1, 2 bestimmten Gebühr, im Falle des §. 4 Abs. 2 Satz 2 jedoch nicht unter 2 M.,

im Falle des §. 6 die daselbst Abs. 3 bestimmte Gebühr,

im Falle des §. 7 eine Gebühr von 2 M,

im Falle des §. 8 eine Gebühr von 3 M,

im Falle des §. 9 eine Gebühr von 5 M.[3])

---

[1]) Der Ausdruck „an Ort und Stelle" ist im weitesten Sinne zu verstehen. Es gehört dahin nicht bloß der Ort, wo die Vollstreckungshandlung ihren Anfang nimmt, sondern jeder Ort, wohin sich der G.V. im Verlaufe der Vollstreckungshandlung bezw. zur Ausübung der Vollstreckungstätigkeit begeben hatte.

[2]) Wenn die G.V. infolge der Vorschrift des §. 775 C.P.O. vorläufig oder definitiv eingestellt werden muß,

so ist von Einziehung der Vollstreckungskosten vom Schuldner gleichfalls Abstand zu nehmen. — Beschl. d. O.L.G. Breslau. II. Civ.-Sen. v. 10./8. 90, III W 67/90 (mitget. i. d. D. G.V.Ztg. 1891 S. 77). — Die Kosten sind alsdann vom Auftraggeber zu erfordern.

[3]) Wegen der Gebührenberechnung infolge Anwendung mehrerer Gebührenvorschriften bei Erledigung des Auftrags vgl. Abschn. A Nr. 5 d. Allg. Vfg. v. 16./2. 08 i. d. „Amtl. Vorschr." S. 811.

Vgl. auch die Anm. zu §. 11 nachst.

§ 11.

Wird der Auftrag zur Zwangsvollstreckung durch Leistung an den Gerichtsvollzieher erledigt, so erhält derselbe

bei Zahlungen die in § 4 bestimmte, nach dem gezahlten Betrage zu berechnende Gebühr, jedoch wenn eine Pfändung vorausgegangen war, nicht unter 2 Mark,[1–5])

bei Herausgabe von Sachen die im § 6 bestimmte Gebühr.

---

[1]) Bei Abwendung der **Verhaftung** durch Zahlungsleistung ist nur die Gebühr des § 11 zulässig (vgl. Anm. 4 zu § 9 vorst.).

[2]) **Teilzahlungen.** — Allg. Vfg. v. 16./2. 08 Abschn. B I Nr. 19 d. Allg. Vfg. v. 16./2. 08 i. d. Amtl. Vorschr. S. 313:

20. Wird dem Schuldner vor oder nach erfolgter Pfändung die Leistung von Teilzahlungen nachgelassen, so ist die Gebühr des § 11 nach dem Gesamtbetrage der Zahlungen zu berechnen. Findet eine Berechnung der Gebühr vor vollständiger

Erledigung des Vollstreckungsauftrags statt, so bestimmt sich die Höhe der Gebühr nach dem Betrage der bis dahin geleisteten Zahlungen; auf die nach Erledigung des Auftrags oder aus Anlaß späterer Teilzahlungen zu berechnende Gebühr sind die früher berechneten Gebühren anzurechnen.

Erstreckt sich der Auftrag des Gerichtsvollziehers nicht auf die Beitreibung der gesamten Forderung, sondern wird ihm von dem Gläubiger nach und nach die Beitreibung einzelner Teilbeträge aufgetragen, so ist die Gebühr des § 11 für die Erledigung jedes Teilauftrags besonders zu berechnen.

Ist der Gerichtsvollzieher mit der Beitreibung einer Forderung beauftragt, jedoch ermächtigt, im Falle der Leistung von Abschlagzahlungen Stundung wegen des Restes zu gewähren, so steht dem Gerichtsvollzieher neben der Gebühr des § 11 die nach dem gestundeten Betrage zu berechnende Gebühr des § 10 zu, wenn die Zahlung und Stundung erfolgt, nachdem er sich zum Zwecke der Beitreibung an Ort und Stelle begeben hatte.

Ist für Teilzahlungen eine Gesamtgebühr zu berechnen, so ist, falls eine Pfändung vorausgegangen ist, nur die Gesamtgebühr auf 2 Mark zu erhöhen.

21. Die Erhöhung der Gebühr auf einen Mindestbetrag von 2 Mark findet nicht statt, wenn eine fruchtlose Pfändung vorausgegangen war.

³) Die **gleichzeitige vollständige Erledigung** mehrerer Vollstreckungsaufträge durch Zahlung läßt nur die *einmalige* Gebühr des § 11 nach dem Gesamtbetrage der Zahlungen zu (vgl. dies. Allg. Vfg. bei Anm. 1 lit. e zu § 4 a. S. 448).

⁴) **Wegen der Gebühren bei gleichzeitiger Anwendung mehrerer Gebührenvorschriften neben-**

einander vgl. dies. Allg. Vfg. a. S. 444, Anm. 1 lit. e Abs. 6 zu § 4 Geb.O.).

5) **Bei Abwendung der Geschäfte des § 5 durch Leistung** stehen dem G.V. die vollen (nicht etwa die halben) Sätze des § 4 zu (Motive).

6) **Bei Leistung einer Geldstrafe oder Buße** (G.A. §§ 90, 91) ist der § 11 gleichfalls unbedenklich zur Anwendung zu bringen (vgl. „Exner, Dienst- rc. Verh. d. Pr G.V.", S. 284 Anm. 8 lit. e zu § 11).

§ 12.

Die in den §§ 4—11 bestimmten Gebühren umfassen die gesamte Tätigkeit des Gerichtsvollziehers bei der Zwangsvollstreckung,[1]) insbesondere:

1. die Nachsuchung der Unterstützung der polizeilichen Vollzugsorgane und die Zuziehung der Zeugen und Sachverständigen (Civilprozeßordnung §§ 758, 759, 813, 814);
2. die zu den Vollstreckungshandlungen gehörenden Mitteilungen, Aufforderungen, Zustellungen und Postsendungen;[2])
3. die Umschreibung eines auf den Namen lautenden Wertpapiers auf den Namen des Käufers und die Wiederinkurssetzung eines gepfändeten Inhaberpapiers (Civilprozeßordnung §§ 822, 823);[3])
4. die Annahme und Quittierung, Ablieferung oder Hinterlegung der schuldigen Leistungen, sowie des gepfändeten oder erlösten Geldes und die Zurückgabe gepfändeter Gegenstände;[4])
5. die Bekanntmachung der Versteigerung.

[1]) Wegen der Zeitberechnung bei gewissen Arten der Z.V. vgl. S. 444 Anm. 2 zu § 4 vorst.

[2]) a) Im Falle des § 763 Abs. 2 C.P.O. ist eine Zustellungsgebühr neben der Pfändungsgebühr nicht begründet. Für die das. erwähnte Abschrift des Pfändungsprotokolls erhält der G.V. nur die Schreibgebühr des § 14 (Motive).

b) „Die Zustellung des vollstreckbaren Schuldtitels gehört nicht zu den Vollstreckungshandlungen. Für sie ist daher die Gebühr des § 2 auch dann anzusetzen, wenn sie gleichzeitig mit dem Beginne der Z.V. erfolgt (Allg. Vfg. v. 16./2. 03, B Nr. 22 i. d. „Amtl. Vorschr." S. 314; vgl. a. S. 437 Anm. 5 zu § 2 und S. 440 Anm. 4 zu § 3 Geb.O.).

[3]) Für die in den Fällen der Nr. 3 erforderliche Tätigkeit des G.V. ist nur der Ersatz der baren Auslagen (§ 13 Nr. 6) vorgesehen (Motive).

[4]) Die Vorschrift der Nr. 4 bezieht sich nicht auf diejenigen Zahlungen oder Leistungen, welche vor der Ausführung einer Vollstreckungshandlung an den G.V. bewirkt werden (Motive).

§ 13.

An baren Auslagen werden dem Gerichtsvollzieher vergütet:[1])

1. die Schreibgebühren;[2])
2. die Post- und Telegraphengebühren;[3])
3. die durch öffentliche Bekanntmachungen, insbesondere durch Einrückung in öffentliche Blätter entstandenen Kosten;[4])
4. die an Zeugen und Sachverständige zu zahlenden Beträge;[5])
5. die Entschädigung der zum Öffnen von Türen

und Behältnissen zugezogenen Personen;[6])

6. die für Umschreibung eines auf Namen lautenden Wertpapiers oder für Wiederinkurssetzung eines Inhaberpapiers zu zahlenden Beträge;[7])
7. die Kosten eines Transports von Personen oder Sachen, die Kosten der Verwahrung und Beaufsichtigung von Gegenständen, die Kosten der Aberntung von Früchten, sowie der Erhaltung von Tieren;[8])
8. die Reisekosten.[9])

---

[1]) „Vergütet" werden nur die in den Nr. 1—8 speziell verzeichneten Auslagen. Für verwendete Schreibmaterialien, für Beschaffung, Heizung oder Beleuchtung des Versteigerungslokals, für Abtragen von Schriftstücken durch eigene Boten, für die an einen Ausrufer bei der Versteigerung gezahlte Vergütung, für „Hilfeleistung" bei der Pfändung oder anderen Vollstreckungshandlungen sieht der § 18 keine besondere Vergütung vor.

Dagegen gehören unter die Auslagen des § 18 die hier nicht besonders erwähnten, bei einzelnen Akten (Versteigerungen, Wechselprotesten, Beurkundung der Hinterlegung) anzusetzenden Stempelbeträge.

[2]) Wegen der Schreibgebühren vgl. § 14.

[3]) Wegen der Post- und Telegraphengebühren kann hier nur auf die allg. bekannten postalischen Vorschriften verwiesen werden.

[4]) Auf Einschränkung der Kosten für die Bekanntmachung in öffentlichen Blättern ist Bedacht zu nehmen. — Ein eventl. Rabatt soll dem Schuldner zugute kommen (vgl. S. 172 Anm. 6 zu § 65 G.A.).

5) Die an Zeugen und Sachverständige zu zahlenden Preise müssen sich in ortsüblichen Grenzen halten und das persönliche Verhältnis der zugezogenen Person berücksichtigen.

Wegen der speziellen Sachverständigen vgl. S. 152 Anm. 4 zu § 60, wegen der Zeugen S. 108 Anm. 7 u. 8 zu § 50 G.A.

6) Vgl. G.A. § 50 Nr. 6.

7) Vgl. das. § 67 Nr. 4.

8) Der G.V. ist dafür verantwortlich, daß die Kosten für den Transport und die Unterbringung der Pfandstücke sowie die Bestellung eines Verwahrers oder Hüters nicht unnötig aufgewendet werden und das rechte Maß nicht übersteigen (§ 66 d. G.A. v. 24./7. 79).

Unter den Kosten für den Transport von Sachen sind nur die des wirklich ausgeführten Transports, nicht auch diejenigen für eine Vorbereitung dazu zu verstehen. — Auch die Kosten eines Personentransports sind eventl. zu vergüten (vgl. hierzu „Exner, Dienst- 2c. Verh. d. Pr.G.V." S. 286, 287 Anm. 8 zu § 13).

9) Wegen der Reisekosten vgl. § 17.

§ 14.

Schreibgebühren werden dem Gerichtsvollzieher nach Maßgabe des § 80 des Deutschen Gerichtskostengesetzes vergütet:[1][2])

1. für alle nach gesetzlicher Vorschrift oder auf Antrag erteilten Abschriften der von demselben aufgenommenen Urkunden und Protokolle[3]) mit Ausnahme der nach gesetzlicher Vorschrift zu erteilenden Abschrift der Zustellungsurkunde;[4]) im Falle des § 2 Abs. 2 wird ihm jedoch für

jede Abschrift der Zustellungsurkunde die Schreibgebühr vergütet;

2. für die bei einer Hinterlegung zu erstattende Anzeige an das Vollstreckungsgericht (Civilprozeßordnung §§ 827, 854);
3. für die Aufnahme der von dem Drittschuldner nach Zustellung eines Pfändungsbeschlusses abgegebenen Erklärungen[5]) (Civilprozeßordnung § 840);
4. für die vor der Verhaftung erforderliche Anzeige an die vorgesetzte Dienstbehörde des zu Verhaftenden (Civilprozeßordnung § 910).[6])

---

[1]) Allg. Vfg. v. 16./2. 03 (Amtl. Vorschr. S. 814) zu B. Nr. 28: Schreibgebühren sind nur in den im § 14 bestimmten Fällen anzusetzen. Insbesondere ist der Ansatz von Schreibgebühren unzulässig für nicht beantragte Abschriften der Pfändungsprotokolle, die der Gerichtsvollzieher an Stelle einer gewöhnlichen Benachrichtigung (§ 55 der Geschäftsanweisung) erteilt, für die Ausfüllung der Aufschriften und der Köpfe der Zustellungsurkunden, für Adressen auf Briefumschlägen, für die Reinschrift einer Versteigerungsbekanntmachung sowie für die gesamte durch Dienstgeschäfte veranlaßte Korrespondenz.

[2]) Die Berechnung der Schreibgebühren erfolgt nach Seiten des gefertigten Schriftstücks. Diese sollen wenigstens je 20 × 12 = 240 Silben enthalten.

[3]) Für die bloße Beglaubigung einer vom Gerichtsschreiber auf das zuzustellende Schriftstück übertragene Terminsnotiz stehen dem Gerichtsvollzieher Schreibgebühren nicht zu. — Dagegen hat dieser Schreibgebühren für die Übertragung der Notiz zu bean-

sprüchen, wenn er statt des dazu verpflichteten Gerichtsschreibers wegen Eilbedürftigkeit der Sache die Terminsnotiz selbst übertragen mußte oder wenn er gemäß G.A. § 21 Abs. 2 die Abschriften selbst anzufertigen hat. — Sache der Gerichte ist es, über die Erstattungsfähigkeit dieser Gebühren zu entscheiden (J.M. Rdvfg. v. 18./11. 02, I 8612).

4) Die hier vorgesehene Ausnahme findet keine Anwendung auf die mit dem Pfändungsbeschlusse dem Schuldner zuzustellende beglaubigte Abschrift der Urkunde über die Zustellung an den Drittschuldner (vgl. „Exner, Dienst- 2c. Verh. d. Pr.G.V." S. 289 Anm. 8 zu § 14).

5) Für die bei Zustellung des Beschlusses abgegebenen Erklärungen sind demnach Schreibgebühren nicht zulässig.

6) Vgl. G.A. § 83.

§ 15.

Den zu einer Vollstreckungshandlung in Gemäßheit der Vorschrift des § 759 Civilprozeßordnung zugezogenen Zeugen kann eine Entschädigung bis zum Betrage von je 1 Mark gewährt werden.

Die Gewährung der Entschädigung hat zur Voraussetzung, daß die Zuziehung des Zeugen durch die Vorschrift des § 759 C.P.O. geboten war und daß der Zeuge die Gebühr beansprucht. Über die Höhe der Abfindung soll der G.V. sich (nach den Motiven) mit dem Zeugen verständigen. Der Höchstbetrag ist in jedem einzelnen Falle 1 Mark. Die Entschädigung ist von dem Nachweis eines Erwerbsverlustes nicht abhängig. — Polizei- oder Gemeindebeamte haben keinen Anspruch auf eine Vergütung. — Vgl. G.A. § 50.

§ 16.

Dem in den Fällen der §§ 813, 814 der Civilprozeßordnung zugezogenen Sachverständigen kann eine Vergütung nach dem ortsüblichen Preise einer solchen Leistung gewährt werden.

Der § 16 regelte bisher nur die Vergütung des Sachverständigen für den Fall, daß dieser zur Abschätzung von Kostbarkeiten zugezogen wurde. In diesem Falle sollen die ortsüblichen Preise nicht überschritten werden (Motive). Jetzt ist der § 16 auch auf den Fall ausgedehnt worden, daß ein Sachverständiger gemäß § 814 C.P.O. zur Pfändung bei Personen, welche Landwirtschaft betreiben, zugezogen wird (vgl. Anm. 4 zu § 60 d. Anw.).

§ 17.

Muß der Gerichtsvollzieher behufs Vornahme einer Amtshandlung außerhalb seines dienstlichen Wohnsitzes einen Weg bis zur Entfernung von mehr als 2 Kilometer zurücklegen, so erhält er an Reisekosten für jedes angefangene Kilometer des Hinweges und des Rückweges eine Entschädigung von 10 Pfennig.[1])

Nimmt der Gerichtsvollzieher mehrere Geschäfte auf derselben Reise vor, so erhält er für jedes derselben die volle, nach der Entfernung des Ortes von seinem Amtssitz zu berechnende Entschädigung; dabei gelten jedoch mehrere Geschäfte, welche für denselben Auftraggeber an demselben Orte vorgenommen werden und welche sich auf dieselbe Rechtsangelegenheit beziehen, als Ein Geschäft.[2])

[1]) Für die **Berechnung** der Reisekosten sind in der Allg. Vfg. v. 16./2. 08 (Amtl. Vorschr. S. 814) die nachfolgenden allgemeinen Vorschriften aufgestellt worden. B Nr.

24. Für die Berechnung der Reisekosten ist die kürzeste fahrbare Straßenverbindung auf dem Land-, Schienen- oder Wasserwege maßgebend. Ist tatsächlich eine längere Wegstrecke benutzt worden, so kann sie nur dann der Berechnung zugrunde gelegt werden, wenn die Benutzung des kürzeren Weges nach Lage der Verhältnisse nicht möglich war; ist die Benutzung der längeren Wegstrecke dadurch veranlaßt worden, daß auf derselben Reise noch anderweite Geschäfte erledigt sind, so können die Reisekosten nur nach der kürzeren Wegstrecke berechnet werden.

25. Als Ausgangspunkt der Reise gilt die Außengrenze des Ortes, an welchem der Gerichtsvollzieher seinen dienstlichen Wohnsitz hat, nach näherer Maßgabe der Bestimmungen des Beschlusses des Staatsministeriums vom 12. August 1896 (Just.-Min.-Bl. S. 859).

    Als Endpunkt der Reise gilt die Stelle, an welcher das Dienstgeschäft vorgenommen wird.

26. Ist zur Erledigung eines Auftrags eine Tätigkeit an verschiedenen Orten erforderlich (fortgesetzte Reise), so sind die Reisekosten nur einmal für die gesamte Reisestrecke zu berechnen. Eine fortgesetzte Reise liegt z. B. vor, wenn ein Teil der Pfandstücke in der Wohnung des Schuldners, ein Teil in der angrenzenden Flur gepfändet wird.

27. Neben den Reisekosten dürfen bare Auslagen, insbesondere Auslagen für ein Nachtquartier, Fähr-

und Brückengelder, nicht in Rechnung gestellt werden.

28. Soweit es an einer besonderen Feststellung der Entfernung fehlt, ist für die Reisekostenberechnung die bei dem Amtsgericht in Gemäßheit der Allgemeinen Verfügung vom 15. Juni 1883 (Just.-Minist.-Bl. S. 190) geführte Entfernungstabelle maßgebend.

29. Wegen der Berechnung der Reisekosten im Falle der Vertretung des bei einem benachbarten Amtsgericht angestellten Gerichtsvollziehers bewendet es bei den Vorschriften der Allgemeinen Verfügung vom 2. November 1901 (Just.-Minist.-Bl. S. 259).

[2]) Daß bei der gleichzeitigen Pfändung nur einmalige Reisekosten zulässig sind, ist in ders. Allg. Vfg. bereits zu A Nr. 2 bestimmt (vgl. S. 443, 444 Anm. 1 lit. e zu § 4 Geb.O.).

§ 18.

Der Gerichtsvollzieher kann die Übernahme eines Geschäfts von der Zahlung eines zur Deckung der baren Auslagen und des vermutlichen Betrages der Gebühren hinreichenden Vorschusses abhängig machen, sofern nicht das Geschäft von Amtswegen angeordnet, oder für eine zum Armenrecht zugelassene Person auszuführen ist.[1]) [2])

---

[1]) Die allgemeinen Bestimmungen wegen der Einforderung von Vorschüssen sind in G.V.O. § 68 neu geregelt (vgl. S. 398).

[2]) In besonderen Fällen sind natürlich trotzdem die ergangenen Vorschriften und Entscheidungen nach wie vor zu beachten: Danach hindert der Umstand, daß der Auftrag durch den Gerichtsschreiber vermittelt ist,

nicht an der Vorschußerhebung. — Diese ist auch bei den durch die Landesgesetzgebung dem G.V. zugewiesenen Geschäften zulässig, auch bei Wechselprotesten, doch nicht anderen Preußischen Staatsbehörden gegenüber (Allg. Vfg. v. 6./3. 85, J.M.Bl. S. 99 Nr. 1). — Auch im Laufe des Vollstreckungsverfahrens ist die Vorschußerhebung bei jedem neuen Geschäfte zulässig (vgl. „Exner, Dienst- rc. Verh. d. Pr. G.V." S. 296 Anm. 2 bis 5 zu § 18 Geb.O.).

§ 19.

Schuldner der Gebühren und Auslagen des Gerichtsvollziehers ist bei Geschäften, welche von Amtswegen angeordnet werden, die Staatskasse bei sonstigen Geschäften der Auftraggeber.

Vgl. die Motive bei „Exner, Dienst- rc. Verh. d. Pr. G.V." S. 296 Anm. 1 u. 2 zu § 19 Geb.O.

§ 20.

Die Gebühren und Auslagen sind, unbeschadet der Bestimmungen des § 788 Civilprozeßordnung fällig, sobald der Auftrag erledigt ist.[1]) Der Gerichtsvollzieher ist berechtigt, dieselben von dem Auftraggeber[2]) durch Postvorschuß zu erheben.

---

[1]) Danach sind die Gebühren und Auslagen erst nach vollständiger Erledigung des stets auf das ganze Verfahren gerichteten Auftrags einzuziehen; vgl. aber S. 119 Anm. 5 zu § 54 G.A.

[2]) Vgl. S. 897 Zus. lit. b zu § 62 Nr. 2 G.V.O.

§ 21.

Im Falle der Bewilligung des Armenrechts werden dem für die arme Partei bestellten Gerichtsvollzieher die baren Auslagen von der Staatskasse ersetzt, falls nicht dieselben von dem Ersatzpflichtigen beigetrieben werden können (Civilprozeßordnung §§ 124, 788).[1] [2])

---

[1]) Die Vorschriften wegen der Armensachen sind neu geregelt in G.V.O. § 64, vgl. S. 899 ff. u. die Anmerk. das.

[2]) Allg. Vfg. v. 16./2. 03 (Amtl. Vorschr. S. 315), B Nr. 80:

„Hat der Gerichtsvollzieher im Auftrag einer Partei, welcher das Armenrecht bewilligt ist, die Zwangsvollstreckung wegen einer Geldforderung vorgenommen, so ist der Gerichtsvollzieher nur insoweit befugt, seine Gebühren und Auslagen von dem beigetriebenen Betrage zurückzubehalten, als dieser den vollen Betrag der beizutreibenden Forderung des Gläubigers übersteigt."

§ 22.

Bei Erinnerungen gegen den Ansatz von Gebühren oder Auslagen des Gerichtsvollziehers findet, soweit nicht § 766 Abs. 2 Civilprozeßordnung Platz greift, § 4 des Gerichtskostengesetzes entsprechende Anwendung.

Wegen der im Aufsichtswege erhobenen Erinnerungen vgl. die J.M.Vfg. v. 20./9. 86 I 8208 (bei Müller V Bd. 1 S. 823, auch „Exner, Dienst- ꝛc. Verh. d. Pr. V.G." S. 800 Anm. 2 zu § 22 Geb.O.).

§ 23.

Die Gerichtsvollzieher sind verpflichtet, unter den Urschriften und Abschriften ihrer Akte eine Berechnung der Gebühren und Auslagen aufzustellen[1]) und bei Geschäften, welche nach Verhältnis der verwendeten Zeit vergütet werden, in dem Protokolle die Dauer der letzteren anzugeben. Ist die Zeitangabe unterblieben, so darf nur die für die geringste Zeitdauer bestimmte Gebühr berechnet werden.[2])

---

[1]) Die in Gemäßheit des § 23 aufzustellenden Berechnungen der Gebühren und Auslagen sind keine amtlichen Beurkundungen, auch keine Privaturkunden im Sinne des § 267 so wenig wie im Sinne des § 348 Abs. 2 Str.G.B. R.G. I Str.-Sen. v. 4./8. 89, Jur. Wochenschrift 1889 S. 196, mitget. i. d. D.G.V.Ztg. 1889 S. 142).

[2]) Vgl. G.V.O. § 66 Nr. 2 und 4.

§ 24.

Den einzelnen Bundesstaaten bleibt vorbehalten:

1. für Zustellungen, für deren Nachweis auf Grund des § 39 St.P.O. einfachere Formen zugelassen sind, abweichend von den Vorschriften dieses Gesetzes geringere Gebühren zu bestimmen;
2. an Stelle von Gebühren und Auslagen, welche die Gerichtsvollzieher auf Grund dieses Gesetzes zu beanspruchen haben, denselben eine anderweite Vergütung zu gewähren.

Für die von den ersatzpflichtigen Personen zu erhebenden Beträge bleiben im Falle der Nr. 2 die Bestimmungen dieses Gesetzes maßgebend.

§ 25.

Den einzelnen Bundesstaaten bleibt die Feststellung der Vergütung überlassen, wenn den Gerichtsvollziehern in Sachen, auf welche die Civilprozeßordnung, die Strafprozeßordnung oder die Konkursordnung Anwendung findet, Geschäfte übertragen werden, welche denselben in jenen Gesetzen nicht ausdrücklich zugewiesen sind.

§ 26.

Dieses Gesetz tritt im ganzen Umfange des Reiches gleichzeitig mit dem Gerichtsverfassungsgesetze in Kraft.

2. Landesgesetzliche Gebührenvorschriften.*)

A. Gesetz, enthaltend die landesgesetzlichen Vorschriften über die Gebühren [der Rechtsanwälte] und der Gerichtsvollzieher

vom 27. September 1899 (G.S. S. 817)

in der Fassung der Bekanntmachung des Justizministers v. 6. Oktober 1899 (G.S. S. 381).

[Der erste Abschnitt des Gesetzes betrifft die Gebühren der Rechtsanwälte und ist hier nicht mit abgedruckt.]

Zweiter Abschnitt.

Gebühren der Gerichtsvollzieher.

Artikel 18.

Die Vergütung für die Berufstätigkeit der Gerichtsvollzieher bestimmt sich, soweit sie nicht reichsgesetzlich geregelt ist, ausschließlich nach den nachstehenden Vorschriften.

*) Bei „Exner, Dienst- rc. Verh. d. Pr. G.V." sind auf S. 808 ff. hierzu ausführliche Erläuterungen gegeben, auf welche des Raummangels wegen hier lediglich verwiesen werden kann.

Artikel 19.

Die Deutsche Gebührenordnung für Gerichtsvollzieher findet Anwendung auf die nach den Vorschriften der Deutschen Prozeßordnungen auszuführenden Zwangsvollstreckungen und Zustellungen in Angelegenheiten, welche vor besondere Gerichte gehören oder durch die Deutschen Prozeßordnungen nicht betroffen werden.

Der Art. 19 entspricht dem § 32 Abs. 1 d. A.G. z. D. G.K.G. ꝛc. v. 10./3. 79. Zur Aufrechterhaltung der Abs. 2 und 3 des letzteren lag kein Bedürfnis mehr vor. (Begründg.)

Artikel 20.

Auf die Gebühren der Gerichtsvollzieher für freiwillige Versteigerungen, für Wechselproteste, für Siegelungen und Entsiegelungen, sowie für die Aufnahme von Vermögensverzeichnissen finden die Vorschriften der §§ 19 bis 21, 32, 47, 49, 50 des Preußischen Gerichtskostengesetzes Anwendung; soweit verschiedene Gebührensätze für die Tätigkeit des Richters und des Gerichtsschreibers bestehen, sind die für Gerichtsschreiber geltenden Vorschriften maßgebend.

Außer den im Abs. 1 bezeichneten Vorschriften findet auch die Vorschrift des § 109 des Preußischen Gerichtskostengesetzes Anwendung, soweit sie sich auf die Gebühr im Falle der Zurücknahme bezieht.

Preußisches Gerichtskostengesetz vom 25. Juni 1895 (G.S. S. 203) in der Fassung der Bekanntmachung vom 6. Oktober 1899 (G.S. S. 326):

1. Freiwillige Versteigerungen.

§ 47. Für die Versteigerung von beweglichen Sachen, von Früchten auf dem Halme und von Holz auf dem Stamme sowie von Forderungen und sonstigen Vermögensrechten werden nach dem zusammenzurechnenden Werte der Gegenstände erhoben:

von dem Betrage		bis zu 100 Mk.	5 v. H.
" " " über	100 Mk.	bis 300 "	3 " "
" " " "	300 "	" 1000 "	2 " "
" " " "	1000 "	" 5000 "	1 " "
" " " "	5000 "	. . . . . .	1/2 " "

jedoch nicht unter 2 Mark.

Aus dem an das Gericht bezahlten Erlöse sind die Kosten vorweg zu entnehmen.

Vgl. im folgenden Abschnitt die Tabelle 4.

2. Gebühren für Siegelungen und Entsiegelungen sowie für die Aufnahme von Vermögensverzeichnissen.

§ 49 (Absatz 2). Für die Aufnahme eines Vermögensverzeichnisses und die Vornahme von Siegelungen und Entsiegelungen durch einen Gerichtsschreiber werden nach dem Werte der verzeichneten oder versiegelten Gegenstände erhoben

bei einem Betrage bis	50 Mk.	einschließlich	1 Mk.,
" " " "	100 "	"	2 "
" " " "	300 "	"	3 "
" " " "	1000 "	"	4 "
" " " "	5000 "	"	5 "
" " " über	5000 "	"	6 "

(Absatz 3.) Nimmt die Aufnahme einen Zeitaufwand von mehr als zwei Stunden in Anspruch, so erhöht sich die Gebühr für jede angefangene weitere Stunde um ein Viertel. Für Siegelungen und Entsiegelungen durch einen Gerichtsschreiber wird, wenn mit denselben die Aufnahme eines Vermögensverzeichnisses nicht verbunden ist, die Hälfte der Gebühren erhoben.

Vgl. im folgenden Abschnitt die Tabelle 1.

3. Aufnahme von Wechselprotesten.

§ 50. Für die Aufnahme von Wechselprotesten, einschließlich einer etwaigen Interventionserklärung wird die volle Gebühr erhoben. Diese Gebühr erhöht sich für jeden Weg, welchen der Richter behufs Vorlegung des Wechsels oder behufs Nachsuchung der Wohnung bei der Polizeibehörde unternimmt, um je ein Zehnteil der vollen Gebühr, mindestens aber um eine Mark.

Findet die Aufnahme eines Wechselprotestes durch einen Gerichtsschreiber statt, so beträgt die Protestgebühr

bei einem	Werte	bis	50	Mk.	einschließlich	50	Pf.
„	„	„	100	„	„	1	Mk.
„	„	„	300	„	„	2	„
„	„	„	1000	„	„	3	„
„	„	„	5000	„	„	4	„
„	„	über	5000	„	„	5	„

und die Erhöhung für jeden Weg zwei Zehnteile dieser Sätze, mindestens aber 50 Pfennig.

Die in Absatz 2 bestimmten Gebühren sind auch bei der Aufnahme des Protestes durch einen Richter zu erheben, falls sie höher sind als die in Absatz 1 bezeichneten Sätze.

Auf die Wegegebühren werden die den Gerichtspersonen zustehenden Tagegelder und Reisekosten angerechnet. Dieselben sind auch dann zu erheben, wenn der Auftrag zur

Protesterhebung nach Antritt des Weges seine Erledigung gefunden hat.

Für die Abschrift des Wechsels im Protest werden Schreibgebühren nicht erhoben.[1–5])

Vgl. im folgenden Abschnitt die Tabelle 7.

---

[1]) Allg. Vfg. v. 16./2. 03 (Amtl. Vorschr. S. 815) B II:

31. Die Protestgebühr ist auch dann zu erheben, wenn der Wechselschuldner nach Vorlegung des Wechsels und Zahlungsaufforderung die Wechselsumme an den Gerichtsvollzieher zahlt oder die an den Gläubiger erfolgte Zahlung nachweist.

32. Bei gleichzeitiger Protestierung mehrerer Wechsel sind Gebühren und Reisekosten für jeden Wechsel besonders zu erheben, auch wenn nur eine Protesturkunde aufgenommen wird.

33. Bei mehreren Wegen ist für jeden Weg als Wegegebühr mindestens der Betrag von 50 Pf. anzusetzen.

34. Auf die Wegegebühren sind die Reisekosten anzurechnen; nur ein etwaiger Mehrbetrag der Wegegebühren ist als Gebühr im Sinne der §§ 22, 28 der Gerichtsvollzieherordnung anzusetzen. Begründet von mehreren Wegen nur einer den Ansatz von Reisekosten, so findet die Anrechnung nur auf die Gebühr für diesen Weg statt; die übrigen Wegegebühren sind unverkürzt neben den Reisekosten anzusetzen. Soweit dem Gerichtsvollzieher Reisekosten nicht zustehen, dürfen Fuhrkosten nicht berechnet werden.

35. Für die in das Protestregister aufgenommene beglaubigte Abschrift des Wechselprotestes kommen Schreibgebühren zum Ansatze.

²) Wenngleich die Aufnahme der Protesturkunde nicht Voraussetzung der Protestgebühr ist, diese vielmehr auch dann zur Erhebung gelangt, wenn die Aufnahme der Protesturkunde unterbleibt, weil dem protestierenden, d. h. in der Ausführung der Protesthandlung begriffenen Beamten Zahlung geleistet wird, so ist doch immer erforderlich, daß der wesentliche Teil der Protesthandlung vorgenommen ist. Das ist aber — abgesehen von dem Falle, daß der Protestat nicht angetroffen wird — das an den Protestaten unter Vorlegung des Wechsels gestellte Begehren (W.O. Art. 88 Nr. 8). Nur, wenn dies Begehren gestellt ist, kann der Protestakt im wesentlichen als vollzogen angesehen werden ꝛc. (J.M.Rdvfg. v. 25./2. 04, I 1164 i. d. Zschr. f. mittl Justizb. Nr. 5 S. 826, auch Zschr. f. B.R. ꝛc. 1904 S. 75).

4. Gebühr bei Zurücknahme des Auftrags.

§ 109 (Absatz 2). Soweit nicht besondere Vorschriften getroffen sind, ist im Falle der Zurücknahme eines Antrags, bevor (auf denselben eine Entscheidung erlassen ist oder) die beantragte Verhandlung stattgefunden hat, (sowie für die Zurückweisung unbegründeter oder unzulässiger Anträge) eine Gebühr zu erheben, deren Höhe sich nach der Gebühr, welche für die beantragte Verhandlung (oder Entscheidung) zu erheben gewesen wäre, richtet, und zwar werden erhoben im Falle der Zurücknahme drei Zehnteile dieser Gebühr, jedoch höchstens 6 Mark (für die Zurückweisung fünf Zehnteile, jedoch höchstens 10 Mark).

Wenn ein Auftrag an einen G.V. nach der Übergabe an die Verteilungsstelle, aber vor der Aushändigung an den zuständigen G.V., zurückgenommen wird, so ist die im Art. 20, Abs. 2 d. Ges. v. 27./9. 99 (G.S. S. 817) vorgesehene Gebühr nicht zum Ansatze zu bringen (J.M.-Rdvfg. v. 6./10. 02, I 7650).

5. Wertsberechnung.

§ 19. [In allen übrigen Fällen] wird der Wert des Gegenstandes des Geschäfts vom Gerichte nach freiem Ermessen unter Beachtung der nachfolgenden Vorschriften festgesetzt.

§ 20. Für die Wertberechnung ist der Zeitpunkt der Fälligkeit der Gebühren entscheidend.

Maßgebend für den in Ansatz zu bringenden Wert ist nur der Hauptgegenstand des Geschäfts. Früchte, Nutzungen, Zinsen, Schäden, Vertragsstrafen und Kosten werden nur berücksichtigt, wenn sie für sich den Gegenstand eines besonderen Geschäfts bilden.

§ 21 (hier ohne besonderes Interesse).

Artikel 21.

Die Gebühr des Gerichtsvollziehers für die Beurkundung der Aufgabe des Geldes zur Post (§ 17 der Hinterlegungsordnung vom 14. März 1879, Gesetzsamml. S. 249) beträgt achtzig Pfennig.

Vgl. G.A. § 107. — Wegen des zu der Urkunde zu verwendenden Stempels s. Anm. 4 daselbst.

Artikel 22.

Auf die Gebühren der Gerichtsvollzieher, welche nicht durch die Deutsche Gebührenordnung bestimmt sind, finden die §§ 12 bis 23 der Gebührenordnung und der im § 24 Nr. 2 der Gebührenordnung gemachte Vorbehalt entsprechende Anwendung.

Der G.V. hat also neben der eigentlichen Aktgebühr Anspruch auf Vergütung der baaren Auslagen und der Reisekosten nach Maßgabe der Geb.O. f. G.V., deren Vorschriften auch in Ansehung der Zahlungspflicht ꝛc. Geltung haben. Bei Wechselprotesten kommen aber die Vorschriften in § 50 Abs. 4 und 5 Pr. G K.G. insoweit zur Anwendung, als sie bestimmen, inwieweit durch die Gebühren zugleich Reisekosten und Schreibgebühren als abgegolten anzusehen sind (vgl. Mügel S. 167, Anm. 7 zu § 50).

Artikel 23.

Die im § 24 der Deutschen Gebührenordnung vorbehaltenen Bestimmungen erfolgen durch den Justizminister.

Soweit den Gerichtsvollziehern Geschäfte übertragen sind oder in Zukunft übertragen werden, für welche die Gebühren nicht durch Gesetz bestimmt sind, erfolgt die Bestimmung durch den Justizminister. Das Gleiche gilt in Ansehung der Gebühren für Zwangsvollstreckungen und Zustellungen im Verwaltungszwangsverfahren.

Vgl. die Bestimmungen unter B nachst.

Artikel 24.

Zu den dem Gerichtsvollzieher zu vergütenden baren Auslagen gehören auch die erforderlichen Stempel.

Artikel 25.

Die Zustellungsurkunden der Gerichtsvollzieher sind stempelfrei.

Artikel 26.

Die Vorschriften dieses Abschnitts treten gleichzeitig mit dem Bürgerlichen Gesetzbuch in Kraft und finden auf alle zu diesem Zeitpunkte noch nicht beendigten Geschäfte, auch hinsichtlich der bereits geleisteten Arbeiten, Anwendung.

Dritter Abschnitt.

Schlußbestimmungen.

Artikel 27.

Aufgehoben werden vom Zeitpunkte des Inkrafttretens des Bürgerlichen Gesetzbuches an:

1. xc. (betr. d. Rechtsanwälte),
2. die noch geltenden Vorschriften des Ausführungsgesetzes zum Deutschen Gerichtskostengesetz und zu den Deutschen Gebührenordnungen für Gerichtsvollzieher und für Zeugen und Sachverständige vom 10. März 1879 (Gesetz-Samml. S. 145) mit Ausnahme des § 42,*)
3. das Gesetz, enthaltend Bestimmungen über Gerichtskosten und Gebühren der Gerichtsvollzieher, vom 21. März 1882 (Gesetz-Samml. S. 129).

---

*) Der § 42 Ges. v. 10./3. 79 betrifft ausschließlich die Gebührenordnung für Zeugen xc.

Artikel 28.

Im bisherigen Geltungsbereiche des Rheinischen Rechtes bleiben für die Gebühren der Gerichtsvollzieher in einem Verfahren nach der Subhastationsordnung für die Rheinprovinzen vom 1. August 1822 (Gesetz-Samml. S. 195) die bisherigen Vorschriften maßgebend.*)

*) Dagegen sind die in der Provinz Hannover nach der Sporteltaxe v. 18./12. 84 früher zu erhebenden Gebühren jetzt weggefallen. — Auch das Rheinische Subhastationsverfahren nach dem Ges. v. 1./8. 22 kommt nur noch bis zur Anlegung des Grundbuchs zur Anwendung. Wegen der besonderen Gebühren vgl. Abschn. 3 „Gebührentabellen“.

B. Allgemeine Verfügung vom 8. Dezember 1899, betreffend die nicht durch Gesetz bestimmten Gebühren der Gerichtsvollzieher, sowie die Gebühren der Gerichtsvollzieher im Verwaltungszwangsverfahren.

(J.M.Bl. S. 721.)

Auf Grund der durch Artikel 23 Abs. 2 des Gesetzes vom 27. September 1899, enthaltend die landesgesetzlichen Vorschriften über die Gebühren der Rechtsanwälte und der Gerichtsvollzieher (Gesetz-Samml. S. 381), dem Justizminister erteilten Ermächtigung bestimme ich, was folgt:

§ 1. Für eine im Auftrag eines Notars oder des Gerichtsschreibers eines Gewerbegerichts nach den Vorschriften über Zustellungen von Amtswegen vorzunehmende Zustellung (Geschäftsanweisung für Gerichtsvollzieher § 41 Abs. 2, 3) erhält der Gerichtsvollzieher 25 Pfennig.

§ 2. Für die Übergabe unbeweglicher Sachen an den Verwalter im Falle der Zwangsversteigerung oder der Zwangsverwaltung (Geschäftsanweisung § 80 Abs. 9) erhält der Gerichtsvollzieher die für die Entsetzung aus dem Besitz unbeweglicher Sachen oder bewohnter Schiffe und die Einweisung in denselben in den §§ 8 Nr. 1, 10 der Gebührenordnung für Gerichtsvollzieher bestimmte Gebühr.

§ 3. Auf die Gebühren des Gerichtsvollziehers für die Vollstreckung gerichtlicher Anordnungen in Angelegenheiten der freiwilligen Gerichtsbarkeit (Geschäftsanweisung § 93) finden die für Zwangsvollstreckungen nach Maßgabe der Civilprozeßordnung geltenden Gebührenvorschriften entsprechende Anwendung.

§ 4. Die Vorschriften über die Gebühren der Gerichtsvollzieher für freiwillige Versteigerungen (Artikel 20 des Gesetzes vom 27. September 1899) finden auf alle Fälle Anwendung, in denen die

Gerichtsvollzieher außerhalb der Zwangsvollstreckung zu öffentlichen Versteigerungen oder freihändigen Verkäufen befugt sind, insbesondere auch im Falle der öffentlichen Verpachtung an den Meistbietenden (Geschäftsanweisung §§ 97 bis 101).

§ 5. Auf die Gebühren des Gerichtsvollziehers für die Beurkundung des tatsächlichen Angebots einer Leistung (Geschäftsanweisung § 106) finden die für Wechselproteste nach Artikel 20 des Gesetzes vom 27. September 1899 geltenden Gebührenvorschriften entsprechende Anwendung.

§ 6. Für die Gebühren der Gerichtsvollzieher im Verwaltungszwangsverfahren (Geschäftsanweisung § 108) ist der Tarif zur Königlichen Verordnung vom 15. November 1899 (Gesetz-Samml. S. 545) maßgebend, sofern dem Gerichtsvollzieher der Auftrag zur Zwangsvollstreckung von einer Preußischen Justizbehörde oder einer anderen Preußischen staatlichen Behörde, insbesondere einem Verwaltungsgericht oder einer Auseinandersetzungsbehörde erteilt wird. In anderen Fällen kommen die für gerichtliche Zwangsvollstreckungen bestehenden Gebührenvorschriften zur Anwendung. Auf die im Verwaltungszwangsverfahren durch Gerichtsvollzieher bewirkten Ladungen zur Leistung des Offenbarungseides und die Verhaftungen zum Zwecke der Erzwingung dieses Eides finden die Vorschriften der Gebührenordnung für Gerichtsvollzieher in allen Fällen Anwendung.

Anmerkungen:

Zu § 1: Vgl. Anm. 3 zu § 2 Geb.O.

Zu § 2: Vgl. Anm. 4 zu § 8 Geb.O. — In bezug auf die geschäftliche Behandlung derartiger Aufträge ist durch die J.M.Vfg. vom 11./7. 93, I 2938 (mitget. D.G.V.Ztg. 1893 S. 122 a. Schl.) folgendes bestimmt worden:

1. Der dem G.V. (auf Grund der §§ 98, 142 des Gesetzes vom 18. Juli 1883) erteilte Auftrag zur Übergabe unbeweglicher Sachen an den Ersteher oder an den Verwalter ist als amtlicher Auftrag in das Dienstregister (B) einzutragen.

2. Auf Grund des (§ 38 des Ausführungsgesetzes zum Deutschen Gerichtskostengesetze 2c. vom 10. März 1879) erfolgt die Entschädigung des G.V. für Erledigung des Auftrags nach Maßgabe der §§ (24, 25) G.V. (vom 28. Februar 1885).

3. Gemäß § 79 Nr. 6 des Deutschen Gerichtskostengesetzes in Verbindung mit (§ 24 der Geb.O. und § 21 des A.G.z.D.K.G. 2c.) ist der zahlungspflichtigen Partei die (durch die Allgemeine Verfügung vom heutigen Tage) festgesetzte Gebühr im vollen Betrage nebst den etwa erwachsenen Reisekosten des G.V. von seiten der Staatskasse in Rechnung zu bringen. Als zahlungspflichtig ist in den Fällen des (§ 98 des Gesetzes vom 18. Juli 1883) der Ersteher, im Falle des (§ 142) die Zwangsverwaltungsmasse und bei deren Unzulänglichkeit der betreibende Gläubiger in Anspruch zu nehmen. Wird dagegen eine Erinnerung erhoben, so ist der hier vertretene Standpunkt seitens der Staatskasse nötigenfalls im Beschwerdewege zur Geltung zu bringen.

Zu § 6: Vgl. bei C. nachst.

C. Verordnung, betreffend das Verwaltungszwangsverfahren wegen Beitreibung von Geldbeträgen vom 15. November 1899

(G.S. S. 545).

Kosten der Zwangsvollstreckung.

§ 54.

Die Kosten des Verfahrens sind nach dem angehängten Tarif unter Beachtung der nachstehenden näheren Bestimmungen zu berechnen.

a) Die Wertsklasse wird bei der Ausführung einer Versteigerung durch den Erlös der versteigerten Gegenstände, in allen anderen Fällen durch die Summe der von jedem einzelnen Schuldner einzuziehenden Geldbeträge einschließlich der rückständigen Kosten bestimmt.

b) Bei der Pfändung körperlicher Sachen, sowie bei deren Versteigerung ist der Anspruch des Vollziehungsbeamten auf die Gebühren begründet, sobald derselbe die Ausführung des entsprechenden Auftrages begonnen hat.

c) Die Gebühren müssen, auch wenn der Vollziehungsbeamte mehrere Zwangsmaßregeln in derselben Gemeinde an demselben Tage vollstreckt hat, von dem Schuldner besonders entrichtet werden. — Die Kosten für die öffentliche Bekanntmachung und für die Versteigerung sind jedoch, wenn mehrere Massen zusammengenommen werden, nur einmal nach der Gesamtsumme zu entrichten und unter die beteiligten Schuldner nach Verhältnis des aus jeder Masse gewonnenen Erlöses zu verteilen.

d) Die durch die Zwangsvollstreckung verursachten baren Auslagen sind von dem Schuldner zu ersetzen; bei Verteilung der Transportkosten und anderer baren Auslagen, welche mehrere Schuldner gemeinschaftlich zu tragen haben, ist auf die besonderen Umstände, namentlich den Wert, den Umfang und das Gewicht der Gegenstände, billige Rücksicht zu nehmen.

e) Neben den Gebühren findet ein Anspruch von Reise- und Zehrungskosten für den Vollziehungsbeamten nicht statt.

f) Die Gebühren der zugezogenen Sachverständigen werden nach den für gerichtliche Schätzungen vorgeschriebenen Sätzen bestimmt.

g) Die Gebühren des Vollziehungsbeamten kommen auch für andere, mit der Vornahme einzelner Vollstreckungshandlungen beauftragte Beamte in Ansatz.

Das Staatsministerium ist ermächtigt, eine Revision und anderweite Festsetzung des Tarifs vorzunehmen.

Vorstehende Bestimmungen finden keine Anwendung, wenn die Zwangsvollstreckung durch einen Gerichtsvollzieher erfolgt.*)

§ 55.

Die Gebühren des Vollziehungsbeamten und alle anderen Kosten der Zwangsvollstreckung werden von der Vollstreckungsbehörde aus den eingegangenen Geldern entnommen.

Bei Unzulänglichkeit dieser Gelder werden, soweit für den einzelnen Fall nicht anderweite Bestimmungen maßgebend sind, zunächst die in Ansatz gebrachten Gebühren des Vollziehungsbeamten, sodann die übrigen Kosten der Zwangsvollstreckung berichtigt; soweit die letzteren aus den eingegangenen Geldern nicht gedeckt werden, sind dieselben unbeschadet der bestehenden anderweiten Vorschriften von demjenigen zu tragen, für dessen Rechnung die Zwangsvollstreckung erfolgt.

§ 56.

Diese Verordnung tritt gleichzeitig mit dem Bürgerlichen Gesetzbuch in Kraft.

Die zur Ausführung derselben erforderlichen Anordnungen haben die beteiligten Ministerien gemeinschaftlich zu erlassen.

---

*) Vgl. aber § 6 d. Allg. Vfg. v. 8./12. 99 bei B. vorst.

[1]) Die Kosten des Verfahrens sind, wie bei gerichtlichen Zwangsvollstreckungen zugleich mit dem zur Vollstreckung stehenden Anspruche beizutreiben. Aus den beigetriebenen Geldern sind zunächst die Gebühren des Vollziehungsbeamten, sodann die übrigen Kosten der Zwangsvollstreckung zu berichtigen. — Die G.V. haben jedoch bei der Beitreibung von Geldbeträgen in Angelegenheiten der Justizverwaltung auf die von dem Schuldner als Kosten des Verfahrens einzuziehenden Beträge keinen Anspruch. Nur wenn sie als Beauftragte anderer Behörden Vollstreckungen im Verwaltungszwangsverfahren ausführen, stehen ihnen die tarifmäßigen Gebühren nach dem vorst. § 54 der Verordn. zu.

[2]) Nach der Geb.O. f. Zeugen und Sachverständige v. 30./6. 78 erhält der Sachverständige bei gerichtlichen Vernehmungen für seine Leistungen eine Vergütung nach Maßgabe der erforderlichen Zeitversäumnis im Betrage bis zu 2 Mk. auf jede angefangene Stunde unter Berücksichtigung seiner Erwerbsverhältnisse.

3. Gebühren-, Stempel- und Zins-Tabellen; sonstige Tarifvorschriften.

Gebühr des §. 4 Geb.O. für die Pfändung von be-
von dem Boden noch
sowie von Forderungen aus Wechseln und anderen

Zeitaufwand in Stunden	Gebühr bei einem Betrage der											
	bis 50 M.				über 50—100 M.				über 100—300 M.			
	Abs. 1 1/1		Abs. 4 1/2		Abs. 1 1/1		Abs. 4 1/2		Abs. 1 1/1		Abs. 4 1/2	
	M	Pf	M	Pf	M	Pf	M	Pf	M	Pf	M	Pf
bis 2 St.	1	—	—	50	2	—	1	—	3	—	1	50
von 2— 3 St.	1	25	—	63	2	50	1	25	3	75	1	88
„ 3— 4 „	1	50	—	75	3	—	1	50	4	50	2	25
„ 4— 5 „	1	75	—	88	3	50	1	75	5	25	2	63
„ 5— 6 „	2	—	1	—	4	—	2	—	6	—	3	—
„ 6— 7 „	2	25	1	13	4	50	2	25	6	75	3	38
„ 7— 8 „	2	50	1	25	5	—	2	50	7	50	3	75
„ 8— 9 „	2	75	1	38	5	50	2	75	8	25	4	13
„ 9—10 „	3	—	1	50	6	—	3	—	9	—	4	50
„ 10—11 „	3	25	1	63	6	50	3	25	9	75	4	88
„ 11—12 „	3	50	1	75	7	—	3	50	10	50	5	25
„ 12—13 „	3	75	1	88	7	50	3	75	11	25	5	63
„ 13—14 „	4	—	2	—	8	—	4	—	12	—	6	—
„ 14—15 „	4	25	2	13	8	50	4	25	12	75	6	38
„ 15—16 „	4	50	2	25	9	—	4	50	13	50	6	75
„ 16—17 „	4	75	2	38	9	50	4	75	14	25	7	13
„ 17—18 „	5	—	2	50	10	—	5	—	15	—	7	50
„ 18—19 „	5	25	2	63	10	50	5	25	15	75	7	88
„ 19—20 „	5	50	2	75	11	—	5	50	16	50	8	25
für jede fernere Stde. zusätzlich	—	25	—	—	—	50	—	—	—	75	—	—

Bemerkungen:

1. Dieselben Gebühren sind auch im Falle des § **49**, Abs. 2, 3 Pr. G.K. zu erheben, und zwar kommt zum Ansatz:

Die **volle** Gebühr:

a) für die Aufnahme von Vermögensverzeichnissen;
b) für die Vornahme von Siegelungen **und** (d. h. einschließlich der) Entsiegelungen.

weglichen körperlichen Sachen, von Früchten, welche nicht getrennt sind,

durch Indossament übertragbaren Papieren.

des § 4 Geb.O.												Anmerkung
beizutreibenden Forderung												
über 300—1000 M.				über 1000—5000 M.				über 5000 M.				
Abs. 1 1/1		Abs. 4 1/2		Abs. 1 1/1		Abs. 4 1/2		Abs. 1 1/1		Abs. 4 1/2		
M	₰	M	₰	M	₰	M	₰	M	₰	M	₰	
4	—	2	—	5	—	2	50	6	—	3	—	Bei der Pfändung eines im Schiffsregister eingetragenen Schiffes (C.P.O. § 931) ist der Mindestbetrag der Gebühr 3 Mark (Geb.O. §.4 Abs.2).
5	—	2	50	6	25	3	13	7	50	3	75	
6	—	3	—	7	50	3	75	9	—	4	50	
7	—	3	50	8	75	4	38	10	50	5	25	
8	—	4	—	10	—	5	—	12	—	6	—	
9	—	4	50	11	25	5	63	13	50	6	75	
10	—	5	—	12	50	6	25	15	—	7	50	
11	—	5	50	13	75	6	88	16	50	8	25	
12	—	6	—	15	—	7	50	18	—	9	—	
13	—	6	50	16	25	8	13	19	50	9	75	
14	—	7	—	17	50	8	75	21	—	10	50	
15	—	7	50	18	75	9	38	22	50	11	25	
16	—	8	—	20	—	10	—	24	—	12	—	
17	—	8	50	21	25	10	63	25	50	12	75	
18	—	9	—	22	50	11	25	27	—	13	50	
19	—	9	50	23	75	11	88	28	50	14	25	
20	—	10	—	25	—	12	50	30	—	15	—	
21	—	10	50	26	25	13	13	31	50	15	75	
22	—	11	—	27	50	13	75	33	—	16	50	
...												
1	—	—	—	1	25	—	—	1	50	—	—	

Die halbe Gebühr:

a) für die bloße Siegelung;

b) für die bloße Entsiegelung.

2. Die halbe Gebühr des §. 4 Geb.O. ist ferner zu erheben:

a) in den Fällen des §. 5 Geb.O.;

b) im Falle der Erledigung des Pfändungs-Auftrages durch Zurücknahme desselben oder infolge der Vorschrift im §. 775 C.P.O. (§. 10 Geb.O.).

Tabelle 2.

Gebühr für die Wegnahme beweglicher Sachen einschließlich der Übergabe derselben (§ 6 Geb.O.).

Zeitaufwand	Gebühr des §. 6 Absatz 1 und 2 ℳ	₰	Absatz 8 ℳ	₰
bis 2 Stunden	3	—	2	—
von 2— 3 „	4	—	2	—
„ 3— 4 „	5	—	2	50
„ 4— 5 „	6	—	3	—
„ 5— 6 „	7	—	3	50
„ 6— 7 „	8	—	4	—
„ 7— 8 „	9	—	4	50
„ 8— 9 „	10	—	5	—
„ 9—10 „	11	—	5	50
„ 10—11 „	12	—	6	—

Für jede fernere Stunde zusätzlich 50 Pf.

Bemerkung: Die Gebühr des §. 6 kommt auch zum Ansatz, und zwar:

a) Die des Absatz 1 im Falle des §. 11, wenn die Leistung in der Herausgabe von Sachen besteht.

b) Die des Absatz 8 im Falle des §. 10, wenn die aufgetragene Wegnahme zufolge der Vorschrift des §. 775 C.P.O. oder infolge der Zurücknahme des Auftrags nicht stattgefunden hat.

Tabelle 3.

Gebühr des §. 8 Geb.O.

1. für die Entsetzung aus dem Besitz unbeweglicher Sachen oder bewohnter Schiffe und die Einweisung in denselben (C.P.O. §. 885),
2. im Falle der Zuziehung zur Beseitigung des Widerstandes des Schuldners gegen die Vornahme einer Handlung (C.P.O. §. 892).

Bei einem Zeitaufwande	Gebühr ℳ
bis zu 1 Stunde	3
von 1— 2 Stunden	6
„ 2— 3 „	9
„ 3— 4 „	12
„ 4— 5 „	15
„ 5— 6 „	18
„ 6— 7 „	21
„ 7— 8 „	24
„ 8— 9 „	27
„ 9—10 „	30

Für jede fernere Stunde zusätzlich 3 Mk.

Bemerkung:

1. Beim Wegfall der Vollstreckungshandlung im Falle des §. 10 Geb.O. erhält der G.V. eine Gebühr von 3 Mark.
2. Die Gebühr des §. 8 kommt auch zur Erhebung für die Übergabe unbeweglicher Sachen an den Verwalter im Falle der Zwangsversteigerung oder der Zwangsverwaltung, G.A. §. 80 Abs. 9 (vgl. §. 2 d. Allg. Vfg. v. 8./12. 99).

Tabelle 4.

Gebühr für die Versteigerung oder den Verkauf aus freier Hand von beweglichen Sachen; von Früchten, welche vom Boden noch nicht getrennt sind, von Forderungen und anderen Vermögensrechten (§. 7 Geb.O.).

Betrag des Erlöses M	Gebühr M	₰	Betrag des Erlöses M	Gebühr M	₰	Betrag des Erlöses M	Gebühr M	₰	Betrag des Erlöses M	Gebühr M	₰
1—40	2	—	55	2	75	70	3	50	85	4	25
41	2	05	56	2	80	71	3	55	86	4	30
42	2	10	57	2	85	72	3	60	87	4	35
43	2	15	58	2	90	73	3	65	88	4	40
44	2	20	59	2	95	74	3	70	89	4	45
45	2	25	60	3	—	75	3	75	90	4	50
46	2	30	61	3	05	76	3	80	91	4	55
47	2	35	62	3	10	77	3	85	92	4	60
48	2	40	63	3	15	78	3	90	93	4	65
49	2	45	64	3	20	79	3	95	94	4	70
50	2	50	65	3	25	80	4	—	95	4	75
51	2	55	66	3	30	71	4	05	96	4	80
52	2	60	67	3	35	82	4	10	97	4	85
53	2	65	68	3	40	83	4	15	98	4	90
54	2	70	69	3	45	84	4	20	99	4	95

Bemerkungen:

1. Bruchteile unter $^1/_2$ sind unberücksichtigt zu lassen; die $^1/_2$ und darüber betragenden Bruchteile werden für volle Pfennige gerechnet. (Vgl. a. Schl. dieser Tabelle).
2. Hat die Versteigerung 2c., nachdem der G.V. sich an Ort und Stelle begeben hatte, zufolge der Vorschrift des §. 775 C.P.O. oder infolge der Zurücknahme des Auftrags nicht stattgefunden, so erhält der G.V. eine Gebühr von 2 Mark (§. 10 Geb.O.).

Betrag des Erlöses ℳ	Gebühr ℳ	₰	Betrag des Erlöses ℳ	Gebühr ℳ	₰	Betrag des Erlöses ℳ	Gebühr ℳ	₰	Betrag des Erlöses ℳ	Gebühr ℳ	₰
100	5	—	120	5	60	140	6	20	160	6	80
1	5	03	1	5	63	1	6	23	1	6	83
2	5	06	2	5	66	2	6	26	2	6	86
3	5	09	3	5	69	3	6	29	3	6	89
4	5	12	4	5	72	4	6	32	4	6	92
5	5	15	5	5	75	5	6	35	5	6	95
6	5	18	6	5	78	6	6	38	6	6	98
7	5	21	7	5	81	7	6	41	7	7	01
8	5	24	8	5	84	8	6	44	8	7	04
9	5	27	9	5	87	9	6	47	9	7	07
110	5	30	130	5	90	150	6	50	170	7	10
11	5	33	1	5	93	1	6	53	1	7	13
12	5	36	2	5	96	2	6	56	2	7	16
13	5	39	3	5	99	3	6	59	3	7	19
14	5	42	4	6	02	4	6	62	4	7	22
15	5	45	5	6	05	5	6	65	5	7	25
16	5	48	6	6	08	6	6	68	6	7	28
17	5	51	7	6	11	7	6	71	7	7	31
18	5	54	8	6	14	8	6	74	8	7	34
19	5	57	9	6	17	9	6	77	9	7	37

3. Dieselben Sätze sind auch zu erheben für freiwillige Versteigerungen, freihändige Verkäufe, öffentl. Verpachtungen, G.A. §§. 97 bis 101.

Dann sind aber Pfennigbeträge, welche ohne Bruch nicht durch 10 teilbar sind, auf den nächst höheren durch 10 teilbaren Betrag abzurunden (§ 82 Pr. G.K.G.).

Betrag des Erlöses ℳ	Gebühr ℳ	Gebühr ₰	Betrag des Erlöses ℳ	Gebühr ℳ	Gebühr ₰	Betrag des Erlöses ℳ	Gebühr ℳ	Gebühr ₰	Betrag des Erlöses ℳ	Gebühr ℳ	Gebühr ₰
180	7	40	210	8	30	240	9	20	270	10	10
1	7	43	11	8	33	1	9	23	1	10	13
2	7	46	12	8	36	2	9	26	2	10	16
3	7	49	13	8	39	3	9	29	3	10	19
4	7	52	14	8	42	4	9	32	4	10	22
5	7	55	15	8	45	5	9	35	5	10	25
6	7	58	16	8	48	6	9	38	6	10	28
7	7	61	17	8	51	7	9	41	7	10	31
8	7	64	18	8	54	8	9	44	8	19	34
9	7	67	19	8	57	9	9	47	9	10	37
190	7	70	220	8	60	250	9	50	280	10	40
1	7	73	1	8	63	1	9	53	1	10	43
2	7	76	2	8	66	2	9	56	2	10	46
3	7	79	3	8	69	3	9	59	3	10	49
4	7	82	4	8	72	4	9	62	4	10	52
5	7	85	5	8	75	5	9	65	5	10	55
6	7	88	6	8	78	6	9	68	6	10	58
7	7	91	7	8	81	7	9	71	7	10	61
8	7	94	8	8	84	8	9	74	8	10	64
9	7	97	9	8	87	9	9	77	9	10	67
200	8	—	230	8	90	260	9	80	290	10	70
1	8	03	1	8	93	1	9	83	1	10	73
2	8	06	2	8	96	2	9	86	2	10	76
3	8	09	3	8	99	3	9	89	3	10	79
4	8	12	4	9	02	4	9	92	4	10	82
5	8	15	5	9	05	5	9	95	5	10	85
6	8	18	6	9	08	6	9	98	6	10	88
7	8	21	7	9	11	7	10	01	7	10	91
8	8	24	8	9	14	8	10	04	8	10	94
9	8	27	9	9	17	9	10	07	9	10	97

Tabelle 4.

Betrag des Erlöses ℳ	Gebühr ℳ	Gebühr ₰	Betrag des Erlöses ℳ	Gebühr ℳ	Gebühr ₰	Betrag des Erlöses ℳ	Gebühr ℳ	Gebühr ₰	Betrag des Erlöses ℳ	Gebühr ℳ	Gebühr ₰
300	11	—	330	11	60	360	12	20	390	12	80
1	11	02	1	11	62	1	12	22	1	12	82
2	11	04	2	11	64	2	12	24	2	12	84
3	11	06	3	11	66	3	12	26	3	12	86
4	11	08	4	11	68	4	12	28	4	12	88
5	11	10	5	11	70	5	12	30	5	12	90
6	11	12	6	11	72	6	12	32	6	12	92
7	11	14	7	11	74	7	12	34	7	12	94
8	11	16	8	11	76	8	12	36	8	12	96
9	11	18	9	11	78	9	12	38	9	12	98
310	11	20	340	11	80	370	12	40	400	13	—
11	11	22	1	11	82	1	12	42	1	13	02
12	11	24	2	11	84	2	12	44	2	13	04
13	11	26	3	11	86	3	12	46	3	13	06
14	11	28	4	11	88	4	12	48	4	13	08
15	11	30	5	11	90	5	12	50	5	13	10
16	11	32	6	11	92	6	12	52	6	13	12
17	11	34	7	11	94	7	12	54	7	13	14
18	11	36	8	11	96	8	12	56	8	13	16
19	11	38	9	11	98	9	12	58	9	13	18
320	11	40	350	12	—	380	12	60	410	13	20
1	11	42	1	12	02	1	12	62	11	13	22
2	11	44	2	12	04	2	12	64	12	13	24
3	11	46	3	12	06	3	12	66	13	13	26
4	11	48	4	12	08	4	12	68	14	13	28
5	11	50	5	12	10	5	12	70	15	13	30
6	11	52	6	12	12	6	12	72	16	13	32
7	11	54	7	12	14	7	12	74	17	13	34
8	11	56	8	12	16	8	12	76	18	13	36
9	11	58	9	12	18	9	12	78	19	13	38

Betrag des Erlöses ℳ	Gebühr ℳ	₰	Betrag des Erlöses ℳ	Gebühr ℳ	₰	Betrag des Erlöses ℳ	Gebühr ℳ	₰	Betrag des Erlöses ℳ	Gebühr ℳ	₰
420	13	40	450	14	—	480	14	60	510	15	20
1	13	42	1	14	02	1	14	62	11	15	22
2	13	44	2	14	04	2	14	64	12	15	24
3	13	46	3	14	06	3	14	66	13	15	26
4	13	48	4	14	08	4	14	68	14	15	28
5	13	50	5	14	10	5	14	70	15	15	30
6	13	52	6	14	12	6	14	72	16	15	32
7	13	54	7	14	14	7	14	74	17	15	34
8	13	56	8	14	16	8	14	76	18	15	36
9	13	58	9	14	18	9	14	78	19	15	38
430	13	60	460	14	20	490	14	80	520	15	40
1	13	62	1	14	22	1	14	82	1	15	42
2	13	64	2	14	24	2	14	84	2	15	44
3	13	66	3	14	26	3	14	86	3	15	46
4	13	68	4	14	28	4	14	88	4	15	48
5	13	70	5	14	30	5	14	90	5	15	50
6	13	72	6	14	32	6	14	92	6	15	52
7	13	74	7	14	34	7	14	94	7	15	54
8	13	76	8	14	36	8	14	96	8	15	56
9	13	78	9	14	38	9	14	98	9	15	58
440	13	80	470	14	40	500	15	—	530	15	60
1	13	82	1	14	42	1	15	02	1	15	62
2	13	84	2	14	44	2	15	04	2	15	64
3	13	86	3	14	46	3	15	06	3	15	66
4	13	88	4	14	48	4	15	08	4	15	68
5	13	90	5	14	50	5	15	10	5	15	70
6	13	92	6	14	52	6	15	12	6	15	72
7	13	94	7	14	54	7	15	14	7	15	74
8	13	96	8	14	56	8	15	16	8	15	76
9	13	98	9	14	58	9	15	18	9	15	78

Betrag des Erlöses ℳ	Gebühr ℳ	₰	Betrag des Erlöses ℳ	Gebühr ℳ	₰	Betrag des Erlöses ℳ	Gebühr ℳ	₰	Betrag des Erlöses ℳ	Gebühr ℳ	₰
540	15	80	570	16	40	600	17	—	630	17	60
1	15	82	1	16	42	1	17	02	1	17	62
2	15	84	2	16	44	2	17	04	2	17	64
3	15	86	3	16	46	3	17	06	3	17	66
4	15	88	4	16	48	4	17	08	4	17	68
5	15	90	5	16	50	5	17	10	5	17	70
6	15	92	6	16	52	6	17	12	6	17	72
7	15	94	7	16	54	7	17	14	7	17	74
8	15	96	8	16	56	8	17	16	8	17	76
9	15	98	9	16	58	9	17	18	9	17	78
550	16	—	580	16	60	610	17	20	940	17	80
1	16	02	1	16	62	11	17	22	1	17	82
2	16	04	2	16	64	12	17	24	2	17	84
3	16	06	3	16	66	13	17	26	3	17	86
4	16	08	4	16	68	14	17	28	4	17	88
5	16	10	5	16	70	15	17	30	5	17	90
6	16	12	6	16	72	16	17	32	6	17	92
7	16	14	7	16	74	17	17	34	7	17	94
8	16	16	8	16	76	18	17	36	8	17	96
9	16	18	9	16	78	19	17	38	9	17	98
560	16	20	590	16	80	620	17	40	650	18	—
1	16	22	1	16	82	1	17	42	1	18	02
2	16	24	2	16	84	2	17	44	2	18	04
3	16	26	3	16	86	3	17	46	3	18	06
4	16	28	4	16	88	4	17	48	4	18	08
4	16	30	5	16	90	5	17	50	5	18	10
6	16	32	6	16	92	6	17	52	6	18	12
7	16	34	7	16	94	7	17	54	7	18	14
8	16	36	8	16	96	8	17	56	8	18	16
9	16	38	9	16	98	9	16	58	9	18	18

Betrag des Erlöses ℳ	Gebühr ℳ	₰	Betrag des Erlöses ℳ	Gebühr ℳ	₰	Betrag des Erlöses ℳ	Gebühr ℳ	₰	Betrag des Erlöses ℳ	Gebühr ℳ	₰
660	18	20	690	18	80	720	19	40	750	20	—
1	18	22	1	18	82	1	19	42	1	20	02
2	18	24	2	18	84	2	19	44	2	20	04
3	18	26	3	18	86	3	19	46	3	20	06
4	18	28	4	18	88	4	19	48	4	20	08
5	18	30	5	18	90	5	19	50	5	20	10
6	18	32	6	18	92	6	19	52	6	20	12
7	18	34	7	18	94	7	19	54	7	20	14
8	18	36	8	18	96	8	19	56	8	20	16
9	18	38	9	18	98	9	19	58	9	20	18
670	18	40	700	19	—	730	19	60	760	20	20
1	18	42	1	19	02	1	19	62	1	20	22
2	18	44	2	19	04	2	19	64	2	20	24
3	18	46	3	19	06	3	19	66	3	20	26
4	18	48	4	19	08	4	19	68	4	20	28
5	18	50	5	19	10	5	19	70	5	20	30
6	18	52	6	19	12	6	19	72	6	20	32
7	18	54	7	19	14	7	19	74	7	20	34
8	18	56	8	19	16	8	19	76	8	20	36
9	18	58	9	19	18	9	19	78	9	20	38
680	18	60	710	19	20	740	19	80	770	20	40
1	18	62	11	19	22	1	19	82	1	20	42
2	18	64	12	19	24	2	19	84	2	20	44
3	18	66	13	19	26	3	19	86	3	20	46
4	18	68	14	19	28	4	19	88	4	20	48
5	18	70	15	19	30	5	19	90	5	20	50
6	18	72	19	19	32	6	19	92	6	20	52
7	18	74	17	19	34	7	19	94	7	20	54
8	18	76	18	19	36	8	19	96	8	20	56
9	18	78	19	19	38	9	19	98	9	20	58

Betrag des Erlöses ℳ	Gebühr ℳ	₰	Betrag des Erlöses ℳ	Gebühr ℳ	₰	Betrag des Erlöses ℳ	Gebühr ℳ	₰	Betrag des Erlöses ℳ	Gebühr ℳ	₰
780	20	60	810	21	20	840	21	80	870	22	40
1	20	62	11	21	22	1	21	82	1	22	42
2	20	64	12	21	24	2	21	84	2	22	44
3	20	66	13	21	26	3	21	86	3	22	46
4	20	68	14	21	28	4	21	88	4	22	48
5	20	70	15	21	30	5	21	90	5	22	50
6	20	72	16	21	32	9	21	92	6	22	52
7	20	74	17	31	34	7	21	94	7	22	54
8	20	76	18	21	36	8	21	96	8	22	56
9	20	78	19	21	38	9	21	98	9	22	58
790	20	80	820	21	40	850	22	—	880	22	60
1	20	82	1	21	42	1	22	02	1	22	62
2	20	84	2	21	44	2	22	04	2	22	64
3	20	86	3	21	46	3	22	06	3	22	66
4	20	88	4	21	48	4	22	08	4	22	68
5	20	90	5	21	50	5	22	10	5	22	70
6	20	92	6	21	52	6	22	12	6	22	72
7	20	94	7	21	54	7	22	14	7	22	74
8	20	96	8	21	56	8	22	16	8	22	76
9	20	98	9	21	58	9	22	18	9	22	78
800	21	—	830	21	60	860	22	20	890	22	80
1	21	02	1	21	62	1	22	22	1	22	82
2	21	04	2	21	64	2	22	24	2	22	84
3	21	06	3	21	66	3	22	26	3	22	86
4	21	08	4	21	68	4	22	28	4	22	88
5	21	10	5	21	70	5	22	30	5	22	90
6	21	12	6	21	72	6	22	32	6	22	92
7	21	14	7	21	74	7	22	34	7	22	94
8	21	16	8	21	76	8	22	36	8	22	96
9	21	18	9	21	78	9	22	38	9	22	98

Betrag des Erlöses M	Gebühr M	₰	Betrag des Erlöses M	Gebühr M	₰	Betrag des Erlöses M	Gebühr M	₰	Betrag des Erlöses M	Gebühr M	₰
900	23	—	**5**	23	50	**950**	24	—	**5**	24	50
1	23	02	**6**	23	52	**1**	24	02	**6**	24	52
2	23	04	**7**	23	54	**2**	24	04	**7**	24	54
3	23	06	**8**	23	56	**3**	24	06	**8**	24	56
4	23	08	**9**	23	58	**4**	24	08	**9**	24	58
5	23	10	**930**	23	60	**5**	24	10	**980**	24	60
6	23	12	**1**	23	62	**6**	24	12	**1**	24	62
7	23	14	**2**	23	64	**7**	24	14	**2**	24	64
8	23	16	**3**	23	66	**8**	24	16	**3**	24	66
9	23	18	**4**	23	68	**9**	24	18	**4**	24	68
910	23	20	**5**	23	70	**960**	24	20	**5**	24	70
1	23	22	**6**	23	72	**1**	24	22	**6**	24	72
2	23	24	**7**	23	74	**2**	24	24	**7**	24	74
3	23	26	**8**	23	76	**3**	24	26	**8**	24	76
4	23	28	**9**	23	78	**4**	24	28	**9**	24	78
5	23	30	**940**	23	80	**5**	24	30	**990**	24	80
6	23	32	**1**	23	82	**6**	24	32	**1**	24	82
7	23	34	**2**	23	84	**7**	24	34	**2**	24	84
8	23	36	**3**	23	86	**8**	24	36	**3**	24	86
9	23	38	**4**	23	88	**9**	24	38	**4**	24	88
920	23	40	**5**	23	90	**970**	24	40	**5**	24	90
1	23	42	**6**	23	92	**1**	24	42	**6**	24	92
2	23	44	**7**	23	94	**2**	24	44	**7**	24	94
3	23	46	**8**	23	96	**3**	24	46	**8**	24	96
4	23	48	**9**	23	98	**4**	24	48	**9**	24	98
									1000	25	—

und so fort bis 5000 M. von je 100 M. Erlös 1 M., bis 10 000 M. von je 100 M. Erlös 50 Pf. mehr.

Für die die Markbeträge übersteigenden Pfennigbeträge des Versteigerungserlöses sind an Gebühren zu berechnen:

bei einem Objekte von ₰	bis 100 ℳ 5 % ₰	über 100 bis 300 ℳ 3 % ₰	über 300 bis 1000 ℳ 2 % ₰	über 1000 bis 5000 ℳ 1 % ₰
5	—	—	—	—
10	1	—	—	—
15	1	—	—	—
20	1	1	—	—
25	1	1	1	—
30	2	1	1	—
35	2	1	1	—
40	2	1	1	—
45	2	1	1	—
50	3	2	1	—
55	3	2	1	1
60	3	2	1	1
65	3	2	1	1
70	4	2	1	1
75	4	2	2	1
80	4	2	2	1
85	4	3	2	1
90	5	3	2	1
95	5	3	2	1
100	5	3	2	1

Tabelle 5.

Die Gebühren für die besonderen Geschäfte in dem Bezirke des ehemaligen Appellationsgerichtshofes zu Cöln.

Nach der Gebührentaxe vom 29./3. 51 und dem Gesetze vom 12./5. 75 sind zu liquidieren:

a) in den zur Zuständigkeit der Amtsgerichte gehörigen Sachen für jeden Versteigerungstermin, in welchem der Gerichtsvollzieher die Gebote ausruft, die Kerzen zu liefern und anzuzünden hat:

wenn die Grundsteuer beträgt 12 Mk. oder

weniger	1,25 ℳ
über 12 Mk. bis 60 Mk. . .	1,90 „
über 60 Mk.	2,50 „

b) in den zur Zuständigkeit der Landgerichte und Handelsgerichte gehörigen Sachen:

1. für alle Akte des Gerichtsvollziehers, für welche in den nachfolgenden Bestimmungen nicht namentlich andere Gebühren bewilligt sind . . . . 1,25 „
   wenn aber der Gegenstand 150 Mk. Wert nicht erreicht . . . . 1,— „
2. für die über den Anschlag des Subhastationspatents oder der Bekanntmachung eines gerichtl. Verkaufes von Immobilien aufzunehmende Urkunde (im übrigen gilt Nr. 1) . . . . 2,50 „
3. für das über ein Realanerbieten aufgenommene Protokoll bei einem Gegenstande

von 3—150 Mk. ausschl.	1,50 „
150—300 Mk. ausschl.	2,— „
300—3000 Mk. ausschl.	3,75 „
3000 Mk. und darüber	7,50 „

4. für das über die Konsignation aufge=

nommene Protokoll	3,—	„
und wenn der Gegenstand unter 150 Mk. ist	2,25	„
5. für die Erklärung des Hypothekengläubigers, daß er den nochmaligen öffentlichen Verkauf des von seinem Schuldner veräußerten Grundstücks begehre	3,75	„
c) im inneren Gerichtsdienste:		
1. für die Publikation der Bedingungen bei den nach Vorschrift der Rhein. P.O. stattfindenden öffentl. Verkäufen . . .	1,25	„
2. für den Verkauf einschl. der Kerzen . .	2,50	„
3. bei Subhastationen vor einem landgerichtlichen Deputierten gemäß Verord. vom 1./8. 22 einschl. der Kerzen	2,50	„
d) für die Vorlegung von Urkunden, welche visiert werden müssen		
1. bei amtsgerichtlichen Akten	0,25	„
2. in allen übrigen Fällen	0,50	„
e) für die Nachsuchung des Visums des Staatsprokurators oder des Friedensrichters bei Abwesenheit oder Weigerung des zur Visierung berufenen Beamten	1,—	„

Tabelle 6.

Gebühren im Verwaltungszwangsverfahren.

(Tarif zu § 54 Verordn. v. 15./11. 99.)

Es sind zu erheben	I. bis 3 ℳ einschl. ℳ	II. über 3—15 ℳ einschl. ℳ	III. über 15 bis 150 ℳ einschl. ℳ	IV. über 150 bis 300 ℳ einschl. ℳ	V. über 300 bis 1000 ℳ einschl. ℳ	VI. über 1000 bis 5000 ℳ einschl. ℳ	VII. über 5000 ℳ ℳ
1. Für jede Mahnung, welche nicht mittelst der Post erfolgt ist	0,10	0,20	0,40	0,75	0,75	0,75	0,75
2. Für die Pfändung körperlicher Sachen, sowie für die Wegnahme der vom Schuldner herauszugebenden Urkunden, einschließlich der durch die Pfändung und Wegnahme der Urkunden veranlaßten Zustellungen	0,40	0,80	1,60	3,—	4,—	5,—	6,—
Wenn der Schuldner die Pfändung abwendet (§ 18), wird nur die Hälfte der Gebühren entrichtet.							
3. Für die öffentliche Bekanntmachung der Versteigerung durch Aushang und Ausruf	0,20	0,20	0,40	0,75	0,75	0,75	0,75
4. Für die Versteigerung, sowie für den freihändigen Verkauf der gepfändeten Sachen einschließlich der hierdurch veranlaßten Zustellungen	0,40	0,80	1,60	3,—	5,—	15,—	30,—

Es sind zu erheben	I. bis 3 ℳ einschl. ℳ	II. über 3—15 ℳ einschl. ℳ	III. über 15 bis 150 ℳ einschl. ℳ	VI. über 150 bis 300 ℳ einschl. ℳ	V. über 300 bis 1000 ℳ einschl. ℳ	VI. über 1000 bis 5000 ℳ einschl. ℳ	VII. über 5000 ℳ ℳ
Wenn der Schuldner die Versteigerung abwendet (§. 27 Abs. 3), wird nur die Hälfte der Gebühren entrichtet, jedoch nicht über 2,50 Mk. Pfändungs- und Versteigerungskosten im Sinne der Bestimmungen zu Nr. 2 Abs. 2 und zu Nr. 4 Abs. 2 dürfen nur dann gefordert werden, wenn der Vollziehungsbeamte behufs Vornahme der Pfändung oder Versteigerung sich an Ort und Stelle begeben hat.							
5. Für jede Abschrift eines Protokolls	0,10	0,10	0,10	0,10	0,10	0,10	0,10
6. Für jede im Zwangsverfahren erforderliche Zustellung, welche nicht nach den Bestimmungen unter Nr. 2 und 4 unentgeltlich zu leisten ist	0,20	0,40	1,20	2,—	2,—	2—	2,—
7. Gebühren der bei einer Pfändung zugezogenen Zeugen	0,20	0,20	0,40	0,50	0,50	0,50	0,50
8. Gebühren des Aufbewahrers von gepfändeten Sachen täglich	0,10	0,20	0,30	0,50	0,75	1,—	1,50
Wenn die Aufbewahrung länger als 8 Tage dauert, werden von dem 9 Tage an nur die halben Gebühren bewilligt.							

(Vgl. die umstehenden Bemerkungen hierzu.)

Bemerkungen.

[1]) Im Verfahren wegen Beitreibung von Gerichtskosten und anderen Geldbeträgen in Angelegenheiten der Justizverwaltung findet eine Mahnung nicht statt. — Das Porto für Übersendung der Kostenrechnungen und Zahlungsaufforderungen fällt der Staatskasse zur Last.

[2]) Die Allg. Vfg. v. 11./1. 86, J.M.Bl. S. 9, bestimmt:

1. Die Gebühr für die Pfändung körperlicher Sachen (Nr. 2 Abs. 1 d. Tarifs) kommt auch zur Anwendung, wenn bereits gepfändete Sachen gepfändet werden (§. 34 d. Verord.).
2. Dieselbe Gebühr ist zu erheben, wenn eine versuchte Pfändung ohne Erfolg geblieben ist, weil nach Inhalt des Protokolls pfändbare Gegenstände nicht vorhanden waren oder sich von der Verwertung der pfändbaren Gegenstände ein Überschuß über die Kosten der Zwangsvollstreckung nicht erwarten läßt.
3. Dagegen ist nur die Hälfte dieser Gebühr zu erheben, wenn der Schuldner durch Zahlung der Schuld an den Gerichtsvollzieher die Pfändung abwendet.

[3]) Im Falle des Abs. 2 der Nr. 2 ist die Abwendung der Pfändung durch Nachweis der erfolgten Zahlung (Quittung, Postschein) oder einer erfolgten Fristbewilligung gemeint.

Der Anspruch auf die Gebühr der Nr. 2 bez. 4 Abs. 2 und auf die Zahlungsgebühr (Anm. 2 Ziffer 3 vorst.) ist erst begründet, wenn sich der Vollziehungsbeamte behufs Vornahme der Pfändung oder Versteigerung an Ort und Stelle begeben hatte. (J.M.Vfg. vom 8./4. 89, I 601, mitget. i. d. D.G.V.Ztg. 1889 S. 85.)

[4]) In Angelegenheiten der Justizverwaltung hat der G.V. stets die tatsächlich verauslagten Beträge zu liquidieren und im Dienstregister einzustellen. — Vgl. G.V.O. §. 61 Nr. 2 lit. a.

5) Vgl. G.V.O. §. 61 Nr. 2 lit. b.

6) Die hier normierten Zustellungsgebühren sind nur für den Ansatz der Vollstreckungsbehörde gegenüber den Zahlungspflichtigen bestimmt. — Wird der G.V. von anderen Preuß. Staatsbehörden mit Zustellungen beauftragt, dann sind dafür die Gebühren nach der Geb.O. zum Ansatz zu bringen; denn nur die Ausführung einer Zwangsvollstreckung — im Verwaltungszwangsverfahren — (nicht die von Zustellungen) kann von anderen Preuß. Staatsbehörden einem G.V. übertragen werden. (§. 6 Abs. 4 d. Verordn. v. 15./11. 99.)

Tabelle 7.

Gebühren für die Aufnahme von Wechselprotesten und Beurkundungen des tatsächlichen Angebots.

(§. 50 Abs. 2 Pr. G.K.G., Artikel 20 Ges. über die landesgesetzlichen Gebühren der Gerichtsvollzieher, §. 5 Allg. Vfg. v. 8./12. 99.

Nr.	Es sind zu erheben bei einem Objekt		Protest- 2c. Gebühr	Wege- gebühr für jeden Weg	Gebühr bei Zurück- nahme des Auftrags vor Vor- nahme der Handlung
	von mehr als	bis ein- schließlich			
	ℳ	ℳ	ℳ	ℳ	ℳ
1	—	50	0,50	0,50	0,20
2	50	100	1	0,50	0,30
3	100	300	2	0,50	0,60
4	300	1000	3	0,60	0,90
5	1000	5000	4	0,80	1,20
6	5000	....	5	1	1,50

B. Sonstige Tarifvorschriften; Stempel- und Zinstabellen.

Tabelle 8.

Berechnung der den Rechtsanwälten zustehenden Gebühr für den Betrieb des Vollstreckungsverfahrens.

(§ 23 D.Geb.Ord. f. Rechtsanwälte.)

Dem Rechtsanwalt stehen zu:					
Wertsstufe		Gebühr	Wertsstufe		Gebühr
von mehr als M.	bis einschl. M.	M.	von mehr als M.	bis einschl. M.	M.
—	20	1,—	38000	40000	37,20
20	60	1,—	40000	42000	38,40
60	120	1,20	42000	44000	39,60
120	200	2,10	44000	46000	40,80
200	300	3,—	46000	48000	42,—
300	450	4,20	48000	50000	43,20
450	650	5,70	50000	52000	44,10
650	900	7,20	52000	54000	45,—
900	1200	8,40	54000	56000	45,90
1200	1600	9,60	56000	58000	46,80

1600	2100	10,80	58000	60000	47,70
2100	2700	12,—	60000	62000	48,60
2700	3400	13,20	62000	64000	49,50
3400	4300	14,40	64000	66000	50,40
4300	5400	15,60	66000	68000	51,30
5400	6700	16,80	68000	70000	52,20
6700	8200	18,—	70000	72000	53,10
8200	10000	19,20	72000	74000	54,—
10000	12000	20,40	74000	76000	54,90
12000	14000	21,60	76000	78000	55,80
14000	16000	22,80	78000	80000	56,70
16000	18000	24,—	80000	82000	57,60
18000	20000	25,20	82000	84000	58,50
20000	22000	26,40	84000	86000	59,40
22000	24000	27,60	86000	88000	60,30
24000	26000	28,80	88000	90000	61,20
26000	28000	30,—	90000	92000	62,10
28000	30000	31,20	92000	94000	63,—
30000	32000	32,40	94000	96000	63,90
32000	34000	33,60	96000	98000	64,80
34000	36000	34,80	98000	100000	65,70
36000	38000	36,—			

Tabelle 9.

Berechnung des Stempels von Versteigerungsprotokollen.

(§ 7 d. Gesetzes v. 7. März 1822; $^1/_3$ % des reinen Ertrages der Lösung.) *)

Reinertrag von M.	Reinertrag bis einschließlich M.	Stempel M.	Stempel Pf.	Reinertrag von M.	Reinertrag bis einschließlich M.	Stempel M.	Stempel Pf.
mindestens	150	—	50	5550	5700	19	—
150	300	1	—	5700	5850	19	50
300	450	1	50	5850	6000	20	—
450	600	2	—	6000	6150	20	50
600	750	2	50	6150	6300	21	—
750	900	3	—	6300	6450	21	50
900	1050	3	50	6450	6600	22	—
1050	1200	4	—	6600	6750	22	50
1200	1350	4	50	6750	6900	23	—
1350	1500	5	—	6900	7050	23	50
1500	1650	5	50	7050	7200	24	—
1650	1800	6	—	7200	7350	24	50
1800	1950	6	50	7350	7500	25	—

1950	2100	7	—	7500	7650	25	50
2100	2250	7	50	7650	7800	26	—
2250	2400	8	—	7800	7950	26	50
2400	2550	8	50	7950	8100	27	—
2550	2700	9	—	8100	8250	27	50
2700	2850	9	50	8250	8400	28	—
2850	3000	10	—	8400	8550	28	50
3000	3150	10	50	8550	8700	29	—
3150	3300	11	—	8700	8850	29	50
3300	3450	11	50	8850	9000	30	—
3450	3600	12	—	9000	9150	30	50
3600	3750	12	50	9150	9300	31	—
3750	3900	13	—	9300	9450	31	50
3900	4050	13	50	9450	9600	32	—
4050	4200	14	—	9600	9750	32	50
4200	4350	14	50	9750	9900	33	—
4350	4500	15	—	9900	10050	33	50
4500	4650	15	50	10050	10200	34	—
4650	4800	16	—	10200	10350	34	50
4800	4950	16	50	10350	10500	35	—
4950	5100	17	—	usw. von jeden angefangenen 150 Mark: 50 Pfg. mehr.			
5100	5250	17	50				
5250	5400	18	—				
5400	5550	18	50				

*) Der Prozentsatz bleibt auch in dem neuen Pr. Stempelgesetze derselbe.

Tabelle 10.

Berechnung der Zinsen zu 6, 5, 4, 3 und 1/2 Prozent.

a) Zinsen auf ein Jahr.

Kapital	zu 6 %		zu 5 %		zu 4 %		zu 3 %		zu 1/2 %	
M.	M.	Pf.	M.	Pf.	M.	Pf.	M.	Pf.	M.	Pf.
1	—	6	—	5	—	4	—	3	—	0.5
2	—	12	—	10	—	8	—	6	—	1
3	—	18	—	15	—	12	—	9	—	1.5
4	—	24	—	20	—	16	—	12	—	2
5	—	30	—	25	—	20	—	15	—	2.5
6	—	36	—	30	—	24	—	18	—	3
7	—	42	—	35	—	28	—	21	—	3.5
8	—	48	—	40	—	32	—	24	—	4
9	—	54	—	45	—	36	—	27	—	4.5
10	—	60	—	50	—	40	—	30	—	5
20	1	20	1	—	—	80	—	60	—	10
30	1	80	1	50	1	20	—	90	—	15
40	2	40	2	—	1	60	1	20	—	20
50	3	—	2	50	2	—	1	50	—	25
60	3	60	3	—	2	40	1	80	—	30

70	4	20	3	50	2	80	2	10	—	35
80	4	80	4	—	3	20	2	40	—	40
90	5	40	4	50	3	60	2	70	—	45
100	6	—	5	—	4	—	3	—	—	50
200	12	—	10	—	8	—	6	—	1	—
300	18	—	15	—	12	—	9	—	1	50
400	24	—	20	—	16	—	12	—	2	—
500	30	—	25	—	20	—	15	—	2	50
600	36	—	30	—	24	—	18	—	3	—
700	42	—	35	—	28	—	21	—	3	50
800	48	—	40	—	32	—	24	—	4	—
900	54	—	45	—	36	—	27	—	4	50
1000	60	—	50	—	40	—	30	—	5	—
2000	120	—	100	—	80	—	60	—	10	—
3000	180	—	150	—	120	—	90	—	15	—
4000	240	—	200	—	160	—	120	—	20	—
5000	300	—	250	—	200	—	150	—	25	—
6000	360	—	300	—	240	—	180	—	30	—
7000	420	—	350	—	280	—	210	—	35	—
8000	480	—	400	—	320	—	240	—	40	—
9000	540	—	450	—	360	—	270	—	45	—
10000	600	—	500	—	400	—	300	—	50	—
15000	900	—	750	—	600	—	450	—	75	—

b) Zinsen auf einen Monat.

Kapital	zu 6 %		zu 5 %		zu 4 %		zu 3 %		zu $^1/_2$ %	
M.	M.	Pf.	M.	Pf.	M.	Pf.	M.	Pf.	M.	Pf.
1	—	0.5	—	0.42	—	0.33	—	0.25	—	0.04
2	—	1	—	0.83	—	0.67	—	0.5	—	0.08
3	—	1.5	—	1.25	—	1	—	0.75	—	0.12
4	—	2	—	1.67	—	1.33	—	1	—	0.17
5	—	2.5	—	2.08	—	1.67	—	1.25	—	0.21
6	—	3	—	2.5	—	2	—	1.5	—	0.25
7	—	3.5	—	2.92	—	2.33	—	1.75	—	0.29
8	—	4	—	3.33	—	2.67	—	2	—	0.33
9	—	4.5	—	3.75	—	3	—	2.25	—	0.37
10	—	5	—	4.17	—	3.33	—	2.5	—	0.42
20	—	10	—	8.33	—	6.67	—	5	—	0.83
30	—	15	—	12.5	—	10	—	7.5	—	1.25
40	—	20	—	16.67	—	13.33	—	10	—	1.67
50	—	25	—	20.83	—	16.67	—	12.5	—	2.08
60	—	30	—	25	—	20	—	15	—	2.50
70	—	35	—	29.17	—	23.33	—	17.5	—	2.91
80	—	40	—	33.33	—	26.67	—	20	—	3.33
90	—	45	—	37.5	—	30	—	22.5	—	3.75
100	—	50	—	41.67	—	33.33	—	25	—	4.17
200	1	—	—	83.33	—	66.67	—	50	—	8.33

300	1	50	1	25	1	—	—	75	—	12.50
400	2	—	1	66.67	1	33.33	1	—	—	16.67
500	2	50	2	8.33	1	66.67	1	25	—	20.83
600	3	—	2	50	2	—	1	50	—	25
700	3	50	2	91.67	2	33.33	1	75	—	29.17
800	4	—	3	33.33	2	66.67	2	—	—	33.33
900	4	50	3	75	3	—	2	25	—	37.50
1000	5	—	4	16.67	3	33.33	2	50	—	41.67
2000	10	—	8	33.33	6	66.67	5	—	—	83.33
3000	15	—	12	50	10	—	7	50	1	25
4000	20	—	16	66.67	13	33.33	10	—	1	66.67
5000	25	—	20	83.33	16	66.67	12	50	2	08.33
6000	30	—	25	—	20	—	15	—	2	50
7000	35	—	29	16.67	23	33.33	17	50	2	91.67
8000	40	—	33	33.33	26	66.67	20	—	3	33.33
9000	45	—	37	50	30	—	22	50	3	75
10000	50	—	41	66.67	33	33.33	25	—	4	16.67
15000	75	—	62	50	50	—	37	50	6	25

Im kaufmännischen Verkehr rechnet man mit Zinszahlen. Indem man das Kapital, durch 100 dividiert, mit der Zinszeit (in Tagen) multipliziert, erhält man die Zinszahl, d. h. die Zahl der Tage, in welchen ein Kapital von 100 die gleichen Zinsen ergibt. Die Zinszahl ist bei einem Zinsfuße von 6 % durch $\frac{360}{6}$ oder 60, bei 5 % durch $\frac{360}{5}$ oder 72, bei 4 % durch 90, bei 3 % durch 120, bei 2 % durch 180 zu dividieren. (Beispiel umstehend.)

c) Zinsen auf einen Tag.

Kapital	zu 6 %		zu 5 %		zu 4 %		zu 3 %		zu 1/2 %	
M.	M.	Pf.	M.	Pf.	M.	Pf.	M.	Pf.	M.	Pf.
1	—	0.017	—	0.014	—	0.011	—	0.08	—	0.0014
2	—	0.033	—	0.028	—	0.022	—	0.017	—	0.0028
3	—	0.05	—	0.042	—	0.033	—	0.025	—	0.0042
4	—	0.067	—	0.055	—	0.044	—	0.033	—	0.0055
5	—	0.083	—	0.069	—	0.055	—	0.042	—	0.0069
6	—	0.1	—	0.083	—	0.067	—	0.05	—	0.0083
7	—	0.117	—	0.097	—	0.078	—	0.058	—	0.0097
8	—	0.133	—	0.111	—	0.089	—	0.067	—	0.011
9	—	0.15	—	0.125	—	0.1	—	0.075	—	0.0125
10	—	0.17	—	0.139	—	0.11	—	0.083	—	0.013
20	—	0.33	—	0.278	—	0.22	—	0.17	—	0.027
30	—	0.5	—	0.416	—	0.33	—	0.25	—	0.041
40	—	0.67	—	0.555	—	0.44	—	0.33	—	0.055
50	—	0.83	—	0.694	—	0.55	—	0.42	—	0.069
60	—	1	—	0.833	—	0.67	—	0.5	—	0.083
70	—	1.17	—	0.972	—	0.78	—	0.58	—	0.097
80	—	1.33	—	1.11	—	0.89	—	0.67	—	0.11
90	—	1.5	—	1.25	—	1	—	0.75	—	0.125
100	—	1.67	—	1.39	—	1.11	—	0.83	—	0.13
200	—	3.33	—	2.78	—	2.22	—	1.67	—	0.27

300	—	5	—	4.17	—	3.33	—	2.5	—	0.41
400	—	6.67	—	5.55	—	4.44	—	3.33	—	0.55
500	—	8 33	—	6.94	—	5.55	—	4.17	—	0.69
600	—	10	—	8.33	—	6.67	—	5	—	0.83
700	—	11.67	—	9.72	—	7.78	—	5.83	—	0.97
800	—	13.33	—	11.11	—	8.89	—	6.67	—	1.11
900	—	15	—	12.5	—	10	—	7.5	—	1.25
1000	—	16.67	—	13.89	—	11.11	—	8.33	—	1.38
2000	—	33.33	—	27.78	—	22.22	—	16.67	—	2.77
3000	—	50	—	41.66	—	33.33	—	25	—	4.16
4000	—	66.67	—	55.55	—	44.44	—	33.33	—	5.55
5000	—	83.33	—	69.44	—	55.55	—	41.67	—	6.94
6000	1	—	—	83.33	—	66.67	—	50	—	8.33
7000	1	16.67	—	97.21	—	77.77	—	58.33	—	9.72
8000	1	33.33	1	11	—	88.88	—	66.67	—	11.11
9000	1	50	1	25	1	—	—	75	—	12.50
10000	1	66.67	1	39	1	11.11	—	83.33	—	13.88
15000	2	50	2	8.44	1	66.67	1	25	—	20.83

Beispiel: Es sind Zinsen zu berechnen zu 6 % von

750 Mk. für 26 Tage	:	7,5 × 26	Zinszahl	195
1150 „ „ 50 „	:	11,5 × 50	„	575
			Summa der Zinszahlen	770,

welche durch 60 dividiert 12 Mk. 43 Pf. ergeben.

Das Jahr zählt im kaufmännischen Verkehr bei Zinsberechnungen nur 360 Tage, nicht wie im gemeinen Leben 365 Tage.

Sachregister.

A.

B.

G.

M.

N.

O.

P.

Q.

R.

S.

U.

V.

W.

Z.

Druckfehler-Berichtigung.

Auf S. 326 muß es im vorletzten Absatze zu lit. h der Anm. 1 zu § 14 G.V.O.

statt „außerordentliche Bestimmungen“ heißen:

„außerordentliche Unterstützungen“.

A. W. Hayn's Erben, Berlin und Potsdam.

Verzeichnis

der

Guttentag'schen Sammlung Deutscher Reichs- und Preussischer Gesetze

Text-Ausgaben

mit Anmerkungen u. Sachregister

Guttentag'sche Sammlung

Deutscher Reichsgesetze.

Text-Ausgaben mit Anmerkungen. Taschenformat.

1. **Verfassung** des Deutschen Reichs. Gegeben Berlin, den 16. April 1871. Von Dr. **L. von Rönne.** Neunte Auflage von Landrath **Paul von Rönne.** 2 M. 40 Pf.

2. **Strafgesetzbuch** für das Deutsche Reich. Nebst den gebräuchlichsten Reichs-Strafgesetzen: Presse, Entziehung elektrischer Arbeit, Kranken-, Unfall-, Invalidenversicherung, Gewerbeordnung, unlauterer Wettbewerb, Depot- und Börsengesetz, gewerbliche Kinderarbeit u. s. w. Von Dr. **H. Rüdorff.** Einundzwanzigste Auflage von Dr. **H. Appelius,** Kammergerichtsrath. 1 M. 20 Pf.

3. **Militärstrafgerichtsordnung** nebst Einführungsgesetz und Gesetz, betreffend die Dienstvergehen der richterlichen Militärjustizbeamten und die unfreiwillige Versetzung derselben in eine andere Stelle oder in den Ruhestand. Bearbeitet von Dr. **Paul Herz,** Senatspräsident am Reichsmilitärgericht. Dritte Auflage. 4 M.

   Militär-**Strafgesetzbuch** s. RG. Nr. 67.

4. **Handelsgesetzbuch vom 10. Mai 1897** unter Ausschluß des Seerechts. Mit den ergänzenden Vorschriften des Bürgerlichen Gesetzbuchs und Erläuterungen herausgegeben von **F. Litthauer,** Justizrath. Zwölfte Auflage. 2 M. 80 Pf.

5. Allgemeine Deutsche **Wechselordnung.** Achte Auflage von Justizrath Dr. **J. Stranz** und Rechtsanwalt Dr. **M. Stranz,** und das Reichsgesetz über die **Wechselstempelsteuer.** Von Regierungsrath **P. Loeck.** Siebente Auflage. 3 M.

6. **Gewerbeordnung** für das Deutsche Reich nebst allen Ausführungsbestimmungen. Ursprünglich herausgegeben von **T. Ph. Berger** und Dr. **L. Wilhelmi.** Sechszehnte Auflage bearbeitet von Oberverwaltungsgerichtsrath **H. Spangenberg.** 3 M.

7. Die deutsche **Post- und Telegraphen-Gesetzgebung.** Nebst dem Weltpostvertrag und dem internationalen Telegraphenvertrag. Von Wirkl. Geh. Rath Dr. **Fischer.** Fünfte Auflage bearbeitet von Geh. Postrath Dr. **M. König.** 3 M.

8. Die Reichsgesetze über den **Unterstützungswohnsitz** in der Fassung der Novelle vom 12. März 1894, **die Freizügigkeit, den Erwerb und Verlust der Bundes- und Staatsangehörigkeit,** nebst allen landesgesetzlichen Bestimmungen. Von Geheimrath Dr. **J. Krech,** Mitglied des Bundesamtes für das Heimathwesen. Fünfte Auflage. 2 M. 70 Pf.

9a. Sammlung **kleinerer privatrechtlicher Reichsgesetze.** Von **F. Vierhaus.** Zweite Auflage in Vorbereitung.

9. Sammlung **kleinerer strafrechtlicher Reichsgesetze.** Mit den Entscheidungen des Reichsgerichts bearbeitet von **M. Werner,** Geh. Ober=Regierungsrath. Zweite Auflage. 3 M.

Inhalt: Inhaberpapiere — Presse — Personenstand — Urheberrechtsgesetzgebung — Rinderpest — Nahrungs- und Genußmittel — Sprengstoff — Feingehalt von Gold- und Silberwaaren — Patentgesetz — Handfeuerwaffen — Gebrauchsmusterschutz — Militärische Geheimnisse — Waarenbezeichnung — unlauterer Wettbewerb — Auswanderung — Margarine — Wein — Sklavenraub — Fleischbeschau — Reichsseuchengesetz — Süßstoff — Reichskassenscheine.

10. Das **Reichsbeamtengesetz** vom 31. März 1873 und seine Ergänzungen. Erläutert von **J. Pieper,** Geh. Ober=Regierungsrath. Zweite Auflage. 4 M. 50 Pf.

11. **Civilprozeßordnung mit Gerichtsverfassungsgesetz** und den Einführungsgesetzen. Unter besonderer Berücksichtigung der Entscheidungen des Reichsgerichts herausgegeben mit Anmerkungen von **R. Sydow,** Unterstaatssekretär und **L. Busch,** Kammergerichtsrath. Neunte Auflage. 8°. 5 M.

Dieser Band ist in größerem Format erschienen!

12. **Strafprozeßordnung und Gerichtsverfassungsgesetz** nebst dem Gesetz, betreffend die Entschädigung der im Wiederaufnahmeverfahren freigesprochenen Personen. Von **A. Hellweg,** Reichsgerichtsrath. Zwölfte Auflage. 2 M.

13. **Konkursordnung und Anfechtungsgesetz.** Unter besonderer Berücksichtigung der Entscheidungen des Reichsgerichts herausgegeben mit Anmerkungen von **R. Sydow u. L. Busch.** Neunte Auflage. 2 M. 25 Pf.

14. **Gerichtsverfassungsgesetz** mit Einführungsgesetz, Nebengesetzen und Ergänzungen. Herausgegeben von **R. Sydow** u. **L. Busch.** Neunte Auflage in Vorbereitung.

15. Das **Deutsche Gerichtskostengesetz** nebst den Gebührenordnungen für Gerichtsvollzieher, Zeugen und Sachverständige. Herausgegeben mit Anmerkungen und Kostentabellen von **R. Sydow** u. **L. Busch.** Siebente Auflage. 1 M. 80 Pf.

16. **Rechtsanwaltsordnung.** Von **R. Sydow.** Vierte Auflage von Dr. **E. Mosler.** 1 M. 20 Pf.

17. Die **Deutsche Gebührenordnung für Rechtsanwälte und das Preußische Gebührengesetz** vom 27. September/6. Oktober 1899. Von **R. Sydow** und **L. Busch.** Siebente Auflage. 1 M. 60 Pf.

18. **Reichsstempelgesetz (Börsensteuergesetz)** v. 14. Juni 1900, mit den Ausführungsbestimmungen, einem Auszug aus den Gesetzes-Materialien und den Entscheidungen der Verwaltungsbehörden und des Reichsgerichts. Achte Auflage von **P. Loeck,** Regierungsrath. 3 M. 30 Pf.

19. Die **Seegesetzgebung.** Nebst den Entscheidungen des Reichsoberhandelsgerichts, des Reichsgerichts und der Seeämter. Von Dr. **W. E. Knitschky.** Dritte Auflage bearbeitet von Oberlandesgerichtsrath **Otto Rudorff** in Hamburg. 4 M. 50 Pf.

20. **Krankenversicherungsgesetz.** Von weil. Dr. **E. von Woedtke,** Direktor im Reichsamte des Innern. Zehnte Auflage bearbeitet von Dr. **G. Eucken-Addenhausen,** Geh. Reg.-Rath und vortr. Rat im Reichsamte des Innern. 3 M. 50 Pf.

21. Die **Konsulargesetzgebung.** Von Professor Dr. **Ph. Zorn.** Zweite Auflage. 3 M.

22a. **Patentgesetz.** Nebst Ausführungsbestimmungen, völkerrechtlichen Verträgen und der Patentanwalts-Ordnung unter eingehender Berücksichtigung der Rechtsprechung des Reichsgerichts und der Praxis des Patentamts. Erläutert von Prof. Dr. **R. Stephan,** Geh. Reg.-Rath, Mitglied des Kaiserlichen Patentamts. Sechste Auflage. 2 M.

22b. Gesetz zum **Schutz der Waarenbezeichnungen.** Nebst Ausführungsbestimmungen. Von Dr. **R. Stephan,** Geh. Reg.-Rath, Mitglied des Kaiserlichen Patentamts. Vierte Auflage. 1 M.

23. **Gewerbe-Unfallversicherungsgesetz** und Gesetz, betr. die Abänderung der Unfallversicherungsgesetze vom 30. Juni 1900 nebst Ausführungsverordnungen. Von Dr. **E. v. Woedtke,** Präsident des Kaiserl. Aufsichtsamts für Privatversicherung. Achte Auflage. 2 M. 50 Pf.

24. **Aktiengesellschaft und Kommanditgesellschaften auf Aktien.** (Handelsgesetzbuch, II. Buch, Abschnitt 3

und 4.) Mit Anmerkungen von **H. Keyssner,** Kammergerichtsrath und Dr. **H. Veit Simon,** Rechtsanwalt. Fünfte Auflage. Bearbeitet von Dr. **Hugo Keyssner** und **L. Keyssner.** 2 M. 25 Pf.

25. Reichsgesetz wegen **Erhebung der Brausteuer** vom 31. Mai 1872 mit Ausführungsvorschriften. Von **E. Bertho,** Regierungsrath. 1885. 1 M. 60 Pf.

26. Die Reichsgesetzgebung über **Münz- und Notenbankwesen,** Papiergeld, Prämienpapiere und Reichsschulden. Von Dr. jur. **R. Koch,** Präsident des Reichsbankdirektoriums. Vierte Auflage. 3 M.

27. Die Gesetzgebung, betr. das **Gesundheitswesen** im Deutschen Reich für Behörden, Aerzte rc. Von Dr. jur. **C. Goesch** und Dr. med. **J. Karsten.** 1888. 1 M. 60 Pf.

28. **Bau-Unfallversicherungsgesetz.** Vom 30. Juni 1900. Von **R. Chrzescinski,** Kaiserl. Regierungsrath. Dritte Auflage. 2 M.

29. Reichsgesetz, betr. die **Erwerbs- und Wirthschaftsgenossenschaften.** Von **L. Parisius** und Dr. **H. Crüger.** Zehnte Auflage bearbeitet von Dr. **H. Crüger.** 1 M. 50 Pf.

30. **Invalidenversicherungsgesetz** vom 13. Juli 1899. Von Dr. **E. v. Woedtke,** Präsident des Kaiserlichen Aufsichtsamts für Privatversicherung. Neunte Auflage. 2 M. 50 Pf.

31. **Gewerbegerichtsgesetz.** Von Stadtrath **L. Mugdan.** Fünfte Auflage bearbeitet von **W. Cuno,** Erstem Bürgermeister zu Hagen i. W. 2 M.

32. Reichsgesetz, betr. die **Gesellschaften mit beschränkter Haftung.** Von **L. Parisius** und Dr. **H. Crüger.** Siebente Auflage. 1 M. 25 Pf.

33. Das **Vereins- und Versammlungsrecht** in Deutschland. Von Dr. **E. Ball,** Rechtsanwalt. 2 M. 25 Pf.

34. Reichsgesetz, betreffend die **Abzahlungsgeschäfte.** Vom 16. Mai 1894. Von **J. Hoffmann.** Zweite vermehrte Auflage besorgt von Dr. **E. Wilke,** Landgerichtsrath. 1 M. 20 Pf.

35. Die **Reichs-Eisenbahngesetzgebung.** Von **W. Coermann,** Kaiserl. Amtsrichter. 1895. 2 M. 25 Pf.

36. Gesetze, betr. die **privatrechtlichen Verhältnisse der Binnenschifffahrt und der Flößerei.** Erläutert von **H. Makower.** Dritte Auflage bearbeitet von **E. Löwe,** Landgerichtsrath. 3 M.

37. Gesetz zur **Bekämpfung des unlauteren Wettbewerbes.** Vom 27. Mai 1896. Von Dr. **R. Stephan,** Geh. Regierungsrath. Dritte Auflage. 1 M.

38/39. **Bürgerliches Gesetzbuch nebst Einführungsgesetz.** Nach dem Tode des ursprünglichen Herausgebers Reichsgerichtsraths a. D. Dr. **A. Achilles** in Verbindung mit Professor Dr. **André,** Landrichter

Ritgen, Landrichter Strecker, Ober-Regierungsrath Dr. Unzner herausgegeben von Geh. Ober-Justizrath Greiff. Vierte Auflage. 8°. 6 M. 50 Pf.
Dieser Band ist in größerem Format erschienen!

40. Gesetz, betr. die **Pflichten der Kaufleute bei Aufbewahrung fremder Werthpapiere (Depotgesetz).** Mit Erläuterungen. Von **F. Lusensky,** Geh. Regierungsrath. 90 Pf.

41. **Börsengesetz.** Vom 22. Juni 1896. Nebst Ausführungsbestimmungen. Unter Mitwirkung des Direktors im Reichsamt des Innern **A. Wermuth** bearbeitet von Regierungsrath **H. Brendel.** 1 M. 50 Pf.

42. **Grundbuchordnung** nebst den preußischen Ausführungsbestimmungen. Mit Einleitung. Von Professor Dr. **O. Fischer.** Dritte Auflage. 2 M. 25 Pf.

43. Die Gesetzgebung, betr. die **Zwangsvollstreckung in das unbewegliche Vermögen** im Reiche und in Preußen. Mit Einleitung, Kosten- und Gebührentabellen. Von Dr. **J. Krech,** Kaiserl. Geh. Regierungsrath und Professor Dr. **O. Fischer.** Vierte Auflage. 2 M.

44. Das Reichsgesetz über das **Auswanderungswesen** vom 9. Juni 1897 nebst Ausführungsverordnungen und Anlagen. Unter Benutzung amtlicher Quellen. Von Professor Dr. **Felix Stoerk.** 2 M. 25 Pf.

45. Das **Entmündigungsrecht** unter Berücksichtigung der für Preußen geltenden Vorschriften nebst der preußischen Justiz-Ministerial-Verfügung vom 28. November 1899. Text der civil- und prozeßrechtlichen Bestimmungen mit Erläuterungen von Landgerichtsrath Dr. **P. Koll** in Cöln. 1 M. 50 Pf.

46. Die Gesetze des Reiches und Preußens über die **freiwillige Gerichtsbarkeit.** Mit Einleitung von **Herm. Jastrow,** Amtsgerichtsrath. Dritte Auflage. 3 M.

47. Das **deutsche Vormundschaftsrecht** und das preuß. Gesetz über die Fürsorgeerziehung Minderjähriger nebst den dazu gehörigen preußischen Nebengesetzen. Mit Einleitung und Erläuterungen von **Max Schultzenstein,** Oberverwaltungsgerichtsrath und Amtsgerichtsrath Dr. **Paul Köhne.** Zweite Auflage. 3 M.

48. Gesetze und Verordnungen, betr. den **Drogen-, Gift- und Farbenhandel** außerhalb der Apotheken. Von Dr. **Broh,** Rechtsanwalt. 1 M. 25 Pf.

49. Deutsche **Kolonialgesetzgebung.** Von Professor Dr. **Philipp Zorn.** 4 M. 50 Pf.

50. Der **Viehkauf** (Viehgewährschaft) nach dem Bürgerlichen Gesetzbuche. Mit Erläuterungen von Rechtsanwalt Dr. **H. Stölzle.** Nebst Verordn. betr. die Hauptmängel und Gewährsfristen beim Viehhandel. Von **H. Weiskopf,** Königl. Kreisthierarzt in Augsburg. Dritte Auflage. 3 M.

51. **Hypothekenbankgesetz** vom 13. Juli 1899. Von Dr. **H. Göppert,** Gerichts-Assessor. 1 M. 80 Pf.

52. Gesetz, betreffend die gemeinsamen **Rechte der Besitzer von Schuldverschreibungen.** Von Dr. **Heinrich Göppert,** Gerichts-Assessor. 2 M.

53. **Reichspreßgesetz** vom 7. Mai 1874 nebst den einschlägigen Bestimmungen des Strafgesetzbuchs, der Gewerbeordnung 2c. Kommentar von **A. Born,** Polizeiassessor. 1 M. 50 Pf.

54. Die Reichsgesetzgebung über den Verkehr mit **Nahrungsmitteln, Genußmitteln** und **Gebrauchsgegenständen.** Von Dr. **Georg Lebbin,** Nahrungsmittelchemiker. 2 M. 25 Pf.

55. Das Recht der **Beschlagnahme von Lohn- und Gehaltsforderungen.** Auf Grundlage der Reichsgesetze vom 21. Juni 1869 u. 29. März 1897 und der Civilprozeßordnung. Von Rechtsanwalt **Georg Meyer.** 1 M. 50 Pf.

56. Gesetz, betr. die **Bekämpfung gemeingefährlicher Krankheiten.** Nebst Ausführungsbestimmungen. Von Dr. **Bruno Burkhardt,** Regierungsrath, Mitglied des Kais. Gesundheitsamts. 1 M. 40 Pf.

57. **See-Unfallversicherungsgesetz.** Von **Dr. Max Mittelstein,** Oberlandesgerichtsrath in Hamburg. 2 M.

58. **Das Recht der unehelichen Kinder.** Ausgabe aller einschlägigen Bestimmungen des B.G.B. Von **Hermann Jastrow,** Amtsgerichtsrath. 1 M. 80 Pf.

59. Reichsgesetz über die **Beurkundung des Personenstandes und die Eheschließung.** Von Dr. **F. Fidler,** Amtsgerichtsrath. 1 M. 80 Pf.

60. Gesetz, betreffend das **Urheberrecht an Werken der Litteratur und der Tonkunst.** Von Gerichtsassessor **Otto Lindemann.** 1 M. 50 Pf.

61. Gesetz über das **Verlagsrecht.** Von Justizrath **Ernst Heinitz.** 1 M. 50 Pf.

62. Gesetz über die **privaten Versicherungsunternehmungen.** Von **H. Könige,** Ob.-Landsger.-Rath. 3 M.

63. **Gesetzestafel des Deutschen Reichsrechts.** Systematisch geordnete Nachweisung des z. Z. geltenden Reichsrechts. Ergänzungsband zu der Guttentag'schen Sammlung Deutscher Reichsgesetze. Von **Hugo Bruhns,** Syndikus. 2 M. 50 Pf.

64. Gesetzsammlung betr. den **Handel mit Drogen und Giften.** Reichsgesetzl. Bestimmungen und Anhang mit den landesgesetzl. Verordnungen sämmtlicher Bundesstaaten. Von Rechtsanwalt **H. Sonnenfeld,** Syndikus der Berliner Drogisten-Innung. 3 M.

65. Das **Weingesetz** vom 24. Mai 1901. Mit Ausführungsbestimmungen erläutert von Dr. **Georg Lebbin,** Handels- und Gerichtschemiker zu Berlin. 1 M. 50 Pf.

66. Die **Eisenbahn-Gesetzgebung.** Von **W. Pietsch,** Geh. exp. Sekretär im Reichs-Eisenbahn-Amt. 5 M.

67. **Militär-Strafgesetzbuch.** Mit den Entscheidungen des Reichs-Militärgerichts von Dr. **Paul Herz,** Senats-Präsident am Reichs-Militärgericht und Kriegsgerichtsrath Dr. **Georg Ernst.** 3 M.

68. Das **Fleischbeschaugesetz.** Vom 3. Juni 1900. Mit Ausführungsges. u. Verordnungen im Reiche und in Preußen. Von Dr. **Georg Lebbin,** Gerichtschemiker und Rechtsanwalt Dr. **Georg Baum.** 4 M.

69. Reichsgesetz über die **Naturalleistungen der bewaffneten Macht im Frieden** nebst den zugehörigen in Preußen geltenden Bestimmungen. Von Regierungsassessor Dr. **Walter v. Hippel.** 1 M. 25 Pf.

70. Das **Reichs-Haftpflichtgesetz,** betr. die Verbindlichkeit zum Schadensersatz für die bei dem Betriebe von Eisenbahnen, Bergwerken, Steinbrüchen, Gräbereien und Fabriken herbeigeführten Tödtungen und Körperverletzungen, vom 7. Juni 1871. Von Regierungsrath Dr. **G. Eger.** Preis 3 M.

71. **Kinderarbeit in gewerblichen Betrieben,** v. 30. März 1903. Nebst der Preuß. Ausführ.-Anw. v. 30. Nov. u. d. Bek. des Reichskanzlers v. 17. Dez. 1903. Von **H. Spangenberg,** Oberverwaltungsgerichtsrath. Zweite vermehrte Auflage. 1 M. 60 Pf.

72. **Unfallversicherungsgesetz für Land- und Forstwirtschaft** vom wirkl. Geh. Rat Dr. **E. von Woedtke,** fortgesetzt von Dr. **Alfred Radtke,** Geh. Regierungsrat und Senatspräs. im Reichsversicherungsamt. Im Druck.

73. **Entschädigung für unschuldig erlittene Verhaftung und Bestrafung.** Nebst Anhang, enth. die dazu gehörigen Nebengesetze über Schadensersatz. Von Dr. jur. **A. Romen,** Geh. Kriegsrath und vortr. Rath im Kriegsministerium. ca. 1 M. 25 Pf.

Guttentag'sche Sammlung
Preußischer Gesetze.
Text-Ausgaben mit Anmerkungen. Taschenformat.

1. Die **Verfassungs-Urkunde** für den Preußischen Staat. Mit Einleitung, vollständigem Kommentar. Von Prof. Dr. **Adolf Arndt.** Fünfte Auflage. 3 M.

2. Preußische **Beamten-Gesetzgebung.** Enthaltend die wichtigsten Beamtengesetze in Preußen. Von **C. Pfafferoth.** Dritte Auflage. 1 M. 50 Pf.

3. **Die Aufnahme des Nottestaments** durch die bestellten besonderen Urkundspersonen. Anweisung vom 15. März 1904. Erläutert mit Musterbeispielen und einem Abriß des Erbrechts von Amtsgerichtsrath **C. Kurtz.** ca. 1 M. 50 Pf.

4. **Gebührenordnung** für **Notare** vom 25. Juni 1895 nebst den einschlägigen Vorschriften des Preußischen Gerichtskostengesetzes. Von **R. Sydow.** Zweite Auflage bearbeitet von Dr. **E. Mosler,** Gerichtsassessor. 1 M. 50 Pf.

5. Gesetz vom **24. April 1854 (betr. die außereheliche Schwängerung).** Von Dr. **Schulze.** 75 Pf.
Seit dem 1. Januar 1900 gültiges Recht siehe: Reichsgesetze Nr. 58.

6. Die Preuß. **Ausführungsgesetze und Verordnungen zu den Reichs-Justizgesetzen.** Von **R. Sydow.** Dritte vermehrte Auflage. 1895. 2 M. 40 Pf.
Siehe Seite 21, Busch, Ausführungsgesetze.

7. **Allg. Gerichtsordnung** vom 6. Juli 1793 und Preuß. **Konkursordnung** vom 8. Mai 1885. Von **F. Vierhaus,** Geh. Ober-Justizrath. Vergriffen.

8. **Vormundschaftsordnung.** Von **F. Schultzenstein.** Gültiges Recht siehe: Reichsgesetze Nr. 47.

9. Die Preußische **Grundbuchgesetzgebung.** Von Prof. Dr. **Fischer.** Vergriffen. Siehe: Reichsgesetze Nr. 42.

10. **Einkommensteuergesetz.** Von **A. Fernow,** Geh. Finanzrath. Fünfte Auflage. 2 M. 50 Pf.

11. **Gewerbesteuergesetz.** Von **A. Fernow,** Geh. Finanzrath. Dritte Auflage. 1 M. 25 Pf.

12. **Allgemeines Berggesetz** für die preußischen Staaten und die auf dasselbe bezüglichen Gesetze und Verordnungen. Von **E. Engels.** Dritte Auflage. In Vorbereitung.

13. **Ergänzungssteuergesetz** (Vermögenssteuergesetz). Von **A. Fernow,** Geh. Finanzrath. Dritte vermehrte Auflage. 1 M. 50 Pf.

14. **Kommunalabgabengesetz.** Vom 14. Juli 1893 und Gesetz wegen Aufhebung direkter Staatssteuern. Von Dr. **F. Adickes,** Oberbürgermeister. Dritte Auflage. 1 M. 50 Pf.

15. Die **Kreisordnungen** für den Preußischen Staat. Von **O. Kolisch,** Landgerichtsrath. 1894. 4. M.

16. **Concessionirung gewerblicher Anlagen.** Preuß. Ausführungs-Anweisung zu §§. 16 u. ff. der Gewerbe-Ordnung. Von Dr. **W. v. Rüdiger,** Geh. Regierungs- u. Gewerberath. Zweite Auflage. 2 M.

17. Preußisches **Gerichtskostengesetz.** Mit Kostentabellen. Von Dr. **P. Siméon,** Landrichter. Vierte Auflage. 2 M. 25 Pf.

18. Preußisches **Stempelsteuergesetz** vom 31. Juli 1895. Mit den gesammten Ausführungsbestimmungen und vollständigen Tabellen. Von **P. Loeck,** Regierungsrath. Fünfte Auflage. 5 M.

Dieser Band ist in größerem Format erschienen.

19. Das **Jagdscheingesetz.** Mit ausführlichen Erläuterungen nebst der Ausführungsverfügung. Von **F. Kunze,** Wirklichem Geh. Ober-Regierungsrath. Zweite Auflage. 2 M.

20. Gesetz, betr. die **Erbschaftssteuer.** Unter Berücksichtigung der Novelle vom 31. Juli 1895. Von Regierungsrath **P. Loeck.** 1 M. 80 Pf.

21. Gesetz über die **Handelskammern.** Vom 19. August 1897. Mit Erläuterungen von **F. Lusensky,** Geh. Regierungsrath. 3 M.

22. Gesetz, betr. **Anstellung und Versorgung der Kommunalbeamten.** Mit Ausführungsanweisung. Von Dr. **W. Ledermann,** Magistratsassessor zu Berlin. 1 M. 25 Pf.

23. **Ausführungsgesetz zum Bürgerlichen Gesetzbuche.** Von Landrichter Dr. **P. Siméon.** 1 M. 60 Pf.

24. Die **Hinterlegungsordnung** in der Fassung des Ausführungsgesetzes z. B.G.B. v. 20. Sept. 1899 nebst Ausführungsbestimmungen. Von Regierungsassessor Dr. **Georg Bartels.** 1 M. 50 Pf.

25. **Preußische Kommunalbeamtengesetzgebung.** Von Magistratsassessor Dr. **Fr. Kremski,** Berlin. 3 M.

26. Die Preußischen Gesetze über das **Diensteinkommen der Lehrer und Lehrerinnen, ihren Ruhegehalt und die Fürsorge für ihre Hinterbliebenen,** sowie einer Tabelle zur Berechnung der Ruhegehalts-, Wittwen- und Waisenbezüge. Von Dr. **Ed. Cremer,** Beigeordneter. 2 M. 40 Pf.

27. Gesetz, betreffend die **Waarenhaussteuer.** Von Geh. Ober-Finanzrath Dr. **G. Strutz.** 1 M. 20 Pf.

28. Gesetz über die **Fürsorgeerziehung Minderjähriger.** Nebst Ausführungsanweisungen. Von Landgerichtsrath Dr. **P. F. Aschrott.** 2 M. 80 Pf.

29. Gesetz, betr. **die ärztlichen Ehrengerichte, das Umlagerecht und die Kassen der Aerztekammern.** Von Amtsgerichtsrath Dr. **Fidler.** 1 M. 50 Pf.

30. Die das **Preußische Staatsschuldbuch** und **Reichsschuldbuch** betr. Gesetze nebst Ausführungsbestimmungen. Von Wirkl. Geh. Ober-Finanzrath **J. Mücke,** Mitglied der Staatsschuldenverwaltung. 2 M.

31 a. **Die geltenden Preußischen Gesindeordnungen.** Herausgegeben in zwei Bänden von **Stephan Gerhard,** Rechtsanwalt in Berlin.

Band I: Gesindeordnung für die altpreußischen Provinzen vom 8. XI. 1810, mit Erläuterungen unter Berücksichtigung der Ergänzungsgesetze und der Rechtsverhältnisse der Gesindevermiether, sowie die Gesindeordnung für Neuvorpommern und Rügen und für die Rheinprovinz. 2 M. 50 Pf.

31 b. **Band II:** Gesindeordnungen für Hannover, Schleswig-Holstein, Hessen-Nassau und den Regierungsbezirk Hohenzollern. 2 M. 50 Pf.

32. **Die Städteordnung für die sechs östlichen Provinzen** Preußens vom 30. Mai 1853 nebst ihren gesetzlichen

Ergänzungen. Von **Dr. jur. Walter Ledermann,** Magistrats-Assessor zu Berlin. 6 M.

Dieser Band ist in größerem Format erschienen!

33. **Rentenguts- und Anerbenrechts-Gesetzgebung in Preußen.** Von Landgerichtsrath **M. Peltasohn** und Rechtsanwalt **Bruno Peltasohn.** 3 M.

34. Sammlung der wichtigsten **Preußischen Strafgesetze** nebst Anhang: Gesetz betr. polizeiliche Strafverfügungen vom 23. April 1883. Von **Otto Lindemann,** Amtsrichter. 2 M. 50 Pf.

    Inhalt: **Mobiliar-Feuerversicherung — Chausseegeld — Jagdpolizei — Jagdschein — Wild-Schonzeit — Fischerei — Versammlungs- u. Vereinigungsrecht — Belagerungszustand — Gesindedienstpflichten — Mineraliengewinnung und -Aneignung — Schlachthäuser — Dampfkesselbetrieb — Wandergewerbebetrieb — Reblausverbreitung — Forstdiebstahl — Wald- u. Wassergenossenschaften — Feld- u. Forstpolizei — Lotteriespiel — Verkehrsabgaben — Landestrauer.**

35. **Geschäftsordnung für Gerichtsvollzieher.** Gerichtsvollzieherordnung und Gebührensätze von Amtsgerichtssekretär a. D. **Emil Exner.** 3 M. 50 Pf.

36. Die Gesetzgebung über **Polizeiverordnungen in Preußen** von **Otto Lindemann,** Amtsrichter in Köslin. 1 M. 50 Pf.

Schlagwort-Register.

R. = Nummer der Sammlung Deutscher **Reichs**gesetze.
P. = Nummer der Sammlung **Preußischer** Gesetze.
S. = Seite.

FSC
www.fsc.org
MIX
Papier | Fördert
gute Waldnutzung
FSC® C083411

Kolibri 360 GmbH
Ferdinand-Jühlke-Straße 7
99095 Erfurt, Deutschland
produktsicherheit@kolibri360.de